남명학파의 지역적 전개 ①

합천지역의 남명학파

남명학연구총서 12 ― 남명학파의 지역적 전개 ①

합천지역의 남명학파
The Nammyung School in Hapcheon

엮은이   남명학연구원
펴낸이   오정혜
펴낸곳   예문서원

편 집   김병훈 · 유미희
인 쇄   ㈜ 상지사 P&B
제 책   ㈜ 상지사 P&B

초판 1쇄   2019년 12월 28일

주   소   서울시 성북구 안암로9길 13
출판등록   1993년 1월 7일(제307-2010-51호)
전화번호   02-925-5913~4 / 팩시밀리 02-929-2285
E-mail   yemoonsw@empas.com

ISBN 978-89-7646-401-9   93150
ⓒ 南冥學研究院 *2019 Printed in Seoul, Korea*

YEMOONSEOWON 13, Anam-ro 9-gil, Seongbuk-Gu Seoul KOREA 136-074
Tel) 02-925-5913~4, Fax) 02-929-2285

값 38,000원

남명학연구총서 12

남명학파의 지역적 전개 ①
....
합천지역의 남명학파

남명학연구원 엮음

예문서원

서문

합천은 예로부터 인재가 많이 난 고을로 명성이 높으며, 남명학파의 연수淵藪다. 나무가 크면 바람을 많이 타고 산봉우리가 높으면 바람과 비가 거칠듯이, 인재가 많은 까닭에 풍파도 많았던 고을이다. 가야산의 우람함을 대변하듯이 가야국伽倻國 이래로 많은 합천의 인재들은 의기義氣가 높았고, 불의不義함을 싫어했다.

남명南冥선생이 이런 의기義氣의 전통을 '경의학敬義學'에 녹여서 보편적 가치로 심화하고 확장하였는데, 당시에 견처見處가 높았던 삼족당三足堂 김대유金大有, 송계松溪 신계성申季誠, 대곡大谷 성운成運, 황강黃江 이희안李希顔, 동주東洲 성제원成悌元 같은 고사高士들의 학문과 사상도 수렴하여 독득獨得의 품격을 형성하였다.

임진란이 일어나자 많은 '과거 출신 간신奸臣'들과 '경전을 공부했다고 자부하는 소인小人'들이 백성들을 죽음으로 몰면서 자신과 가족들의 안위를 위해 도망칠 때, 고향과 나라를 방어하기 위해 '목숨을 걸고' 결연히 일어선 대표적인 사람들이 합천의 사민士民들이었다. 이 가운데서 내암來庵 정인홍鄭仁弘은 남명의 고족高足으로 합천지역 의병활동의 상징적 인물이다.

합천은 남명선생의 직전直傳 문인만 해도 만헌晚軒 허팽령許彭齡, 옥동玉洞 문익성文益成 형제, 용담龍潭 박이장朴而章, 송헌松軒 송희창宋希昌, 정와靜窩 조수천曹受天, 문암文庵 정인기鄭仁耆, 봉곡鳳谷 조이천曹以天, 초료당鷦鷯堂 유덕룡柳德

龍, 임리재臨履齋 박열朴悅 등이 있고, 후진으로는 남명학을 드러내기 위해 심력을 다했던 무민당無悶堂 박인朴絪과 한사寒沙 강대수姜大遂 등이 있다.

내암이 인조반정에 따른 정치적 패퇴로 인해 수많은 오명汚名을 짊어졌고, 이로 인해 합천의 사기士氣가 쇠락하고 많은 왜곡이 일어나는 등 엄청난 피해가 있었던 것도 사실이지만, 그가 국가의 위난危難에 목숨 걸고 앞장선 일은 국내 정치의 권력 장악에 목숨을 걸었던 '작은 사람'들과 비교할 때 함부로 평가할 수 있는 것은 아니다. 대체로 남아있는 '정제整齊된 글'인 '문집文集' 등에 의존하여 과거 인물의 인격人格을 재구성하는 것은 거짓된 '추상抽象'일 가능성이 크다. 반면에 국가나 개인이 당면한 위기나 난처難處에서 '어떤 행동'을 했는가 하는 '출처出處'야말로 진정한 '인격'을 이해하는 확실한 근거일 것이다.

실제로 인조반정의 여파로 합천지역의 많은 인물들은 실상實狀에 비하여 덜 알려지거나 세상에서 잊힌 사례가 많다.

임진왜란을 당하여 의병활동에 관여한 범汎 남명학파에 속하는 합천지역 인걸들만 대략 언급해도 고사孤査 문덕수文德粹, 평천坪川 변옥희卞玉希, 월정月汀 배명원裵明遠, 경모재敬慕齋 조의민曺義民, 금월헌琴月軒 정인함鄭仁涵, 모헌慕軒 하혼河渾, 탁계濯溪 전치원全致遠, 설학雪壑 이대기李大期, 매와梅窩 노순盧錞, 구산龜山 윤탁尹鐸, 역양嶧陽 문경호文景虎, 도촌陶村 조응인曺應仁, 송재松齋 조계명曺繼明,

당암戇菴 강익문姜翼文, 설계雪溪 문려文勵, 화음花陰 권양權瀁, 입재立齋 노흠盧欽, 월와月窩 진극원陳克元, 토천兎川 이현우李賢佑, 구담龜潭 정인준鄭仁濬, 정곡汀谷 배형원裵亨遠 등 손가락으로는 헤아리기 어려운 많은 뛰어난 인물들이 있다.

어떤 지역은 평범한 인물들도 과도한 추앙으로 이름을 알리는데, 합천지역은 '울분으로' 또는 '세상사 돌아가는 것이 못마땅해서' 은둔하거나 이름을 드러내는 것을 회피하는 사례가 많았던 것으로 보인다. 특히 병자호란으로 인한 조정의 권위 상실, 광해군 조정을 뒤엎은 명분에 묶여 '나라가 망하고 임금이 죽어도' 명나라를 떠받들어야 한다는 논지가 정당성을 획득하는 사상계의 동향 등은 합천의 큰 선비들에게는 많은 실망을 안긴 것으로도 보인다.

그러나 혹독한 국가적 시련을 겪었음에도 '주자학만이 바른 학문(正學)'이라는 주술呪術은 조선의 지성사회를 장악했고 '조선의 현실'에 바탕하자는 각답脚踏과 자득自得의 자아준거自我準據적인 남명학은 노장학老莊學의 프레임에서 쉽게 벗어날 수 없었다. 그러나 관념적 담론을 떠난 합천지역 인물들에 관한 연구는 남명학의 생동하는 모습을 확인할 수 있는 첩경捷徑이자 실증의 보고寶庫다.

이처럼 남명학의 본 모습을 제대로 이해하기 위해서는 '합천'을 아는 것이 필수적임에도 불구하고, 조선적 금기禁忌의 유습遺習을 답습하는 학문

6

풍토에 젖어서 제대로 된 연구를 하지 못한 것이 저간의 사정이었다.

이번에 남명학연구원의 본격적인 관심의 출발로 합천지역 남명학파 인물들에 관한 대략을 정리하고, 황강 이희안, 탁계 전치원, 한사 강대수, 허재 임여송, 반구당 임여백, 수분와 임양정, 옥산당 임주익 등의 출처·학문·사상 등에 관한 전문 학자들의 옥고玉稿를 모아 한 권의 책으로 만들어서 후속 연구의 시금석試金石으로 삼고자 기획했다. 이러한 기획에 흔쾌히 동참하여 옥고를 보내 주신 모든 분들에게 깊이 감사하며, 출판을 맡아 수고해 주신 예문서원에게도 감사를 표한다.

2019년 12월 10일

남명학연구원 원장 박병련 삼가 씀

제1장 남명정신의 합천지역으로의 확산 양상
─ 직·재전 제자를 포괄하여 ─

강 구 율

1. 들어가는 말

합천지역은 남명南冥 정신의 산실産室이다. 합천은 남명이 태어나고 자라났으며 상당한 기간을 머무르면서 「을묘사직소乙卯辭職疏」를 올리고 제자들을 양성하는 등 인생에서 중요한 사업을 왕성하게 수행한 공간이기 때문이다. 대체로 남명은 합천지역에서 다섯 살 때까지 살고 서울로 이주하였으므로 어린 시절의 기억은 그렇게 많지 않았을 것이다. 그렇지만 부조父祖가 살던 고향이기 때문에 의식세계의 중심에는 항상 합천이 존재하였을 것이다. 그리고 인생의 중후반을 다시 합천으로 돌아와 살며 많은 제자를 길러낸 곳이어서 그 의미가 남다르다고 하겠다. 합천이라고 하면 물론 지금의 통합 합천군 관내를 말하겠으나, 옛날에는 합천이 합천陜川과 초계草溪, 그리고 삼가三嘉라는 세 고을로 나누어져 있었다. 이 세 지역이 1914년에 이르러 하나의 행정구역으로 묶여서 오늘날의 합천이 된 것이다. 본고에서 다루는 합천은 세 고을이 모두 합쳐진 현재의 합천을 대상으로 한다.

이 글은 남명 정신이 합천지역으로 어떻게 확산되어 갔는지 확산의 양상을 살피는 것이 목적이다. 남명 정신은 합천만이 아니라 전국적으로 확산되어 갔다. 그렇지만 이 글에서는 논고의 성격상 그 범위를 합천지역으로 국한시켜 놓고 논의를 이어가고자 한다. 이미 다양한 방법으로 선행 연구자들에 의한 고찰이 이루어져 왔지만 본고는 남명 정신의 확산 양상에 초점을 맞추어 보고자 한다. 그러므로 먼저 남명의 간략한 생애를 살펴보고, 이어서 남명 정신의 실천적 면모가 어떻게 합천지역으로 확산되어 갔는지 다양한 양상을 규명하고자 한다.

남명 정신의 합천지역으로의 확산 양상은 대체로 다섯 가지 유형으로 나눌 수 있겠는데, 의병활동을 하고는 출사하지 않거나 못한 경우인 창의불출사형倡義不出仕型, 의병활동도 하고 출사도 한 유형인 창의출사형倡義出仕型, 의병활동만 하고 은거강학을 한 창의은강형倡義隱講型, 출사를 하였다가 은거강학한 유형인 출사은강형出仕隱講型1), 마지막으로 아예 출사도 하지 않고 은거하면서도 자신이 뜻한 바의 도를 찾겠다는 뜻을 가지거나 강학만 한 경우인 불출사은강형不出仕隱講型이 그것이다. 물론 이 외에도 더 자세하게 유형을 나누어 볼 수 있을 것이다. 그렇지만 이 정도의 분류로도 어느 정도의 확산 양상은 포괄이 되리라 본다. 여기에는 논고의 성격상 남명의 직전제자와 재전제자로 한정하여 논의한 것이 포괄되어 있으나, 그 범위를 더 확장해서 살펴보게 된다면 또 다른 양상도 가능하리라 예상할 수 있겠다. 그리고 문인들의

---

1) 隱講型은 隱求하며 講學한다는 의미로, 隱求는 바로 『論語』 「季氏」의 "숨어 살면서도 자신의 뜻한 바 도를 찾는다"(隱居以求其志.)에서 유래한 말이다.

활동 성격이 확연하게 구분되지 않고 다양한 면모가 혼재된 상황도 있어서 이를 명확하게 구분하기 어려운 경우에는 대표적인 활동 중심으로 포괄하여 논의하기로 한다.

문인들의 면모를 확인하는 주요한 자료는 2011년 경인문화사에서 경상대학교 남명학연구소 남명학교양총서 20으로 간행한『덕천사우연원록德川師友淵源錄』, (사)남명학연구원의 '남명을 찾아서' 사이트에 수록된 '연원가淵源家 탐구探求'에 등재된 자료를 주로 활용하였다.

한 가지 첨언해 둘 것은, 남명의 직전제자나 재전제자 가운데 합천 출신이 아닌 사람은 될 수 있는 대로 제외하였고, 또 자세한 행적이 알려지지 않은 문인들도 부득이하게 제외되거나 누락된 사람이 많이 있을 수 있음을 미리 밝혀 둔다. 앞으로 자료의 확보가 충분하게 이루어진다면 보완할 계획이다.

2. 남명의 간략 생애

제2절에서는 남명의 생애에 대하여 간략하게 살펴보기로 한다. 그야 말로 본고의 논의전개 상 필요한 내용을 언급하는 정도의 간략 생애가 되겠다.

남명南冥 조식曺植은 연산군 7년(1501) 6월 26일 경남 합천군 삼가면三嘉面 토동兎洞에서 승문원판교承文院判校인 부친 언형彦亨과 충순위忠順衛 국菊의 따님인 어머니 인천이씨仁川李氏 사이의 3남 5녀 가운데 둘째로 출생하였다. 본가는 삼가의 판현板峴에 있었고, 역시 삼가에 있는 토동은 남명의 외가가 있는 곳이다. 남명의 본관은 창녕昌寧으로 자는 건중楗仲이요 호는 남명南冥이다.

5세까지 외가에서 자라던 남명은 부친이 급제를 하여 벼슬길에 오르게 되자 서울로 이주하여 살게 되었고 이후 부친에게서 배웠는데, 이때 이웃의 숭덕재崇德齋 이윤경李潤慶(1498~1562)과 동고東皐 이준경李浚慶(1499~1572) 형제, 일재一齋 이항李恒(1499~1576) 등과 죽마고우로 자라면서 학업을 닦았다고 한다. 그 후에 부친이 단천군수端川郡守로 부임하게 되자 부친의 임소任所로 따라가서 경전자사經典子史를 비롯하여 천문天文, 지리地理, 의방醫方, 수학數學, 궁마弓馬, 진법陣法 등 남아가 갖추어야 할 거의 모든 것을 익혔는데, 특히 자기의 정신력과 담력을 기르느라 두 손에 물그릇을 받쳐 들고 철야徹夜를 하는 기행奇行을 보이기도 하였다.

그러나 18세가 되던 해에 다시 서울로 돌아와 청송聽松 성수침成守琛(1493~1564)과 대곡大谷 성운成運(1497~1579) 종형제從兄弟와의 만남을 계기로 하여 남명에게는 여러 가지 측면에서 커다란 변화가 생겼다. 남명은 이들의 영향으로 이전의 속기俗氣를 불식拂拭하고 유가儒家 서적 이외에 노장老莊과 불서佛書 등을 섭렵하기도 하였다.

20세에 생원진사生員進士 양과兩科에 입격入格하였는데, 고문古文으로 시권詩卷을 작성하는 바람에 당시 시관試官들을 놀라게 했으며 당시 사람들이 그의 글을 전송傳誦하였다고 한다. 그러나 이때 일어난 기묘사화己卯士禍로 정암靜菴 조광조趙光祖(1482~1519)가 죽고 숙부 언경彦慶의 집안이 멸문의 화를 입자 이를 크게 슬퍼하고 시국을 한탄한 남명은 벼슬길로의 진출을 완전히 단념하게 되었다.

남명은 한창 공부를 하던 때에 독서를 하다가 관심이 가는 내용을 수시로 적기摘記해 두었는데, 이를 묶어 펴낸 것이 『학기유편學記類編』이라는 책이다. 여기에는 매우 다양한 내용들이 수록되어 있지만 「치도治道」편에서 그는 문무겸전文武兼全의 중요성에 대해 크게 관심을 두었다. 26세 때 부친상을 당하여 고향인 삼가에 장사지내고 3년이나 시묘살이를 하였는데, 이때 남명은 삼가지역 민생民生들의 고초苦楚의 실상을 몸소 목도하고 체험하였다. 실제로 남명의 사상 속에 항상 민생에 대한 깊은 관심이 자리하고 있는 것은 이때 백성들의 어려움을 실제로 겪어 보았을 것이기 때문으로 추정이 된다.

31세 때에는 산사山寺로 가서 『성리대전性理大典』을 읽다가 원나라 학자인 노재魯齋 허형許衡(1209~1281)이 말한 "이윤伊尹의 뜻을 내 뜻으로 삼고 안연顔淵이 배운 바를 내가 배워서, 벼슬에 나가면 유익한 일을 하고 재야에 처해서는 지조를 지킨다. 대장부라면 마땅히 이와 같아야 할 것이니, 벼슬에 나아가서도 하는 일이 없고 산림에 처해서도 지키는 바가 없다면 뜻하는 바와 배운 것을 장차 어디에 쓸 것인가?"[2]라는 한 구절을 읽다가 문득 깨달은 바가 있어서 다시 육경六經과 사서四書, 그리고 염계濂溪 주돈이周敦頤(1017~1073), 명도선생明道先生 정호程顥(1032~1085)와 이천선생伊川先生 정이程頤(1033~1107) 형제, 횡거선생橫渠先生 장재張載(1020~1077)와 회암晦菴 주희朱熹(1130~1200)의 학문에 전념하였다.

32세 때에는 처가가 있는 김해로 이주하여 거기에다가 산해정山海亭

---

2) 『學記類編』, 卷4, "魯齋許氏曰, 志伊尹之所志, 學顔子之所學, 出則有爲, 處則有守. 大丈夫當如此. 出無所爲, 處無所守, 所志所學, 將何爲."

을 짓고는 안정된 공부에 몰입하였다. 여기에 대곡大谷 성운成運, 청향당淸香堂 이원李源(1501~1568), 황강黃江 이희안李希顔(1504~1559), 송계松溪 신계성申季誠(1499~1562) 등 명류名流들이 모여들어 기묘사화 이후에 저상沮喪되었던 사기士氣를 응집하여 다시 일으키는 일에 있어서 주도적인 역할을 하였다.

48세 때에는 무려 18년간이나 학문적 기반을 닦던 김해를 떠나 다시 고향인 토동으로 돌아와 계부당鷄伏堂과 뇌룡정雷龍亭을 짓고 후진들을 가르치는 한편으로 처사處士로서 상소를 올려 당시 국정의 그릇된 점을 강력하게 비판하였다. 이때 남명의 학문과 인격, 그리고 사상과 정신이 널리 알려져서 덕계德溪 오건吳健(1521~1574), 내암來庵 정인홍鄭仁弘(1535~1623), 옥계玉溪 노진盧禛(1518~1578)과 같은 뛰어난 제자들이 문하에 들어와서 사림의 종사로 추대되었다. 특히 합천에서 올린 「을묘사직소乙卯辭職疏」, 이른바 단성소丹城疏가 조정을 놀라게 하고 사림들을 용동聳動시키자 그의 명망은 세상에 더욱 널리 알려지게 되었다. 합천에 머물고 있던 시기에 올린 상소에서 남명은 국방國防에 대한 예비豫備의 중요성을 언급하면서 나름대로의 소박한 국방론을 제기하기도 하였다. 특히 사람들이 벽립천인壁立千仞, 태산교악泰山喬嶽, 추상열일秋霜烈日, 부시일세俯視一世와 같은 말로 남명의 선비로서의 기상을 높이 평가하면서 추앙하고 열복悅服하기 시작한 것은 바로 뇌룡정에 머물고 있던 때의 행적을 높이 산 것에서 유래하였다고 하겠다. 남명의 학덕과 명망이 더욱 익어가고 높아지게 되자 조정에서 그를 두텁게 예우禮遇하면서 벼슬을 내렸으나, 남명은 모두 물리치고 선비로서의 고고한 자세를 조금도 흐트러뜨리지 않았다.

61세가 되자 지리산智異山 천왕봉天王峯을 바라보는 덕산德山의 사륜동絲綸洞에다 만년의 장수처藏修處로 산천재山天齋를 짓고, 지난 60년 동안 갈고 닦으며 쌓아 올린 자신의 학덕과 인격, 정신과 사상을 후세에 전하기 위해 천하의 영재들을 모아서 가르쳤다. 여기에서 길러낸 많은 제자들이 조선 선조시대의 정계와 학술계를 움직이는 주역으로 활동하였는데, 특히 임진왜란을 당하여 각처에서 자발적으로 의병義兵을 일으켜서 멸왜수국滅倭守國한 절의의 선비들이 대부분 그의 문하에서 나왔다.

66세에 포의布衣의 징사徵士로서 상경하여 국왕과 독대를 하는 자리에서 나라를 다스리는 치국治國의 방법과 학문을 하는 요체를 진언進言하기도 하였다. 선조가 등극登極하여 여러 번 벼슬로 불렀으나 나아가지 않고 일종의 시무책時務策을 개진開陳하기도 하였다.

72세가 되던 1572년 2월 8일에 산천재에서 고종考終하고 산천재 뒷산 임좌병향壬坐丙向의 언덕에 장사를 지냈다. 남명은 운명하기 전에 문병을 온 제자 옥계 노진과 동강東岡 김우옹金宇顒(1540~1603), 한강寒岡 정구鄭逑(1543~1620), 각재覺齋 하항河沆(1538~1590) 등에게 경의敬義는 하늘의 일월日月과 같은 것으로 변할 수 없는 진리이니 힘써 실행할 것을 굳게 당부하였다. 부문訃聞이 들리자 조정에서는 제물祭物과 제관祭官을 보내어 치제致祭케 하였고, 사림들은 모두 통곡하면서 만장輓章과 제문祭文을 지어 올렸다. 남명의 사후 나라에서는 영의정에 추증하였다.

이상 남명의 생애를 간단히 말하면, 그는 경의敬義사상으로 무장하여 자신의 실천적 면모를 갖추었으니 그 현실적 표출이 바로 애민수방愛民守邦과 정국안민正國安民의 헌책獻策이었다. 비록 산림에 은거하고 있어도 결신난륜潔身亂倫하지 아니하고 끊임없이 현실의 문제에 관심을 두고 상소上疏라는 특별한 형식과 방법으로 자신의 의견을 꾸준히 개진하였으며, 그러면서도 한 번도 현실정치에 나아가지 않고 자연 속에 은거하면서 후진들을 양성하는 강학講學에 몰두한 삶, 전형적인 처사의 삶을 살았다고 할 수 있겠다.

3. 남명정신의 실천적 면모

이 절에서는 남명정신의 실천적 면모를 살펴보기로 한다. 여기서 말하는 실천적 면모는 남명 정신이 다른 사람들의 경우와 상당히 준별峻別되는 특징이라고 할 수 있겠다. 물론 유교 자체가 실천을 전제로 한 학문이기는 하지만, 역사를 돌이켜보면 어느 시대를 막론하고 항상 실천의 문제가 대두되지 않은 경우가 별로 없는 것으로 보아서 실천의 문제는 참으로 지난至難한 과제 가운데 하나라고 할 수 있다. 이미 많이 제출된 선행 연구들이 이 문제를 상당한 정도로 밝혀내었기 때문에 여기에서 췌론贅論을 하지는 않겠다. 다만 기존 연구 성과를 다시 한 번 요약해서 제시하는 것으로 남명 정신의 실천적 면모를 대신하고자 한다.

먼저 남명 정신의 실천적 면모로 거론할 수 있는 대표적 특징 가운데 하나는 남명의 경의敬義사상이라고 하겠다. 내암 정인홍은 「남명조선생행장南冥曺先生行狀」에서 이렇게 말하고 있다.

맨 나중에는 특별히 '경'과 '의' 두 글자를 들어 창과 벽 사이에 크게 썼다. 일찍이 말씀하시기를 "우리 집에 이 두 글자가 있는 것은 하늘에 해와 달이 있는 것과 같아서 만고의 오랜 세월을 통해서도 변할 수가 없는 것이다. 성현의 천 마디 만 마디의 말도 그 귀결처를 요약해 보면 모두 이 두 글자에서 벗어나지 않는다."[3]

이를 통해서 볼 때 남명은 '안으로 자신의 마음을 밝히는 것'을 경敬[4]이라 하고 '바깥으로 행동하는 것을 결단하는 것'을 의義[5]라고 하면서 '경의'를 매우 중시한 사실을 알 수가 있다. 남명은 '경'과 '의'의 관계를 인식하면서 이것으로 자신의 실천정신을 확고히 하려고 하였던 것이다. "이 둘의 관계는 체體와 용用, 리裏와 표表, 내內와 외外, 정靜과 동動, 지知와 행行, 선先과 후後 등 다양하게 설명되고 있고 전통적으로 거경집 의居敬集義, 주경행의主敬行義, 경의협지敬義夾持 등으로 이야기되기도 했다"[6]라는 논고는 남명이 경의에서 실천정신의 근거를 설정하였음을 말해 주고 있다. 이처럼 남명은 '의'를 '경'과 대등하게 생각했기 때문에 남다른 실천의지를 보여 준 선비가 될 수 있었던 것이다.[7] 따라서 경의는 남명 정신에 있어서 가장 실천적인 동력을 추동推動하는 개념이라고 할 수 있겠다.

다음은 남명 정신의 정수라고 할 수 있는 독특한 문무겸전文武兼全의 국방론國防論에 대해 간단히 살펴보자. 이러한 사상은 제자들에게 임란 壬亂과 같은 국가적 변란에 직면했을 때 스스로 붓을 던지고 과감하게

---

3) 『來庵集』, 卷12, "最後特提敬義字, 大書窓壁間. 嘗曰, 吾家有此兩箇字, 如天之有日月, 洞萬古而不易. 聖賢千言萬語, 要其歸, 都不出二字外也."
4) 『南冥集』, 「佩劍銘」, "內明者, 敬."
5) 『南冥集』, 「佩劍銘」, "外斷者, 義."
6) 정우락, 「南冥 曹植과 南冥學派」, 『東方漢文學』 제17집(東方漢文學會, 1999), 204쪽.
7) 변창구, 「남명 조식의 선비관과 출처관-현대 지식인에게 주는 교훈」, 『민족사 상』 7(2013), 217쪽.

칼을 잡고 나설 수 있는 정신적 기저로 작용하였을 것이다. 실제로 남명의 문하에서 많은 의병장과 의병들이 나온 것은 결코 우연한 일이 아니라 모두 그러한 연원이 있었기 때문이라고 하겠다.

남명은 유명한 「을묘사직소乙卯辭職疏」에서 "평소에 조정에서 재물로 사람을 임용하니, 재물은 모이겠지만 백성들은 흩어져서 끝내는 장수로 쓸 만한 사람이 없고 성에는 군졸이 없을 것입니다. 적이 무인지경에 침입하는 것과 같으니 어찌 이것이 괴이한 일이겠습니까? 이것은 역시 대마도의 왜구가 본토의 왜놈과 몰래 결탁해 그 앞잡이가 되어서 만고에 국가의 무궁한 치욕을 만들어 왕령이 떨치지 못하게 되니, 마치 국가의 한 모퉁이가 무너지듯 한 것입니다"[8]라고 하여 당시 국내의 부패상과 왜구의 국경침입 및 변란의 농후한 가능성을 예견하며 지적하고 있다. 또한 『학기유편學記類編』의 「치도治道」에서는 "사도가 정전을 관장하면 곧 관재를 변론하는 것이 어찌 특별히 문뿐이겠는가? 사마가 교전을 관장하면 곧 교습을 하는 것이 어찌 특별히 무뿐이겠는가? 이것은 문무 가 섞여서 하나의 도가 되는 것이다"[9]라고 하여 문무겸전의 중요성을 역설하고 있다. 이러한 것은 『공자가어孔子家語』에서 말한 "정공이 제나 라 제후와 함께 협곡에서 회맹을 하는데 공자가 그 일을 주관하면서 말하기를, 신이 듣건대 문의 일을 둔 사람은 반드시 무의 방비를 갖추고 무의 일을 둔 사람은 반드시 문의 준비를 갖춥니다"[10]라는 사상과 궤를

---

8) 『南冥集』, 卷2, 「乙卯辭職疏」, "平日朝廷以貨用人, 聚財而散民, 畢竟將無其人, 而城無 軍卒, 賊入無人之境, 豈是怪事耶. 此亦對馬○倭奴, 陰結向導, 作爲萬古無窮之辱, 而王 靈不振, 若崩厥角."

9) 『學記類編』, 卷4, 「治道」, "司徒, 掌其政典, 則其所辨論官材者, 豈特文而已. 司馬, 掌教 典, 則其所教習者, 豈特武而已. 此文武所以混爲一道也."

10) 『孔子家語』, 「相魯」, "定公與齊侯, 會於夾谷. 孔子攝相事曰, 臣聞, 有文事者, 必有武備, 有武事者, 必有文備."

같이하는 인식이다. 이러한 남명의 인식이 곧 그의 국방론이라고 하겠고, 그의 이러한 사상과 이론이 제자들에게 깊은 영향을 주어서 항상 문신이면서 무비武備를 소홀히 하지 말아야 한다는 생각을 가지게 함으로써 나라가 위태로울 때 분연히 일어나 문무의 가치를 온전히 이룩할 수 있었다고 하겠다. 구체적으로 남명은 「책문제策問題」에서 「어왜지책禦倭之策」11)을 통해 외적의 침입을 예견하고 그것을 방비하는 구체적 방법론을 제시하고 있다. 이러한 사상과 기풍이 결국 '임란창의臨亂倡義'의 결과로 이어진 것이 아닌가 한다.

　마지막으로 거론할 수 있는 남명 정신의 한 특징을 은구강학隱求講學이라고 규정해 보겠다. 남명은 한 번도 벼슬을 맡아서 현실정치에 뛰어들지는 않았다. 그는 한평생 재야在野에 있으면서 유자儒者와 선비로서의 본분을 지키면서도 자신이 뜻한 바의 도를 찾겠다는 뜻을 가지고 후진들을 많이 길러내었다. 이를 한마디로 표현하자면 은구강학隱求講學이라고 하겠다. 남명이 부조리한 자신의 시대를 보면서 가장 심각하게 고민한 것은 바로 이 시대에 대한 인식이었다. 출처가 바로 이것으

---

11) 『南冥集』, 卷2, 「策問題」, 『南冥集』, 卷2, 「策問題」, "問, 登歲無荒田, 治世無亂賊. 三苗有扈, 無非不治而逆命, 獫狁獯鬻, 雖遇賢君而爲亂, 抑一陰一陽, 陰之類胚胎於大化之中, 不能自已者歟. 方今聖明在上, 治具畢張, 而島夷爲亂, 邪育之恩有加, 而跳梁之禍無比, 無故而殺元師, 懷詐而干主威, 請還薺浦者, 知其不可, 而歷試朝意也. 請要三十卽去者, 非欲必得, 而愚弄國家也. 皷掌彈煩, 撫杖而瞋目曰, 必拔爾之項, 雖三尺童子, 猶知其恐動也. 堂堂大朝, 賢相良將, 旰食籌畫, 而惴惴焉莫知所對, 假以喪不議政, 當此時, 獨無折衝之辭, 亦無備禦之策乎. 雖不若韓琦請斬元昊之使於都門之外, 豈宜玉帛之命, 旋加於亂賊耶. 抑有縮縮難制之勢, 固不以干羽之舞而備其衝突者歟. 由是觀之, 無一邊瓦解之事, 以古方之, 非二帝金巡之厄, 顧何所畏, 而暗受巾幗之辱乎. 譯官傳命, 古之專對之任也. 倭人欲探國家微意, 略以物貨, 金銀犀珠, 磊落委積, 譯士分其所略於承傳內侍, 廟算方劃於龍床, 而漏說已屬於蠻耳. 內不能禁一介堅走, 而外能制百狡兇逆乎. 於是, 國無人矣. 賊入無人之境, 抑亦晩矣. 侵凌困辱, 固其宜矣. 然, 王赫斯怒, 稍加威靈, 則曰, 挑邊生事, 斬一譯史, 以廣機事, 則曰, 莫若卑辭順對, 若是則果無以對之之辭, 亦無禦之之策歟. 願聞其畫."

로 결정12)된다고 보았기 때문에 남명은 자기 시대를 출사할 수 있는 시대로 보지 않고 은거해야 하는 시기로 생각한 것이다. 나아가 유자와 선비가 은거할 때는 자신의 본분을 지키면서 후학들을 길러 다음 시대를 대비하는 일은 너무도 당연한 도리라고 여겼기에 남명은 이 길을 당당하게 걸어간 것이다.

남명이 길러낸 제자의 규모는 후대에 몇 차례 정리된 사우연원록師友淵源錄에 잘 나타나 있다. 이 사우연원록은 1636년 무민당無悶堂 박인朴絪 (1583~1640)의 주도 하에 처음으로 『산해사우연원록山海師友淵源錄』의 형태로 정리되었는데, 이 책에는 종유인從遊人 24명과 문인門人 50명만 기록되어 있다. 이를 통해 남명의 종유인과 문인들을 대략 알 수 있게 되었다. 이어 1764년에 묵재默齋 김돈金墩(1702~1770)과 어은漁隱 박정신 朴挺新(1705~1769)에 의해 『남명선생별집南冥先生別集』의 「사우록師友錄」 이 간행되었는데, 이 책은 앞서 나온 『산해사우연원록』과 같고 내용만 간소화되어 있는 특징을 보인다. 그로부터 한참이 지난 1894년에 남명의 후손인 복암復菴 조원순曹垣淳(1850~1803)에 의해 『산해연원록山海淵源錄』이 편찬되었는데, 여기에는 종유인과 문인의 구별이 없이 111명이 기록되어 있다. 그리고 근래에 들어와 1960년에 담헌澹軒 하우선河禹善 (1894~1975)의 주도로 『덕천사우연원록德川師友淵源錄』이 작성되었는데, 이 책은 기존 문인록에서 누락된 문인들을 각종의 문헌에 근거하여 추록追錄하였고 또 정확한 문헌적 근거가 없이 남명을 존모尊慕하는 정도가 문인에 결코 못지않은 사람을 「문인속록門人續錄」의 형태로 정리하였다. 이 책에는 모두 353명이 등재되어 있다. 그리고 마지막으로

---

12) 정우락, 「南冥 曺植과 南冥學派」, 『東方漢文學』 제17집(1999), 206쪽.

1998년에 『남명학파의 형성과 전개』라는 책에서는 기존 문인록에서 사숙인私淑人으로 분류해야 할 사람들을 추려내고 새로 11명을 추가하여 136인의 남명 문인을 확정하고 있다.

4. 남명정신의 합천지역 확산 양상

남명 정신의 합천지역으로의 확산 양상에는 첫째로 창의불출사형倡義不出仕型 문인들이 있다. 이들은 임진왜란이라는 전란을 당하여 자기 조국을 자신들의 힘으로 지켜내겠다고 과감하게 자발적으로 떨쳐 일어나 의병으로 출전하여 활동하였으나 벼슬은 하지 않았던 사람들과, 전사戰死를 당함으로써 아예 출사 자체가 물리적으로 불가능했던 문인들이다.

남명 정신의 합천지역으로의 확산 양상에 있어서 가장 두드러지고 중요한 특징 가운데 하나는 바로 국난國難을 당하여 의병으로 활동한 일이라고 하겠다. 이들 남명 문인들은 조선 건국 후 초유初有의 국난 앞에 무기력하게 무너지는 공권력을 목도하고 스승의 학문과 정신을 이어받아 고장 방위에 누구의 지시도 없이 자발적으로 나섰다. 그것은 평소 스승의 가르침을 철저하게 수용하여 자기 정신과 사상으로 확실히 체화·무장하였기 때문에 가능한 행동이었다. 이 세상에 죽음이 두렵지 않고 자기 재산이 소중하지 않은 사람이 어디에 있겠는가? 이들은 오로지 나라와 공동체만 있는 줄 알고 가정과 자신이 있다는 사실을 알지 못하는 이른바 "단지유국但知有國 부지유신不知有身"이라는 인식 하에 자신의 모든 것을 바쳐 고장을 지키고 나라를 구하는 일에 뛰어들었다. 합천지역 남명 문인들의 가장 두드러진 모습이자 특징이라고 할 수 있겠다. 그리고 이들은 의병활동이 종료되자 스승의 경우와는 달리 현실정치에 뛰어들어 선생의 학문과 정신을 현실정치에서 구현하였으므로 창의출사형倡義出仕型 문인이라고 분류하였다.

또한 의병활동을 마치고는 현실정치로 뛰어들지 않고 향리에 숨어서 선비로서의 자기 본분을 지키면서도 자기가 뜻한 바의 도를 추구하고 찾아오는 후학들을 길러내는 일에 종사한 창의은강형倡義隱講型 문인들이 있다. 이들 가운데에는 아예 현실정치로의 참여를 시도하지 않은 사람도 있고 내려오는 벼슬을 물리치고 취임하지 않은 문인들도 있는데, 여기에서는 이 두 가지를 모두 포괄하여 다루기로 한다.

네 번째로 이미 임진왜란 이전에 사망한 문인들로서 잠깐 출사했다가 은구강학隱求講學한 문인들이 있다. 그리고 임진왜란 이전에 이미 출사하여 현실적으로 의병활동에 참여할 수가 없었고 벼슬에서 물러나 향리나 자연 속에 은거하면서 자기가 뜻한 바의 도를 추구하며 후학들을 길러내는 일에 나선 문인들도 있다. 이러한 유형을 출사은강형出仕隱講型 문인이라 분류할 수 있는데, 이런 유형에 속하는 제자가 그렇게 많지는 않지만 이런 부류의 문인들도 합천지역에는 존재하고 있다.

마지막으로 현실로 나아가지 않고 자연 속에 은거하며 유자와 선비로 자신의 본분을 지키면서 자기가 바라는 바의 도를 추구하며 후진들을 양성해 낸 일군의 문인들을 불출사은강형不出仕隱講型 문인이라 할 수 있는데, 이와 같은 부류의 문인들은 스승 남명의 삶의 궤적과 매우 흡사한 경우라고 할 수 있겠다. 이런 유형에 속하는 문인들 역시 그 숫자가 그렇게 많지는 않은 듯하다. 아래에서 이러한 각각의 경우에 해당하는 문인들을 차례대로 살펴보기로 한다.

1) 창의불출사형倡義不出仕型

남명 정신의 합천지역으로의 확산 양상 가운데 임진왜란을 당하여 의병으로 나서서 자기 고장의 방위를 위해 노력하고는 현실정치로 나아가지 않은 문인들이 있고, 아예 임진왜란에 참여하여 의병활동을 하다가 전사한 문인들도 있다. 이들은 전란의 와중에 전사를 당하였으므로 아예 출사 자체가 불가능하였다. 이런 부류에 드는 문인들을 창의불출사형倡義不出仕型 문인이라 분류하고 아래에서 이런 부류의 문인들을 살펴보기로 한다.

먼저 비교적 이른 시기에 남명의 문하에 들어와 수학한 문덕수文德粹 (1516~1595)가 이런 유형에 해당한다. 그는 본관이 남평南平으로 자는 경윤景潤이고 호는 고사孤查이다. 고사는 1516년(중종 11)에 아버지 은垠의 아들로 태어나 삼가三嘉에 거주하였다. 일찍이 남명 문하의 제현들과 종유하면서 경의敬義를 함양하고 성리性理에 침잠하였으며, 효행과 문장이 세상에서 추중推重받는 바 되었다. 그리고 많은 벼슬이 내려졌으나 일절 취임하지 않았고, 임진왜란이 일어나자 망우당忘憂堂 곽재우郭再祐(1552~1617), 송암松庵 김면金沔(1541~1593), 대소헌大笑軒 조종도趙宗道(1537~1597), 대암大庵 박성朴惺(1549~1606), 송암松巖 이로李魯(1544~1598) 등과 함께 창의를 도모하였다. 그가 남긴 자료로 『고사실기孤查實紀』 2권 1책이 전한다.

임란의 와중에 의병으로 참여하여 남성방어장南城防禦將으로서 여러 차례 전공을 세워 표창까지 받았으나 미타령彌陁嶺 전투에서 전사한 변옥희卞玉希(1539~1593)는 전사하는 바람에 물리적으로 아예 출사를 할 수 없었던 경우이다. 그는 본관이 초계草溪로 자는 박초博楚이고 호는 평천坪川인데, 1539년(중종 34)에 첨정僉正 명춘命春의 아들로 태어났다. 어려서부터 힘이 세고 담력이 뛰어나 처음에는 무예를 익히기도 하였으나, 곧바로 학문에 뜻을 세워 남명의 문하에서 성리학을 연구하며 학자로서의 명성을 떨치기도 하였다.

그리고 내암의 문인이었던 육우당六友堂 정창서鄭昌緖(1560~1622)는 임란에 창의하였다가 전란이 끝난 후 출사하지 않은 인물이다. 그는 본관이 진양晉陽으로 자는 사효士孝이며 호는 육우당六友堂이다. 부친 정몽룡鄭夢龍과 모친 담양전씨潭陽田氏 사이의 장남으로 율곡면栗谷面 본천리本泉里에서 출생했다. 1590년 기축옥사己丑獄事에 죽은 수우당守愚堂 최영경崔永慶의 재차신원상소再次伸冤上疏에 참여하였고, 임란이 일어나자 스승과 함께 창의하여 낙동강洛東江 전투와 성주성星州城 전투에 참여하였으며 상당한 양의 재산을 의병지원에 사용하였다. 전란이 종식된 후에 스승이 유배를 가자 동계桐溪 정온鄭蘊과 함께 상소를 올려 구명하기도 하였다.

2) 창의출사형倡義出仕型

남명 정신의 합천지역으로의 확산 양상 가운데 가장 주목되고 도드라지는 특징은 창의출사형倡義出仕型 문인들이 많다는 점이다. 이들은 임진왜란이라는 조선 초유의 변란을 만나 자기 고장을 지켜내기 위해 의병으로 나서서 활동하게 된다. 이들은 남명의 경의사상에 깊은 영향을 받고 또한 남명의 국방중시 정신을 충실하게 계승하여 의병활동에 투신하게 되었다. 남명 문하에서 최초로 의병을 일으킨 제자는 의령宜寧의 망우당忘憂堂 곽재우郭再祐이지만, 남명의 수문首門이라고 할 수 있는 내암來菴 정인홍鄭仁弘이 망우당보다 약 50여 일 뒤에 창의한 사실과 그 이후로 남명의 많은 문인들과 내암의 문인들이 의병활동에 적극적으로 참여한 사실이 합천지역에서 남명 정신이 폭넓게 확산되는 계기를 마련하였다고 하겠다. 그리고 임진왜란의 종전終戰 이후에 고위직이든 그렇지 않든 실제의 현실정치에 참여하여 관료로서 활동한 문인들도 다수가 있다. 현실정치에의 참여는 모든 유자와 선비들이 꿈꾸는 가치이다. 그들은 어려서 유교적 교양과 학문을 배워 익혀서 그것을 자신만이 아니라 다른 사람들과 공유함으로써 대동사회大同社會의 건설을 지향하였다. 다시 말하면 수기치인修己治人 또는 수기안인修己安人이 그들의 이상이었다. 따라서 현실정치로 뛰어드는 것은 어떻게 보면 유자와 선비들의 당연한 책무라고 할 수 있다. 아래에서 이들의 면모를 간단하게 살펴보기로 한다.

먼저 남명 문인 가운데 창의출사형 문인으로 가장 대표적이고 전형적인 인물로 정인홍(1536~1623)을 들 수 있겠다. 그는 본관이 서산瑞山이고 자는 덕원德遠이며 호는 내암來庵으로 합천 가야 사촌리 출신이다. 내암은 남명 문하에 들기 전에 갈천葛川 임훈林薰(1500~1584)에게 잠시 수학하였다가 15세(1550)에 남명이 토동으로 돌아와 뇌룡정과 계부당을 짓고 후학을 기를 때 급문及門하여 제자가 되었다. 그 후로 스승의 가르침을 가장 충실하게 이어받아, 임진왜란 당시에 의병장으로 출정하여 큰 전공을 세우는 등 국가를 위해 맹활약을 하였고, 전란이 끝난 뒤에는 현실정치에 참여하여 선정을 펼치고 올바른 정치를 구현하기 위해 부단한 노력을 기울였다. 그렇지만 대북정권의 핵심으로 과격한 정책을 추진하는 과정에서 많은 사람들과 마찰과 갈등을 빚는 등 일정한 한계를 동시에 드러내기도 하였다. 문집으로 『내암집來庵集』 3권 3책이 전하고 있다.

다음으로 왜란이 일어나자 아우 형원亨遠과 함께 의병을 일으켜 망우당과 호응하였고, 후에 초유사招諭使 학봉鶴峯 김성일金誠一(1538~1593)이 조정에 보고하여 성주목사星州牧使에 특배特拜되고 성주진영병마첨절제사星州陣營兵馬僉節制使가 된 배명원裵明遠(1542~1593)이 있다. 그는 본관이 분성盆城으로 자는 군회君晦이고 호는 월정月汀이며 합천에 거주하였다. 그는 1542년(중종 37)에 태어났고 30세 때인 1572년(명종 5)에는 아우와 함께 남명을 병문안하였다. 그는 타고난 성격이 강정剛正하여 과거를 일삼지 않고 의리義理를 강구하였으며, 기축옥사 때에는 제현들과 함께 수우당 최영경의 신원소伸冤疏를 올리기도 하였다.

또한 남명의 조카(猶子)인 조의민曺義民(1545~1605)은 자가 자방子方이고 호는 경모재敬慕齋이며 본관은 창녕昌寧으로 삼가三嘉 판현板峴에 거주하였다. 그는 1545년(인종 1)에 태어났는데, 벼슬이 현감縣監에 이르렀다. 왜란이 일어나자 세 아들인 조계명曺繼明, 조계은曺繼誾, 조계장曺繼章과 더불어 창의하여 화왕산성火旺山城에서 곽재우와 함께 왜적을 물리치는 군공軍功을 세웠다.

다음으로 내암의 종제인 정인함鄭仁涵(1546~1613)도 이런 부류에 드는 사람이다. 그의 본관은 서산瑞山이고 자는 덕혼德渾이며 호는 금월헌琴月

月軒이다. 합천 가야伽倻의 사촌養村에서 출생하여 성주星州에 거주하였으며, 남명의 문인으로 왜란이 일어나자 창의하여 곽재우를 따라 화왕산성에서 적을 토벌하였다. 후에 선조가 그 충의를 가상히 여겨서 원종공신原從功臣 1등에 녹훈하였고, 주요 벼슬로 형조좌랑刑曹佐郎, 병조좌랑兵曹佐郎, 호조정랑戶曹正郎, 영덕현령盈德縣令을 역임하였다. 그에 관한 자료로 『호산연방집湖山聯芳集』 2권 1책과 『금월헌실기琴月軒實紀』가 전하고 있다.

또한 본관이 진양晉陽으로 자는 성원性源이고 호는 모헌暮軒이며 합천 야로冶爐 묵촌默村에 거주한 하혼河渾(1548~1620)이 있다. 그는 약관의 나이에 남명의 문하에 출입하여 위학지방爲學之方을 수학하였고, 남명의 사후에도 덕천서원德川書院을 찾아가 참배하였다. 모헌은 임진년 5월 10일에 야로에서 정인홍의 창의에 동참, 야로의 주학정住鶴亭에 본진을 세우고 낙동강 연안의 마진馬津과 무계茂溪, 안언安彦 전투 및 성주성 탈환 작전 등에 참여하여 치열한 전투를 치를 때마다 큰 전공을 세웠다. 그 후 50세(1597)이던 봄에 정유재란이 일어나자 고향 친지들과 함께 다시 의병을 일으키기도 하였다. 벼슬은 55세(1602)에 유일遺逸로 천거되어 참봉參奉, 세마사부洗馬師傅, 찰방察訪을 지냈다.

다음은 탁계濯溪 전치원全致遠의 아들로 본관이 완산完山이며 자는 시화時化요 호가 수족당睡足堂인 전우全雨(1548~1616)를 들 수 있는데, 그는 초계草溪에서 출생하였다. 어려서부터 순진하였고 효우孝友를 돈독히 하였으며 문장에도 능했고 글씨도 뛰어났다. 성품이 산수를 사랑하여 정자를 짓고 수족당이라 편액을 걸었는데, 이는 제갈공명諸葛孔明의 "초당춘수족草堂春睡足"[13]이란 글에서 따온 것이다. 임진란 때에 부

친을 따라 의병을 이끌고 전공을 세웠는데, 그 공으로 사축서별제司畜署
別提와 중림도찰방重林道察訪이 되었으며 사후에 사헌부지평司憲府持平
의 증직贈職을 받았다.

다음으로 본관은 전의全義이고 자가 임중任重, 호가 설학雪壑이며 초
계草溪 성산리城山里에서 출생한 이대기李大期(1551~1628)를 살펴보자.
그는 7세(1557)에 외조부 황강黃江 이희안李希顔(1504~1559)에게 배우기
시작하여 9세(1559)에 남명과 수우당 최영경에게 나아가 배웠다. 왜란
이 일어나자 탁계濯溪 전치원全致遠과 창의하여 향병鄕兵을 모아 망우당
곽재우와 합세하였다. 43세(1593) 정월에는 송암松巖 김면金沔을 만나러
가다가 의령에 이르러 곽재우, 죽유竹牖 오운吳澐(1540~1617) 등과 일을
논의하였다. 벼슬로는 44세(1594)에 황산도찰방黃山道察訪에 제수되었
고, 45세(1595)에 의흥현감義興縣監으로 제수되자 임지로 내려가 고을을
잘 다스려 많은 치적을 남기기도 하였다. 49세 때(1599)에 형조좌랑刑曹佐
郎이 되고 그해 12월 3일에 형조정랑刑曹正郎이 되었다. 문집으로『설학
집雪壑集』4권 2책이 전하고 있다.

본관이 신창新昌이고 자가 자협子協이며 호가 매와梅窩인 노순盧錞
(1551~?)은 1551년(명종 6)에 출생하여 합천에 거주하였다. 42세가 되었을
때 왜란이 일어났는데, 그는 초유사 김성일의 초유문을 보고 박사제朴
思濟, 허자대許子大 등과 더불어 군사 800여 명을 모아서 의병을 일으키
고 그 뒤 의령의 곽재우 부대에 합세하여 그 휘하에서 군량참모를
맡아 왜적 토벌에 큰 공을 세웠으며, 그 공으로 이듬해 영변부사寧邊府使
를 지냈다. 일찍이 노순은 남명으로부터 경의지설敬義之說을 들었고,

---

13) 諸葛亮, "大夢誰先覺, 平生我自知. 草堂春睡足, 窓外日遲遲."

남명은 "자협이 성현의 삼가는 바를 배운다"라고 칭찬하였다.

　임란 때 합천에서 스승 내암 정인홍과 함께 의병을 일으켜 왜적을 토멸한 문홍도文弘道(1553~?)는 본관이 남평南平으로 자는 여중汝中이고 삼우당三憂堂 문익점文益漸(1329~1398)의 후손인데, 할아버지는 익형益亨이며 아버지는 면勉이다. 1588년 식년문과式年文科에 급제하여 홍문관에 들어갔고, 정언正言, 지평持平, 세자시강원사서世子侍講院司書를 역임하고 홍문록弘文錄에 피선되어 홍문관수찬弘文館修撰을 지냈다. 이어 장령掌令을 여러 차례 지내고 평안도에 어사로 파견되었으며 수원부사水原府使와 의정부사인議政府舍人을 역임하였다. 정인홍의 일파가 되어 북인으로 활동하였는데, 이때 사간司諫 김신국金藎國, 헌납獻納 이이첨李爾瞻, 정언正言 박승업朴承業 등과 함께 계啓를 올려서 송화현감松禾縣監 이귀李貴와 경상우병사慶尙右兵使 박대수朴大秀의 부정을 지적하여 그들을 탄핵, 체직시켰다. 특히 남인의 영수인 영의정 서애西厓 유성룡柳成龍(1542~1607)이 임진왜란 때 강화講和를 주창했다는 이유로 그를 탄핵하여 체직시켰다.

　내암의 문인인 구산龜山 윤탁尹鐸(1554~1593)은 본관이 파평坡平으로 자는 성원聲遠이고 호는 구산龜山이다. 합천의 삼가 출신으로 아버지는 윤언효尹彦孝이다. 그는 1585년(선조 18) 무과에 급제하여 훈련원부정訓鍊院副正이 되었다. 임진왜란이 일어나자 향리에서 박사겸과 박사제, 노순, 조계명 등과 더불어 의병을 모집하여 활약하였는데 의병장 곽재우와 더불어 많은 전공을 세웠다. 정암진鼎巖津 전투에 이어서 의병장 송암 김면을 도와서 개령開寧과 김산金山, 지례知禮 등지에 출몰하는 왜적을 치며 분전하였다. 그리고 웅천熊川과 창원昌原, 김해金海, 고성固

城, 사천泗川의 왜적이 진주성을 공격할 때 경상우도 병마절도사兵馬節度使 김시민金時敏(1554~1592)을 도와 참전하였다. 1593년 제2차 진주성 전투에 참가하여 창의사倡義使 건재健齋 김천일金千鎰(1537~1593), 경상우병사慶尚右兵使 일휴당日休堂 최경회崔慶會(1532~1593) 등과 함께 분전하다가 전사하였다. 후에 병조판서에 추증되었으며 선무원종공신宣武原從功臣 1등에 녹훈되었다. 촉석정충단矗石旌忠壇에 병향竝享되고 삼가의 구연서원龜淵書院에 제향되었다.

역시 내암의 문인인 화음花陰 권양權瀁(1554~1618)은 본관이 안동으로 자가 경지景止요 호는 화음花陰인데, 부친은 증통정대부승정원좌승지贈通政大夫承政院左承旨 여겸汝謙이고 모친은 상호군上護軍 한세원韓世瑗의 따님인 청주한씨淸州韓氏이며 삼가 대평리에서 출생하였다. 처음에는 옥계玉溪 노진盧禛에게 배우다가 선조 14년에 내암의 문인이 되었다. 스승과 함께 창의하여 진중陣中의 군수軍需를 관리하였으며, 때로는 향병鄕兵을 모집하기도 하였다. 임란이 종식된 후에는 종부사宗簿司 주부主簿를 거쳐 현풍현감玄風縣監, 장수현감長水縣監을 지냈다. 친상親喪을 당하여 귀향하고는 옛 동문들과 임천林泉에서 교유하였고, 광해군 6년에 정운원종공신定運原從功臣 1등에 녹훈되었다.

또한 문경호文景虎(1556~1619)는 본관이 남평南平으로 자는 군섭君燮이요 호는 역양嶧陽인데 내암 정인홍의 문인이다. 임진왜란 때 곽재우와 더불어 의병으로 활동하였고, 대북파인 내암을 위하여 1601년 생원의 신분으로 상소해서 수우당 최영경의 죽음에 정철鄭澈과 성혼成渾이 주동이 되었다고 하여 그들을 논척하였다. 1602년 송라찰방松羅察訪이 되었고, 1615년(광해군 7) 김천찰방金泉察訪으로 있을 때 당시 대북파들의

전횡과 왕의 실책이 드러나자 이를 비판하던 동계桐溪 정온鄭蘊(1569~
1641) 등의 편에 서서 활동하다가 원래 정인홍의 문인으로 배사背師했다
는 죄로 삭탈관직을 당하였다. 저서로는 『역양집嶧陽集』이 있다.

그리고 조응인曺應仁(1556~1624)은 본관이 창녕으로 자는 선백善伯이
요 호는 도촌陶村이다. 부친은 증승지贈承旨 몽길夢吉이요 모친은 송계松
溪 신계성申季誠(1499~1562)의 따님으로, 묘산妙山 관기館基 심묘촌心妙村
에서 출생했다. 처음에는 자형인 서계西溪 김담수金聃壽에게 배우다가
나중에 내암 정인홍의 문인이 되었다. 임진왜란이 발발하자 내암 정인
홍과 함께 가야 숭산崇山에서 창의하였으며, 1607년에 왕자사부王子師傅
가 되었다. 이후 용담현령龍潭縣令과 온양군수溫陽郡守로 재직하며 선정
을 베풀어 송덕비가 세워졌으며, 대구도호부사大丘都護府使를 역임하였
다. 그 후에 폐모론廢母論이 일어나자 벼슬을 버리고 낙향하여 임천林泉
에서 여생을 보냈다.

조계명曺繼明(1568~1641)은 조선 중기 의병·무신으로 자는 희백熙伯
이고 호는 송재松齋이다. 본관은 창녕으로, 조부는 환桓이고 종조부는
남명南冥 식植이며 부친은 의민義民이다. 그는 어려서부터 가학을 배워
서 강개慷慨하고 의기義氣가 있었다고 한다. 임진왜란이 발발하자 아버
지를 모시고 아우 조계장曺繼章 및 윤탁尹鐸, 박사겸·박사제 형제, 노순
등과 함께 여러 싸움터를 옮겨 다니며 전공을 세웠다. 그리고 망우당
곽재우와 함께 악견산성岳堅山城과 화왕산성火旺山城을 수리하여 왜적
을 물리쳤다. 1594년(선조 27)에는 무과에 급제하여 왜적을 물리치는
데 더욱 큰 전공을 세웠으며, 벼슬은 훈련원첨정訓練院僉正, 은진현감恩
津縣監, 훈련원부정訓練院副正 등을 역임하였다. 병자호란이 일어나자

다시 의병을 모집하여 참전하기도 하였다. 저서로는 시문집인 『송재선 생문집松齋先生文集』이 있다.

합천 묘산妙山의 관기리館基里 출생인 강익문姜翼文(1568~1648)은 본관 이 진주晉州로 자는 군우君遇이고 호는 당암戇菴이다. 희필姬弼의 증손으 로, 할아버지는 인수仁壽이고 아버지는 판관判官 세탁世倬, 어머니는 일선김씨一善金氏이다. 1589년에 진사가 되었고, 1592년 임진왜란이 일 어나자 스승 내암과 함께 의병을 일으켜 왜적을 물리치는 일에 나섰다. 1606년 증광문과增廣文科에 급제하였고, 이듬해 성균관학유成均館學諭 에 임명되어 세자시강원世子侍講院 설서說書를 겸하였다. 1609년(광해군 1)에는 예조좌랑禮曹佐郎에 이어서 정언正言, 헌납獻納, 지평持平을 역임 하였고, 1612년에 문학文學, 이듬해에 장령掌令, 사간司諫이 되고 제용감 정濟用監正으로 옮겼다가 다시 사간司諫이 되었을 때 계축옥사癸丑獄事 가 일어났다. 그때 동계桐溪 정온鄭蘊이 영창대군의 처형이 잘못된 일임 을 상소하였다가 대역죄로 몰려 사형이 논의되자 칭병稱病하고 사직하 였다. 1618년 장남 대수大遂가 사간원에 있으면서 쟁론하다 유배되자 충원현감忠原縣監으로 좌천되었다. 뒤에 또 유배당했다가 인조반정이 일어난 뒤인 1631년에 아들 대수의 상소로 풀려나 전적典籍이 되었다. 이듬해 다시 제용감정에 임명되었으나 왕에게 사은하고 곧바로 전리田 里로 돌아가 한가로이 만년을 보냈다.

마지막으로 문려文勵(?~1623)는 본관이 남평南平으로 자는 자신子信이 고 호는 설계雪溪인데 사도정司稟正 문익성文益成의 아들이며 내암 정인 홍의 문인이다. 1592년 승문원정자承文院正字가 되었고, 왜란이 일어나 자 왕을 의주義州까지 호종扈從하였으며 이듬해 망우당과 함께 왜적

토벌에 큰 전공을 세웠다. 헌납獻納과 교리校理, 성균관직강成均館直講, 창원판관昌原判官, 장령掌令을 거쳤으며 집의執義로 있을 때 스승인 정인홍을 모함한 이귀李貴를 탄핵하다가 뜻을 이루지 못하였다. 고향으로 돌아갔다가 곧 상의원정尙衣院正으로 복직되었고 이어서 필선弼善이 되었으며, 사섬시부정司贍寺副正을 거쳐 통례원찬의通禮院贊儀가 되었다. 그 뒤 종묘서령宗廟署令을 지내고 사간司諫을 역임하였다. 사간의 직임을 잘 수행하였다고 하여 『대학大學』 한 부를 하사받았다.

3) 창의은강형倡義隱講型

남명 정신의 합천지역으로의 확산 양상 가운데 창의은강형倡義隱講型이라고 하면, 먼저 의병활동에 참여하였다가 나중에는 현실정치로 뛰어들지 않고 자연 속에 은거해서 자기가 추구하는 바의 도리를 구현하려고 하면서 후학들을 길러내는 일에 종사한 부류를 말한다. 이들 가운데에는 아예 현실정치로 나아가지 않고 의병활동을 종료한 후에 은거강학한 사람도 있고, 많은 벼슬이 내려왔으나 모두 사양하고 취임하지 않은 사람도 있다. 여기서는 이러한 경우를 모두 창의은강형으로 분류하여 살펴보기로 한다. 이러한 부류에 드는 사람은 그렇게 숫자가 많지는 않아 보인다.

29세(1555)가 되던 해에 삼가 토동으로 찾아가 남명의 제자가 된 탁계濯溪 전치원全致遠(1527~1596)은 자가 사의士毅이고 호는 탁계濯溪이며 본관은 완산完山으로, 합천 쌍책 하신리에서 출생하여 초계草溪에 거주하였다. 탁계는 37세(1563)에도 남명을 찾아 덕산의 산천재山天齋로 가서 남명의 문하에서 공부하였다. 탁계는 52세(1578)가 되던 봄에 강정江亭

을 지어 학문을 연마하면서 자연을 벗 삼아 읊조리며 유유자적한 생활을 보내기도 하였다. 66세(1592) 여름에 왜구가 쳐들어오자 설학雪壑 이대기李大期와 함께 창의토적倡義討賊할 것을 약속하고 곽재우와 합세하였다. 당시 탁계는 아들 우雨와 조카 제霽를 불러 의병모집을 지시하고, 몸소 외군外軍을 통솔하여 초계 낙동강의 사막진沙幕陣 전투에서 왜선과 왜적을 대파하고 낙동강을 건너는 적을 물리쳤다. 이후로도 그는 수차례에 걸친 소규모 유격전과 대규모 전투에서 모두 큰 승리를 거두었다. 문집으로 『탁계집濯溪集』 5권 1책이 전한다.

그리고 66세(1592) 4월에 왜란이 일어나자 화음花陰 권양權瀁(1555~1618) 등과 함께 삼가에서 의병을 일으켜 곽재우의 진중에서 군량미 운송을 담당한 노흠盧欽(1527~1602)은 자가 공신公信이고 호는 입재立齋이며 본관이 광주光州로, 삼가에 거주하였다. 그는 19세(1545)에 남명을 만나 제자가 되었는데, 남명이 일찍이 노흠에게 경敬과 의義를 배워 궁구하면 도를 들을 날이 있을 것이라고 가르쳐 주었다. 38세(1564)에 생원시에 입격入格하고 성균관에서 추천하여 참봉參奉, 봉사奉事의 벼슬을 내렸으나 모두 나아가지 않고 학문과 수행에 전념하였다. 문집으로는 『입재집立齋集』 3권 1책이 전하고 있다.

왜란이 일어나자 같은 고을의 사우들과 함께 창의하였고 사후에 이조참판에 추증된 진극원陳克元(1534~1595)은 자가 경여敬汝이고 호는 월와月窩이며 본관은 여양驪陽으로 초계에 거주하였다. 그는 22세(1555)가 되던 봄에 삼가 토동으로 남명을 찾아뵙고 속수束脩의 예를 드렸다. 그리고 30세(1563)에 다시 산천재로 남명을 배알하였는데, 이때에는 재종제再從弟인 진극인陳克仁도 함께 따라갔다. 월와는 19세(1552)이던 봄에 사마시에 입격하고 알성문과謁聖文科를 보았으며 21세(1554)이던 겨울에 이조정랑에 제수되었으나 나아가지 않았다. 문집으로 『월와일고月窩逸稿』 2권 1책이 전하고 있다.

또한 형제간에 활약한 문인도 있는데, 먼저 형인 이현좌李賢佐(1538~1607)는 본관이 인천仁川으로 자는 이충以忠이고 호는 수헌睡軒인데 이현우李賢佑의 친형이다. 그는 1548년(명종 3)에 아버지 초楚와 어머니 면천沔川 한세영韓世英의 따님 사이에서 태어났다. 임란이 발발하여 박사겸朴思謙·박사제朴思齊 형제가 입재立齋 노흠盧欽, 추담秋潭 윤선尹銑, 구산龜山 윤탁尹鐸 등과 함께 창의하여 향병鄕兵을 모집하자 아우 수헌睡軒 현좌賢佐와 송재松齋 조계명曹繼明 등과 함께 삼가의 의병대원義兵隊員으로 곽재우를 지원하였다.

왜란이 일어나자 형 수헌 현좌와 송재 조계명 등과 더불어 향병을 모아 곽재우를 도왔던 이현우李賢佑(1548~1623)의 자는 진충盡忠이고 호는 토천兎川이며 본관은 인천으로 삼가의 토동에 거주하였다. 그는 남명의 내질內姪이면서 또한 인근에 살았으므로 어려서부터 가르침을 받았다. 그 후에도 덕산德山을 왕래하면서 가르침을 받았는데, 남명이 그에게 도구陶丘 이제신李濟臣(1510~1582)에게 나아가 배우기를 명하니 성취함이 있었다고 한다.

마지막으로 내암의 재종제再從弟인 정인준鄭仁濬(1551~1625)을 살펴보자. 그는 자가 덕연德淵이고 호는 구담龜潭이며 본관은 서산瑞山으로 합천에 거주하였다. 1579년 사마시에 입격한 후에도 과거 준비에 몰두하였으나, 광해군 시대의 정국을 보고는 과거를 단념하고 존양存養의 공부에 힘썼다. 왜란이 일어나자 망우당 곽재우와 함께 창의하여 왜적

을 물리쳤다. 계축옥사癸丑獄事 때에는 북인 정권의 핵심인 재종형 정인
홍과 반목하였고, 마침내 백형伯兄인 감은대甘隱臺 정인흡鄭仁洽(1545~
1608)과 함께 거창 가북加北의 상감월上甘月로 옮겨가 살았다. 그러자
정인홍이 초은시招隱詩를 보내어 회유하기도 하였으나 두문부출하면
서 오로지 학문연마와 강학에 힘썼다. 그러다가 다시 합천 율진栗津의
구호龜湖 가에다 구담정사龜潭精舍를 지었고, 또 주위에 소나무 수십
그루를 심어 놓고는 송정松亭이라 부르기도 하였다.

4) 출사은강형出仕隱講型

남명 정신의 합천지역으로의 확산 양상 가운데 출사은강형出仕隱講型
에 속하는 문인 부류가 있다. 이들은 잠시 출사하여 활동하고는 임진왜
란 이전에 은구강학하다가 사망한 경우이다. 이미 출사를 한 상태였기
때문에 임진왜란 때 의병활동에는 물리적으로 참여할 수가 없었고,
왜란이 끝난 후에는 자연이나 향리에 은거하면서 자신이 뜻하는 바의
도를 추구하며 강학에 종사한 문인들이 이런 유형에 속한다고 볼 수
있겠다. 이들 역시 그 숫자가 그렇게 많지는 않아 보인다.

먼저 25세(1550) 때 부친의 명으로 남명을 뵙고는 가르침을 청하였고,
27세(1552)에는 문익형文益亨, 문익명文益明 두 형과 함께 산해정에서
『예기禮記』와 『춘추春秋』 등을 공부한 바 있는 문익성文益成(1526~1584)
이다. 그의 자는 숙재叔栽, 분중賁仲이고 호는 옥동玉洞이며 본관은 남평
南平으로 합천에 거주하였다. 그는 1526년(중종 21)에 진사 옹翁의 셋째
아들로 태어났다. 37세(1562)에 천왕봉 아래 산천재로 남명을 다시 찾아
가서 성현들의 마음공부에 대해 배웠는데, 이때 남명이 항상 지니던

칼에 새긴 명銘을 보여 주면서 경의敬義의 뜻을 깨우쳐 주었다고 한다. 36세(1561) 9월에 문과에 급제하였고 38세(1563) 10월에 첫 벼슬로 승문원부정자承文院副正字를 제수받았다. 이후 승문원정자承文院正字와 박사博士 등의 벼슬을 하였다. 41세(1566)에는 홍원현감洪原縣監으로 나가 고을의 자제들에게 독서를 장려하고 또 향교鄕校에 이들을 모아 강회를 열기도 하여 풍속을 교화하였다. 50세(1575)에는 헌납獻納의 벼슬을 거쳐 양양도호부사襄陽都護府使로 나아갔는데, 양양에서도 관내 자제들을 모아 향약鄕約의 약조約條를 가르치고 효도하고 어른을 공경하는 풍속을 장려하였다. 이때 양양 부민府民들이 공적비를 세웠다. 54세(1579)에는 나주목사羅州牧使를 제수받았고, 59세(1584)에는 숙천도호부사肅川都護府使의 벼슬을 제수받았다. 문집으로『옥동집玉洞集』2권이 전하고 있다.

다음으로 23세에 남명을 덕산으로 찾아가 문인이 된 박이장朴而章(1547~1622)은 본관이 순천順天으로 자는 숙빈叔彬이고 호는 용담龍潭 또는 도천道川이다. 아버지는 승지 박양좌朴良佐이며 어머니는 성산배씨星山裵氏로 별좌別坐 배은裵垠의 딸이다. 1586년 별시문과別試文科에 급제해 승문원정자承文院正字, 홍문관수찬弘文館修撰, 교리校理 등을 지내고 1591년 서장관書狀官으로 명나라를 다녀왔으며, 임진왜란 때에는 초유사 김성일의 주청으로 종사관從事官이 되어 활약하였다. 1593년 10월 사헌부지평司憲府持平, 지제교知製敎, 사간원정언司諫院正言을 역임하였고, 1594년 이조좌랑吏曹佐郎, 세자시강원사서世子侍講院司書를 겸직하였다. 1595년에 이조정랑吏曹正郎, 홍문관부응교弘文館副應敎를, 1599년에는 사간원사간司諫院司諫, 사헌부집의司憲府執義를 지냈고, 1601년

에 성균관전적成均館典籍, 상의원정尙衣院正을 지내고 이듬해에 사헌부
집의司憲府執義, 홍문관직제학겸시강원보덕弘文館直提學兼侍講院輔德, 동
부승지同副承旨, 참찬관參贊官을 역임하였다. 1603년에 다시 동지정사冬
至正使로 명나라를 다녀왔고, 이어서 대사헌大司憲, 이조참판吏曹參判,
홍문관부제학弘文館副提學을 지냈다. 1608년 광해군이 즉위하자 정인홍
을 논계論啓하였으며, 이듬해에 대사간大司諫이 되고 이어서 동지춘추
관사同知春秋館事, 대사성大司成을 거쳐 다시 대사간이 되었다. 이후 성주
로 내려가 저술과 후진 양성에 힘썼다. 문장에 능하였고, 특히 시에
특장特長이 있었다. 저술로는『용담집龍潭集』,『정서절요程書節要』,『육
경여해『六經蠡海』가 있다.

윤선尹銑(1559~1637)은 본관이 파평坡平으로 자는 택원澤遠이고 호는
추담秋潭이며 삼가 구평龜坪에서 출생하였다. 연硏의 증손으로 할아버
지는 수종秀宗이고 아버지는 증이조판서贈吏曹判書 윤언례尹彦禮이며
어머니는 밀양박씨로 사직 박승효朴承孝의 딸이다. 1582년(선조 15) 진
사시에 입격하고 1588년 식년문과式年文科에 급제하여 성균관학록成均
館學錄, 전적典籍, 승문원정자承文院正字, 홍문관박사弘文館博士 등을 역임
하였다. 1592년 고향에서 임진왜란이 일어났다는 소식을 접하고 상경
하였는데, 선조가 이미 몽진蒙塵을 떠나자 즉시 뒤따라갔다. 이에
선조는 충절을 가상하게 여겨 사헌부장령司憲府掌令에 임명하고 특별
히 명령하여 세자를 수행하게 하였으며 묘주廟主를 봉행하게 하였다.
1601년에 부안현감扶安縣監을 거쳐 1603년 사간원대사간司諫院大司諫에
임명되었고, 1605년에는 예조와 호조의 참의參議를 역임하였으며,
1606년 승정원의 우승지와 도승지, 성균관대사성을 지냈다. 광해군이

즉위하자 이조참판에 임명되었고 병조참판과 예조참판을 역임하였다. 1613년(광해군 5) 계축옥사로 인목왕후가 구금되자 호위하는 군졸을 시켜서 쌀과 고기를 헌납하였다. 이 일이 발각되자 윤선은 공궤供饋를 하지 않으면 만세에 불효의 이름을 면하지 못할 것이라고 광해군을 설득하여 공궤를 끊는 일이 없도록 하였다. 1614년 주문사奏聞使로 중국을 다녀왔고, 1617년 의정부우참찬議政府右叅贊에 임명되었다. 1623년에 인조반정이 일어나 인조가 즉위하자 다시 우참찬에 임명되었으나 나아가지 않고 산수를 즐기며 여생을 마쳤다. 저서로는『추담문집秋潭文集』2책이 있다.

재전再傳 문인으로 처음 노흠盧欽에게 글을 배우고 뒤에 노파蘆坡 이흘李屹(1557~1627)의 문하에서 수학한 허돈許燉(1586~1632)은 본관이 김해金海이고 자는 덕휘德輝이며 호는 창주滄洲이다. 할아버지는 허팽령許彭齡이고 아버지는 찰방 홍재洪材이며 어머니는 파평윤씨로 윤언례尹彦禮의 딸이다. 1616년(광해군 8) 별시문과別試文科에 급제하였고 성균관학유成均館學諭, 성균관박사成均館博士를 거쳐 예조정랑禮曹正郎을 역임하였다. 그 후에 폐모설이 대두되자 인륜의 기강이 무너졌다고 탄식하면서 벼슬을 버리고 물러나 와림천臥林泉에서 부모를 봉양하면서 학문에 전념하였다. 1623년(인조 1)에 인조반정으로 광해군이 폐위되고 전라도사全羅都事에 임명되었으나 나아가지 않았다. 1627년 남한산성에서 강화가 이루어지자 이를 매우 부끄럽게 여겼으며, 또 친구인 임진부林眞怤에게 시 300구절을 써 주었는데 시대를 한탄하고 나라를 걱정하는 심정이 담겨 있었다. 저서로는『창주집滄洲集』이 있다.

5) 불출사은강형不出仕隱講型

남명 정신의 합천지역으로의 확산 양상 가운데 스승인 남명처럼 현실정치로 직접 뛰어들지 않고 재야에 은거하면서도 자신이 뜻한 바의 도를 찾겠다는 뜻을 가지거나 후진들을 기르는 불출사은강형不出仕隱講型 문인들이 있다. 이들은 당시의 세상이 출사하기에 적합하지 않다는 판단 아래 수기수분修己守分하는 선비 본연의 자세를 유지하면서도, 본인들이 추구하는 바의 도리를 구현하려고 하면서 또 하나의 중요한 임무인 후진 양성을 위한 강학 활동에 매진하는 모습을 보여주었다. 어떻게 보면 불출사은강형 문인들은 스승인 남명의 길을 가장 충실하게 따라간 사람들이라고 할 수 있겠다. 그렇지만 이러한 모습이 선비 본연의 모습이라고 하기는 어렵다. 사세事勢가 부득이해서이지 덮어놓고 은거하는 것만이 능사는 아니다. 이 점은 남명의 일생 행적을 살펴볼 때 더욱 자명하게 드러난다. 남명은 비록 은거해 있을지라도 끊임없이 현실문제에 관심을 가지고 현실의 잘못된 점에 대해 비판을 가하면서 대안과 해결책을 제시하는 삶을 살았다. 이러한 모습이 선비 본연의 모습이 아닌가 한다. 아래에서 합천지역의 직전 및 재전 제자들 가운데 이러한 유형에 속할 수 있는 문인들의 면면을 간략하게 살펴보기로 한다.

먼저, 어려서는 활쏘기와 말 타기에 종사하였으나 뇌룡정으로 남명을 찾아뵌 후 경의지결敬義之訣에 전심하게 된 허팽령許彭齡(1528~1584)의 자는 천로天老이고 호는 만헌晩軒이며 본관은 김해이다. 그는 1528년(중종 23)에 순珣의 아들로 태어났다. 그는 자릉참봉恣陵參奉을 제수받았으나 나아가지 않았고 합천에 남명을 위한 서원인 용암서원龍岩書院을 제현들과 더불어 창건하고 매월 삭朔에 분향하고 참배하기를 늙도록 계속하였다.

다음으로, 송희창宋希昌(1539~1620)의 자는 덕순德順이고 호는 송헌松軒이며 본관은 은진恩津인데, 1539년(중종 34)에 태어나 삼가에 거주한 사실 이외에는 자료가 별로 없어서 자세한 행적을 알 수가 없다.

그리고 어려서부터 학문에 뜻을 두고 남명을 배알하였을 때 남명으로부터 학문이 독실하다고 하여 허여를 받은 바 있는 정인기鄭仁耆(1544~1617)는 자가 덕유德裕이고 호는 문암文庵이며 본관은 서산으로 합천에서 출생하여 성주에 거주하였다. 그는 1544년(중종 39)에 건健의 아들로 태어났으며 정인홍의 종제從弟이다. 59세(1602)에 유일遺逸로 사재감 첨정司宰監僉正에 제수되었으나 사양하고 부임하지 않았다. 광해군이 즉위하여 인륜이 무너지자 문을 닫고 자취를 감추었으며, 주로 이언영李彦英, 이산남李山南 양현과 도의道義로 교유하였다. 그가 남긴 자료로는 『호산연방집湖山聯芳集』 2권 1책 중에 『문암실기文庵實紀』가 전해 오고 있다.

이어서 조수천曺受天(1550~?)의 자는 고초古初이고 호는 정와靜窩이며 본관은 창녕인데, 1550년(명종 5)에 서벽헌捿碧軒 경鏡의 아들로 태어났다. 그는 약관의 나이에 아우 이천以天과 함께 남명으로부터 도기지론道器之論을 배웠다. 그는 관직에 뜻을 두지 않았으며 위기지학爲己之學에 힘쓰고 후생을 가르치는 것을 자신의 임무로 삼았다.

1560년(명종 15)에 경鏡의 아들로 태어난 조이천曺以天(1560~1638)은 수천受天의 아우로, 자는 고초顧初이고 호는 봉곡鳳谷이며 본관은 창녕이다. 그는 어려서부터 남명의 문하에 들어가서 『소학』 등을 배우고

성학聖學과 경의지지敬義之旨 및 군자출처君子出處의 대의大義를 들었으며 돌아갈 때에는 남명이 글을 써서 주면서 격려하였다고 한다. 또한 그는 부사浮査 성여신成汝信, 이종영李宗榮 등과 「성산계서록城山鷄黍錄」을 만들어 모임을 가지기도 하였다. 그가 남긴 자료로는 『봉곡일고鳳谷逸稿』 2권 1책과 『사례절해四禮節解』, 『계정집溪亭集』, 『계서록鷄黍錄』 등이 전하고 있다.

남명의 가장 말년 제자인 유덕룡柳德龍(1563~1644)의 자는 시견時見이고 호는 초료당鷦鷯堂이며 본관은 문화文化로 삼가에 거주하였는데 남명 사후 각재覺齋 하항河沆(1538~1590)에게 배웠다. 초료당은 벼슬길에 나아가지 않고 일생을 향리에 묻혀 여러 선비들과 어울려 지내면서, 때로는 시를 짓기도 하고 때로는 『심경心經』과 『근사록近思錄』을 강론하거나 밤새워 토론을 하는 등 그야말로 은거강학의 삶을 살았다고 하겠다. 그가 남긴 자료로는 『초료당실기鷦鷯堂實紀』 3권 1책이 전하고 있다.

또 일찍이 과거를 단념하고 오로지 학문에만 전념했던 남계柟溪 이중무李重茂(1568~1629)가 있다. 그는 임진왜란을 만나게 되자 고향 의령을 떠나 합천 숭산崇山의 외가로 피란 가서 외삼촌 박이문朴而文과 박이장朴而章 형제에게 학문을 익히다가, 사양泗陽에서 강학하고 있던 한강 정구를 찾아가 그 문하에서 수학하였다. 본관이 벽진碧珍으로, 자는 회부晦敷이고 호는 남계柟溪이다. 아버지는 장사랑將仕郎 진영縉이며 어머니는 순천박씨順天朴氏로 박양좌朴良佐의 딸이다. 그는 김굉필金宏弼이 소요하던 숭산의 한훤당寒暄堂 구지舊址인 지동암志同巖 곁에다 소학당小學堂을 짓고 내제內弟들과 같이 학문을 강마하면서 김굉필의 유풍을 사숙하였다. 남계는 선비의 굳건한 기개와 청아한 지조가 있어서 광해군 때 살제폐모殺弟廢母의 변이 일어나자 상소를 하여 이의 부당함을 간하였다. 저서로는『남계문집枏溪文集』4권이 있다.

그리고 박열朴悅의 자는 여안汝安이고 호는 임리재臨履齋이며 본관은 밀양密陽인데, 일찍이 남명의 문하에서 위학지대방爲學之大方을 배웠다. 명종 때 현량賢良으로 참봉叅奉에 제수되었으나 나아가지 않고 산림에서 노닐며 옛 성현의 글을 힘써 읽었다. 그는『주역周易』에 뛰어나 소장消長과 진퇴進退의 이치를 깊이 탐구하였는데, 세상에서는 그를 주역선생周易先生이라고 불렀다.

마지막으로 내암의 제자인 무민당無悶堂 박인朴絪(1583~1640)은 합천 야로면 하림리 외가에서 출생하였는데, 본관은 고령高靈이고 자는 백화伯和이며 호는 임헌臨軒 또는 무민당無悶堂이다. 부친은 임란에 창의한 성균생원成均生員 수종壽宗이고 모친은 정건鄭健의 따님이다. 3세 때 모친상을 당하여 재종조모再從祖母인 형씨邢氏의 보살핌으로 자랐는데, 자질과 기량이 뛰어나 10세 때 능히 문장을 지었다고 한다. 22세 때 향시에서 1등으로 입격하였으나 벼슬을 단념하였고, 25세 겨울에 용강촌龍岡村에 살면서 서실을 잠실潛室이라 이름하였다. 27세 봄 향시에 또 합격했으나 이것은 어버이를 위한 것이었다. 그러나 남명의 욕천시浴川詩를 읽고 깨달은 바가 있어서 부친에게 과거를 치르지 않기를 요청하였다. 28세 때는 임헌臨軒이라고 자호하였고, 30세 가을에는 덕천에 가서 남명의 사우祠宇와 묘소를 배알하였다. 이듬해 이이첨 일파가 폐모살제廢母殺弟를 하자 내암 정인홍에게 편지를 보내어 불가함을 주장했다. 42세 때에는 석담石潭 이윤우李潤雨(1569~1634)가 무민당을 조정에 천거하였고 우복愚伏 정경세鄭經世(1563~1633)도 그의 학덕을 듣고 조정에 천거했다. 46세 때 봄 덕산에서 남명의 아들 조차마曹次磨로부터 남명의 「연보年譜」와 「사우록師友錄」을 부탁받았다. 49세 때에는 서애西厓 유성룡柳成龍(1542~1607)의 셋째 아들인 합천군수 유진柳袗(1582~1635)이 스스로 무민당을 찾아와서 친교를 맺고 고을 다스리는 일을 자주 자문하였다. 50세 7월에 창릉참봉昌陵參奉을 제수받았으나 부임하지 않았고, 54세 때에는 혼신의 노력으로 『산해사우연원록山海師友淵源錄』을 완성했다. 55세 때 인조가 청淸에 항복하는 삼전도三田渡의 국치國恥를 당하자 거처하는 곳의 이름을 무민당无悶堂이라고 고치고 문을 절호문節戶門이라고 하였다. 1640년 11월 10일 58세를 일기로 고산정사孤山精舍에서 세상을 떠났다.

5. 나오는 말

합천은 남명의 출생지이면서 남명의 실천정신을 가장 잘 담고 있는 「을묘사직소」를 작성하여 올린, 인생의 중요한 시기인 장년기를 보낸 곳이다. 또한 많은 제자들이 스승 남명의 가르침을 충실하게 이어받아서 국란을 당하자 고장 방위와 나라 지키기에 과감하게 떨쳐 일어나 의병활동을 활발하게 전개한 곳이기도 하다. 다시 말하면 남명 정신이 가장 역동적으로 살아 숨을 쉬는, 남명 정신의 산실이자 본고장이라고 할 수 있겠다.

지금까지 논의한 내용을 결론으로 정리해 보면 다음과 같다. 남명

정신의 실천적 면모로는 경의敬義사상과 외적을 침입을 예견하고 미리 방비하며 문무겸전文武兼全의 중요성을 강조한 국방론國防論, 현실정치에 몸소 나아가지 않고 자연 속에 은거하여 유자儒者와 선비로서의 본분을 지키면서 자신이 추구하는 바의 도리를 구현하며 후학들을 양성해 내는 은구강학隱求講學의 삶을 몸소 실천한 것이 그것이다.

남명 정신의 합천지역으로의 확산 양상으로 다음과 같은 다섯 가지를 상정해 볼 수 있겠다. 먼저 창의불출사형倡義不出仕型은 말 그대로 임란에 의병으로 나섰다가 전쟁의 와중에 전사하는 바람에 출사할 수가 없게 된 경우로, 두 명의 문인이 이에 해당한다. 다음으로 창의출사형倡義出仕型이 있는데, 이는 임란이 발발하자 자기 고장의 방위를 위해 의병으로 나서서 활약하다가 전란이 종식된 이후 다시 현실정치에 참여한 부류의 문인들을 말한다. 남명의 문인들 가운데 가장 많은 비중을 차지하는 부류이다. 이어서 창의은강형倡義隱講型이 있는데, 이들 부류는 의병으로 활약하고 나서 전란이 끝난 후에 다시 현실정치로 나아가지 않고 향리나 자연 속에 은거하면서 유자나 선비 본연의 자세를 지키며 평소 자신이 추구하는 바의 도리를 구현하고 후진들을 양성하는 일에 종사한 문인들을 말한다. 그리고 출사은강형出仕隱講型의 문인들도 있는데, 전란이 일어났을 때 이미 관료가 되어 있어서 의병으로는 활약하지 못한 경우로 이후 은거하며 뜻한 바의 도리를 구현하며 강학을 한 부류이다. 이들은 남명의 문인들 가운데 가장 그 숫자가 적은 모습으로 나타난다. 마지막으로 불출사은강형不出仕隱講型 문인들이 있는데, 스승 남명의 길과 거의 유사한 삶을 살아간 경우로서 향리나 자연 속에 은거하며 유자나 선비 본연의 자세를 지키면서도 자신이 추구하는 바의 도리를 구현하며 후학들을 양성해 내는 일에 종사한 문인들이 여기에 속한다. 이상으로 남명 정신이 합천지역으로 확산되는 양상을 대략 다섯 가지 유형으로 분류해 보았다. 물론 이러한 분류에 속하지 않는 경우도 있을 것이다. 앞으로 직전直傳, 재전再傳, 삼전三傳, 혹은 그 이상으로 전해지는 제자들의 경우를 살펴보면 남명 정신이 합천지역으로 다양한 양상으로 확산되어 나가는 면모를 확인할 수 있을 것이다. 후속되는 연구를 기대해 본다.

제2장 사족가문의 삼가지역 이주와 의병활동 양상

박 용 국

1. 머리말

지리상으로 보면 삼가현三嘉縣은 황강 수계지역과 남강 수계지역으로 대별된다. 이는 역사적 경험을 달리하는 두 고을이 생겨난 지리적 배경이었을 것이다. 삼가현은 1414년(태종 14)에 삼기현三岐縣과 합천의 임내 가수현嘉樹縣을 병합하여 생겨난 고을이다.[1] 이러한 역사 경험의 차이는 삼가현의 방리에도 반영이 되어, 옛 삼기현 지역에는 고현리古縣里를 비롯한 7개 리, 옛 가수현 지역에는 백동리栢洞里를 비롯한 6개 리가 편제되어 있었다.

고려시대 삼기현과 가수현의 재지세력으로 생각되는 삼가현의 토성은 모두 9개로 삼기현의 토성이 박씨朴氏 등 모두 다섯이고, 가수현의 토성이 이씨李氏 등 모두 넷이었다.[2] 하지만 그들 토성 내지 토성이족土

---

1) 『태조실록』, 권5, 3년 3월 14일(계축); 『태종실록』, 권28, 14년 12월 3일(임신); 『세종실록지리지』, 경상도 삼가현조.
2) 『세종실록지리지』, 경상도 삼가현조; 『신증동국여지승람』, 권31, 삼가현 성씨조.

姓吏族이 삼가현에서 사족으로 성장했다는 증거는 거의 없다. 따라서 조선시대 삼가현의 향권을 주도한 사족은 거의 모두가 고려 말기부터 조선 중기에 걸쳐 다른 읍에서 이주한 가문 출신이다.

삼가현의 향촌지배체제는 고려 말기 이래 이주한 사족가문의 형성에서 비롯하여 16세기에 이르러 그들의 향촌 활동을 통해 재지사족의 지배력을 성장시키면서 확립되었다. 대평리 죽전촌·성지촌의 안동권씨 가문과 밀양박씨 가문, 백동리 물동의 초계정씨 가문, 현내리 판현동의 창녕조씨 가문, 백동리 평구촌의 김해허씨 가문, 가회리 구평의 파평윤씨 가문, 백동리 물동의 죽산박씨 가문, 가회리 덕촌의 김해허씨 가문 등이 고려 말기에서 16세기 중엽에 입향하여 대표적인 삼가현의 사족으로 성장한 가문이다.[3] 조선 중기 이들 가문의 성장에서 주요한 전환점은 남명학파의 정치·사회적 성장, 임진왜란에서 전세 역전의 의병활동, 1623년 서인정변이라 할 수 있다.

사족가문의 삼가현 이주·정착과 의병활동에 대한 선행 연구로는 파평윤씨 가문의 구평리 정착과 의병활동을 상술한 논고가 있으며,[4] 조선 후기 삼가현의 향권을 둘러싼 갈등을 다룬 논고도 주목된다.[5] 다만 후자의 경우 미시적인 측면에서 미흡한 점이 없지 않다. 이 점은 구평리 파평윤씨

---

3) 박용국, 「영남지역 선비문화의 초등역사교육 활용」, 『退溪學과 韓國文化』 41(2007); 김준형, 「三嘉지역의 鄕案入錄을 둘러싼 당파적 갈등」, 『韓國史研究』 147(2009); 박용국, 「조선 중기 삼가 구평리 파평윤씨 가문의 혼맥과 사회적 위상」, 『歷史教育論集』 67(2018); 박용국, 「임진왜란기 삼가 구평리 파평윤씨 가문의 전쟁 대응」, 『남명학연구』 61(2019); 박용국, 「여말선초 대평리 입향 인물과 그 의미」 『선비문화』 36(2019).

4) 박용국, 「조선 중기 삼가 구평리 파평윤씨 가문의 혼맥과 사회적 위상」, 『歷史教育論集』 67(2018); 박용국, 「임진왜란기 삼가 구평리 파평윤씨 가문의 전쟁 대응」, 『남명학연구』 61(2019).

5) 김준형, 「三嘉지역의 鄕案入錄을 둘러싼 당파적 갈등」, 『韓國史研究』 147(2009).

가문을 다룬 논고에서 보완이 이루어졌지만 다른 방리 사족가문에 대해서는 미처 깊이 있는 보완이 이루어지지 못했다. 그리고 의병활동의 양상에 대한 연구에서 지역 사족가문의 전황 인식과 대응 양상을 일상생활의 영역에서 구명한 연구는 구평리를 제외하면 거의 없었다. 이러한 점을 포함하여 본고에서는 삼가현 사족가문의 이주와 정착한 방리에 대한 구체적 규명, 그리고 의병활동에 대한 선행 연구에서 미흡한 점을 본고를 통해 어느 정도 해결할 수 있을 것이라고 본다.

본고의 목적은 사족가문들의 삼가지역6) 이주의 배경과 이주한 방리를 규명하고, 그들 남명학파 가문의 임진년 의병활동의 양상을 규명하는 데에 있다. 제2절에서는 삼가현의 재지세력이 사족으로 성장하지 못했던 사실을 통해 사족 이주의 지역적 배경과 의미를 검토하여 정리하고, 고려 말기부터 16세기 중엽에 걸쳐 삼가지역으로 이주한 타읍 출신의 사족가문들과 그들이 정착한 방리坊里를 규명하겠다. 제3절에서는 삼가지역의 초기 전황과 남명학파 사족가문들의 전쟁 발발 인지 시점을 선행 연구를 통해 정리하고, 전쟁 경험과 의병활동의 양상을 선행 연구 및 새로운 관점을 통해 규명하겠다. 삼가지역 민중들의 전쟁 대응과 동태를 파악할 수 있는 자료가 없다는 점을 고려하여 사족가문들을 중심으로 그 양상을 규명하려고 한다.

이 글의 과제를 해결하는 데에 가회지역 구평리의 파평윤씨 가문의 『구산실기龜山實記』 등 문집류, 현내리 판현동의 창녕조씨 가문의 『송재유고松齋遺稿』 등 문집류, 백동리 물동(묵동)의 초계정씨 가문의 『노백헌

---

6) 이 글에서 삼가지역은 1414년 삼기현이 합천 임내 가수현을 병합하여 삼가현으로 되기 이전의 두 현의 공간적 범위를 모두 아우르는 지역적 의미로 사용한다.

집老栢軒集』등 문집류, 묵동의 죽산박씨 가문의『구암실기龜品實記』등 문집류,『선조실록宣祖實錄』등 관찬 사서류,『망우집忘憂集』·『학봉집鶴峯集』등 관련 문집류,『용사일기龍蛇日記』·『정만록征蠻錄』·『난중잡록亂中雜錄』등 당대 전황 자료,『세종실록지리지世宗實錄地理志』·『경상도속찬지리지慶尙道續撰地理誌』등 인문지리지류, 그 외에『죽산박씨족보竹山朴氏族譜』등 보첩류와『해동지도海東地圖』·『경상도읍지慶尙道邑誌』등의 자료를 활용할 것이다.

2. 사족 이주의 배경과 이주 방리

1) 삼가현의 토성과 이족

타읍 출신의 사족가문이 삼가현으로 이주한 배경으로서 여말선초麗末鮮初 삼가현 내 재지세력의 사정을 검토할 필요가 있다. 그 역사 속에서 토성과 토성이족 중에서 재지사족으로 성장한 세력이 있는가를 검토할 필요가 있다. 삼가현은 삼기현三岐縣이 합천 임내 가수현嘉樹縣을 사실상 병합함으로써 생겨난 고을이다. 삼기현과 가수현은 비록 독자적인 현사縣司를 유지하고 있었을망정 고려 말기까지 이웃 합주의 임내로서 주읍으로부터 적지 않은 차별을 받아 토성이나 토성이족이 재지사족으로 성장하기에 불리한 조건을 갖고 있었다.

삼기현은 원래 삼지현三支縣이었는데, 757년(경덕왕 16) 경덕왕의 한화정책漢化政策 시행으로 삼기현으로 개명되고 강양군의 영현이 되었다.[7]

---

7)『삼국사기』, 권34, 「지리지」, 강양군조;『삼국사기』, 권9, 「신라본기」, 경덕왕 16년조.

1018년(현종 9) 삼기현을 합주 임내任內에 붙였다가 1373년(공민왕 22)에 삼기현에 비로소 감무를 두었다.[8] 1394년(태조 3) 삼기현은 왕사 자초自超의 고향이라 하여 군으로 승격되었다가 1401년(태종 1)에 다시 현으로 강등되었다. 가수현嘉樹縣은 원래 가주화현加主火縣인데, 경덕왕의 한화 정책에 의해 가수嘉壽로 이름을 고쳐서 강주康州의 영현領縣으로 삼았으며, 1018년에 합주 임내로 이속移屬시켰다. 삼기현의 별호는 기산岐山이고, 가수현의 별호는 봉성鳳城이다.[9]

　　1414년(태종 14) 삼기현三岐縣과 합천 임내인 가수현嘉樹縣을 병합하여 삼가현으로 하였다.[10] 그리고 1439년 3월 옛 가수현 백성들의 청원에 따라 옛 삼기현에 두었던 삼가현의 치소治所를 옛 가수현으로 옮겼다.[11] 이렇게 생겨난 삼가현의 방리坊里는 모두 13곳인데, 옛 삼기현 지역의 방리가 대평리大平里·고현리古縣里·병목리並木里·신지리神旨里·지옥리知玉里·모태리毛台里·계산리界山里로 모두 7곳이며, 옛 가수현 지역의 방리가 백동리栢洞里·상곡리上谷里·아곡리阿谷里·문송리文松里·가회리佳會里·현내리縣內里로 모두 6곳이다.[12] 비록 두 지역이 역사적 경험을 달리하지만 별다른 지역적 갈등이 존재했던 것으로 보이지 않는다. 다만 삼가현의 치소가 옛 가수현 사람들의 청원에 따라 옛 삼기현에서 옛

---

8)『고려사』, 권57,「지리지」, 합주 삼기현조;『세종실록지리지』, 진주목 삼가현 건치연혁조.
9)『고려사』, 권57,「지리지」, 합주 가수현조;『세종실록지리지』, 진주목 삼가현 건치연혁조.
10)『태조실록』, 권5, 3년 3월 14일(계축);『태종실록』, 권28, 14년 12월 3일(임신);『세종실록지리』, 경상도 삼가현조.
11)『세종실록』, 권84, 21년 3월 26일(갑술).
12)『해동지도』경상도 삼가현 주기;『경상도읍지』제19책,『삼가현읍지』방리조;『대동지지』, 권9, 삼가현 방면조 참고.

가수현으로 옮겨지는 것으로 볼 때 옛 가수현이 옛 삼기현보다 재지세력 등 읍세邑勢가 상대적으로 우세했던 것으로 보인다.

나말여초 이래 고려시대 삼기현과 가수현의 재지세력이었던 삼가현의 토성은 모두 9개로, 삼기현의 토성이 박朴·염廉·오吳·조曺·공公의 다섯이었고, 가수현의 토성이 이李·노魯·박朴·삼森의 넷이었다.[13] 이들 토성 가운데 여말선초 이래 인물 자료나 대한민국 통계청의 자료에 존재가 확인되는 성씨는 삼가이씨三嘉李氏·삼가박씨三嘉朴氏·삼가오씨三嘉吳氏·삼가삼씨三嘉森氏에 지나지 않는다.

엄밀히 말하면 네 토성 가운데 삼가이씨는 합주 속현 가수현의 토성이므로 원래 가수이씨嘉樹李氏이며, 삼가오씨는 원래 삼기현 토성이므로 삼기오씨三岐吳氏이고, 삼가삼씨는 가수현의 토성이므로 원래 가수삼씨嘉樹森氏이다. 이들 세 성씨는 1414년 삼기현에 가수현을 병합시켜 생겨난 삼가현을 이후 본관명으로 삼았던 셈이다. 삼가박씨는 삼기현의 토성이자 가수현의 토성이므로 명확히 어느 지역의 토성인지를 밝힐 근거 자료가 없으며, 1414년 이후 삼가를 본관명으로 삼았던 것으로 보인다.

이들 네 토성 가운데 삼가이씨·삼가박씨·삼가오씨 가문의 존재는 조선시대 인물 관련 자료에서 확인할 수 있지만 삼가삼씨는 실재를 인정할 수 있으나 조선시대 가문의 인물은 확인되지 않는다.

삼가이씨三嘉李氏는 본관지에서 일찍이 망성望姓이 되었으나 타읍으로 옮겨간 가계 가운데 대과 2인과 소과 8인의 합격자를 배출한 집안이다.

삼가이씨로서 문과에 급제한 이는 이충범李忠範(1520~1598)과 이시립

---

13) 『세종실록지리지』, 경상도 삼가현조; 『신증동국여지승람』, 권31, 삼가현 성씨조.

李時立(1548~?) 부자가 있다. 이충범은 본관이 삼가, 자가 덕린德隣이며 아버지가 이원량李元良으로, 1558년(명종 13) 식년시 병과 19위로 문과에 급제하였다.[14] 이충범은 세 아들 이시립·이시진李時進·이시현李時顯을 두었는데, 장자 이시립은 자가 지가志可로 1605년(선조 38) 별시 병과 7위로 문과에 급제하였다.[15] 이들 부자의 거주지는 옥천沃川이었다.[16]

삼가이씨로서 진사시 급제자는 이충범(1520~1598)·이시립李時立·이응림李應霖·이제항李齊沆이 있다. 이충범은 1552년(명종 7) 식년시 진사 병과 29위에 급제하였다. 이 방목에는 아버지 이원량李元良이 선교랑宣教郎으로 전의서습독관前醫書習讀官이며, 형이 이문범李文範·이행범李行範, 아우가 이신범李信範이라는 사실이 밝혀져 있다. 거주지는 옥천으로 나온다.[17] 이응림(1529~?)은 자가 몽득夢得, 유학으로서 1561(명종 16) 식년시 진사 병과 60위에 급제했다. 아버지 이황李璜은 학생學生이고, 형제로 아우 이응문李應雯·이응룡李應龍이 있었으며, 거주지는 보은報恩이었다.[18] 이시립은 유학으로서 1579년(선조 12) 식년시 진사 병과 59위에 급제했다.[19] 이제항(1682~?)은 자가 태초太初, 유학으로서 1714년(숙종 40) 증광시 진사 병과 20위에 급제했다. 아버지 이경광李庚光은 학생이고, 본생가의 아우가 이제한李齊漢·이제필李齊泌이며, 거주지가 공주公州였다.

---

14)『國朝文科榜目』(규장각한국학연구원[奎 106]);『國朝榜目』(국립중앙도서관[한古朝 26-47]);『嘉靖三十一年壬子司馬榜目』(고려대학교 도서관[만송 貴 382 1552]).

15)『國朝文科榜目』(규장각한국학연구원[奎 106]);『國朝榜目』(국립중앙도서관[한古朝 26-47]);『萬曆七年己卯四月初二日司馬榜目』(규장각한국학연구원[古 4650-108]).

16)『嘉靖三十一年壬子司馬榜目』(고려대학교 도서관[만송 貴 382 1552]);『萬曆七年己卯四月初二日司馬榜目』(규장각한국학연구원[古 4650-108]).

17)『嘉靖三十一年壬子司馬榜目』(성균관대학교 존경각[B13KB-0006]).

18)『嘉靖四十年辛酉八月十九日司馬榜目』(단국대학교 석주선기념박물관[연민, 고 920. 051 가359]).

19)『萬曆七年己卯四月初二日司馬榜目』(규장각한국학연구원[古 4650-108]).

삼가이씨로서 생원시 급제자로는 이하진李河振·이충범·이시민李
時敏·이석형李碩馨이 있다. 이하진은 자가 맹분孟奮, 유학으로서 1472년
(성종 3) 식년시 생원 병과 54위에 급제했다.[20] 아버지 이행경李行敬은
학생이며, 거주지가 진주였다. 이충범은 진사시에 합격하던 1552년에
식년시 생원 을과 1위에 급제했다.[21] 이시민(1541~?)은 자가 면중勉仲,
유학으로서 1585년(선조 18) 식년시 생원 병과 58위에 합격하였다. 아버
지 이행범은 병절교위秉節校尉 훈련원봉사訓鍊院奉事이고, 아우가 이시
언李時言으로 옥천에 거주하였다.[22] 숙부가 문과 급제자 이충범이며,
종제가 문과 급제자 이시립이다. 이석형(1616~?)은 자가 여과汝果, 유학
으로서 1648(인조 26) 식년시 생원 병과 34위에 급제했다. 아버지 이운길
李雲吉은 선교랑宣敎郎 전행경안도찰방前行慶安道察訪이고, 아우는 이석
빈李碩馪·이석협李碩馦·이석필李碩馝·이석함李碩馣이며, 거주지가 옥
천이었다.[23]

삼가박씨는 삼기현과 가수현의 토성이라 하였으므로 두 지역 가운
데 어느 지역의 토성을 지칭하는지를 알 수 없으나 삼가박씨 가운데
조선 중기에 생원시에 합격한 삼가 거주자가 있었다. 그리고 삼가
이외의 이천에서도 무과에 급제한 형제가 확인된다.

삼가 거주의 박항朴恒(?~?)은 자가 길부吉夫이며, 공생貢生으로서 1534
년(중종 29) 식년시 생원 병과 6위에 급제했다.[24] 박항이 삼가 향교의

---

20) 『成化八年壬辰○月○日司馬榜目』(全義李氏 全山君派 李旺變).
21) 『嘉靖三十一年壬子司馬榜目』(성균관대학교 존경각[B13KB-0006]).
22) 『乙酉八月司馬榜目』(국사편찬위원회[MF A지수532]).
23) 『戊子式年司馬榜目』(국립중앙도서관[古6024-223]).
24) 『嘉靖十三年甲午閏二月初二日生員進士榜』(Harvard-Yenching Library[K 2291.7 1746 (1534)]).

교생으로서 생원시에 급제한 것으로 보면 해당 가문은 삼가현에서 명맥을 유지한 삼가박씨 사족가문 출신으로 생각된다. 하지만 이후 그 가문의 행적을 알 수 없어 삼가현의 향촌사회에서 어떠한 역할을 했는지 규명할 수 없다.

삼가박씨 가문 가운데 경기 이천利川에 거주하던 겸사복兼司僕 박경류朴景瑠(1592~?)와 겸사복 박경순朴景珣(1596~?) 형제는 1637년(인조 15) 별시 무과 병과에 급제하였다. 이들 아버지 박응수朴應壽는 유학이었다.[25] 따라서 삼가박씨 박경류 가문은 이천에서 사족으로서의 지위를 누렸을 것으로 추정된다.

가수현의 토성으로 나오는 삼가오씨는 조선 후기 경기 광주廣州에 거주하던 오경위吳慶渭(1682~?)를 통해 그 실체를 확인할 수 있다. 그는 자가 현숙賢淑이고, 한량閑良으로서 1708년(숙종 34) 식년시 무과 병과 102위에 급제하였다. 그의 아버지는 오대일吳大逸은 업무業武라 하였다.[26] 이들 가문도 삼가를 떠나 광주에 정착하여 향촌사회에서 양반층으로서 지위를 유지했던 것으로 짐작된다. 삼가오씨는 구한말의 『증보문헌비고增補文獻備考』에도 존재를 확인할 수 있으며, 시조가 규정糾正 오숭吳崇이라고 했다.

1985년 통계청의 전국 성씨·본관별 가구 및 인구 조사에 의하면 삼가오씨는 전국에 2가구 8명, 경상남도 2가구 4명이 살고 있었으며, 2000년 통계청의 전국 성씨·본관별 가구 및 인구 조사에 의하면 31가구 108명이 거주하고 있었다.[27]

---

25) 『丁丑庭試文(武)科榜目』(고려대학교 도서관[대학원 B8 A2 1637]).
26) 『戊子式年文武科榜目』(국립중앙도서관[한古朝26-28-27]).
27) 통계청 국가통계포털(http://kosis.kr/search/search.do) 1985년 행정구역(구시군) 성씨·

가수현 토성으로 나오는 삼가삼씨는『세종실록지리지』만이 아니라 구한말의『증보문헌비고』에도 존재를 확인할 수 있으나 조선시대 인물 관련 자료에서는 현재까지 삼가삼씨 인물을 찾을 수 없다. 1985년 통계청의 전국 성씨·본관별 가구 및 인구 조사에 의하면 삼가삼씨는 전국 9가구 33명 가운데 경상남도에 1가구 3명이 살고 있는 것으로 나오며, 2000년 통계청의 전국 성씨·본관별 가구 및 인구 조사에 의하면 12가구 41명이 살고 있는 것으로 나타난다.[28]

한편 삼기현은 1414년 군현제 개혁 때 합천 임내 가수현을 합해서 삼가현이 되었지만 얼마 지나지 않아 치소가 옛 가수현으로 옮겨지는 일을 당했다. 치소를 옮긴 것이 옛 가수현 사람들의 청에 의해 이루어졌다는 사실은 옛 가수현이 옛 삼기현에 비해 상대적으로 읍세가 우세했다는 사실을 말해 준다. 그렇더라도 옛 가수현 지역의 토성이족은 옛 삼기현과 마찬가지로 여말선초를 거치면서 재지사족으로 거의 성장하지 못했다. 이처럼 태종 때의 군현제 개혁 과정에서 삼기현과 합주의 임내 가수현이 병합되었을지라도 호구戶口를 기준으로 하면 읍세가 그렇게 강한 것은 아니었다.

삼기현과 가수현이 고려 말기까지 합천의 임내로 있었던 점은 두 지역의 토성이나 토성이족의 가문이 삼가지역의 재지사족으로 거의 성장하지 못한 주요한 이유 가운데 하나였을 것이다. 또한 고려 말에

본관별 가구 및 인구; 통계청 국가통계포털 2000년 행정구역(구시군) 성씨·본관별 가구 및 인구; 통계청 조사관리국 인구총조사과,『2000년 인구주택총조사 성씨 및 본관 보고서』, 통계청, 2003.

28) 통계청 국가통계포털(http://kosis.kr/search/search.do) 1985년 행정구역(구시군) 성씨·본관별 가구 및 인구 ; 통계청 국가통계포털 2000년 행정구역(구시군)성씨·본관별 가구 및 인구; 통계청 조사관리국 인구총조사과,『2000년 인구주택총조사 성씨 및 본관 보고서』, 통계청, 2003.

있었던 왜구의 침입도 삼기현과 합천 임내 가수현의 토성이나 토성이
족 가문이 여말선초에 사족가문으로 거의 성장하지 못했던 배경과
전혀 무관하지 않을 것이다.

1379년 8월 왜구가 사주泗州에 침입하였다가 우인열禹仁烈·박수경朴
修敬·오언吳彦 등에게 대패했다. 9월 반성현으로 쫓긴 왜구가 확산確山
(防禦山) 정상에 올라 목책木柵을 세우고 방어하자, 우인열 등은 합심하여
포위하고 공격해서 이들을 쳐부수고는 34명의 목을 베었다. 여기에서
살아남은 왜구가 단계·거창·야로 등지를 노략질하고 가수현에까지
이르자, 도순문사都巡問使 김광부金光富는 왜구와 맞서 싸웠으나 패하여
죽고 말았다.[29] 이때 김광부가 싸운 곳이 가수현의 동쪽 2리 지점의
율연栗淵이었다.[30] 이때 가수현의 백성들이 상당히 유망流亡하였을 것
이다. 이로 인해 그 지역의 토성과 토성이족 가문은 재지적 기반을
적지 않게 상실하였을 것으로 추정된다.

선초鮮初 삼가현은 삼기현과 합천 임내 가수현이 합쳐졌으나 호수가
3백 7호, 인구가 2천 27명에 불과했다.[31] 하지만 삼가현은 땅이 기름지
고 기후가 따뜻해서 벼·기장·조·뽕나무·삼(麻)을 재배하기에 알맞

---

29) 『고려사절요』, 권31, 신우 5년 8·9월조;『고려사』, 권134, 신우 5년 9월조.
30) 『신증동국여지승람』, 권31, 삼가현 산천조.
31) 『세종실록지리지』, 경상도 삼가현조. 삼가현은 『경상도지리지』에 缺落되었으므로
   『세종실록지리지』를 통해 선초의 호구를 이해할 수밖에 없다. 삼가현의 인구는
   합천군과 합천의 임내 야로현의 호구와 비교해 보면 호수에 비해 인구가 너무
   많다. 삼기현과 가수현의 주읍이었던 합천군의 호구를 보면 호는 『경상도지리
   지』와 『세종실록지리지』가 모두 464호로서 같으나 『세종실록지리지』의 인구는
   『경상도지리지』의 남자 인구와 수가 같다. 야로현도 마찬가지다. 그렇다면 『세
   종실록지리지』의 삼가현 인구도 남자 인구만 밝힌 것으로 볼 수 있다. 하지만
   삼가현의 인구수는 호수에 비해 지나치게 많다. 아마도 전체 인구로 보는 게
   타당한 이해일 듯하다.

앗다. 15세기 초반 간전墾田이 1천 9백 13결이며, 수전水田의 비율은 반이 못 된다고 했다.32) 하지만 16세기 이후 산지곡간과 천방川防의 개발로 농지 면적과 수전의 비율이 점점 높아 갔다. 그래서 18세기 중엽에 이르면 실제 경작지의 약 65%에 가까울 정도로 수전의 비율이 높아지면서33) 인구도 크게 불어났다.34) 이는 고려 말기 이래 타읍으로 부터 이주한 사족가문 등으로 말미암아 새로운 정착 마을이 형성되고 그들에 의해 산지곡간의 개간이 이루어졌던 것과 무관하지 않은 것으로 추정된다. 이들에 의해 삼가현의 향촌지배체제가 구축되고 안정을 유지하는 중에 임진왜란을 겪게 되었다.

이상에서 살펴보았듯이 삼가이씨三嘉李氏는 아마도 여말선초 이전에 본관지 합천 임내 가수현을 떠나 진주, 충청도 옥천·보은·공주 등지에 정착하였던 것으로 보인다. 1472년(성종 3) 식년시 생원에 급제한 이하진李河振 가문은 진주에 정착하고, 이충범李忠範(1520~1598) 가문은 충청도 옥천으로 이거하여 정착한 이후 다시 이웃 보은·공주로 이거한 가계가 있었던 것으로 보인다. 비록 삼가이씨 가문은 본관지 가수현에서 재지사족으로 성장하지 못했지만 옥천 등지로 이주한 이충범

---

32) 『세종실록지리지』, 경상도 삼가현조.
33) 『해동지도』, 경상도 삼가현 주기 참고.
34) 18세기 중엽에 편찬된 『해동지도』에 의하면 삼가현은 호수가 2,841호, 인구는 남자 7,005명, 여자 8,045명으로 모두 15,050명이었다.(『해동지도』[고대4709-41], 삼가현 註記 戶口) 1789년(정조 13)에 편찬된 『戶口總數』 제8책 삼가현 편을 보면 삼가현은 호수가 3,294戶, 인구가 16,872명이었다.(『戶口總數』[奎1602], 三嘉縣) 1832년에 편찬된 『경상도읍지』 제19책 『삼가현읍지』 호구조의 호구는 辛卯式 (1831)을 기준으로 했는데, 이를 보면 삼가현은 호수가 3,085호, 인구는 남자가 8,046명, 여자가 9,085명으로 모두 17,131명이었다.(『慶尙道邑誌』(奎 666), 『삼가현 읍지』 호구조) 비록 현감이 다스리는 고을이었지만 삼가현은 결코 영세한 현이 라 할 수 없었다.

가문은 문과 급제자 2인과 사마시 급제자 7인을 배출할 정도로 조선 중기에 그 지역의 사족으로서 상당한 사회적 지위를 확보하였던 것으로 짐작된다. 삼가박씨 가문 가운데 경기 이천에 거주하던 겸사복兼司僕 박경류朴景瑠와 겸사복 박경순朴景珣 형제는 1637년(인조 15) 별시 무과에 급제하였다. 이들 아버지 박응수朴應壽는 유학이었다. 따라서 박경류 가문은 이천에서 사족으로서 지위를 누렸을 것으로 추정된다. 그리고 가수현의 토성인 삼가오씨 오경위吳慶渭는 1708년(숙종 34) 식년시 무과에 급제하였다. 그의 아버지 오대일吳大逸은 업무業武라 하였으나 이후 그 가문의 행적은 드러나지 않는다. 오경위 가문은 경기 광주廣州에 거주하던 집안이었다.

　요컨대 삼기현三岐縣과 가수현嘉樹縣의 토성이나 토성이족은 거의 대부분 재지사족으로 성장하지 못했다. 다만 삼가에 거주하던 삼가박씨 박항朴恒은 삼가향교 교생으로서 1534년(중종 29)에 식년시 생원에 급제하였다. 이 사실에서 보면 삼가박씨 가문 가운데 일부 가계는 당시 삼가지역의 사족가문으로 성장하였던 것으로 보이지만 이후 그 가문의 행적은 알려진 게 없다. 반면에 가수현의 토성인 삼가이씨, 삼기현의 토성이자 가수현의 토성이었던 삼가박씨, 가수현의 토성인 삼가오씨 가문의 일부 가계는 타읍으로 이주하여 그곳에서 사족으로 성장하였던 것으로 짐작된다. 특히 삼가이씨 이충범李忠範 가문은 문과 급제자 2인을 배출할 정도로 충청도 옥천에서 사족으로서의 위상이 제법 높았던 것 같다. 하지만 삼가지역 토성 출신 가문 가운데 조선 중기에 사족으로 성장한 삼가이씨·삼가박씨는 이후 번성한 본관에 흡수되면서 역사에서 사라지게 되었으나, 삼가오씨와 삼가삼씨三嘉森

氏는 극소수이나 가문의 명맥을 유지하고 있다. 결국 조선 중기 삼가지역은 타읍으로부터 이주한 사족가문들이 그러한 지역적 배경을 바탕으로 삼가지역의 향촌사회를 주도하게 되었다.

2) 사족가문의 이주 방리

(1) 아곡리 토동의 인천이씨와 창녕조씨

아곡리阿谷里 토동兎洞[35]은 남명 조식의 외향이다. 토동에는 인천이씨 시중侍中 이작신李作臣이 고려 말기에 입향하였다고 한다. 이작신이 입향한 시기가 공민왕 대 또는 공민왕 초라는 설도 전한다.[36] 토동에는 연덕궁延德宮이 있었는데, 고려 국구國舅 시중 이작신이 왕비를 모시고 전전殿을 지어 여기에 살았다고 전한다. 세속에서는 토동이 연덕궁의 구지舊址라고 전한다고 했다.[37] 입향조 이작신의 6대손 충순위忠順衛 이국李菊은 남명 조식의 외조부이다. 주지하다시피 남명 조식은 1501년 6월 26일 삼가 토동의 외가에서 아버지 조언형과 어머니 인천이씨 사이에서 출생하였다.[38]

현내리縣內里 판현동板峴洞[39]에는 창녕조씨 성균생원成均生員 조안습

---

35) 현재 합천군 삼가면 외토리 토동마을이다.
36) 月淵 李道樞(1847~1921)는 「延德宮」이라는 시의 세주에서 공민왕의 왕비 이씨가 정치가 문란한 것을 보고 매번 苦諫하다가 왕의 노여움을 사서 이곳으로 추방되었는데, 여기에 모두 백 칸의 궁을 지었다고 했다.(『月淵集』, 卷1, 詩, 「延德宮」) 한편 而堂 權載奎(1870~1952)가 지은 睡軒 李賢佐의 묘표에는 공민왕 초라고 기록되어 있다.(『而堂集』, 卷37, 墓表, 「睡軒李公墓表」)
37) 『경상도읍지』, 『삼가현읍지』, 古蹟條; 『月淵集』, 卷1, 詩 「延德宮 【恭愍王妃李氏見政亂每苦諫王怒放之于此而作此宮凡百間】」.
38) 『圭菴集』, 卷2, 墓碣銘, 「孺人李氏墓碣銘 幷序」; 『南冥集』, 卷2, 墓誌. 「通訓大夫承文院判校曺公墓碣銘 先大夫名彦亨」.
39) 현재 합천군 삼가면 하판리 상판마을이다. 1916년 측도의 조선지형도에 판현동이

曺安習이 입향하였다. 조안습은 남명 조식의 증조부이다. 조안습의 처부는 강성문씨江城文氏 학유學諭 문가용文可容(文可庸)이며, 처조부는 문익하이다. 문익하의 형님이 부민후富民侯에 추봉된 문익점文益漸(1329~1398)이다. 문가용과 문가학文可學 형제는 모두 문과에 급제하였으나 동생 문가학은 훗날 특별하지 않은 사유로 인해 죽임을 당하였다.40) 창녕조씨가 본관지를 떠나 판현동으로 이주한 배경은 처향의 별서別墅로 입향한 것으로 보인다.

(2) 대평리 입향 가문

삼가현 대평리大平里41)에는 1380년대 말에 풍산홍씨 만은晚隱 홍재洪載가 두심동杜心洞42)으로 은거하였다. 이후 그의 후손은 쌍암마을 등 대평리의 또 다른 자연촌의 형성과 성장에 기여하였다.43)

대평리 송지촌松旨村44)에는 밀양박씨 졸당拙堂 박총朴聰(1353~1439)이 만년에 처향을 찾아 은거하였다. 졸당은 두 아들 박승문朴承文과 박희문朴熙文을 두었다. 두촌 박승문의 손자 증판결사 박진朴蓁은 처향 단성현 원당리 사산촌으로 이주하였다. 박진의 처부는 경주정씨 참판 정호이

표기되어 있다. 朝鮮總督府 편, 『朝鮮地形圖』, 「三嘉(大邱十六號)」(陸地測量部, 1918).
40) 『太祖實錄』, 卷14, 7年 6月 13日(丁巳); 『世宗實錄』, 卷4, 1年 7月 18日(辛酉); 『世宗實錄』, 卷7, 2年 2月 25日(癸亥); 『世宗實錄』, 卷69, 17年 8月 6日(乙巳); 『來庵集』, 卷12, 行狀, 「南冥曺先生行狀 隆慶六年壬申閏二月日」.
41) 엄밀히 말하면 풍산홍씨, 밀양박씨, 안동권씨 가문이 대평리에 이주한 시기는 삼기현(1373~1394) 내지 삼기군(1394~1401) 때였다. 본고에서는 1414년 삼기현이 가수현을 병합시켜 삼가현이 되었으므로 편의상 삼가현으로 통칭하겠다. 박용국, 「여말선초 대평리 입향 인물과 그 의미」, 『선비문화』 36(2019), 174~175쪽.
42) 현재 합천군 가회면 둔내리 두심마을이다.
43) 박용국, 「여말선초 대평리 입향 인물과 그 의미」, 『선비문화』 36(2019), 176~181쪽.
44) 현재 합천군 대병면 성리 송지마을이다.

다. 박진의 아들이 만수당萬樹堂 박인량朴寅亮(1546~1638)이다. 태인현감 박희문의 손자 수성재 박운朴芸은 처향 의령현 가례리嘉禮里로 이주하여 살다가 본향 대평리에 묻혔다. 박운의 처부妻父는 예촌禮村 허원보許元輔(1455~1507)인데, 퇴계 이황의 처조부이다. 박운은 이황의 처고모부이다. 박운의 셋째 아들 박사신朴士信은 외향 가례에 정착하였다. 박운의 사위 겸계傔溪 이길李佶(1538~?)은 갈천 임훈과 첨목당 임운의 생질이다. 박사신의 사위는 부사 성여신, 갈촌 이숙, 영남삼룡嶺南三龍 중의 한 명인 강덕룡 등이다. 이처럼 대평리의 밀양박씨 가문은 졸당의 증손 대에 이르러 이웃 고을인 단성현·의령현·초계군·진주목 등지로 옮겨가 살기 시작했으며, 그의 후손과 외후손 가운데 적지 않은 남명학파가 배출되었다.45)

대평리 죽전촌竹田村46)에는 안동권씨 판군기감사判軍器監事 권집덕權執德이 여말선초에 입향했는데, 그곳은 처향이었다. 권집덕은 세 아들 권돈·권회·권촌을 두었다. 셋째 아들 권촌은 문과에 급제하여 봉렬대부로서 양산군수를 지냈다고 한다. 권집덕의 손자 권계우는 처향인 단성현 단계리로 이주하였다. 권계우의 처부는 무송윤씨 판중추 윤변尹忭이며, 처모는 진양강씨 강회순의 딸이다. 권계우는 안분당安分堂 권규權逵(1496~1548)의 증조이자 묵옹黙翁 권집權潗(1569~1633)·동계東溪 권도權濤(1575~1644)·상암霜嵒 권준權濬(1578~1642)의 5대조이다. 죽전촌은 삼가현·단성현·의령현·진해현을 비롯한 경상우도 여러 고을 안동권씨 가문의 본향에 다름이 없는 마을이다. 권집덕 이후 안동권씨

---

45) 박용국, 「여말선초 대평리 입향 인물과 그 의미」, 『선비문화』 36(2019), 181~185쪽.
46) 현재 합천군 대병면 성리 죽전마을이다.

가문은 벼슬살이나 의병활동으로써 정치·사회적 업적을 크게 남긴 주요한 남명학파 인물을 배출하였으며, 경상우도 여러 고을에서 번창하였다.[47]

한편 15세기 말에 대평리 금성산 아래에는 광주노씨 노적盧蹟이 입향하였다. 노적의 형인 묵재墨齋 노필盧瑾(1464~1532)은 중종 대 기묘명현己卯名賢의 한 사람이다. 묵재의 6대조 노인정盧仁正이 고성 구만촌九萬村(구만리)으로 이거하여 대대로 거주하다가 묵재의 부친인 노선경盧善卿이 초계로 이주하였다.[48] 묵재 노필과 아우 노적은 초계에서 태어났다. 노필은 벼슬을 버리고 초계 중방리에 물러나 은거하다가 다시 윗대의 고향인 고성 구만면으로 들어가 은거하였으며,[49] 노적은 선전관宣傳官 이승원李承元의 딸과 혼인하여 삼가현 대평리로 이주하였다. 노적의 아들 노수민盧秀民은 일직손씨一直孫氏 손세기孫世紀의 딸과 혼인하여 입재立齋 노흠盧欽(1527~1602)을 낳았다. 입재의 셋째 사위가 첨모당瞻慕堂 임운林芸의 아들 임승근林承謹(1560~1589)이다. 입재의 외손자가 임곡林谷 임진부林眞怤(1586~1657)이다. 임진부는 자란 뒤에 노파盧坡 이흘李忔에게 글을 배워 학문이 더욱 넓어지고 행실이 더욱 닦아졌다고 한다.[50]

---

47) 박용국, 「여말선초 대평리 입향 인물과 그 의미」, 『선비문화』 36(2019), 186~190쪽.
48) 묵재 노필은 일찍이 佔畢齋 金宗直을 사사하였으며, 慕齋 金安國이 경상도 관찰사로 있을 때 구만리까지 찾을 정도의 명성이 있었다. 그가 賢良으로 추천되어 주부에 임명된 이후 경상도 도사, 공조 정랑으로 임명되었다가 기묘사화로 탄핵을 받고 다시 고향으로 돌아와 은거하였다. 이후에 사헌부 감찰에 임명되었으나 나아가지 않고 은거하다가 세상을 뜨자, 사재가 그의 碣文을 지었으며, 구만리 花旨峰에 묻혔다. 『性齋集』, 卷21, 墓碣銘, 「墨齋盧公墓碣銘」; 『光州盧氏世稿』, 권1, 『東岳稿』 附錄, 「盧善卿傳」; 『光州盧氏世稿』, 권1, 『東岳稿』 附錄, 「墓碣陰記」.
49) 『性齋集』, 卷21, 墓碣銘, 「墨齋盧公墓碣銘」.
50) 『南冥集』, 卷2, 墓誌, 「盧君墓銘」; 『立齋集』, 卷2, 書, 「行狀(林眞怤)」; 『光州盧氏世稿』, 卷2, 「墨齋實記」, 「事實(五世孫碩賓)」; 『記言別集』, 卷25, 丘墓文, 「林谷處士林君墓碣銘」.

(3) 백동리 물동과 평구촌의 입향 가문

초계정씨는 조선 초기 이래 조선 말기까지 삼가현의 유력 사족가문으로서 위치를 점하고 있었다.[51] 1438년 무렵에 백동리 묵동墨洞(勿洞)[52]에는 초계정씨 대사성공파大司成公派 가문이 처음으로 입향했다. 초계정씨 대사성공파는 고려조 울산대도호부사와 대사성을 지낸 현조顯祖 정태화鄭太華를 파조로 하는 가문이다. 파조 대사성 정태화의 현손 월곡月谷 정사중鄭師仲은 포은 정몽주의 문인으로 알려져 있으며, 벼슬이 도승지라고 전한다. 월곡의 두 아들이 산음현감을 지낸 서정西亭 정옥윤鄭玉潤(1392~1439)과 하양현감을 지낸 경재耕齋 정옥량鄭玉良(1395~1447)이다. 1436년 아버지 월곡이 세상을 떠나자, 정옥윤과 정옥량은 삼년상을 치룬 후에 삼가의 유린리有麟里 서정촌西亭村으로 이주하였고, 정옥윤은 서정西亭이라 자호하였다.[53] 서정 정옥윤의 아들 정내언鄭來彦은 관직이 현령이고, 어계 조려, 점필재 김종직과 서로 잘 지냈다고 한다. 정내언의 증손 정명鄭明은 아들로 정진선鄭震善과 정진철鄭震哲, 사위로 허자대許子大와 조계명曺繼明을 두었다. 두 아들과 두 사위는 모두 삼가에서 의병을 일으켜 공을 세웠다.[54]

---

51) 김준형, 「三嘉지역의 鄕案入錄을 둘러싼 당파적 갈등」, 『韓國史研究』 147(2009), 참고.

52) 현재 합천군 쌍백면 육리 묵동이다. 엄밀히 공간을 규정하면 원래 초계정씨 정옥윤과 정옥량이 처음 입향한 마을은 평구촌이지만 정옥윤의 아들 정래언이 別墅가 있는 물동으로 다시 이주한 것으로 짐작된다. 정래언의 사위 박계리가 처향 물동으로 입향하였기 때문이다. 이후 정래언의 자손이 오랫동안 세거한 마을이 물동이므로 본고에서는 초계정씨 정옥윤 계열의 입향 마을과 세거 마을을 물동이라 통칭하겠다. 평구촌과 물동은 삼가현 백동리의 屬坊으로서 두 자연촌은 대곡천과 산지곡간의 경작지로 이어진 5리 이내에 위치하였다.

53) 『陶丘實記』, 卷1, 行狀, 「鄭西亭先生行狀」; 『陶丘實記』, 卷1, 行狀, 「鄭耕齋先生行狀」; 『老栢軒集』, 卷43, 墓表, 「先祖西亭先生碑陰記」; 『艮翁集』, 卷19, 序, 「白棗堂鄭先生玉良 名行錄序」.

초계정씨를 이어 백동리에 입향한 가문은 김해허씨이다. 고려 말기 경상우도에 입향한 김해허씨로서 지역 사회나 인물에 크게 영향을 끼친 두 인물은 고성 장산촌章山村에 입향한 호은湖隱 허기許麒와 단계현 단계丹溪에 입향한 우헌迂軒 허옹許邕이다.[55] 전자의 후손은 고성 장산 촌에서 의령·삼가현 등지로 이주하였고,[56] 후자의 후손은 삼가현·진주 승산리로 이주하였다.[57] 두 김해허씨 가문 모두 남명 연원의 뛰어난 인물을 배출하였다.[58]

1460년 무렵에 서정 정옥윤의 사위 허금수許金秀(1437~1518)가 처향 백동리 평구촌平丘村[59]으로 입향했다. 즉 백동리 평구촌의 김해허씨 가문의 입향조는 허금수이다.[60] 허금수의 5대조는 재상의 반열에 오른 우헌迂軒 허옹許邕(?~1357)이다. 14세기 중엽 허옹은 강양군부인江陽郡夫 人 이씨李氏(1305~1380)의 본향인 단계현 단계리로 귀향했다. 허옹이 귀향했다는 표현에서 보면 이미 처향에 입향하였다는 사실을 의미한 다. 허옹은 강직하기가 이를 데 없는 인물이었고, 아들 봉상대부 감찰사 장령 허소유許少游도 아버지에 못지않은 강직한 인물이었다.[61] 허금수 는 초계정씨 현감 서정 정옥윤의 딸에게 장가들면서 처향 백동리 평구

54) 『農山集』, 卷12, 墓表, 「先祖參奉公墓表」; 『勉菴集』, 卷28, 墓碣, 「明川府使鄭公墓碣銘 幷序」; 『老栢軒集』, 卷46, 行狀, 「先祖府使公遺事狀」.
55) 박용국, 「산청 단계리의 역사 변천과 의미」, 『남명학연구』 48(2015) 참고.
56) 許捲洙, 「后山家門의 形成과 后山의 學問的 경향」, 『남명학연구』 19(2005) 참고.
57) 박용국, 「남명연원 가문의 마을을 찾아서 - 지수 승산리 김해허씨」, 『선비문화』 28(2015) 참고.
58) 박용국, 「산청 단계리의 역사 변천과 의미」, 『남명학연구』 48(2015), 33~34쪽.
59) 현재 합천군 쌍백면 평구리 평구2구의 양지마을과 음지마을에 해당하는 마을이다.
60) 『武陵雜稿』 別集, 卷7, 墓誌碣, 「許剛之墓碣銘 幷序」; 『素窩集』, 卷6, 墓碣銘, 「平湖許 公墓碣銘 幷序」.
61) 박용국, 「산청 단계리의 역사 변천과 의미」 『남명학연구』 48(2015), 22~33쪽.

촌으로 입향하였다. 이로써 후손들이 그곳에 세거하게 되었다. 허금수는 수직壽職으로 호조참판에 이르렀다고 한다. 평구촌 입향조 허금수의 증손자가 의병장 평호平湖 허자대許子大(1555~?)이다.[62]

15세기 말에 백동리 물동에는 삼가현의 죽산박씨 박계리朴繼李(1474~1541)가 이주하여 정착했다. 박계리는 자가 효류孝流, 호가 오재塢齋이다. 그는 처향 물동으로 이주했는데, 처부가 초계정씨 부사 정내언鄭來彦, 처조부가 서정 정옥윤이다.[63] 1518년 3월 경상도관찰사 김안국金安國은 삼가의 박계리와 함께 고성의 노필盧瑾, 함양의 노우명盧友明 등을 천거하였다. 김안국은 박계리가 효행과 학문이 있으며, 조리操履와 재기才器가 모두 우수하므로 유림이 그를 추중推重한다고 했다.[64] 박계리는 임란 때 삼가에서 의병을 일으켜 크게 활약한 박사제·박사겸 형제의 조부이다. 죽산박씨는 백동리 물동으로 입향한 이후 이후 수대의 묘소가 백동리에 있으나 임란 이후 세거지는 안구리安邱里이다.[65]

박사겸·박사제 형제와 정명은 6촌 형제 사이인 셈이다. 정명의 아들이 정진선·정진철이고, 사위가 허자대·조계명이다. 백동리 죽산박씨와 초계정씨 및 김해허씨, 판현동의 창녕조씨는 혼맥으로 엮인 사족 가문들로서 삼가지역 의병활동의 한 축을 형성하였다.

---

62) 『武陵雜稿』 別集, 卷7, 墓誌碣, 「許剛之墓碣銘 幷序」; 『素窩集』, 卷6, 墓碣銘, 「平湖許公墓碣銘 幷序」.

63) 『龜邑實記』, 卷2, 附錄, 「行錄(再從弟炯謹狀)」; 『素窩集』, 卷3, 記, 「望楸齋記」; 『竹山朴氏族譜』.

64) 『中宗實錄』, 卷32, 13年 3月 26日(乙丑).

65) 『龜邑實記』, 卷2, 附錄, 「行錄(再從弟炯謹狀)」; 『素窩集』, 卷3, 記, 「望楸齋記」. 박용국, 「조선 중기 삼가 구평리 파평윤씨 가문의 혼맥과 사회적 위상」, 『歷史敎育論集』 67(2018), 73~74쪽.

(4) 가회리 구평의 입향 가문

1470년 무렵 파평윤씨 윤연尹硏이 외향 구평리龜坪里66)로 입향하였다. 구평리는 윤연의 외가 진양강씨가 세거하던 마을로 짐작된다. 윤연의 외조부 강허손姜許孫 가문은 조선 태종 때 개성유수를 지낸 강수명姜壽明 가문과 계열이 다른 진양강씨이며, 정당문학을 지낸 강회백姜淮伯과도 계열을 달리하는 집안이다.

구평리에 거주하던 강허손은 15세기 중엽에 경상우도 인적 네트워크의 한 축을 이루고 있었다. 그의 아버지는 가각고승架閣庫丞 강명계姜明啓, 조부는 성균관 생원 강국흥姜國興이다. 그의 장인은 합천 대야촌大耶村의 남평문씨 사간원司諫院 좌헌납左獻納 문여녕文汝寧(1396~1449)이며, 손아래 동서는 단성현 법물리法物里 상산김씨 김광려金光礪이다. 그의 사위는 파평윤씨 윤사건尹師騫(?~1467)이다. 윤사건은 1462년에 진양강씨 승의교위承義校尉 사직司直 강허손姜許孫의 딸을 아내로 맞이하였으나 후사後嗣를 두지 못하고 일찍 세상을 떠났다. 그래서 윤사건의 바로 손위 형 윤사하尹師夏(1436~1493)의 둘째 아들 윤연尹硏이 윤사건의 후사로 정해졌다.

구평리 파평윤씨 집안의 입향조는 윤연이다. 윤연의 입향 시기가 가전 자료나 선행 연구에서 잘못 알려졌으나 최근의 연구에 의하여 그 사실이 보다 명확하게 밝혀졌다. 그 연구에 의하면 윤연은 1460년대 중반 무렵에 태어나 1470년 쯤 어머니와 함께 외향 삼가현 구평리로 옮겨와 살았다. 이는 당시 남귀여가男歸女家의 혼인 풍속과 자녀균분子

---

66) 구평리는 현재 합천군 삼가면 함방리 구평마을이며, 일부는 산청군 신등면 사정리에 속한다. 구평리는 삼가현의 방리 가회리의 자연촌에서 성장한 마을이다. 파평윤씨 家乘에서 구평리라 칭하는 경우가 흔하므로 이하 구평리로 칭하겠다.

女均分의 재산 상속에서 비롯했다. 윤연은 홀로 선대의 세거지를 떠나 외향으로 옮겨왔다. 하지만 윤연이 가진 한양의 가문적 기반은 합천군과 삼가·단성현에 세력 기반을 가진 구평리 진양강씨 강허손姜許孫의 사회·경제적 기반과 함께 파평윤씨가 구평리에 정착하여 혼인을 통해 경상우도 유력 사족으로 성장하는 데에 사회·경제적 밑받침이 되었다. 실제 윤연은 혼인을 통해 진양하씨 원정공元正公 하즙河楫의 사위 진양강씨 강수명姜壽明 딸의 현손서玄孫壻가 되었다. 구평리 파평 윤씨의 정치·사회적 기반은 그 가문의 의병활동에 적지 않은 사회·경제적 토대가 되었다.[67]

(5) 가회리 회산과 덕촌의 입향 가문

16세기 중엽에 가회리 덕촌德村[68]으로 입향한 김해허씨 인물은 죽계竹溪 허순許珣(1493~1567)이다. 허기의 맏손자 사정司正 허려許旅는 두 아들 허원필許元弼과 예촌禮村 허원보許元輔(1455~1507)[69]를 두었다. 16세기 중엽 이후 허원필의 자손은 고성과 삼가 등지에 거주하게 되었다. 허원필의 셋째 아들 죽계 허순은 무과에 급제하여 통정대부通政大夫 간성군수杆城郡守, 훈련원판관訓練院判官 등의 관직을 역임하였다. 허순

---

67) 이상 구평리 진양강씨와 파평윤씨 관련 내용은 모두 아래 논고에 의거하였다. 박용국, 「조선 중기 삼가 구평리 파평윤씨 가문의 혼맥과 사회적 위상」, 『歷史敎育論集』 67(2018).
68) 현재 합천군 가회면 덕촌리 호산마을이 덕촌의 중심지이다.
69) 허려의 둘째 아들로 생원이며, 의령의 嘉禮里로 이주하여 參奉 許琇와 진사 許瓚 등을 두었다. 허찬의 사위는 퇴계이며, 아들 허사렴의 사위가 죽유 오운이다. 『拓菴集』, 卷27, 墓碣銘, 「成均生員禮村許公墓碣銘 幷序」; 『退溪集』, 卷46, 墓碣誌銘, 「進士許公墓碣銘 幷序」; 『竹牖集』, 卷4, 墓碣銘, 「退溪李先生配貞敬夫人許氏墓碣銘 幷序」.

의 외조부 진사進士 박의산朴倚山은 후사가 없었으므로 허순이 외조를 봉사奉祀하기 위해서 외가 곳인 가회리 덕촌으로 옮겨와 살았다.[70] 입향조 허순의 아들 만헌晩軒 허팽령許彭齡(1528~1584)은 남명南冥의 문인으로서 대평리 노수민의 딸을 맞아들여 아들 덕암德菴 허홍재許洪材(1568~1629)와 둔재遁齋 허홍기許洪器를 두었는데, 덕암과 둔재는 외숙 입재立齋 노흠盧欽(1527~1602)으로부터 배웠다.[71] 덕암 허홍재는 구평리 진사 윤언례의 딸을 맞아들여 아들 창주滄洲 허돈許燉(1586~1632)을 두었다.[72] 가회리 덕촌의 입향조 죽계 허순의 11대손이 후산后山 허유許愈(1833~1904)이다. 덕암 허홍재는 임진왜란 때 망우당 곽재우의 진영에서 의병활동을 펼쳤다고 전한다.[73]

16세기 중엽에 신창노씨 가문의 노경진盧景震이 회덕懷德에서 삼가의 가회리 회산晦山[74]으로 입향하였다. 이 가문이 삼가로 입향한 것은 혼맥이 아니라 학맥과 관련한 인적 네트워크와 관련이 있는 것 같다. 매와梅窩 노순盧錞(1551~?)의 조부 낙헌樂軒 노집盧輯은 관직으로 현감을 지냈으며, 회덕懷德의 화암산華巖山 아래에 구곡정九曲亭을 짓고 규암圭菴 송인수宋麟壽, 동주東洲 성제원成悌元과 벗으로 친하게 지냈던 인물이다. 규암과 동주는 남명이 깊이 교유하던 인물로서 가회리의 신창노씨 가문이 남명의 문하에 들어간 것은 매우 자연스러운 과정이

---

70) 박용국, 「경남의 인물과 역사현장-고성 영현면·마암면·구만면 서원과 인물편」(2014. 6. 27(금) 답사 자료); 박용국, 「경남의 인물과 역사현장-고성 죽도와 장산리 김해허씨 유적과 인물편」(2018. 1. 4(목) 답사 자료) 참고.
71) 『德庵遺稿』, 附錄, 行狀, 「行狀(盧亨弼)」; 『南冥集』, 卷2, 墓誌, 「盧君墓銘」.
72) 『德庵遺稿』, 附錄, 行狀, 「行狀(盧亨弼)」; 『林谷集』, 卷7, 碣銘, 「滄洲許公墓碣銘 幷序」.
73) 『德庵遺稿』, 附錄, 行狀, 「行狀(盧亨弼)」.
74) 노경진이 입향한 마을이 현재 합천군 가회면 장대리 장대마을로 추정된다. 그래서 회산이라 칭한다.

었다. 특히 노순은 남명의 경의의 가르침에 마음속 깊이 탄복하였다
고 한다.[75]

　지금껏 살펴보았듯이 삼가현의 사족가문 가운데 향촌지배체제 구축
의 주도 세력은 주로 고려 말기 이후 16세기 중엽 이전에 이주한 가문이
다. 삼가의 향촌지배체제의 구축과 의병활동 관련 대표적인 사족가문
의 입향 시기와 방리 및 가문을 살펴보면 고려 말기 아곡리 토동의
인천이씨 시중侍中 이작신李作臣, 고려 말기 삼가현 대평리 두심동의
풍산홍씨 만은晚隱 홍재洪載, 고려 말의 대평리 송지촌의 밀양박씨 졸당
拙堂 박총朴聰, 고려 말의 대평리 죽전촌의 안동권씨 권집덕權執德, 조선
초의 현내리 판현동의 창녕조씨 조안습曹安習, 1438년 무렵의 백동리
물동의 초계정씨 서정西亭 정옥윤鄭玉潤과 경재耕齋 정옥량鄭玉良 형제,
1460년 무렵의 백동리 평구촌의 김해허씨 허금수許金秀, 1470년 무렵의
가회리 구평의 파평윤씨 윤연尹硏, 15세기 말 백동리 물동의 죽산박씨
박계리朴繼李, 15세기 말 대평리 광주노씨 노적盧璃, 16세기 중엽의 가회
리 덕촌의 김해허씨 허순許珣, 16세기 중엽 가회리 회산의 신창노씨
노경진盧景震, 16세기 중엽 병목리竝木里 금곡동金谷洞의 은진송씨 송기
宋寄 집안 등이다. 이들 가문 출신의 인물들이 삼가지역과 이웃 고을에
서 의병활동을 전개하였다.

<hr />

75)『西岡集』, 卷21, 墓碣銘, 「晦山盧公墓碣銘 幷序」;『吾岡集』, 卷6, 墓誌銘, 「晦山盧公墓
　誌銘 幷序」;『德川師友淵源錄』, 卷3, 門人 盧錞.

3. 전쟁 경험과 대응 양상

1) 전황과 전쟁 경험

구평리 파평윤씨, 백동리 물동의 죽산박씨와 초계정씨, 백동리 평구촌의 김해허씨, 현내리 판현동의 창녕조씨, 가회리 신창노씨, 가회리 덕촌의 김해허씨, 병목리 금곡동의 은진송씨 등 삼가현 여러 방리로 이주한 사족가문들은 삼가현의 향촌사회를 그들 중심으로 재편하고 안정시켜 유지해 가는 중에 임진왜란을 겪게 되었다.

4월 13일[76) 왜군 고니시 유키나가(小西行長)·소 요시토시(宗義智) 등이 거느린 18,700명의 왜군 제1군이 부산포에 상륙하여 부산성을 공격함으로써 임진왜란이 발발했다. 고니시 유키나가 등의 왜군 제1군은 첨사 정발鄭撥이 지키던 부산성과 부사 송상현宋象賢이 지키던 동래성을 잇달아 함락했다. 이들은 양산·밀양·청도·경산·대구·인동·선산·상주를 거쳐 조령鳥嶺을 넘어서 충주에 이르는 중로中路를 따라 북상하였다. 왜군 제1군과 제2군에 이어 4월 18일 부산에 상륙한 구로다 나가마사(黑田長政)·오토모 요시무네(大友義統)가 거느린 11,000명의 제3군은 김해·창원·영산·창녕·현풍·성주·개령·김산을 거쳐 추풍령을 넘어서 충주로 향하는 우로右路를 따라 북상하였다. 이어 총 158,000여 명의 침략군이 속속 상륙하여 북상하거나 점령한 곳에 진주陣駐하였다.[77)

---

76) 4월 14일 왜군이 침략했다는 기록(『국조보감』, 권31, 선조조 8 임진 하4월조)을 제외하면 『선조실록』과 당대의 일기류에는 거의 4월 13일 부산포에 상륙해서 곧장 부산진을 공격한 것으로 나온다.

77) 『征蠻錄』, 卷1, 壬辰年 4月條; 『亂中雜錄』, 卷1, 壬辰年(上) 4月·5月條. 이상의 내용 가운데 군진과 병력의 수에 대해서는 北島万次, 「壬辰倭亂과 李舜臣」, 『남명학연구』 8(1998), 205〜206쪽 참고.

왜군이 부산진을 함락한 이후 왜군이 향하는 곳에는 막히는 것이 없었다. 기세가 마치 기왓장을 깨듯 하므로 감히·저항하는 자가 없었다.[78] 수일 내에 연이어 세 거성巨城이 함락되고, 열진列鎭이 소문만을 듣고도 흩어져 버렸다. 왜군의 침략은 마치 무인지경을 들어가는 것 같았다.[79] 이와 같은 초기 전황에서 삼가지역은 왜군의 소규모 잔류군의 위협 아래 놓였다. 왜군 제3군 주력군이 우로를 따라 북상하고, 잔류한 4~5백 명의 왜군은 합천군, 초계군, 삼가현을 위협하고 실제 약탈을 시도하였다.[80] 물론 경상우도의 왜군 4백 내지 5백 명이라는 규모는 부산·김해 등지의 왜군 잔류군을 모두 포함하는 것으로 보이지 않는다. 주로 의령·창녕·현풍·고령 등지 낙동강 연안을 약탈하고 살상하던 왜군의 규모를 말하는 것으로 보인다. 이처럼 관군은 이미 무너지고 흩어져서 소규모 왜군조차 대적할 수 없었다.

삼가지역의 사족가문들은 왜군이 침략했다는 소식을 공식적인 루트와 비공시적인 사족가문의 네트워크를 통해 접했을 것이다. 물론 삼가지역 사족가문이 그러한 소식을 듣고서 일자를 기록으로 남긴 것은 없다. 하지만 그들 가문이 공식·비공식적인 루트를 통해 전쟁 발발의 소식을 접했을 일자는 대략 추정할 수 있을 것이다.

삼가지역에서 당시 변란을 알 수 있는 공적인 루트는 봉수이다. 조선시대 봉수제는 전쟁 발발 소식을 가장 빠르게 알 수 있는 군사통신조직이었다. 삼가현의 봉수는 금성산의 봉수 한 곳밖에 없었다. 금성산 봉수는 남쪽으로 단성현 입암산笠巖山에 응하고, 북쪽으로

---

78) 『龍蛇日記』, 壬辰年 4月 13日條.
79) 『征蠻錄』, 卷1, 壬辰年 4月 16日條.
80) 『亂中雜錄』, 卷1, 壬辰年(上) 4月 28日條.

합천군 소현所峴에 응했다.[81]

금성산 봉수는 남해현 금산錦山 봉수에서 시작하여 진주의 대방산臺
方山 봉수, 진주의 각산角山, 사천의 안점산鞍岾山, 진주의 망진산望晉山,
진주의 광제산廣濟山, 단성의 입암산, 삼가의 금성산, 합천의 소현산所峴
山 등을 거쳐 직봉 제2로인 충주의 망이산望夷山 봉수로 이어지는 간봉
이었다.[82] 금성산 봉수는 삼가 읍치에서 30리 이상 떨어져 있는 데다가
중간에 금성산보다 높은 허굴산이 가로막혀 있으므로 읍치에서는 사
실상 조망이 불가능했다. 그나마 조망이 가능한 단성현의 입암산 봉수
가 삼가현 읍치에서 서남쪽으로 약 25리 떨어져 있었다. 입암산 봉수를
통해 전쟁 소식을 접했다면 아마도 4월 13일 밤중에 전쟁의 규모를
모르더라도 전쟁 발발 정도의 정보는 알게 되었을 것이다. 하지만
진주에 머물던 경상감사[83] 김수가 4월 14일에 왜군의 침략 소식을
들었으므로, 이웃 삼가현도 육로의 전령을 통해 하루가 지나기 전에
그 소식을 접했을 것으로 짐작된다.

한편 초계군의 설학 이대기(1551~1616)는 동래부사 송상현의 순절
소식을 하루 뒤인 4월 15일에 들었다.[84] 이러한 정보는 영남대로의
전령이나 남명학파의 인적 네트워크를 통해 획득했을 것으로 추정된
다. 초계군의 전의이씨 설학 이대기, 완산전씨 탁계 전치원(1527~1596)
등은 학맥과 혼맥으로써 경상우도에 거미줄처럼 네트워크를 형성하고

81) 『新增東國輿地勝覽』, 卷31, 三嘉縣, '烽燧'條.
82) 『萬機要覽』, 卷7, 軍政編 1, '烽燧'條; 『大東地志』, 慶尙道, '烽燧'條.
83) 이후부터 관직 제수나 특별히 구분할 필요가 없을 경우 감사로 약칭하겠다. 경
    상우도초유사나 경상우도병마절도사도 마찬가지로 초유사나 우병사로 약칭할
    것이다.
84) 『雪壑集』, 卷2, 雜著, 「壬癸日記」.

있었다. 전치원과 이대기는 남명의 문인이며, 이대기와 전우는 합천 야로의 내암 정인홍의 문인이다. 내암은 그들에게서 초계지역의 전황을 전해 들었을 것이다. 이처럼 남명학파의 네트워크가 전황 파악에 직접적인 정보망이 되었다고 본다. 그렇다면 삼가지역의 대표적인 사족가문인 구평리의 파평윤씨, 현내리 판현동의 창녕조씨, 백동리의 초계정씨·죽산박씨·김해허씨, 대평리의 밀양박씨·안동권씨·광주노씨, 가회리 덕촌의 김해김씨 가문도 그 정보망의 혜택을 입고 있었을 것이다.[85]

이상과 같이 삼가지역 사족가문들은 국가의 군사통신수단으로서의 봉수, 비공식적인 루트로서 혼맥과 학맥으로 이루어진 인적 네트워크를 통해 전쟁 발발의 소식을 늦어도 4월 14일 무렵에 속속 인지했을 것으로 생각된다. 이 소식이 전해지자, 삼가 사족들은 이 전쟁이 전에 겪지 못한 전쟁 상황이라는 사실을 점점 심각하게 받아들였는데, 이 무렵 경상감사 김수金睟가 초계군으로 피신하였다.

4월 18일 왜군이 영산靈山을 치려고 하자, 감사 김수는 밤에 초계로 달아났다. 김수는 왜군이 부대를 나누어 좌도의 여러 읍을 마구 휩쓸고 있다는 소문이 들리므로 19일 합천으로 달아나 하루를 머물고 다시 퇴주했다.[86] 4월 19일 정인홍이 합천에서 김수를 만나 토적討賊의 계책을 건의하였으나 김수는 방어할 의지를 드러내지 않았다. 이에 정인홍은 김수가 퇴피退避한 실책을 단호하게 지적하였다.[87] 이러한 사실은

---

85) 이상의 전황에 대해서 다음의 논고를 참고하였다. 박용국, 「임진왜란 초기 내암 정인홍의 의병활동」, 『남명학』 24(2019), 191~192쪽; 박용국, 「임진왜란기 삼가 구평리 파평윤씨 가문의 전쟁 대응」, 『남명학연구』 61(2019), 65~66쪽.
86) 『征蠻錄』, 卷5, 4月 18日·19日條.
87) 『孤臺日錄』, 卷1, 壬辰年 5月 10日條. "한편 정인홍과 김면이 4月 26日 거창으로

삼가현의 사족들과 수령에게도 곧 알려지게 되었을 것이다. 그날 의령현 세간리世干里의 망우당 곽재우가 김수를 응징하려고 했다는 사실에 비추어 보면 이미 그 전에 김수의 거듭된 퇴주와 급박하게 돌아가던 전황을 경상우도 여러 고을의 사족들과 수령들도 알고 있었던 것으로 생각된다.[88]

4월 22일 곽재우가 의병을 일으켰다는 소식은 삼가 사족들의 학맥과 혼맥을 통해 속속 그들에게 전해졌을 것이다. 이어 의령 정진鼎津에서 퇴주한 우병사 조대곤曺大坤이 삼가 읍치에 주둔하였다. 이로써 삼가지역의 모든 사람들은 전황에 촉각을 곤두세웠다. 이제 전쟁은 사족들에게 눈앞의 현실이 되었다. 전쟁의 공포가 삼가 사족들에게 몰아친 것은 4월 27일쯤이었다. 삼가현의 토동兎洞이 왜군 40여 기의 기습 침략을 받았다. 이에 우병사 조대곤은 놀라서 병기를 버려두고 가회의 회산서원晦山書院으로 숨었으며, 곧바로 삼가현감 장령張翎도 황계로 도피하였다. 우병사 조대곤과 현감 장령의 도피는 사족들과 민중들의 초기 전쟁에 직접적인 영향을 끼쳤다. 그래서 읍치의 민중들과 읍치 주변의 사족들도 피난길에 올랐을 것이다. 이로써 삼가 읍치는 무인지경이 되었다.[89]

우병사 조대곤이 피신한 가회리 회산서원은 옛 가수현 지역으로서

도망친 김수를 만난 후에 창의를 하였다"(高錫珪, 「萊庵 鄭仁弘의 義兵活動」, 『南冥學硏究』 2(1992), 43쪽)라는 주장은 사실과 거리가 멀다.(정현재, 「慶尙右道 壬辰義兵의 戰跡 검토 — 金沔・鄭仁弘 의병군단을 중심으로」, 『慶南文化硏究』 17(1995) 참조)

88) 박용국, 「임진왜란기 삼가 구평리 파평윤씨 가문의 전쟁 대응」, 『남명학연구』 61(2019), 67쪽.
89) 박용국, 「임진왜란기 삼가 구평리 파평윤씨 가문의 전쟁 대응」, 『남명학연구』 61(2019), 70쪽.

삼가현 관내이고, 현감 장령이 도피한 황계도 옛 삼기현 대평리의 동쪽 경계이므로 피신한 일부 삼가 사족가문들도 그 범위를 벗어나지 않았을 것이다. 얼마 지나지 않아 곽재우 의병의 활약으로 차차 고을이 안정되자, 잠시 피신했던 사족가문들도 거의 온전히 보전한 사회·경제적 기반을 바탕으로 의병을 일으킬 수 있었던 것으로 보인다. 특히 회산서원 이웃의 삼가 구평리 사족가문은 별다른 동요가 없었던 것 같다. 다만 왜군 40기의 기습을 받은 아곡리 토동은 사회·경제적으로 상당한 타격을 입었을 것이다. 이는 토동의 인천이씨 가문 등이 삼가지역 사족가문들의 임진년 초기 창의 과정에서 특별한 행적이 드러나지 않은 이유라고 본다.[90]

4월 27일 삼가 아곡리 토동이 왜군 40기의 기습 침략을 받았으나 그 이외의 지역은 피해를 입지 않았다. 그렇지만 그 충격은 읍치를 거의 무인지경으로 만들어 버렸으며, 읍치 가까운 사족가문들도 잠시나마 관내의 깊은 산중으로 피신할 수밖에 없었다. 삼가지역 사족가문들이 직접적인 전쟁의 피해를 입고 가장 큰 전쟁의 공포를 경험했던 시기는 정유재란 때를 제외하면 4월 27일 무렵이었을 것이다. 그 때문인지 삼가지역 사족가문의 인물들이 직접 겪은 구체적인 임진년의 전쟁 참상은 그렇게 두드러진 기록이 거의 없다.

비록 삼가지역이 임진년에 왜군에게 직접적인 피해를 거의 입지

---

90) 창의를 모의하는 소위 淨襟堂회의에 참석했다는 삼가 사족의 면면을 보면 토동의 인천이씨는 전혀 등장하지 않는다. 물론 정금당회의가 4월에 있었다는 근거는 여러모로 실증이 부족하다. 『龜山實記』, 卷1, 「行狀(尹銑 撰)」; 『素窩集』, 卷6, 墓碣銘, 「平湖許公墓碣銘 幷序」; 『老栢軒集』, 卷46, 行狀, 「先祖府使公遺事狀」; 『勉菴集』, 卷28, 墓碣, 「明川府使鄭公墓碣銘 幷序」; 『龜邑實記』, 卷1, 附錄, 「壬丁同苦錄」; 『忘憂集』, 「龍蛇別錄」, 壬辰四月條.

않았다고 하더라도 전쟁과 기근으로 인한 참상이 없지 않았을 것으로 추정된다. 합천은 주변 고을의 사족이 난리를 피할 정도로 임진왜란 때 비교적 안정된 고을이었다. 특히 합천의 임내였던 가야산 아래 야로지역은 거의 전쟁을 비켜갔다.[91] 그렇지만 전쟁과 기근으로 인한 참상을 면할 수 없었다. 왜군이 갑자기 쳐들어오자, 함안 검암촌儉巖村의 함안조씨 입암立巖 조식曺植(1549~1607)은 적을 피해 합천으로 가서 한동안 살았다. 이때 겪었던 참상에 대해 "전쟁과 기근으로 인해 사람들이 서로 잡아먹을 정도로 염치와 부끄러움을 모두 잃어버렸고, 선비 집안의 자제들도 직접 좀도둑질을 하여 자신을 욕되게 하고 어버이에게 누를 끼치는 자들이 많았다"라고 하였다.[92] 그렇다면 삼가지역도 임진년에 전쟁의 피해를 거의 겪지 않았을지라도 난민의 발생과 이로 인한 기근 등의 문제를 안고 있었을 것으로 추정된다.

4월 말 잠시 전쟁의 공포가 삼가지역을 휩쓸고 지나갈 무렵에도 이웃 의령지역의 곽재우 의병의 활동은 점점 규모를 키우고 범위를 넓혀가고 있었다. 그리고 5월 8일 경상우도 초유사 학봉 김성일이 함양에 도착하여 초유활동에 들어감으로써 구평리 파평윤씨 가문을 비롯한 삼가지역 사족가문들도 전쟁 대응에서 변화를 보이기 시작했다.[93]

---

91) 玄風의 사족들은 모두 낙동강을 건너 伽倻山으로 들어가고, 남아 있는 아전과 백성은 왜적에게 복역하였다고 한다. 『松巖集』, 卷4, 遺事, 「鶴峯金先生龍蛇事蹟(文殊志)」.
92) 『澗松集』, 年譜.
93) 박용국, 「壬辰倭亂期 晉州地域 南冥學派의 義兵活動」, 『남명학』 16(2011); 박용국, 「임진왜란기 삼가 구평리 파평윤씨 가문의 전쟁 대응」, 『남명학연구』 61(2019) 참고.

2) 가문별 의병활동의 양상

(1) 초유활동과 의병 창의

먼저 각 가문의 창의의 시점과 관련해서 주목해야 할 부분은 학봉 김성일이 경상우도초유사慶尙右道招諭使로 부임한 5월 8일을 고려하지 않을 수 없다. 4월 22일 창의한 망우당 곽재우를 제외하면 모두가 5월 8일 이후 창의하는 것이 우연이라고 볼 수 없기 때문이다.

김성일은 임진왜란이 일어나기 20여 일 전 3월 3일에 노병老病의 조대곤을 대신하여 경상우도병마절사에 제수되었다.[94] 상주에 이르렀을 때 그는 왜군들이 이미 분성盆城를 격파하고 좌도를 치고 있다는 소식을 듣고서 본진으로 밤새워 말을 달렸다.[95] 4월 20일 김성일은 경상우병영인 창원에 도착하여 소규모 왜군을 물리치고,[96] 이날 밤 함안으로 진을 옮기려고 내지內地를 수습하고자 했다.[97] 그런데 그에게 나명拏命이 전해졌다. 그는 22일에 길을 나서 서울로 상경하다가 직산稷山에서 용서되고 경상우도초유사에 제수되었다.[98]

5월 7일 김성일은 경상우도초유사로 부임하던 길에 운봉현에서 경상 감사 김수를 만났다. 감사 김수는 5월 5일에 근왕상경을 구실로 군사 2천 명을 이끌고 거창을 떠나서[99] 5월 6일 함양을 지나 운봉에 도착하였

---

94)『선조수정실록』, 권26, 25년 3월 3일(甲子).
95)『松巖集』, 卷4, 「文殊志」.
96) 김성일은 "창원 합포의 경상우병영에 30리 못 미쳐 갑자기 적의 대진을 만났는데, 군관 李宗仁이 金假面의 敵魁를 쏘아 거꾸러뜨리자 적이 드디어 퇴주하고 곧 2급 머리를 베고 健馬와 금안장 및 寶釰을 노획하였다"라고 했다.『征蠻錄』, 卷1, 事蹟(上), 壬辰年 4月 16日條.
97)『亂中雜錄』, 卷1, 壬辰年(上) 4月 20日條.
98)『亂中雜錄』, 卷1, 壬辰年(上) 4月 20日條;『선조수정실록』, 권26, 25년 4월 14일(癸卯).
99)『亂中雜錄』에는 "김수가 29일 함양을 향해 거창을 떠났다"(『亂中雜錄』, 권1, 壬辰

고, 다음날 남원으로 떠나려다가 초유사 김성일을 만났다. 김성일은 김수를 설득하여 그와 함께 5월 8일에 함양 관아에 도착했다.[100) 김성일은 즉시 여러 고을에 격문檄文을 전하였다.[101) 이때 김성일은 대소헌 조종도와 송암 이로의 도움으로 경상우도 내의 수령·변장, 문·무 출신, 부로父老·자제, 한량·군민 등에게 통문하였다. 또한 조종도와 이로도 여러 읍에 초모의병招募義兵의 글을 지어 통문했다.[102) 이들의 통문은 삼가의병의 창의에 직·간접으로 영향을 끼쳤을 것이다. 그렇지만 삼가의병 창의와 활동은 사족가문들의 주체적 역량이 결정적인 한 몫을 했다.

삼가지역 사족들의 의병활동 양상은 구평리 파평윤씨 가문, 백동리 물동의 죽산박씨 가문, 물동의 초계정씨와 혼맥을 이룬 판현동의 창녕조씨 가문과 평구촌의 김해허씨 가문, 대평리 광주노씨 가문 등으로 대별된다. 이들 가문의 가전 자료와 망우당 곽재우, 송암 이로의 기록이 의병활동과 양상을 알려주는 주요한 자료이다. 다만 그들 가문의 가전 자료 간에는 삼가의병의 주체와 시기 선후 등 의병활동을 둘러싼 상이한 측면이 있으므로 문헌 고증이 필요하다. 송암 이로의 초유 활동만으

年[上], 4月 29日條)라고 나오지만 "4월 26일 지례를 떠나 거창에 와서 8일을 머물고, 5월 5일 안음에 도착했다"(『征蠻錄』, 卷5, 日錄[上], 壬辰年 5月 5日條)라는 『征蠻錄』의 기록이 옳을 듯하다.

100) 『孤臺日錄』, 卷1, 壬辰年 5月 8日條; 『征蠻錄』, 卷5, 日錄(上) 壬辰年 5月 8日條.
101) 『孤臺日錄』, 卷1, 壬辰年 5月 8日條.
102) 『亂中雜錄』, 卷1, 壬辰年(上) 5月 5日조. 김성일이 함양 관아에 도착하자, 前縣令 趙宗道와 前直長 李魯가 약속하지 않았음에도 불구하고 찾아왔다. 이로는 외숙 문덕수 일로, 조종도는 장인 이준민의 상에 조문하기 위해서 1591년부터 한양에 머물고 있었다. 두 사람은 변고를 듣고 즉시 본도로 달려왔다.(『亂中雜錄』, 卷1, 壬辰年(上) 5月 5日條; 『亂中雜錄』, 卷1, 壬辰年(上) 6月 19日條) 김성일은 두 사람을 보고 크게 기뻐하면서 하늘이 나를 돕는 것이라고 하였다.(『龍蛇日記』, 5-1葉) 김성일은 경상우도 남명학파의 인적 네트워크를 활용할 수 있을 것으로 기대했기 때문에 크게 기뻐하였을 것이다.

로 삼가의병 창의의 실체를 고증할 수 없을 뿐만 아니라 초유사 김성일의 초유 활동 과정에서 확인되는 의병장 이외에 가전 자료에서 확인되는 의병장을 실증할 수 있기 때문이다.

5월 중순 무렵에 삼가의병이 조직·활약하는 과정에서 크게 윤탁尹鐸이 이끈 정예의 삼가의병은 초유사의 명으로 곽재우의 의령의병과 연합을 하면서 출진出陣하고, 나머지 의병은 박사겸朴思謙·조계명曺繼明·정진철鄭震哲·박응구朴應龜 등이 삼가현의 물현勿峴 등지를 지켰다.103) 윤탁을 의병 대장으로 한 삼가의병은 박사제朴思齊가 도총都總, 허자대許子大가 군기軍器, 정질鄭晊이 군량軍糧, 노순盧錞이 운궤運饋를 담당하는 조직을 갖추고 의령의병과 연합 작전을 펼쳤으며, 삼가 백동리 물동 출신의 정연鄭演은 의령의 의병조직에서 독후장督後將을 맡아 활약했다. 그리고 대장 곽재우가 세간리世干里에 진을 치고 중간에서 이들을 통제함으로써 낙동강과 정호鼎湖 사이의 연안을 따라 아래 위 60리 사이가 왜군으로부터 안전할 수 있었고, 이에 힘입어 여민餘民이 농사를 지을 수 있었다.104)

(2) 구평리 파평윤씨 가문

당시 구평리의 윤언효와 윤언례 형제 집안은 혼맥과 통혼권通婚圈을 통해 삼가지역의 사족들 가운데 진주 인근 경상우도에서 가장

---

103) 윤탁이 거느린 정예의 삼가의병 이외에 박사제와 박응구가 삼가현에 남아 물현을 지켰다(『松巖集』, 卷4, 遺事, 「鶴峯金先生龍蛇事蹟[文殊志]」)고 했지만 박사제는 윤탁이 거느린 정예의 의병조직에 편성되어 있었으므로(『忘憂集』, 「龍蛇別錄」, 壬辰四月條) 박사제의 형님 박사겸 등이 삼가현의 나머지 의병을 거느린 의병장 가운데 한 사람이었을 것으로 본다.
104) 『忘憂集』, 「龍蛇別錄」, 壬辰四月條, 『松巖集』, 卷4, 遺事, 「鶴峯金先生龍蛇事蹟[文殊志]」.

강력한 재지적 기반과 향권을 구축하고 있었다. 윤언효·윤언례 형제는 구산 윤탁과 추담 윤선이 내암 정인홍의 문인으로서 정치·사회적 입지를 더욱 강화하는 데에 인적 네트워크의 중심이 되었던 인물이다. 임진왜란 이전에 문과에 급제한 윤선과 윤언례의 둘째 사위 송정松亭 하수일河受一(1553~1612)은 당시 남명학파의 네트워크에서 가장 촉망받는 인물이었다.105) 이 같은 사회적 기반은 윤언효가 삼가지역의 의병을 창의할 때 주체적 역량이 되었으며, 윤언례가 의병장 곽재우를 모함하는 감사 김수의 두 번에 걸친 격문을 반론하는 통유문을 주도하였던 배경이었다.106)

종제 윤선尹銑(1559~1639)이 지은 윤탁의 행장에 의하면 삼가현 의병의 창의는 윤탁의 아버지 윤언효가 선도하고 아들 윤탁(1554~1593)이 의병장으로 추대되었던 것으로 나온다. 윤탁은 삼가의병 가운데 정예병을 이끌고 의령의 용연龍淵에 주둔하면서 함안에 출몰하던 창원과 웅천의 왜군을 막거나 낙동강을 가득 채운 영산과 창녕의 적을 막아내는 활동을 하였다. 윤탁은 낙동강 동안의 영산 전투와 거창 우두령牛頭嶺 전투, 1592년 진주성 전투에 참가하여 승리에 기여하였으며, 다음해 진주성에 입성하여 순절하였다.107)

이러한 구평리 파평윤씨의 의병활동 양상은 윤언효尹彦孝의 삼가의병 창의의 선도적 역할, 윤언례尹彦禮의 의병장 곽재우 구원 활동, 윤탁

---

105) 박용국, 「조선 중기 삼가 구평리 파평윤씨 가문의 혼맥과 사회적 위상」, 『歷史教育論集』 67(2018), 171~186쪽.
106) 박용국, 「임진왜란기 삼가 구평리 파평윤씨 가문의 전쟁 대응」, 『남명학연구』 61(2019), 72~73쪽.
107) 『龜山實記』, 卷1, 「行狀(尹銑)」; 『忘憂集』, 「龍蛇別錄」, 壬辰四月條; 『松巖集』, 卷4, 遺事, 「鶴峯金先生龍蛇事蹟(文殊志)」.

의 군사적 활동으로 대별된다. 그리고 진사 윤언례의 아들 윤선은 초기 창의 모임에 참가하였으나 곧 이어 관인官人으로서 대가서수大駕 西狩에 도보로 수행하였다.

(3) 백동리 물동의 죽산박씨 가문

백동리 물동의 죽산박씨 입향조 박계리朴繼李(1474~1541)는 경상감사 김안국이 1518년에 기묘명현으로 이름난 묵재 노필, 옥계 노진의 아버 지 신고당信古堂 노우명盧友明 등과 함께 조정에 천거할 정도로 지역에 서 명망이 높았던 인물이다. 자연히 삼가지역 사족가문들 가운데 향권 을 주도할 위치에 있었던 주요 가문에 포함되었다.

박계리는 중시조 죽주백竹州伯 박기오朴奇悟로부터 20세인데, 다섯 아들을 두었다. 입향조 박계리의 첫째 아들 박준朴俊의 아들이 박구용朴 九容(1535~1571)이다. 박구용은 아버지 박준과 어머니 밀양박씨 습독習讀 박서림朴書林의 딸 사이에 태어났다. 박구용의 외향은 대평리 송지촌이 다. 박구용은 두촌 박승문의 외증손이고, 졸당 박총의 외현손이다. 박구용의 아들이 구암龜嵒 박엽朴燁(1560~1616)이다. 박구용은 남명의 문하에서 배웠으며, 의령의 송암 이로의 벗이었다.108)

입향조 박계리의 셋째 아들 기오재淇塢齋 박희朴僖(1505~?)는 청도로 이주하였다. 박계리의 자손 가운데 청도로 이주한 가문이 가장 번성하였 다. 입향조의 다섯째 아들 박우朴優의 두 아들이 의병장 사월정沙月亭 박사겸朴思謙(?~1593)과 매계梅溪 박사제朴思齊(1555~1619)이다. 매계 박사 제는 1589년 문과에 급제하였으며, 형님 박사겸과 아울러 삼가의병 창의

---

108)『松巖集』, 卷3, 墓誌銘,「朴君墓誌銘」;『龜嵒實記』, 卷2, 附錄,「行錄(再從弟炯謹狀)」.

에서 상당한 역할을 했다. 물론 구평리 파평윤씨 가문을 비롯해 백동리 물동의 초계정씨 정진철, 평구촌의 김해허씨 허자대, 현내리 판현동의 조계명 가문이 주도하여 창의가 이루어졌다. 하지만 삼가지역의 의병 창의는 마치 송암 이로의 소모의 과정에서 이루어진 것처럼 전한다.

1592년 5월 15일 무렵 송암 이로는 소모를 목적으로 진주에서 삼가 땅에 들어갔는데, 온종일 한 사람도 보지 못했다. 그는 부지런히 대평으로 가서 오직 봉사奉事 노흠盧欽(1527~1602)만을 만났는데, 집에 있던 그는 늙어서 할 수 없다고 사양하였다.[109] 송암 이로가 삼가 읍치에서 대평리로 향하던 길에서 벗어나 있던 구평리와 백동리의 물동의 사족들이 주도한 5월 초순의 의병 창의 논의들을 전혀 알지 못한 채 대평리의 봉사 노흠을 만나 의병 창의를 주도할 것을 제의했던 것이다. 이러한 과정에서 박사겸·박사제·노순盧錞 세 사람이 칼을 차고 왔으므로 모여서 서로 군사를 일으킬 것을 약속했다.[110] 이때 그들은 의병 창의의 명분을 군신과 부자의 윤리 및 선비의 의리에서 찾았다. 박사겸·박사제 등은 삼가에서 기병하여 모두 무리 8~9백 명을 얻었다고 했다.[111]

이로는 삼가지역의 의병 창의와 관련하여 구평리 윤언효 가문의 역할을 전혀 언급하지 않고, 오로지 자신과 박사겸·박사제 및 노순의 약속에 의해 의병이 창의된 것으로 서술하였다. 이로는 삼가지역 의병 창의의 공을 소모관 자신과 친구 박구용의 종제從弟 박사제와 박사겸에게 돌리고 있다. 결국 소모관 이로는 삼가지역의 의병 창의를 자신의 소모 활동의 결과라고 보았다. 이는 『구암실기』의 '임정동고록壬丁同苦

---

109) 『龍蛇日記』, 14-1·15-1葉.
110) 『龍蛇日記』, 14-2葉.
111) 『松巖集』, 卷2, 檄文, 「通諭列邑倡起義旅文 壬辰」.

錄'에서 박사겸이 물동勿洞에서 처음으로 향병을 일으켰다는 내용으로 반영되었던 것 같다.[112]

그런데 초유사 김성일은 의병이 일어난 일과 경상도지역의 전투 상황을 보고하면서 "삼가에 사는 훈련원 봉사 윤탁, 전 봉사 노흠도 의병을 일으켜 서로 응원하려고 합니다"라고 했다.[113] 그렇다면 소모관 이로의 삼가지역 의병 창의의 주체와 관련한 내용은 일부의 사실만 전한 것으로 이해된다.

그리고 박형朴炯(1564~1637)이 지은 재종형 구암 박엽(1560~1616)의 '행록'과『구암실기』의 '임정동고록'에 의하면 윤탁이 거느린 정예의 삼가의병은 곽재우의 의령의병과 연합 의병으로 편성되고, 박사겸·조계명·정진철·박엽朴爗이 거느린 나머지 의병은 물현勿峴 위에 진을 치고 지켰다.

한편 4월 27일 왜군 40여 기가 아곡리, 토동을 기습 점령하자, 삼가현감 장령은 황계로 도피하였다. 백동리 물동의 죽산박씨 박사겸 등은 현감 장령을 다시 읍치로 불러들였다고 했으나 송암 이로는 자신이 그렇게 했다고 기록하고 있다. 송암 이로 소모 활동에 보이는 내용과 달리 삼가의병 창의는 사월정 박사겸·매계 박사제 형제와 이들의 종질 박엽이 장검을 차고서 대평大坪으로 들어가다가 길에서 노순과 이로를 만나 드디어 나라를 위해 죽기로 서로 결의했다[114]고 하여 삼가지역의 주체성을 강조하고 있다.

요컨대 백동리 물동의 죽산박씨 가문의 박사제는 윤탁이 거느린

---

112)『龜嵒實記』, 卷1, 附錄, 「壬丁同苦錄」;『龜嵒實記』, 卷2, 附錄, 「行錄(再從弟炯謹狀)」.
113)『宣祖實錄』, 卷27, 25年 6月 28日(丙辰).
114)『龜嵒實記』, 卷2, 附錄, 「行錄(再從弟炯謹狀)」.

정예의 삼가의병에서 도총都總을 맡아 왜군방어활동에 참전했고, 박사
겸은 정진철·조계명·박엽 등과 여병餘兵을 거느리고 물현勿峴 위에
진을 치고 왜군으로부터 삼가지역을 방비했다. 이러한 군사적 대응만
이 아니라 박사제는 윤언례와 함께 곽재우를 감사 김수 일당의 모함으
로부터 구원하기 위한 통문을 지어 여러 읍에 보내기도 했다.

(4) 백동리 초계정씨와 김해허씨 가문

백동리 사족가문의 전쟁 대응은 의병활동을 통해 이해할 수 있다.
특히 혼인을 통한 인적 네트워크가 주목된다. 백동리 사족가문 형성의
구심점은 초계정씨 서정 정옥윤이다. 평구촌의 김해허씨 허금수는
서정 정옥윤의 사위이고, 물동의 죽산박씨 박계리는 서정의 손서이다.
이들 세 사족가문 출신으로서 임진왜란 때 의병을 일으켜 크게 활약한
이가 서정의 현손 정명의 아들 정진선鄭震善과 정진철鄭震哲(1568~?)[115],
사위 허자대許子大(1555~?)와 조계명曺繼明(1568~1641)이다. 그리고 정질
鄭晊은 삼가의병과 의령의병의 연합 의병을 조직하여 군무를 분장했을
때 군량을 책임졌다.[116] 정질은 서정의 현손으로 정명과 삼종간이다.
따라서 정진선과 정진철은 정질의 삼종질三從姪이고, 허자대와 조계명
은 정질의 삼종질서三從姪壻이다.[117]

정진철의 묘갈명에 의하면 그는 의병 창의 과정에서 같은 마을의

---

115) 정진철은 명천부사를 지냈으며, 노백헌 정재규의 10대조이다. 『老栢軒集』, 卷46,
行狀, 「先祖府使公遺事狀」; 『勉菴集』, 卷28, 墓碣, 「明川府使鄭公墓碣銘 幷序」.

116) 『忘憂集』, 「龍蛇別錄」, 壬辰四月條.

117) 『陶丘實記』, 卷1, 行狀, 「鄭西亭先生行狀」; 『農山集』, 卷12, 墓表, 「先祖參奉公墓表」;
『龜嵒實記』, 卷1, 附錄, 「壬丁同苦錄」; 『老栢軒集』, 卷46, 行狀, 「先祖府使公遺事狀」.

박엽, 매제 조계명과 함께 촌정을 모으는 활동을 한 것으로 나온다. 박엽의 행장에 의하면 정진철은 삼가지역의 의병 창의 과정에서 박엽·조계명과 함께 촌정村丁 모집이나 군량 및 군수 등등의 면에서 역할을 수행했다고 한다.118) 그렇다면 백동리 초계정씨 정진철과 죽산박씨 가문의 박엽朴爗, 판현동의 조계명이 삼가지역의 의병 창의 과정에서 의병 모집, 군량, 군수 등 실무를 담당했던 것으로 생각된다. 앞의 가전 자료에는 누락되어 있으나 정진철의 자형姊兄 허자대도 연합 의병의 군무 분장에서 군기軍器를 책임졌다.119)

한편 백동리 물동의 초계정씨 대사성공파 정진철 가문 이외에 초계정씨 박사공파博士公派 계열의 정연鄭演은 망우당 곽재우 의병조직에서 독후장督後將으로서 기강歧江 전투 등에서 큰 활약을 하였으며, 십팔장十八將 가운데 한 사람이다.120)

앞에서 언급하였듯이 평구촌의 평호平湖 허자대許子大(1551~?)는 삼가의병의 창의와 활동에서 적지 않은 역할을 수행했던 인물이다. 그는 처남 정진선과 정진철 및 손아래 동서 조계명 등과 함께 창의하면서 가동家僮 등을 거느리고 삼가의병에 편성되었다. 윤탁이 거느린 정예의 삼가의병이 곽재우의 의령의병과 연합한 의병군단에서 그는 병기의 제작과 공급 등 군기軍器의 군무를 책임졌다.121) 그가 제조한 군기는

---

118) 『龜巖實記』, 卷2, 附錄, 「行錄(再從弟炯謹狀)」, "是時 公與縣人曹公繼明同里鄭公震哲 結壯士募村丁 先入本縣※集餘民 收倉粟與軍儒皷皷吹角揮."

119) 『忘憂集』, 「龍蛇別錄」, 壬辰四月條; 『素窩集』, 卷6, 墓碣銘, 「平湖許公墓碣銘 幷序」.

120) 『忘憂集』, 「龍蛇別錄」, 壬辰四月條; 『晦堂集』, 卷33, 碑銘, 「通政大夫僉知中樞府事鄭公 祭壇碑銘 幷序」.

121) 『素窩集』, 卷6, 墓碣銘, 「平湖許公墓碣銘 幷序」; 『勉菴集』, 卷28, 墓碣, 「明川府使鄭公 墓碣銘 幷序」; 『老栢軒集』, 卷46, 行狀, 「先祖府使公遺事狀」; 『松齋遺稿』, 卷2, 附錄, 「行狀(李敏哲)」; 『忘憂集』, 「龍蛇別錄」, 壬辰年 4月條.

뛰어나고 예리해서 왜군을 참획하는 성과가 배전倍前하였다고 한다.122)

이상에서 살펴보았듯이 백동리 물동의 사족가문들의 의병활동에 대한 가승家乘과 가전 자료를 종합하면 삼가지역의 의병은 창의 이후 크게 두 조직으로 나누어져 있었던 것으로 짐작된다. 윤탁이 거느린 정예의 삼가의병에는 박사제朴思齊・허자대許子大・정질鄭晊・노순盧錞 이 주요한 군무를 담당하였으며, 이들은 의령의병과 연합한 곽재우 의병군단에서도 주요한 군무를 분장 받고 활약했다. 정예의 삼가의병 이 의령으로 옮겨간 이후 정진철은 박엽・조계명과 함께 여병餘兵을 거느리고 물현 위에서 진을 설치하고 왜군으로부터 삼가지역을 지켰 다.123) 당시 사람들이 정진철・박엽・조계명을 일러 '삼장군三將軍'이 라 칭했다고 전한다.124)

(5) 현내리 판현동의 창녕조씨 가문

판현동의 창녕조씨 가문의 송재 조계명(1568~1641)은 남명 조식의 종손從孫으로서 남명의 아우 조환曺桓의 손자이다.125) 조계명의 외숙이 허자대이고, 한편으로 조계명의 손위 동서가 허자대이다.126) 조계명은

---

122) 『素窩集』, 卷6, 墓碣銘, 「平湖許公墓碣銘 幷序」.

123) 『老栢軒集』, 卷46, 行狀, 「先祖府使公遺事狀」; 『龜邑實記』, 卷2, 附錄, 「行錄(再從弟炯 謹狀)」; 『龜邑實記』, 卷1, 附錄, 「壬丁同苦錄」.

124) 『松齋遺稿』, 卷2, 附錄, 「行狀(李敏哲撰)」; 『老栢軒集』, 卷46, 行狀, 「先祖府使公遺事狀」. 한편 송암 이로가 학봉 김성일의 초유 활동을 정리한 내용에는 "朴思齊・朴應龜 등은 남은 군사를 거느리고 勿峴에서 매복하였다"라고 했다.(『松巖集』, 卷4, 遺事, 「鶴峯金先生龍蛇事蹟[文殊志]」) 박사제가 곽재우 의병군단에 都總의 군무를 맡고 있었다는 점에서 사실이 아닐 가능성이 높다.

125) 『松齋遺稿』, 卷2, 附錄, 「行狀(李敏哲撰)」.

126) 『松齋遺稿』, 卷2, 附錄, 「行狀(李敏哲)」; 『素窩集』, 卷6, 墓碣銘, 「平湖許公墓碣銘 幷序」; 『農山集』, 卷12, 墓表, 「先祖參奉公墓表」.

경상우도 남명학파 가문의 연원 가문으로서만이 아니라 백동리 물동의 초계정씨, 평구촌의 김해허씨와의 혼맥을 통해 삼가지역 사족가문 내에서 사회적 기반이 확고하였으며, 이는 의병활동의 인적 네트워크의 바탕이 되었다.

이미 앞에서 정진철과 박엽의 의병활동과 관련해서 언급했지만 조계명은 삼가지역 내에서 왜군의 급습을 방어하는 활동을 펼쳤으며, 박엽·정진철과 함께 '삼장군'이라 칭해졌다. 진사 이민철李敏哲이 1677년에 지은 조계명의 행장에 의하면 조계명은 일개 포의布衣의 신분으로서 맨손으로 분기奮起해서 적진을 돌진하여 참살한 왜군이 무수히 많았다고 한다.[127] 생질 하익河瀷이 외숙 조계명의 실록을 정리한 것에 의하면 조계명은 아우 조계은曺繼誾·조계장曺繼章, 매제 하재흥河載興과 함께 곽재우의 의령의병에 가담하였다가 후에 삼가지역으로 돌아와 박엽·정진철과 의병활동을 펼쳤다고 했다.[128]

(6) 가회리 회산의 신창노씨 가문

가회리 회산의 신창노씨 가문의 매와梅窩 노순盧錞(1551~?)은 삼가의병 창의에 기여하고, 곽재우 의병군단에서 식량의 운반과 공급의 군무를 분장 받아 원활하게 수행하였다. 먼저 노순은 남명의 문인으로 박사겸·박사제와 함께 군사를 일으킬 것을 약속하고, 박사겸·박사제 등과 함께 모두 무리 8~9백 명을 얻었다고 했다.[129] 그렇다면 노순은 삼가의병 창의에서 일정한 기여를 했던 셈이다.

---

127) 『松齋遺稿』, 卷2, 附錄, 「行狀(李敏哲)」.
128) 『松齋遺稿』, 卷2, 附錄, 「實錄(河瀷)」.
129) 『龍蛇日記』 14-2葉; 『松巖集』, 卷2, 檄文, 「通諭列邑倡起義旅文 壬辰」.

노순은 삼가와 의령 의병이 연합한 곽재우 의병군단의 군무軍務 분장分掌에서 운궤運饋를 책임졌다. 전쟁에서 식량을 운반하고 공급하는 것은 무엇보다 중요했다. 그래서 서애西厓 유성룡柳成龍은 1583년 북방 변란에 대한 방책의 논의에서 "식량을 운반하고 공급하는 일이 번거로워 고통을 감당하지 못하고 반란을 생각하는 사람들이 많습니다. 그러므로 전쟁이 일어나면 반드시 식량 운송을 우선으로 하는데, 이 일을 맡은 사람이 참으로 잘 처리하여 전쟁이 빨리 그치면 천하는 동요되지 않습니다. 만일 잘못 처리하여 꼴을 베어 나르고 수레를 끌다 한 해를 지내고 또 한 해를 보낸다면 원근을 막론하고 모두 소란할 것입니다."라고 하였다.[130] 그렇다면 임진년 곽재우 의병군단의 원활한 군사적 활동의 성공에는 노순의 기여가 적지 않았다고 할 수 있을 것이다.

(7) 기타 삼가지역 가문의 의병활동

이상의 가문 외에 삼가지역 사족가문의 가승과 가전 자료에 의하면 병목리 금곡동金谷洞의 은진송씨, 아곡리 토동의 인천이씨, 대평리 죽전촌의 안동권씨, 가회리 덕촌의 김해허씨 가문에서도 의병에 참여하였다.

병목리 금곡동[131]의 은진송씨 가문은 충순위忠順衛 송세적宋世勣이 황매산 삼봉 아래 처향으로 입향한 후 후손이 그 지역에 세거하였다. 병목리 입향조의 아들 송기宋寄(1517~1595)는 장성해서 삼종형三從兄 규

---

130) 『西厓集』, 卷14, 雜著, 「北邊獻策議 癸未」.
131) 현재 합천군 대병면 유전리의 속칭 金屈洞 지역으로 짐작된다.

암규암 송인수宋麟壽(1499~1547)에게 수학하고, 남명 조식의 문하에 종유
하였다. 임진왜란 때 송기는 세 아들 송희철宋希哲·송희순宋希醇·송희달
宋希達과 가동家僮 수십 명과 함께 곽재우의 의령의병에 참여했다가
얼마 지나지 않아 노병老病으로 환산還山했다고 한다.[132]

아곡리 토동의 인천이씨 가문은 판현동 송재松齋 조계명曺繼明(1568~
1641)의 연보에 의하면 수헌睡軒 이현좌李賢佐(1538~?)[133], 인천이씨 가전
자료에 의하면 수헌睡軒 이현좌李賢佐와 토천兎川 이현우李賢佑(1548~
1621) 형제가 임진년에 의병활동을 전개했다. 또한 이현좌의 아들 이춘
수李春秀(1567~1638)와 이춘기李春期 형제도 정유재란 때 곽재우 의병에
참여한 것으로 전한다.[134]

대평리 죽전촌 출신의 안동권씨 화음花陰 권양權瀁(1555~1618)은 백동
리 물동의 사월정 박사겸, 매계 박사제 형제, 대평리의 봉사奉事 노흠盧
欽, 그의 재종숙 권세춘權世春과 함께 의병을 창의하였다고 한다.[135]

가회리 덕촌의 김해허씨 가문에서는 덕암德庵 허홍재許洪才(1568~
1629)와 둔재遯齋 허홍기許洪器 형제가 곽재우의 의령의병에 출진하여
활동했다. 서하西河 노형필盧亨弼(1605~1644)[136]이 지은 덕암 허홍재의

---

132) 『靖山集』, 卷13, 行狀, 「先祖參議公行狀補略」; 『靖山集』, 卷13, 行狀, 「梅皐宋公行狀」; 『靖山集』, 卷9, 記, 「三希齋記」.

133) 『松齋遺稿』, 卷2, 附錄, 「年譜」.

134) 『而堂集』, 卷37, 墓表, 「睡軒李公墓表」; 『兎川實紀』 卷上, 遺蹟, 「遺蹟」; 『兎川實紀』 卷下, 錄, 「師友門生錄」.

135) 『花山世稿』, 卷2, 『花陰實紀』 附錄, 「行狀(愼認明)」. "壬辰遭海寇之亂 挺身奮義 誓意殲賊 與前佐郎金沔朴惺郭走日郭再佑河渾曹應仁全雨 同聲協謀 通文列邑 士友聞者 莫不奮聳 又朴思齊兄弟 奉事盧欽 再從叔世春 相應起兵."

136) 서하 노형필은 옥계 노진의 증손이고, 동강 김우옹의 孫壻이다. 여헌 장현광이 옥산서원에서 강학할 때 가서 배웠다. 『葛庵集』 別集, 卷6, 行狀, 「宣教郎行大君師傅盧公行狀」; 『旅軒集』, 卷10, 跋, 「書東岡先生行狀後」.

행장에 의하면 왜군이 갑자기 쳐들어오자, 덕암은 가족들을 장인 진사 윤언례尹彦禮에게 부탁한 후에 아우 둔재 허홍기와 함께 곽재우의 의령 의병에 가담하여 기강상岐江上에서 왜군을 막는 데에 공을 세웠으며, 신반현新反縣의 곡식을 호송하다가 날뛰는 말에 떨어져 머리에 큰 부상을 입어 고향으로 물러났다고 한다.[137]

이상과 같이 삼가지역의 사족가문들은 혼맥과 학맥으로 인적 네트워크를 형성하고, 이를 바탕으로 임진왜란 전에는 남명학파의 일원 가문으로서 향촌에서 주도적 활동을 전개하였다. 임진왜란이 일어나자, 삼가지역 사족가문들은 학맥과 혼맥을 통해 의병을 창의하였다. 윤탁尹鐸이 거느린 정예의 삼가의병은 곽재우의 의령의병과 연합하여 곽재우 의병군단을 형성하였는데, 이때 윤탁이 대장代將, 박사제朴思齊가 도총都摠, 허자대許子大가 군기軍器, 정질鄭晊이 군량軍糧, 노순盧錞이 운궤運饋를 맡아 의병군단의 군사적 활동을 원활하게 전개하였다. 박엽朴燁·정진철鄭震哲·조계명曺繼明 등이 거느린 삼가의 여병餘兵은 삼가지역 내에서 방어활동을 펼쳤다. 삼가지역 사족가문들의 임진왜란에 대한 대응을 보면 거의 대개 가문이 의병활동에 참여하는 형태의 양상을 보여 주었다. 또한 윤언례와 박사제가 통문을 통해 모함에 빠진 곽재우를 구원하려고 했던 활동도 주목되는 삼가 사족가문의 전쟁 대응이었다. 바꾸어 말해서 임진왜란 초기 삼가지역 주요 사족가문들은 거의 대부분 피난이 아니라 왜군에 맞서 의병활동으로 대응하는 양상을 보여 주었다.

---

137) 『德庵遺稿』 附錄, 行狀, 「行狀(盧亨弼)」; 『林谷集』, 卷7, 碣銘, 「滄洲許公墓碣銘 幷序」.

4. 맺음말

본고의 목적은 사족가문들의 삼가지역 이주의 배경과 이주한 방리를 규명하고, 그들 남명학파 가문의 임진년 의병활동의 양상을 규명하는 데에 있다. 본론의 결론은 다음과 같다.

삼기현三岐縣과 가수현嘉樹縣의 토성이나 토성이족은 거의 대부분 재지사족으로 성장하지 못했다. 다만 삼가박씨 가문 가운데 일부 가계는 16세기 중엽에 사족가문으로 성장하였던 것으로 보인다. 예를 들면 삼가에 거주하던 삼가박씨 박항朴恒은 삼가향교 교생으로서 1534년(중종 29)에 식년시 생원에 급제하였다. 하지만 이후 그 가문의 행적은 알려진 게 없다. 반면에 가수현의 토성인 삼가이씨, 삼기현의 토성이자 가수현의 토성이었던 삼가박씨, 가수현의 토성인 삼가오씨 가문의 일부는 타읍으로 이주하여 그곳에서 사족으로 성장하였다. 특히 삼가이씨 이충범李忠範 (1520~1598) 가문은 문과 급제자 2인을 배출할 정도로 충청도 옥천에서 사족으로서의 위상이 제법 높았던 것 같다. 하지만 삼가지역 토성 출신 가문 가운데 조선 중기에 사족으로 성장한 삼가이씨·삼가박씨는 이후 번성한 본관에 흡수되면서 역사에서 사라지게 되었고, 삼가오씨와 삼가삼씨는 극소수가 가문의 명맥을 유지하고 있다. 결국 조선 중기 삼가지역은 타읍으로부터 이주한 사족가문들이 그러한 지역적 배경을 바탕으로 삼가지역의 향촌사회를 주도하게 되었다.

삼가현의 사족가문 가운데 향촌지배체제 구축의 주도 세력은 주로 고려 말기 이후 16세기 중엽 이전에 이주한 가문들이다. 삼가 향촌지배체제의 구축 및 의병활동과 관련된 대표적인 사족가문의 입향 시기와 방리 및 가문은 다음과 같이 정리할 수 있다. 먼저 고려 말기에서 14세기 말에 삼가지역으로 이주한 가문으로는 고려 말기 아곡리 토동의 인천이씨 시중侍中 이작신李作臣, 고려 말기 삼가현 대평리 두심동의 풍산홍씨 만은晚隱 홍재洪載, 고려 말의 대평리 송지촌의 밀양박씨 졸당拙堂 박총朴聰, 고려 말의 대평리 죽전촌의 안동권씨 권집덕權執德 집안을 들 수 있다. 다음으로 조선 초부터 16세기 중엽에 삼가지역으로 이주한 가문으로는 조선 초의 현내리 판현동의 창녕조씨 조안습曺安習, 1438년 무렵의 백동리 물동의 초계정씨 서정西亭 정옥윤鄭玉潤과 경재耕齋 정옥량鄭玉良 형제, 1460년 무렵의 백동리 평구촌의 김해허씨 허금수許金秀, 1470년 무렵의 가회리 구평의 파평윤씨 윤연尹硏, 15세기 말의 백동리 물동의 죽산박씨 박계리朴繼李, 15세기 말의 대평리 광주노씨 노적盧摘, 16세기 중엽의 가회리 덕촌의 김해허씨 허순許珣, 16세기 중엽의 가회리 회산의 신창노씨 노경진盧景震, 16세기 중엽의 병목리 금곡동金谷洞의 은진송씨 송기宋寄 집안 등이다. 이들 가문 출신의 인물들이 삼가지역과 이웃 고을에서 의병활동을 전개하였다.

삼가지역 사족가문들은 국가의 군사통신수단으로서의 봉수, 비공식적인 루트로서 혼맥과 학맥으로 이루어진 인적 네트워크를 통해 전쟁 발발의 소식을 늦어도 4월 14일 무렵에 속속 인지했을 것으로 생각된다. 4월 말 잠시 전쟁의 공포가 삼가지역을 휩쓸고 지나갈 무렵에도 이웃 의령지역의 곽재우 의병의 활동은 점점 규모를 키우고 범위를 넓혀 가고 있었다. 그리고 5월 8일 경상우도 초유사 학봉 김성일이 함양에 도착하여 초유활동에 들어감으로써 구평리 파평윤씨 가문을 비롯한 삼가지역 사족가문들도 전쟁 대응에서 변화를 보이기 시작했다. 5월 중순 무렵에 구평리 파평윤씨 집안의 윤언효와 윤언례 형제를 중심으로 한 창의의 논의가 있었으며, 이를 계기를 백동리의 죽산박씨 박사겸과 박사제 형제를 비롯한 초계정씨 정진철, 김해허씨 허자대, 가회리 회산晦山의 노순, 판현동의 조계명 등이 의병의 소모 활동에 들어갔던 것으로 보인다.

삼가지역의 사족가문들은 혼맥과 학맥으로 인적 네트워크를 형성하고, 이를 바탕으로 임진왜란 전에는 남명학파의 일원 가문으로서 향촌에서 주도적 활동을 전개하였다. 임진왜란이 일어나자, 삼가지역 사족가문들은 학맥과 혼맥을 통해 의병을 창의하였다. 윤탁尹鐸이 거느린 정예의 삼가의병은 곽재우의 의령의병과 연합하여 곽재우 의병군단을 형성하였는데, 이때 윤탁이 대장代將, 박사제가 도총都摠, 허자대가 군기軍器, 정질이 군량軍糧, 노순이 운궤運饋를 맡아 의병군단의 군사적 활동을 원활하게 전개하였다. 박엽·정진철·조계명 등이 거느린 삼가의 여병餘兵은 삼가지역 내에서 방어활동을 펼쳤다. 삼가지역 사족가문들의 임진왜란에 대한 대응을 보면 거의 대개 가문이 의병활동에 참여하는 형태의 양상을 보여 주었다. 또한 윤언례와 박사제가 통문을 통해 모함에 빠진 곽재우를 구원하려고 했던 활동도 주목되는 삼가 사족가문의 전쟁 대응이었다. 바꾸어 말해서 임진왜란 초기 삼가지역 주요 사족가문들은 거의 대부분 피난이 아니라 왜군에 맞서 의병활동으로 대응하는 양상을 보여 주었다.

제3장 인조반정 이후 합천지역 남명학파 문인들의 활동 양상
― '염북染北'과 '모현侮賢' 혐의를 중심으로 ―

송 치 욱

1. 들어가며

이 글은 '남명학파의 지역적 전개'라는 큰 주제 하에 합천지역에서의
남명학파의 형성과 계승 등을 조명하기 위한 작업의 일환이다. 특히
여기서는 인조반정 이후의 합천지역에서의 남명학파가 처한 상황과
그에 대한 대응을 중심으로 살펴볼 것이다. 왜냐하면 남명학파의 발전
과정도 중요하지만, 쇠퇴 과정에서 드러난 문인들의 대응 양상은 합천
지역 남명학파의 특징을 보여 주는 것이기 때문이다.

잘 알려져 있다시피 합천지역은 남명의 태생지이자 그의 고제인
내암來庵 정인홍鄭仁弘(1536~1623)의 고향이기도 하다. 내암이 차지하는
문인집단에서의 비중과 그를 중심으로 형성된 합천의 많은 문인들을
생각해 보면, 합천은 남명학파의 형성과 발전, 그리고 쇠퇴를 살펴보는
데 빼놓을 수 없는 지역이다. 특히 인조반정으로 내암이 복주伏誅되자
남명학파는 쇠락의 길로 접어들기 시작했는데, 이 과정에서 내암과의

특별한 인연이 있을 수밖에 없는 합천지역의 문인들은 큰 타격을 입을
수밖에 없었다. 그리고 인조반정 때는 물론이고 반정 이후에도 이들
문인들은 반정세력이나 다른 학파들로부터 지속적인 폄훼와 배제를
받아 그 활동이 위축될 수밖에 없었고, 결국 여러 사건들을 거치면서
남명학파의 명맥은 점차 희미해질 수밖에 없었다.

이 글은 그런 남명학파의 쇠락의 상황을 합천을 중심으로 살펴보는
작은 고찰이라고 할 수 있다. 인조반정 이후 남명학파와 내암 연원의
문인들에게는 '염북染北'이나 '대북여얼大北餘孼', '모현侮賢'이라는 혐의
가 씌워졌다. '염북'은 광해군 시절의 대북인들의 정치적 성향이나
정책들, 대표적으로 '폐모살제廢母殺弟'에 대한 동조나 연관을 말하고,
'모현'은 내암이 올렸던 소위 '회퇴변척소晦退辨斥疎'[1]에 대한 동의를
뜻한다. 이들이 가진 정치사상적 의미에 대해서는 본문에서 자세히
다루겠지만, 이들 혐의는 내암 정인홍과 직접적으로 연관되어 있기에
합천지역의 문인들에게는 그 혐의가 대대로 덧씌워질 수밖에 없었다.
그래서 인조반정 이후에 일어난 박건갑朴乾甲 옥사獄事, 정한鄭澣 옥사
사건 등에서도 그 혐의들은 주요한 원인으로 작용했고, 문인들은 현실
적인 불안요인을 안고 살아갈 수밖에 없었다.

이러한 맥락에서 이 글에서는 '염북'과 '모현'이라는 혐의를 중심으
로 인조반정 이후의 남명학파 문인들의 대응양상을 살펴볼 것이다.

---

1) 소위 「회퇴변척소」는 광해군 2년, 김굉필, 정여창, 조광조와 함께 이언적, 이황이
   문묘에 종사되자, 이듬해 3월에 올린 좌찬성직을 사직하면서 올린 辭職箚이다. 여
   기에는 퇴계가 남명을 비판한 것에 대한 변호의 내용과 회재 이언적과 퇴계 이황
   이 문묘에 종사되는 것은 부당하다는 주장이 담겨 있다. 이로 인해 내암의 문인들
   과 다른 학파들과 많은 논란을 빚을 수밖에 없었는데, 이것이 인조반정 이후 '모
   현'의 주요 이유가 되었다. 이에 대한 자세한 내용은 '각주 7' 참조.

이 두 혐의는 남명학파 문인들, 특히 내암과 연관될 수밖에 없는 합천지역 문인들에게 정치적·사상적 침묵을 강요하는 키워드라고 할 수 있으며, 이를 통해 문인들은 정치사회적인 언어를 잃어버렸는지도 모른다. '염북'이라는 딱지는 남명학파 문인집단에 대한 배제와 탄압의 주홍글씨라고 할 수 있으며, '모현'이라는 혐의는 내암의 소위 「회퇴변척소」에서 진정으로 묻고자 했던 '진정한 유자儒者란 어떤 사람인가?', '유학의 본질은 어디에 있는가?'라는 질문을 더 이상 가능하지 않게 한 사상적 검열장치라고 할 수 있었다.

이런 점에서 인조반정을 단순히 군주나 주도적 권력의 교체 등 정치권력의 측면에서만의 변화로 이해하면 안 된다. 인조반정을 기점으로 조선 유학은 화담학파, 남명학파 등의 학파들과 그들이 가졌던 사상들이 배제되면서 다양성을 잃어 갔다고 할 수 있다.

그동안 인조반정 이후 남명학파의 동향에 대해서는 대체적인 연구가 이루어졌다고 할 수 있다. 내암의 변무활동과 인조반정 이후의 문인집단의 대응에 관한 연구[2], 정인홍 문인집단의 사승의식師承意識을 살펴보고 그 왜곡 양상을 형태별로 분류한 연구[3], 남명학파의 형성에서부터 조선 후기까지의 계승되고 전개된 양상에 대한 연구[4], 인조반정 이후 남명학파에 타격을 입힌 사건들에 대한 연구[5] 등이 있다.

2) 구진성, 「17世紀 南冥學派 動向 硏究 － 鄭仁弘과 그 系列을 中心으로」(경상대 박사학위논문, 2015).
3) 김익재, 「來庵 鄭仁弘의 現實對應과 그 門人集團의 師承意識」(경상대 박사학위논문, 2008).
4) 이상필, 「南冥學派의 形成과 展開 － 思想과 學脈의 推移를 中心으로」(고려대 박사학위논문, 1998).
5) 박병련, 「政治史의 脈絡에서 본 南冥學派의 繼承樣相 － 密陽·昌寧·靈山지역을 중심으로」, 『장서각』 6집(2001), 33~59쪽; 박병련, 「光海君 復立謀議 事件으로 본

이 글은 이러한 기존의 연구들을 참고하여, 합천지역의 남명학파에 집중한다. 우선 인조반정이 사상적인 측면에서 어떤 영향을 주었는지를 먼저 살펴볼 것이다. 왜냐하면 인조반정을 통해 내암을 복주시키면서 그의 문인들에게 덧씌운 '염북', '모현'의 혐의는 단순한 정치적 수식이 아닌 내암이 가진 사상적 경향에 대한 배제이며, 그 타격의 주요한 대상이 합천지역의 남명학파 문인들일 수밖에 없기 때문이다. 그리고 그 이후 인조 정권이 가진 정치적 특징 중의 하나인 '기찰譏察 정치'와 여러 고변들, 합천지역 남명학파 문인들이 겪었던 사건들과 남명을 계승하기 위한 노력들을 '염북'과 '모현'이라는 키워드를 중심으로 차례로 살펴본다.

2. '염북染北'과 '모현侮賢'이라는 혐의

인조반정의 성공은 남명학파의 핵심이었던 내암 정인홍과 그의 동료, 문인들의 몰락을 가져온 결정적 사건이었다. 그러나 더 주목해야 할 점은 이 사건이 단순한 정권의 교체에 그치지 않는다는 점이다. 반정 이후에는 북인세력에 관여된 학파에 대한 사상적인 배제와 감시 등이 작동하였고, 관련 인물과 가문에 대한 지속적인 탄압이 있었다. 결국 그 후손들은 생존을 위해 남명학파나 내암 정인홍과의 인연을 왜곡할 수밖에 없었다. 그렇게 인조반정은 정치권력의 변화와 더불어 조선 후기의 사상사적 지형을 결정하는 주요 요인이 되었던 것이다.

江岸地域 南冥學派」, 『남명학연구논총』 11집(2002), 229~259쪽; 김우철, 「인조 9년(1631) 鄭澣 모반 사건과 그 의미」, 『東洋古典研究』 39집(2010), 105~132쪽.

인조반정 당시 제시된 내암의 피참被斬 사유는 회재와 퇴계를 변척한 것, 이이첨과 더불어 광해군을 오도한 점, 토목공사를 일으키게 한 장본인, 폐모의 논의를 주도한 점 등이었다.[6] 반정세력들은 이 혐의들을 '염북染北'이나 '대북여얼大北餘孼', '모현侮賢'으로 정리했다. 광해군을 오도한 것, 토목공사 일으킨 것, 폐모 논의 등 광해군 정권을 주도했던 북인들의 정치행태는 '염북'과 '대북여얼'에 해당되는 것이고, 내암이 「회퇴변척소」 등을 올리면서 스승을 변호하고 회재 이언적과 퇴계 이황의 비판한 것은 '모현'이라는 혐의로 요약되었다.[7]

그런데 사실 이러한 혐의들은 정치적인 상황, 학파나 세력의 입장에 따라 시비是非가 엇갈릴 수 있는 논쟁적인 성격을 가지고 있었다. 예를 들어 「회퇴변척소」에 나타난 퇴계에 대한 비판이 반정세력에겐 '성현을 업신여기는 것'(侮賢)이지만, 정인홍과 북인세력의 입장에서는 퇴계로부터의 '노장의 빌미가 있다'(老壯爲祟)는 스승에 대한 무훼誣毁에 대한 변무辨誣이자 '진정한 선비란 어떤 사람인가?', '진정한 학문은 어떤 것이 되어야 하는가?', '진정한 중용(또는 중도)은 어떤 것인가?'에 대한 주장을 담은 것이었다.

결국 '모현'이라는 혐의는 인조반정의 성공과 함께 공식화되었으며, '회퇴변척'의 세력은 현인을 모욕했다는 혐의를 넘어, '비유학非儒學'이라는 유학의 순정성에 대한 의심으로까지 확대될 수 있는 것이었다.

---

6) 『인조실록』, 1년 3월 15일, 11번째 기사.
7) 구진성, 「17世紀 南冥學派 動向 硏究 － 鄭仁弘과 그 系列을 中心으로」, 67~73쪽. 소위 「회퇴변척소」는 『광해군일기』 3년 3월 26일 5번째 기사에 실려 있다. 회퇴변척과 관련한 내암의 '변무' 내용에 대해서는 박병련, 『筆禍에 담긴 유교적 비판정신 － 정직과 충후의 딜레마』(한국학중앙연구원 출판부, 2017), 97~130쪽; 송치욱, 「16세기 조선의 下學論 硏究」(한국학중앙연구원 박사학위논문, 2017), 85~91쪽 및 108~117쪽 참고.

'모현'의 혐의는 결국 내암 정인홍의 비판이 잘못되었다는 것으로, 그것은 퇴계의 남명에 대한 '노장의 빌미가 되어 유학에 투철하지 못하다'(老壯爲崇 吾學未透), '높고 뻣뻣한 선비로 중도를 요구하기 어렵다'(高 亢之士 難要以中道) 등의 비판이 전제가 된 것이기 때문이다. 고제高弟인 내암의 정치적 실패와 인조반정의 성공은 그것을 승인하는 꼴이 되어 버렸던 것이다.[8]

'염북'의 혐의도 마찬가지였다. 인조반정의 명분 중 가장 대표적인 것이 바로 '폐모살제'였다. 이는 북인정권에 '패륜悖倫'이라는 도덕적인 혐의를 씌울 수 있는 것이었다. 그런데 사실, 당시의 이 문제는 충忠이라는 국가윤리와 효孝라는 가족윤리가 서로 갈등하는 것이었고, 이때 무엇이 우선이 되어야 하는지에 대해 논란이 있을 수밖에 없는 것이었다. 이와 관련하여 인조반정의 결과 국가 엘리트 지형이 변화하는 것과 더불어 '가족주의'가 승리하고 '국가주의'가 몰락했다는 박병련의 분석에 주목할 필요가 있다.[9]

인조반정으로 정인홍을 비롯하여 광해군 정권의 핵심세력이 64명 복주당하고, 63명이 위리안치되었으며, 17명이 정형에 처해지는 등 144명이 숙청되었다. 게다가 북인당파에 속했던 인물들은 출사하는 것이 어려워졌고, 남명학파에 대한 왜곡과 폄훼가 지속되었으며, 후일에 일어났던 '무신란'으로 남명학파는 결정적인 타격을 입게 되었다. 이 결과 인재의 부고府庫라는 영남지역은 인조 이후 약 300년 동안

---

8) 『광해군일기』 3년 3월 26일 5번째 기사에 실린, 「회퇴변척소」에 대한 사신의 평이 이러한 점을 잘 보여 준다. 반정세력에 의해 만들어진 『광해군일기』의 사신은 남명이 도가의 수련법을 익혔고 유학자의 기상이 없었다고 평가하며, 정인홍을 土類를 해치는 좀도둑이라고 평하고 있다.
9) 박병련, 「仁祖反正과 남명학파의 재인식」, 『南冥學』 16권(2011), 9~34쪽.

중앙정부의 요직에 진출한 사람이 손가락으로 꼽을 정도가 되었다.[10] 이러한 점은 인조반정이 이후 국가의 엘리트 지형 변화에 얼마나 많은 영향을 미쳤는지 짐작하게 해 준다.

그리고 이러한 엘리트 지형의 변화는 유학자가 곧 관료가 되는 유교 관료제儒敎官僚制[11]의 조선에서는 곧바로 학계와 지성계, 국가사회의 주도적인 사상의 변화로 이어질 수밖에 없었다. 박병련은 반정세력이 북인정권을 '폐모살제廢母殺弟'라는 죄로 처단하고 인조반정을 정당화 했기에 가족주의를 대표하는 '효'의 윤리가 광해군이라는 군주에 대한 충忠의 윤리를 반영하는 '국가주의'를 압도했다고 지적하고 있다.[12]

다시 말해 '폐모살제'를 반정의 이유로 삼았던 반정세력들은 효의 '가족주의'를 내세웠고, 그 반대편의 남명학파를 위시한 북인정권이 '조정의 기강'과 '국가의 공적 성격'을 강조하면서 대비의 문제점을 지적했던 것을 패륜悖倫의 죄인으로 만들어 버렸던 것이다.

남명학파의 패퇴는 결국 남명학파가 가진 사상의 패퇴로 이어질 수밖에 없었다. 게다가 남명의 고제高弟로서 스승인 남명의 문집 발간 을 주도하고 퇴계학파 등 다른 학파의 폄훼나 비판에 대해 적극적으로 대응하면서 남명 사상을 철저히 계승하고자 했던 내암 정인홍이 역적 으로 복주되었다는 점은 남명학의 전승과 발전에 부정적인 영향을 초래할 수밖에 없었고, 정치적으로나 사회적으로 배제와 회피의 대상

---

10) 박병련, 「仁祖反正과 남명학파의 재인식」, 『南冥學』 16권(2011), 18~19쪽.
11) 박병련, 『한국정치·행정의 역사와 유교』(태학사, 2017) 참조. 박병련은 이 책에 서 조선시대 관료제를 베버의 가산관료제의 틀로는 설명하기 어렵다며, '유교관 료제도'라는 개념을 도입해서 유학자이자 관료인 조선시대 관료를 '行道形 儒者 官僚'로 설명하고 있다.
12) 박병련, 「仁祖反正과 남명학파의 재인식」, 『南冥學』 16권(2011), 19~25쪽.

이 되기에 충분했을 것이다. 그리고 내암과의 연관성을 부정할 수 없는 합천지역의 남명학파 문인들에게 이 혐의는 지속적으로 덧씌워진 굴레로 작용했을 것이다.[13)]

3. 인조반정의 사상적 유산: 충忠의 윤리를 넘어선 효孝의 윤리

'모현'과 관련된 혐의가 가진 사상사적 의미에 대해서는 앞서의 언급을 담은 연구들이 있기에 지면상 생략하고, 여기서는 국가운영에 있어 핵심적인 차이점을 보이는 폐모론을 중심으로 인조반정의 유산에 대해 살펴보기로 한다.

내암은 폐모론을 주도했다는 혐의를 받았지만, 사실은 그렇지 않았다. 하지만 광해군 당시 일어난 폐모 논쟁은 자식이 부모를 폐하는 것이 옳은가 그른가 하는 인륜적인 측면만을 가지고 있는 것이 아니라, 국가운영에 있어 '충忠'을 중심으로 한 군君－신臣 간의 관계를 우선으로 할 것인가, 아니면 '효孝'를 중심으로 한 부모－자식 간의 관계를 우선할 것인가 하는 '국國'과 '가家'의 갈등을 보여 주는 것이기도 하다. 그렇기에 내암이 폐모를 주장하지 않았다는 것만으로 당시의 폐모론 혐의를 벗기기 힘들며, 반정세력들은 한 개인으로서의 정인홍이 아닌 북인세력의 대표로서의 정인홍을 보았기에 북인들의 폐모론은 그들의

---

13) 『인조실록』 이후의 기사 중 내암 정인홍을 언급한 내용에는 많은 부분 이 '염북'과 '모현'의 시각이 드러난다. 합천지역의 선비가 이이나 성혼 등 서인정권에서 숭상하는 인물들에 대한 비판이 있으면 정인홍의 영향이라고 반론한다. 『현종실록』 4년 6월 20일 3번째 기사, "인홍은 죽었지만 그의 의논은 죽지 않고 있으니, 어찌 통탄할 일이 아니겠습니까" 등.

사상적인 한 경향으로 생각했을 수 있다.

그렇다면 당시 폐모론이 주창되었을 때의 상황으로 되돌아가 폐모론을 주창하는 사람들의 주장을 살펴보자. 본격적인 폐비상소가 올라오기 전부터 광해군은 "폐비廢妃하려고 한다는 흉측한 말을 사람마다 모두 하고 있는데 어떻게 해야 막을 수 있겠는가?"[14]라며 정인홍과 상의하기도 하여, 폐모론은 이미 많은 사람들의 입에 오르내리고 있었던 것으로 보인다.

본격적인 폐비상소인 진사 정흡鄭潝의 상소를 보자. 내암의 친척으로 보이는 정흡[15]은 당시 논란이 되고 있는 폐모론을 "대비가 역적모의를 하고 왕을 저주하였으며, 이에 따라 폐모논의와 유폐幽閉의 상소가 나왔으니, 이 상소는 신하로서 임금에 대한 충성에서 나온 것"이라고 하면서, 이에 대해 반대측에서 "대비를 내쫓았다는 말로 조작하여 논란을 일으키고 있다"고 요약하고 있다. 그러면서 정흡은 대비라고 하는 가족과 사직이라고 하는 국가 사이에 무엇이 중요한지를 묻고, 국법 앞에서는 가족이라 하여 대우를 받을 수 없다는 논리를 펴고 있다.

오늘날 대비와 종묘사직을 놓고 볼 때 어느 쪽이 무겁고 어느 쪽이 가볍다고 하겠습니까. 가볍고 무거운 차이는 비교조차 할 수 없을 만큼 현격하며, 의리를 위해서는 은혜를 무시할 수도 있는 것입니다. 그렇다면 대신이 되어 국가의 두터운 은혜를 받은 이원익과 같은 자는 응당 실지의 상황을 그대로 종묘에 고하고 아래로 사림과 일반 사람을 타이르는 한편 모든 관리들을 이끌고 대궐 앞에 나아가 엎드려 죄줄 것을 청해야 하니, 그러면 신하로서 할 일을 다한 것입니다. 그런데 그렇게는 하지 않고

---

14) 『광해군일기』(중초본), 7년 11월 12일, 5번째 기사, "王曰 廢妃之兇言人 人皆言之 何以杜絶乎."
15) 박병련, 「仁祖反正」과 남명학파의 재인식」, 『南冥學』 16권(2011), 21쪽.

뜬소문을 퍼뜨려 인심을 선동함으로써 잘한 일은 자신에게 돌리고 죄는 임금에게 돌렸으니 대신의 도리가 과연 이래서야 되겠습니까. 맹자가 이르기를 "순舜이 천자가 되었는데 고수瞽瞍가 사람을 죽였다면 고요皐陶는 그를 가두었을 것이다"라고 하였으니, 이것은 상법常法이 있는 한 천자의 아비가 높다는 것도 모른다는 것을 말한 것입니다. 사람을 죽인 죄는 사실 나라를 위태롭게 하려고 음모한 죄에 못 미치는데도 천자의 아비라는 이유로 용서하지 않았는데, 더구나 나라를 위태롭게 하려고 음모한 어미를 용서할 수 있겠습니까…… 옛날 장간지張柬之 등이 무후武后를 내쫓고 중종中宗을 세웠는데, 중종은 바로 무후의 친아들입니다. 친아들이면서도 자기 친어미를 내쫓는 것을 만류하지 못했던 것은 나라가 친어미보다 더 소중했기 때문입니다.[16]

게다가 그는 조정에서 대비에게 사은하는 관례를 비판하고 있다. 국모國母의 자리에 있지만 종묘사직을 위태롭게 하였으니, 임금의 신하로 구성된 조정의 신료들이 대비에게 사은하는 것은 부당하다는 것이다.

아, 지금 대비에게 사은하는 것은 이 무슨 거조입니까. 위로는 삼공으로부터 아래로는 모든 관리의 제수와, 크게는 문과에 급제하고 작게는 생원·진사 시험에 합격한 것이 모두 전하의 은혜이므로 전하에게 사은하는 것은 예절이라고 하겠지만, 대비에게 사은하는 것은 무슨 이유입니까. 대비가 국모國母라는 이름을 빌리고 역적 이의李㼁의 권세를 발판으로 하여 종묘사직을 위태롭게 하려 하였으니, 이는 바로 나라의 적입니다. 그리고 우리 전하를 모해하려 하였으니, 이는 역시 신하들의 원수인 것입니다. 역적의 진상이 저러하고 원수의 진상이 저러한데, 임금이 주는 밥을 먹고 임금이 주는

---

16) 『광해군일기』(중초본), 9년 11월 17일, 13번째 기사, "當此之時 大妃與社稷 孰重孰輕 輕重之分 不當天淵 而義之所在 恩有時奪 則爲大臣而受國厚恩 如李元翼者 所當具其實狀 上告宗廟 下論士庶 倡率百官 伏闕請罪 則大臣之能事畢矣 是之不爲 胥動浮言 歸美於己 歸罪於君 大臣之道 果如是乎 孟子曰 舜爲天子 瞽瞍殺人 則皐陶執之矣 此言常法之在 莫知天子父之爲尊也 殺人之罪 固不及於謀危社稷 而不以天子之父而容貸 況其謀危社稷之母乎……昔張柬之等廢武后, 立中宗, 中宗乃武后之親子也, 雖以親子而不能禁抑其親母之廢者, 以其所重, 有甚於親母也."

옷을 입는 자가 무슨 면목으로 대비에게 나아가 사은한단 말입니까. 대신과 대간은 전하의 팔과 다리이고 눈과 귀이며, 정원과 옥당은 전하의 혀이고 심장입니다. 그런데 이들이 대비에게 조회하고 사은하기를 마치 별 일 없는 국모에게 하는 것처럼 하고 있으니, 전하의 조정에 사람이 있다고 말할 수 있겠습니까.17)

또 조식의 제자로 보이는 유학 정만鄭晩의 상소도 비슷한 논리이다.

비록 일찍이 왕후가 되고 황후가 되어 온 나라의 어머니로 있었다고 하더라도 이미 용서받기 어려운 죄를 범한 이상 종묘사직의 의의로는 그와의 관계를 끊어 화근을 막지 않을 수 없습니다.…… 당나라 숙종肅宗의 장황후張皇后가 건녕建寧을 공모하여 죽였으므로 대종大宗이 그를 내쫓고 독약을 먹여 죽였는데 안진경顔眞卿과 양관楊綰 등 여러 사람들은 조정에 있으면서 찬성하였고, 송나라 철종哲宗의 유후劉后는 음탕한 죄가 있다 해서 한충언韓忠彦 등이 장차 그를 내쫓으려고 할 때 진관陳瓘은 단지 너무 빨리 내쫓는 것을 염려하였을 뿐 끝까지 내쫓지 않으려는 것은 아니었습니다. 옛날의 어진 신하들은 이런 변고를 만나면 종묘사직을 위하여 큰일을 집행하였을 뿐이고 조금도 용서하지 않았습니다. 더구나 저주를 하고 요사한 짓을 하며 외부의 변란을 내부에서 호응한 죄는 아들을 죽인 죄나 음탕한 짓을 한 죄보다 더 심한데 용서할 수 있겠습니까.18)

---

17) 『광해군일기』(중초본), 9년 11월 17일, 13번째 기사, "噫 今之謝恩於大妃者 是何擧 措也 上自三公 下至百司之除拜 大焉及第 小而生進之參榜者 莫非殿下之恩 謝殿下則禮 矣 謝大妃者何也 大妃假國母之名 挾逆瑋之勢 欲危其社稷 是乃國之賊也 謀害我殿下 是 亦臣子之讐也 賊如是 讐如是 則食君食 衣君衣者 何面目趨謝於廡下乎 大臣 臺諫 殿下之 股肱耳目也 政院 玉堂 殿下之喉舌腹心也 而朝賀致謝 有若無故之國母者然 曾謂殿下庭 有人焉乎."

18) 『광해군일기』(중초본), 9년 11월 18일, 3번째 기사, "雖嘗正位坤極, 母儀天下, 而旣 有難赦之罪, 在宗廟社稷, 則其義不得不絶, 以杜禍漸……且唐肅宗張皇后 謀殺建寧 代 宗廢而酖之 顔眞卿楊綰諸人在朝而贊成之 宋哲宗劉后 以淫亂之罪 韓忠彦等將廢之 陳瓘 只以太亟爲念 則非終不欲廢也 古之賢臣 遭値此變 則爲宗社行大事 略不饒貸 況咀呪行 妖 內應外亂之罪 有甚於殺子 淫蠱者哉?"

이들 상소는 가족질서의 덕목인 효가 국가질서의 덕목인 충과 부딪힐 경우 충을 앞세울 수 있다는 논리를 보여 주고 있다. 이에 대해 박병련은, 정흡은 가족＝인목대비(孝) / 국가＝종묘사직(忠)을 대립항으로 놓고 종묘사직을 위해서 가족＝대비를 버릴 것을 요청하며, 이것은 조선 초기 이래로 암묵적인 동의를 받아 왔던 정치사상이었다고 말한다. 즉, 태종은 '국가와 사직을 위해' 아우인 방석과 방번을 살해한 것이고, 세조도 '국가와 사직 때문에' 조카인 단종의 왕위를 빼앗고 아우인 안평대군과 금성대군을 죽인 것으로 합리화할 수 있었다는 것이다.[19]

이와 반대로 인조반정을 주도한 세력의 스승이라 할 수 있는 이항복의 반대론을 보면 충/효의 덕목의 우선순위가 다르게 적용되고 있음을 알 수 있다.

> 순임금은 불행하여 완악한 아비와 사나운 어미가 항상 순임금을 죽이고자 우물을 파게 하고는 흙으로 덮었으며 창고 지붕을 수리하게 하고는 밑에서 불을 질렀으니, 그 위급함이 극도에 달한 것입니다. 그래도 순임금은 울부짖으면서 자신을 원망하고 부모를 사모할 뿐, 부모에게 옳지 않은 점이 있다고는 보지 않았습니다. 진실로 아비가 설사 사랑하지 않더라도 자식은 효도하지 않을 수 없는 것이기 때문에 『춘추春秋』의 의리에는 자식이 어미를 원수로 대한다는 뜻이 없습니다. 더구나 "급伋의 처가 되었다면 백伯의 어미가 된다" 하였습니다. 이제 마땅히 효도로 나라를 다스려야 온 나라가 앞으로 점차 감화될 가망이 있을 터인데, 무엇 때문에 그런 말을 해서 전하에게 이르게 한단 말입니까. 자식 된 도리는 능히 화평함으로써 효도를 다하여 노여움을 돌려 사랑하도록 만든 우순의 덕을 체득해야 하는 것입니다. 이것이 바로 어리석은 신이 소망하는 것입니다.[20]

---

19) 박병련, 「仁祖反正과 남명학파의 재인식」, 『南冥學』 16권(2011), 22쪽.

이항복에게는 앞서 말한 가家와 국國 사이의 구별이 없다. 보편적인 윤리인 효孝가 국가라는 특수한 상황에서 적용되는 충忠의 윤리를 압도하여, 그 둘 사이에는 갈등이 없다. 모두 효孝의 원리로 적용될 뿐이라고 보아, 그는 왕이라는 특수한 신분이라도 어찌할 수 없는, 그리고 어떤 덕목보다도 앞서는 효를 내세우고 있다.

이에 대한 삼사의 합사로 반박한 글은 아무리 대효大孝라고 불리는 순이라 하더라도 일개 필부가 아닌 제왕의 위치였다면 이항복의 말처럼 하지 않았을 것이라고 주장한다. 이는 왕의 신분은 매우 특수하다는 인식을 깔고 있으며, "제왕의 입장과 필부의 입장은 다르다는 의견"[21] 이다.

신들이 삼가 이항복과 정홍익 등의 수의收議한 내용을 보건대, 우순虞舜이 변란에 대처한 도리를 인용하여 말하였습니다. 우순의 경우는 인륜상의 극치이므로 진실로 법으로 삼아야 하겠지만 오늘날의 일과 비교한다면 크게 차이가 있습니다. 당시의 우순은 일개 개인이었으므로 비록 사나운 어미에게 침해를 당했더라도 이는 재앙이 한 몸에 그칠 뿐이었으며, 우순이 자식 된 직분을 다한 것도 우순이 우순다운 점이 있었기 때문이었습니다. 제왕帝王은 종묘사직과 신민의 부탁을 받고 있는 몸입니다. 그러므로 화변을 만나게 되면 종묘사직과 신민에게 그 화변이 미치게 되기 때문에 제왕이 변란에 대처하는 도리는 일개 개인이 하는 것처럼 할 수 없는 것이 명백합니다. 설령 순이 이미 왕위에 있는 상황에서 사나운 어미가 순에게 이와 같이 침해하였다면, 순이야 비록 어미로 대한다 하더라도 순의 신하들의

---

20) 『광해군일기』(중초본), 9년 11월 24일, 9번째 기사, "虞舜不幸, 頑父 嚚母常欲殺舜 浚井 塗廩 危逆極矣 號泣怨慕 而不見其有不是處也 誠以父雖不慈 子不可以不孝 故《春秋》之義 亦 子無讐母之意 況爲及也妻者 是爲白也母 今方當以孝治國家 一邦之內 將有漸化之望 此言奚爲而至於紕繆之下哉 爲子之道 體舜之德 克諧以孝 烝烝乂 回怒爲慈 愚臣之望也."

21) 박병련, 「仁祖反正과 남명학파의 재인식」, 『南冥學』 16권(2011), 23쪽.

처지에서 순이 침해당하는 것을 뻔히 바라만 보고 사나운 어미의 죄를 밝히지 않을 수 있겠습니까.[22]

이러한 논란에 대해 정인홍은 "신하에게는 함께 살아갈 수 없는 의리가 있고 모자지간에는 바꿀 수 없는 명분이 있는 것이니, 이 두 가지는 모두 그 도리를 다한 뒤에야 후회가 없을 것", "나쁜 자들도 포용해 주는 것이 임금이 가져야 하는 큰 도량인 것입니다. 군신君臣과 모자母子의 명분과 의리는 천성에서 나와 바꿀 수 없는 것"이라는 입장을 제시하여, 인목대비의 죄는 인정하지만 임금의 도량으로 품어야 함을 주장하고 있다. 그러면서도 그는 신하들이 문안을 하는 것이 두 조정과 두 임금이 있는 것처럼 하는 것이라면서, 서궁을 호위하여 신료들이 드나드는 것을 금지하고 외부와의 접촉을 막아야 한다고 했다.[23] 이는 정인홍이 폐모론에 참여하지 않았다는 주장의 근거가 되기도 하지만, 반정세력과는 정치적 입장이나 사상적 결이 다른 것이었다. 어쩌면 반정세력의 입장에서는 폐비론이나 정인홍의 의견이나 '오십보백보五十步百步'로 인식되었을 수 있다.

이렇게 인조반정은 국가운영의 정치권력이 바뀐 것뿐만 아니라 효孝

---

22) 『광해군일기』(중초본), 9년 12월 10일, 4번째 기사, "臣等伏見李恒福 鄭弘翼等收議 引虞舜處變之道爲言 虞舜 人倫之至 固可法也 若以今日之事比之 則大相不同 虞舜 匹夫 也, 雖見害於囂母 禍止一身 舜之恭爲子職者 舜之所以爲舜也 帝王 宗社 臣民之所托也 不幸遭變 則禍及於宗社 臣民 帝王處變之道 不可與匹夫同之也明矣 設令舜旣在位 而囂母之禍舜如此 則舜雖以母待之 爲舜臣者 其可坐視舜之被害 而不明囂母之罪乎."

23) 『광해군일기』(중초본), 9년 11월 24일, 10번째 기사, "臣工有不共之義 母子有不易之名 二者各盡其道 然後可無後悔……然包荒無外 是人君之大度也 君臣母子之名義 出於天而不可易 故以寧王之聖……第未知今日之所謂分曹分府院之官與百官朝拜與凡百儀形 一如二朝兩君者何哉 無狀之見 以爲此等規例 一皆停廢 使無二上二君 以示一國人不共之義 若持不過遏或式戕之戒於萬分有一之中 則只令一二忠實之臣 鎭領軍守衛 嚴出入之禁 杜外交之路 一與大內同 可保無憂."

라고 하는 보편적 윤리를 내세운 세력이 국國이라는 특수한 상황의
윤리를 인정하는 입장을 가진 세력을 압도한 것이라고 할 수 있다.

4. 기찰정치와 감시체계

인조반정이 남긴 사상적인 유산은 그 변화로만 그치는 것이 아니었
다. 다른 사상에 대한 배제와 억압, 감시와 검열로 이어졌고, 국가권력
의 감시체계 속에서 이루어졌다는 점을 주목해야 한다. 이 감시체계는
반정세력의 반혁명反革命에 대한 불안감에 기인한 것이다. 반정이 성공
했음에도 불구하고 그 명분이 약했으며, 반정한 지 수 년이 지났어도
백성들의 지지를 받는 데 어려움을 겪고 있었기에, 크고 작은 역모사건
이 발생하는 등 혼란이 그치지 않았다. 이러한 상황에 대한 대응은
소위 기찰정치譏察政治의 형태로 나타났다.[24] 그리고 이 기찰정치라는
감시체계는 염북과 모현이라는 혐의와 함께 남명학파, 특히 합천지역
의 문인들에게는 정신적이고 물리적인 통제장치로 작동했을 것이다.

앞서도 언급했듯이 반정세력들은 대북파를 비롯한 북인들에 대해
대대적인 숙청을 단행했다. 병조참판이었던 박정길을 비롯하여 광해
군 정권의 핵심이었던 이이첨, 정인홍 등 수십 명의 관인들이 복주되었
고, 그들의 재산 즉 '적산賊産'은 몰수되었다.

그러나 반정의 성공에도 인조 정권의 실세들은 '반혁명反革命'에 불
안해했고, 종실宗室의 동향이나 반역의 가능성이 있는 세력의 동향을

---

24) 인조반정 이후의 혼란한 상황에 대해서는 김익재, 「來庵 鄭仁弘의 現實對應과 그
門人集團의 師承意識」(경상대 박사학위논문, 2008), 95~104쪽 참조.

살펴볼 수밖에 없었다. 실제 반정이 일어난 뒤 넉 달 남짓 지난 인조 1년(1623)에 무겸선전관 유전柳湔 등이 거사하려 한다는 유응형柳應泂의 고변이 있었고, 이에 유몽인柳夢寅이 처형되고 기자헌奇自獻은 중도부처中途付處되었다. 또 같은 해 10월에는 흥안군 이제李堤를 추대하려 했던 이유림李有林의 역모가 발각되었다. 그리고 이듬해인 인조 2년 (1624)에는 기자헌과 이괄李适 등이 반란을 모의한다는 고변이 있었고, 이에 대한 추국이 진행되는 과정에서 이괄의 난이 발생했다. 수도를 버리고 피난하게 만든 이괄의 난이 정리되면서 반정세력들은 기찰을 더욱 강화했다. 그러나 인조 2년의 박홍구朴弘耉의 역모, 인조 3년의 박응성朴應晟의 역모, 인조 5년 이인거李仁居의 옥사 등 반정 후 10년도 안 되는 짧은 기간 동안 10여 건의 크고 작은 모반이 계속해서 일어났으며, 그 전개 양상도 매우 다양했다.25)

계속되는 고변은 기찰을 강화하는 계기가 되었으며, 조금이라도 의심이 가는 사람들은 기찰의 대상이 되었다. 심복을 시켜 그 대상에 접근시켰고, 그들과 한편인 척하면서 실정을 알아냈다.

당초에 장만張晩은 그의 군관 이대온李大溫이 흉도와 불궤不軌를 음모하는 것을 알고 김인金仁을 시켜 그들의 일을 기찰譏察하게 하였고, 심명세沈命世·김산국金蓋國·남이공南以恭 등도 심일민·이이를 시켜 각자 기찰하게 했는데, 김인 등이 드디어 역당에 들어가 겉으로 함께 일하는 체하면서 실정을 알아내었다.26)

---

25) 김우철, 「인조 9년(1631) 鄭澣 모반 사건과 그 의미」, 『東洋古典硏究』 39집(2010), 108∼112쪽 참조. 『연려실기술』의 「인조조고사본말」 '박홍구의 옥사'에도 "이 괄의 반란 후 큰일이 겨우 안정되고, 인심이 채 가라앉지 않아서 기찰이 매우 성행했다"는 기록이 있다.

26) 『인조실록』, 2년 11월 8일, 2번째 기사, "醫官 李怡 武人 金仁 沈逸民等 上變 告朴弘耉等謀逆 遂命鞫問 誅竄有差 初張晩知其軍官李大溫與兇徒陰謀不軌 使金仁譏察其事 沈

게다가 당시에는 현상을 걸어 고발하게도 하였는데, 이 때문에 정경세 鄭經世, 최현崔晛 등이 "상금을 걸어 밀고하고 기찰하게 하는 것은 나라를 망하게 하는 징조"라고 반대하여 논란이 되기도 하였다.[27] 한명기의 지적처럼, 의심되는 인물에 심복을 접근시켜 기찰하는 방식은 감시에 대한 두려움과 불신풍조를 조장하는 등 사회적인 문제가 될 수밖에 없기에 반정에 동참한 남인들의 반발을 불러일으키게 된 것이다.[28]

기찰정치는 당초 반정공신인 이괄이 좌포도대장에 임명되면서 정권 보위 차원에서 시작되었는데, 이괄은 전 부사 박진장의 집에 난입하는 등 기찰하는 과정에서 문제를 일으키기도 했다. 이괄이 변방으로 내려가자 그 또한 기찰의 대상이 되었고, 반정공신들에 대한 논공행상에서 이괄이 불만을 가졌다는 것이 서울에 보고되어 그를 추국하려는 과정에서 쿠데타가 일어난 것이다.[29] 그리고 이괄의 난 이후 기찰은 더욱 강화되었고, 고변을 끊이지 않게 된 것이다.

이러한 기찰정치는 반정의 직접적 대상이었던 남명학파, 특히 정인홍의 문인들에게는 강하게 작동될 수밖에 없었을 것이다. 특히 '토호土豪로서의 천단擅斷'이라는 내암의 죄명이 보여 주듯, 합천지역의 내암 문인들이 가진 지역적인 기반을 생각해 보면 반정세력의 입장에서 내암 문인들은 항상 경계의 대상이었을 것이다. 또한 1631년 광해군 복립모의 사건(정한의 옥사)에 수십 명이 연루된 것은 내암 문인의 지역

命世 金藎國 南以恭等 亦使沈逸民 李怡 各自譏察 仁等遂入逆黨 陽與同事 鉤得其實情."
27) 『연려실기술』, 「인조조고사본말」, '박홍구의 옥사'.
28) 한명기, 「병자호란 다시읽기 - 이괄의 난이 일어나다 1」, 『서울신문』 2007년 7월 10일자 26면 참조.
29) 한명기, 「병자호란 다시읽기 - 이괄의 난이 일어나다 1」, 『서울신문』 2007년 7월 10일자 26면 참조. 이괄의 불만과 난에 대한 내용은 『연려실기술』 「인조조고사 본말」 '李适의 變'도 참조.

적 기반이 사라지지 않았음을 반증하는 것이기도 했다.

'염북'과 '모현'이라는 혐의를 가진 합천지역의 남명학파, 특히 내암 문인들에게 기찰정치는 사상적으로나 물리적으로 침묵을 강요하는 것일 수밖에 없었다. 그들은 내암의 문인으로 자처하는 순간 역적의 혐의에 쉽게 연루되었으며, 내암과의 인연을 부정하지 않고서는 '염북' 과 '모현'의 혐의로부터 자유로울 수가 없었을 것이다. 이 때문에 다른 지역이나 다른 학파 사람들의 시선을 의식하지 않을 수 없었고, 스스로 의 자기검열에도 시달렸을 가능성이 있다. 결국 여러 차례의 사건을 거치면서 그 후손들은 남인이나 서인으로의 학파적인 변화를 도모하 지 않고서는 정치적으로나 사회적으로 목소리를 획득할 수 없었을 것이다.

이제부터 '염북'과 '모현'의 혐의에 대한 위기와 그에 대한 문인들의 대응을 다뤄 보도록 하겠다. 이하의 사건들은 두 혐의가 모두 포함되는 것이고 엄격하게 분리되기 힘들지만, 이 글에서는 편의상 어느 혐의에 더 강하게 대응했는지를 두고 그 동향을 분류해 본다.

5. 염북染北 혐의로 인한 문인들의 연루

합천지역의 문인들은 인조반정 이후 계속되는 '염북'과 '모현'의 혐 의에 대해 대응할 수밖에 없었다. 다른 지역의 남명학파 문인들도 마찬가지겠지만, 특히 합천지역은 내암 정인홍과의 관련성을 부정하 기 힘든 만큼 역모사건에 연루될 우려 또한 클 수밖에 없었다. 인조

2년(1624)에 경상감사 이민구李敏求가 치계해서 함양의 강응황姜應璜과 성주의 성변두成辨斗가 정인홍을 위해 심상心喪을 입고 소식素食을 한다고 하여 처벌을 건의하였고, 인조 3년(1625)에는 정온이 사생師生의 의리를 잊지 않고 정인홍의 집에 제수祭需를 보낸 것을 언급하며 죄를 청하기도 했다. 비록 두 가지 모두 인조가 받아들이지 않아 형벌로 이어지지 않았으나, 정인홍과의 인연을 끊지 않고서는 언제든지 형벌로 이어질 가능성이 있다는 것을 보여 준 사례이다.

인조 2년(1624) 합천지역의 내암 문인이었던 박건갑 부자 옥사 사건은 내암과의 관련성, 특히 '염북'의 혐의가 결국은 유력한 역모의 동기로 작용하여, 명확한 역모의 죄상이 밝혀지지 않았음에도 죽거나 유배를 당하게 된 사건이다. 이 사건은 처벌의 가능성이 상존하던 상황에서 실제의 처벌로 이어진 최초의 것이라 할 수 있다. 이는 내암 계열 남명학파의 불안과 분노를 자극하여 향후 내암에 대한 금기가 강화되거나 반발의 심리를 부추긴 사건이라 할 수 있다.[30] 그리고 이러한 상황은 인조 9년(1931)의 정한 옥사 사건(광해군 복립모의 사건)으로 이어져 인조반정 이후 명맥을 유지하고 있던 남명학파의 다수 문인 집안이 연루되고 제거됨으로써 큰 타격을 입게 된다.

1) 박건갑 부자 옥사 사건

1624년 10월에 삼가 토동에 거주하던 정인홍 문인 박건갑朴乾甲 3부자가 고변을 당했다. 박건갑은 내암의 소위 「회퇴변척소」가 논란이 될 때 그를 옹호하는 2차례의 상소를 올린 바 있었고, 그의 둘째아들

---

30) 구진성, 「17世紀 南冥學派 動向 硏究 － 鄭仁弘과 그 系列을 中心으로」, 83쪽.

박구朴矩(1582~1624) 또한 내암을 지지하는 활동을 벌인 정황이 있었다. 이러한 정황이 '염북'과 '모현'의 배경이 되었음을 알 수 있다.

먼저 경상 우병사인 신경유申景裕가 올린 혐의의 내용을 살펴보자. 신경유는 인조반정의 공훈으로 정사공신 2등에 녹훈되고 동평군에 책봉되었던 인물이다. 이 혐의는 박건갑 세 부자(박건갑, 박구, 박규)의 추국에서 지속적으로 언급되는 것이기도 하다.

> 정인홍의 여얼餘孽(나머지 자식)로 이 현에 살고 있는 박건갑 삼부자 등이, 병사兵使道가 통제사와 군사를 이끌고 임금을 모실 때 길에서 몸을 숨기고 있다가 몰래 해치워 부형들의 원수를 갚을 계획이었으나 군대의 위세가 무척 엄격하여 뜻을 이루지 못했다. 또 임금님을 업신여기고 헤아릴 수 없는 말을 많이 했다.[31]

박건갑이 내암의 「회퇴변척소」가 논의될 때 그를 옹호하는 상소를 올린 것만으로도 이미 '모현'의 혐의에서 벗어날 수 없는 것이었다. 그런 부정하기 힘든 혐의는 차치하고, 여기서는 '정인홍의 여얼'(鄭仁弘之餘孽)로 지칭되면서 '염북'의 혐의가 더욱 강조되고 있다. 박건갑 등 삼부자는 자신들이 내암과 어떤 인척관계도 없다[32]며 이 혐의를 부정했고, 나머지 혐의들도 고변자들의 개인적인 원한관계로 인한 무고라고 주장했다. 하지만 추국의 과정에서 '정인홍의 여얼'이라는 '염북'의

---

31) 『推案及鞫案』 3책, 173쪽, "鄭仁弘之餘孽同縣居朴乾甲三父子等兵使道與統制使領兵勤王之時隱身道路潛害以復父兄之讐設爲如可軍威至嚴志願未成是如爲旀多發無君不測之言云云……." 번역은 오항녕 역주, 『추안급국안 07』(흐름, 2014), 209쪽 참조. 이후 『推案及鞫案』의 번역은 이를 바탕으로 다른 연구서 등을 참조하여 인용.

32) 박건갑은 "저는 정인홍과 친척의 관계도 아닌데, 저를 가리켜 조카라고 하는 잘못된 말이 어찌 이런 극단적인 상황에까지 이른다는 말입니까"(身於鄭仁弘了無族分而指以爲姪人之訛言胡至此極)라고 하며 모든 것이 무함이라고 항변하고 있다. 『推案及鞫案』 3책, 185쪽.

혐의는 지속적으로 언급되고 있다. 어쩌면 이들이 보기에 내암과 박건갑 삼부자의 관계를 말하는 여얼餘孼은 친인척을 넘어 매우 가까운 문인관계임을, 나아가 대북의 잔존세력임을 지적하는 것으로, 이 때문에 역모를 꾸몄다고 보고 있는 것이라 추측할 수 있다.

인조반정 이후 정인홍 문인들에 대한 여론의 다양한 공격이 있었지만, 이 사건은 앞서도 지적했듯이 그러한 공격이 옥사로까지 연결된 최초의 사건이라는 점에서 주목할 만하다. 반정세력의 입장과 같이 이들 또한 대북에 협력한 점, 회재晦齋와 퇴계退溪에 대해 비판한 점 등 염북과 모현을 이유로 삼았다. 그리고 옥사의 혐의가 뚜렷하지 않음에도 정배를 당한 것은 다름 아닌 정인홍의 문인이었다는 이유 때문이었다.

윤방이 말하길, "박건갑의 패악한 말에 대해서는 아직 나온 진술이 없습니다. 어떻게 처리하면 되겠습니까? 길 중간에서 임금님을 모시는 사람을 살해하려고 했다는데, 이 말은 사실이 아닌 듯합니다. 대개 박건갑에 대해 다른 죄를 섞어 다스려서는 안 됩니다. 경상도 사람들은 말하기를, 반정反正 이후 박건갑이 지금까지 보전하고 있으니 매우 괴이하다고 합니다. 이로 보면 전부터 패악한 사람입니다. 마찬가지로 귀양을 보내는 것이 어떻겠습니까?" 하니, 임금이 말하였다. "경상도에서 삼갑三甲으로 그를 칭한다고 하니 전부터 패악한 사람이다. 도승지 정경세의 말이다." 우의정 신흠이 말하기를 "전부터 인홍을 따르며 부화하였으니 온갖 악이 모두 구비되었습니다" 하니, 임금이 말하였다. "마찬가지로 귀양을 보내는 것이 좋겠다."[33]

33) 『推案及鞫案』 3책, 249쪽, "尹昉曰朴乾甲悖惡之言則未有所出何以處之乎 欲於中道害殺勤王之人云此言似爲不實矣 大槪乾甲不可以他罪混治之也慶尙道人以爲反正之後至今保全甚可怪也云云 以此見之則自前悖惡之人也 亦爲定配如何 上曰本道以三甲稱之云盖自前悖惡之人也 都承旨鄭經世言之矣 申欽曰自前趨付仁弘百惡俱備云矣 曰亦爲定配可也."

여기서 말하는 삼갑三甲은 박건갑과 함께 형효갑邢孝甲, 유경갑劉慶甲으로 모두 내암의 문인이었다. 내암의 문인이었다는 이유만으로 형벌을 받을 수 있다는 점은 다만 박건갑에게만 그치는 것이 아니라, 기찰정치의 상황 속에서는 내암의 문인이라면 누구에게나 해당되는 것이었다. 위의 인용처럼 당시 반정 이후 "경상우도 사람들이 박건갑이 반정 이후 지금까지 목숨을 보전한 것을 괴이하게 여긴다"고 했을 정도였으니, 그 불안과 공포를 쉽게 짐작할 수 있다.

박건갑의 아들인 박구는 조사 과정에서 실제로 부도한 말을 했다는 혐의가 있다며 매를 치며 계속 심문하였지만 승복하지 않았고, 결국 물고되었다. 그리고 박건갑과 아들 박구는 구체적인 혐의 입증이 어려워 논란을 거듭하다가 위의 인용문에서와 같이 정배定配되었다. 이는 '정인홍의 여얼'(鄭仁弘之餘孽)로 규정되는 내암의 문인들은 언제든지 역모를 일으킬 수 있다는 당시 인조 정권 세력들의 생각이 반영된 것이었다고 할 수 있다.

반정 직후 영남에서의 정서조차 내암문인들에 대해 호의적이지 않았다. 구진성의 연구에 의하면, 반정 직후 예안, 영주 등 좌도에서 대북정권에 종사했던 인물들의 죄를 성토했고, 일부 좌도 유림들은 함안지역이 대북의 악당이라고 규정하면서 이 지역 인물들을 정거시키자는 방을 붙이기도 했다. 합천지역 남명학파 문인이었던 박건갑의 옥사 사건은 그러한 내암과의 연관성, 즉 '염북'과 '모현'의 혐의를 추궁 받으며 지역 내외의 각종 공세에 시달리면서 결국은 형사사건으로 드러난 대표적인 사례라 할 수 있다.[34]

---

34) 구진성, 「17世紀 南冥學派 動向 硏究 – 鄭仁弘과 그 系列을 中心으로」, 76~88쪽 참조.

2) 광해군 복립모의 사건(정한 옥사 사건)

인조 9년(1631) 2월에는 합천의 정한鄭澣이 연루된 대형 옥사가 생겼다. 이 사건은 남명학맥의 큰 줄기 하나를 잘라낸 것[35]으로, 합천지역뿐만 아니라 남명학파 전체에 큰 타격을 준 사건이었다.

이 사건은 옥천의 조흥빈의 고변으로 시작되었다. 조흥빈은 부근에 사는 권대진이라는 자가 이상한 모의를 하고 있다고 의심하여 고변하였고, 권대진, 권계, 정담, 양천식, 양정식 등 16명이 잡혀 와 국청이 설치되었다.

조흥빈은 그들이 "지금 한창 백성들의 원성이 날로 극심해지고 있으며 천변天變도 참혹하니 시사時事를 알 만하다. 지금 호남과 영남에 8대장이 있는데, 동시에 군대를 일으켜 대사를 도모하려 한다.……영남과 호남 사이에서 병사를 일으켜 왜적들이 쳐들어온다고 한 후 여러 사람들과 함께 왜적을 친다는 명분으로 군사를 일으켜 곧장 경성을 치기로 약속이 되었다"라고 하면서, "합천 가야산에 사는 정씨 성을 가진 사람(정한)을 추대하여 인군으로 삼는다"는 계획을 세웠다는 것이다.[36]

여기서의 정한은 정인홍의 7촌 조카인데, 이 사건으로 정인홍 가계 인물들이 대거 연루되어 정한은 물론이고 정숙鄭潚, 정부鄭傅 등이 처형되었고, 그 외 많은 인척들이 조사를 받았다. 그리고 이러한 정인홍 가계와 친인척의 인연을 맺고 있는 인물들도 연루되어, 유진정柳震楨(정

---

35) 박병련, 「政治史의 脈絡에서 본 南冥學派의 繼承樣相 ─ 密陽・昌寧・靈山지역을 중심으로」, 『장서각』 6집(2001), 34쪽.
36) 『인조실록』, 9년 2월 3일, 1번째 기사 참조.

인홍의 생질)과 그의 아들 유지수, 유지환 등이 처형되었다.[37] 이 사건으로 처형된 사람은 30여 명이고 곤장 아래 죽은 사람이 10여 명, 정배당한 사람이 6명, 조사 후 방면된 사람이 50여 명이었다.[38] 이 사건은 인조반정이 일어난 지 8년 뒤까지도 반정을 인정하지 않으려는 세력이 만만찮게 존재했다는 점을 보여 주는 것으로, 인조반정 이후 정인홍 문인들을 겨냥한 대대적인 탄압에 대한 분노가 주요 동인이었다고 평가할 수 있다.[39]

이 사건의 옥사獄事 처리 과정에서 내암 정인홍에 대한 언급들이 있었는데, 이는 역모의 배경에 내암과의 연관, 즉 '염북' 혐의가 있었다는 점을 암시하는 것이라 할 수 있다.[40]

> 사헌부와 사간원에서 아뢰었다. "성지도成至道가 끌어댄 다섯 역적은 성숙成潚・성람成欖・박종형朴宗衡・임지술林知述・오익황吳益熀인데, 이 다섯 역적은 정인홍鄭仁弘의 여당餘黨으로서 세력 잃은 것을 불만스럽게 생각하여 감히 반역을 도모하였고……."[41]

여기서 성지도는 창녕에 거주하는 사람으로 남명학파의 주요 문인인 곽재우郭再祐의 사위 성이도成以道와 형제간이다. 또한 조사 과정에서 양천식과 양시태를 대질심문할 때 양천식은 양시태를 내암과 연관시키고 있다.

---

37) 구진성, 「17世紀 南冥學派 動向 研究 ― 鄭仁弘과 그 系列을 中心으로」, 89~90쪽.
38) 박병련, 「政治史의 脈絡에서 본 南冥學派의 繼承樣相 ― 密陽・昌寧・靈山지역을 중심으로」, 『장서각』 6집(2001), 46쪽, 주17.
39) 구진성, 「17世紀 南冥學派 動向 研究 ― 鄭仁弘과 그 系列을 中心으로」, 89쪽; 김익재, 「來庵 鄭仁弘의 現實對應과 그 門人集團의 師承意識」, 103쪽 참조.
40) 구진성, 「17世紀 南冥學派 動向 研究 ― 鄭仁弘과 그 系列을 中心으로」, 94쪽.
41) 『燃藜室記述』, 권24, 「인조조고사말본」, '신미년의 옥사.'

너의 집안은 본래 정인홍과 같은 시절의 사람들이니, 너는 많은 말을 하지 말라. 또 근래에 역란이 잇달아 일어나 사람들이 많이 죽었으니 모두 너희들에게서 비롯된 것이다. 너는 죽어도 좋다.[42]

양천식은 문일광文日光(정인홍의 종생질 한회의 사위)과의 대질에서도 정인홍을 언급한다.

네가 정인홍 시절 역적의 잔당이라는 사실을 나는 벌써 알고 있었다.…… 반정 뒤에 역변이 잇달아 일어난 것은 모두 너희들이 저지른 짓에서 비롯된 것이다.…… 또 너는 정인홍의 일족이라, 정성을 다해 우두머리로 추대하여 이에 이러한 모의를 했는데 너는 어찌 감히 숨기느냐.…… 네가 내게 정인홍의 서원 터를 살펴보아 달라고 부탁하여 내가 말하기를 "정인홍도 서원에 모시느냐"라 했더니, 너희들이 말하기를 "서원에 모실 때가 되면 당연히 종묘에 모실 것이다" 했는데, 이게 거짓말이냐, 또 네가 역적의 근본이 아니더냐.[43]

이렇게 내암 정인홍과의 관련성 여부가 치죄의 중요한 근거가 되고 있다. 그래서 연루자들은 최대한 내암과의 인연이나 관련성을 부정하는 방식으로 대응했다. 주모자로 사형된 정한은 그의 공초에서, 비록 혈연적으로 정인홍과의 인연을 부정하지는 못했지만, 북인들의 주요한 문제점인 폐모살제 논의에 반대했다는 점과 그로 인해 피해를 입었다는 점을 통해 '염북'의 혐의로부터 자신을 변호했다.

---

42) 『推案及鞫案』 4책, 803～4쪽, "天植曰 汝之門庭本是鄭仁弘一時之人 汝勿多言 且近來 逆亂之繼起 人物之多死 皆由汝等 汝可死矣."
43) 『推案及鞫案』 4책, 805～9쪽, "天植曰 汝是仁弘時逆賊遺黨 吾已知之矣……反正之後 逆變繼起者皆由於汝等之所爲也……汝仁弘之族而血誠推首仍爲此謀 汝何敢諱乎…… 弘之族也何爲血誠推首乎……汝請吾看仁弘書院之基 吾曰 仁弘亦爲書院乎 汝等曰若爲 書院之時 則當爲宗廟云 此虛語乎 且汝非逆賊根本乎."

저는 지난 혼조 때 대군의 옥이 일어난 뒤로부터는 시사時事에 불복하여 즉시 과거공부를 그만두고 항상 강개한 마음을 품고 있었습니다. 폐모론이 나왔을 때에는 사방에 통문을 돌려 정결鄭潔과 한회韓會 등의 부류를 정거停擧시키자고 했다가 제 이름이 사학四學에서 삭적되었습니다. 또 정온鄭蘊의 사건 때에는 신원伸冤을 요청하는 통문을 돌린 일로 이대기李大期가 유배流配를 갈 적에 저희 부자父子에게 그 화가 미칠 뻔했으나 다행히 화를 면했습니다. 이는 남쪽 지방의 사람들은 모두 훤히 알고 있는 내용입니다. 만약 반정의 거사가 아니었다면, 제가 어찌 지금껏 살아남을 수 있었겠습니까……. 대북의 시절에 당시의 논의를 그르다고 하지 않고 종이 한 장에 상소를 올리기만 했다면 앉아서 공명을 얻는 것이 손바닥 뒤집듯 쉬운 일이었을 것인데도 오히려 하지 않았습니다.[44]

이렇듯 정한의 옥사에서 인조 정권에서 제기했던 역모의 유력한 배경에는 정인홍과의 관련성이 있었다.[45]

합천의 남명학파 인물들이 연루된 박건갑과 정한의 옥사 사건에서 볼 수 있듯이, 인조반정 직후부터 정한의 광해군 복립모의 사건까지 남명학파의 불안요인은 '염북'과 관련되어 있음을 확인할 수 있다. 구진성은 이러한 두 불안요인에 대해, 정한 옥사 이전까지는 적극적인 대응의 움직임이 없다가 정한의 옥사로 인해 심각한 위협을 느낀 박인 등 내암의 문인들이 이 일을 계기로 구체적인 대응을 계획하게 되었을 것이라고 추정하고 있다.[46]

---

44) 『推案及鞫案』 4책, 825쪽, "身往在昏朝自大君獄起之後 心不服時事 卽廢學業常懷慷慨 而至於廢論之時 通文四隣停學鄭潔韓會等類而矣身被削於四學 又於鄭蘊事 通文伸理之 故 李大期被謫之時矣 身父子幾被其禍 幸而得免 此則南中士林所共明知 若非反正之擧矣 身安得至今保存乎……若以爲希望爵祿 則大北之時 不非時論一紙上疏 則坐得功名 如反掌事 而猶不爲之."
45) 구진성, 「17世紀 南冥學派 動向 硏究 ― 鄭仁弘과 그 系列을 中心으로」, 97쪽.
46) 구진성, 「17世紀 南冥學派 動向 硏究 ― 鄭仁弘과 그 系列을 中心으로」, 99쪽.

6. 모현侮賢 혐의와 『산해사우연원록』의 편찬

박인의 『산해사우연원록山海師友淵源錄』은 인조반정 이후 10여 년간의 옥사 직후 성립된 남명 관련 문건으로, 남명의 세계世系, 연보年譜, 사우록師友錄으로 구성되어 있다. 박인이 남명의 아들 조차마曹次磨로부터 사우록과 연보의 고초를 전달받으면서 편찬을 부탁받았으며, 여러 문인들의 도움을 받아 편찬하게 되었다. 당시는 남명학파에 대한 지속적인 기찰이 이루어지고 있었으며, 10여 년간의 옥사사건은 남명 문인들에게 보다 직접적인 위협이 되고 있는 상황이었다. 이런 상황에서 이루어진 편찬이라 그 과정에서 편찬의 방향을 두고 많은 논란이 있을 수밖에 없었을 것이다.

우선 자료의 수집 과정에서부터 어려움이 있었다. 인조반정 이후 계속되는 옥사들 속에서 '염북'과 '모현'의 혐의 즉 내암과의 관련성을 부정하고, 나아가 남명의 연원까지 부정하려는 움직임이 있었다. 대표적으로 한강 정구의 문인들에게서는 인조반정 이후 정구에게서 남명의 영향을 축소시키고 그 대신 퇴계적 성향을 부가하려는 움직임이 있었는데,[47] 그들은 『산해사우연원록』의 편찬 과정에서 「정선생유사」를 보여 주지 않기도[48] 했다.

'염북'과 '모현'의 혐의는 남명학파 문인들에 대한 생존의 위협이 되는 것임과 함께, 더 장기적으로는 남명에 대한 폄훼로 이어질 수

---

47) 김학수, 「寒岡(鄭逑)神道碑銘'의 改定論議와 그 의미」, 『조선시대사학보』 42집, 2007, 115쪽.
48) 朴絪, 『無悶堂集』, 권2, 「與趙致遠」, "益之曾許其先大夫所記鄭先生遺事 而竟不肯焉 此 必有說矣." 번역은 구진성의 논문(「17世紀 南冥學派 動向 研究」) 등 연구서들을 참고하여 필요시 수정하였다. 이하 『무민당집』의 인용은 모두 마찬가지다.

있다는 점에서 심각한 것이었다. 박인은 그러한 상황에서 정당한 평가를 받지 못하고 있는 남명에 관한 기록을 최대한 빠짐없이 기록하고 남김으로써 후대에 전하는 방법을 택했다.

> 대저 지금 사람들이 좋아하는 점이 남명에게 있지 않아, 전혀 흠이 없는 곳에서 흠을 찾고 허물이 없는 사람에게서 허물을 찾습니다. 이것은 마땅히 백세 뒤를 기다려 뒤의 현인에게 물어봐야 할 일이니, 저의 입으로 시비를 가리겠습니까.[49]

> 근래 보니 세상의 호감이 남명에게 있지 않으며, 아무도 남명의 도가 숭상할 만하다는 것을 모릅니다. 이것이 실로 이 지역 유자들이 편안하지 못한 까닭입니다.[50]

여기서 박인이 시도하는 남명의 추숭작업을 재평가해 볼 필요가 있다. 남명이 정당한 평가를 받지 못하고 있다는 진단에는 여러 가지 이유가 있을 수 있다. 우선 '모현'으로 대표되는 정인홍과의 관련성이다. 앞서 예로 든 한강의 문인들은 내암의 『남명집』 편집 방향에서 드러난 퇴계학파와의 대립이나 내암의 「회퇴변척소」에 큰 원인을 두고 있는 듯하다. 결국 그들은 내암을 부정하는 것을 넘어 남명의 영향까지 축소하는 데로 나아가고 있는 것이다.

이뿐만 아니다. 『산해사우연원록』에서 남명의 수제자인 내암의 기록을 처리하는 것 또한 심각한 고려의 대상이 되었다. 특히 '남명 문인으로서의 정인홍'은 남겨 두되 '대북 수장으로서의 정인홍'이나 '퇴계

---

49) 朴絪, 『無悶堂集』, 권2, 「與趙致遠」, "大抵當今所好 不在於南冥 而索瘢於專無瘢之地 求過於不可過之人 此則竢百世質後賢而已 豈可以區區口舌爭也."
50) 朴絪, 『無悶堂集』, 권2, 「答權靜甫(乙亥)」, "近看時好不在於南冥 而全不知其道之爲可尙 此實近地士子背不帖席者也."

비판자로서의 정인홍'은 수록하기 부담스럽다는 주장도 있었다. 이러한 주장을 한 임진부는 정인홍에 대한 미움이 남명에게 전이될 수 있는 가능성을 염두에 두었던 것이다.[51] 다시 말해 이러한 입장들은 남명이 정당한 평가를 받지 못하는 이유를 내암에게 두고 있는 시각이었다.

그러나 편찬자인 박인의 경우는 그러한 의견에 수긍할 수는 있을지라도 받아들이지는 않았던 듯하다. 박인은 내암 생존 시 북인들의 폐모살제 논의에 대해 스승인 내암에게 편지를 보내어 그 부당함을 역설함으로써, 다른 사람들로부터 스승을 배신한 인물로 지목당하기도 했다. 그러나 그는 죽기 전까지 내암을 여전히 스승으로 생각하였으며, 내암을 통해 남명을 계승하고 있다는 생각을 하고 있었다.

저는 기질이 어둡고 약하며 천성과 식견이 거칠고 제멋대로여서 법도 안으로 스스로 들어갈 수 없었습니다. 어릴 적에 다행히 장자長者의 문하에서 군자君子의 풍모를 듣고는, 나의 사업이 장구章句, 사화詞華 같은 말단에만 있는 것이 아니라고 생각했습니다. 그래서 자못 격려하고 발분하는 지향을 가지고 세속 사람들이 선호하는 것의 바깥에서 그 단서를 엿보아 침잠완미沈潛玩味하며 늙어 가기를 바랐지, 다른 것은 일삼지 않았습니다.[52]

여기서 장자長者는 내암이고 군자君子는 남명이라고 할 수 있으며, 과거를 위한 글(章句)이나 꾸미기를 좋아하는 문장(詞華)을 싫어하는 것

---

51) 구진성, 「17世紀 南冥學派 動向 硏究 — 鄭仁弘과 그 系列을 中心으로」, 128~9쪽.
52) 朴絪, 『無悶堂集』, 권3, 「答金克孝(乙卯)」, "生氣質昏弱 性識疎放 無以自入於繩墨之內 其在少時 幸而得聞君子之風於長者之門 謂吾人事業 不但在於章句詞華之末 故頗有激勵 奮發之志 得以窺闖其端緒於世俗所好之外 庶欲以潛究玩味 以此自老 而無餘事矣."

또한 남명의 학문정신과 다르지 않다. 또한 내암의 「회퇴변척소」에 대한 지지 상소를 올린 적이 있는 정훤鄭暄과 임종 시까지 함께할 정도로 각별했던 점, 회퇴변척이 있은 후 3년이 지난 1614년에 있었던 선산 과장에서의 소동에서 회퇴변척에 동의하는 입장에 섰던 점 등은 박인의 '모현'에 대한 태도를 보여 준다.[53] 즉 박인은, 남명이 정당한 평가를 받지 못하는 원인을 내암에서 찾고 남명에게서 내암의 흔적을 지우고자 하는 흐름과 다르다는 점을 알 수 있다.

박인은 『산해사우연원록』 서문을 통해 남명을 정몽주, 김굉필, 정여창, 조광조의 도학을 계승하는 인물로 위치시킨다. 그리고 퇴계를 병칭하면서 서술하고 있다는 점에서 모현에 대한 그의 사유를 읽을 수 있다.

아, 우리나라에는 문학이 있었던 이래 수천 년간 유학으로 이름난 인물들이 끊이지 않았다. 고려 말에는 포은 정선생이 경학을 창도하고 밝혀 당시에 리학理學의 시조로 추중되었고…… 우리 조정이 흥기한 뒤로…… 한훤당寒暄堂선생, 일두 一蠹선생, 정암靜庵선생 같은 분이 모두 경세의 방법을 온축하고 도학의 중임을 맡았으나, 세상의 운수가 쇠퇴하여 막혀 버리자 몸은 흉화의 덫에 빠져 도道와 더불어 함께 돌아가시고 남긴 단서는 망망茫茫하게 되었으니 통탄할 수밖에 없도다. 우리 조선생은 도학이 끊어진 뒤에 태어나시고 사림이 참벌을 당할 때를 살아오시며, 퇴계선생과 같은 시대에서 각자 사문을 일으키는 것을 자신의 임무로 여기시어 확고히 태도를 바꾸지 않으셨다.[54]

---

53) 구진성, 「17世紀 南冥學派 動向 硏究 — 鄭仁弘과 그 系列을 中心으로」, 119쪽.
54) 朴絪, 『無悶堂集』, 권4, 「山海師友淵源錄序」, "噫吾東方自有文學以來數千年間 以儒學名者 衾乎無聞 至于麗季 圃隱鄭先生倡明經學 一時推爲理學之祖 儒學之稱 盖自此始 逮我朝龍興 列聖傳德 天啓文明 諸儒輩出 有若寒暄先生 有若一蠹先生 有若靜庵先生 皆是蘊經濟之術 任道學之重 而世人衰否之運 身蹈兇禍之機 與道俱喪 遺緒茫茫 可勝痛哉 惟我曺先生 生道學 旣絶之後 際士林斬伐之時 與退溪先生並世 各以興起斯文爲己任 而確乎不拔."

정리하자면, '염북'과 '모현'이라는 내암문인들에게서 씌워진 굴레를 두고 박인은 자신이 내암에게 폐모살제에 대한 비판의 글을 보냈던 것으로써 '염북'의 혐의로부터 거리를 두고 있으며, '모현'의 혐의에 대해서는 남명을 도통의 계승자로 평가하되 퇴계와 병칭함으로써 그 혐의와 거리두기를 시도하고 있다.

다시 말해 남명의 추숭은, 스승인 내암의 정신을 계승하여 조선 도학의 계승자로 평가하고 그 가치를 사림이 참벌당할 때의 출처를 통해 언급하되, 남명의 퇴계로부터의 폄훼에 대한 변무는 하지 않고 있다. 그러나 구진성의 연구에 의하면, 당초의 『산해사우연원록』에는 내암이 퇴계의 폄훼에 대한 변무활동을 한 기록이 들어 있었다가 박인 사후의 발간 과정에서 논란이 되어 삭제가 된 듯한 정황이 보인다고 한다. 이를 고려해 본다면 박인은 남명에 대한 퇴계의 폄훼에 대해 적극적으로 대응했던 조임도의 「발문」과 같은 입장을 가지고 있었다는 것을 알게 된다. 이와 같은 점은 내암의 흔적을 지우고자 하는 하홍도의 발문과 비교될 수 있는 경향이라고 할 수 있다.[55] 이러한 박인의 모습은 '모현'에 대한 혐의가 가진 위험성에도 불구하고, 내암의 남명추숭 방식을 택하여 계승으로써 그 정신을 계승하고자 노력했다고 평가할 수 있을 것이다.

---

55) 『산해사우연원록』의 발문을 통해 조임도는 남명에게 제기된 퇴계의 폄훼 내용인 '남명의 성취는 학문이 아닌 기질의 결과'라는 점에 대해 거부감을 나타낸 김우굉의 글을 인용하면서 변무하고 있으며, 저술을 많이 남기지 않은 점 등을 해명하고 있다. 이에 비해 하홍도는 남명추숭사업의 연원을 하항으로 연결함으로써 회퇴변척 같은 변무를 통한 남명추숭이라는 정인홍 식의 방식을 부정하고 있다. 구진성, 「17世紀 南冥學派 動向 硏究 ─ 鄭仁弘과 그 系列을 中心으로」, 120~126쪽 참조.

7. 나오며

지금까지 '남명학파의 지역적 전개 - 합천지역의 남명학파'라는 큰 주제에서 인조반정 이후의 남명학파 문인들의 활동 양상에 대해 살펴보았다. 구체적으로는, 인조반정을 통해 내암을 비롯한 합천지역의 남명학파 문인들에게 덧씌워진 '염북'과 '모현'이라는 굴레를 중심으로 반정 이후 일어난 여러 옥사들과, 그와 관련된 추진된 남명추숭사업 등의 동향들에 대해 살펴보았다.

그 결론을 간단히 요약하자면, 인조반정은 단순한 정치권력의 변동이 아니라 국가운영의 기준을 국가 차원의 윤리인 충忠에서 가족 차원의 보편적 윤리인 효孝로 전환하게 된 계기가 되었으며, 이후 인조 정권의 불안요인인 반혁명의 불안 속에 전개된 기찰정치는 남명학파에 대해 '염북'과 '모현'이라는 혐의를 통해 지속적인 정치적·사상적 억압을 가했다. '염북'은 남명학파가 가진 정치현실의 특수성을 고려한 '충' 중심의 정치사상을 배제하는 작용을 했으며, '모현'이라는 혐의는 '진정한 유자는 어떤 사람인가?', '유학의 본령은 무엇인가?'라는 유학의 자기 성찰적인 질문을 봉쇄하도록 했다. 그 결과 남명의 많은 문인들이 인조반정 이후 역모사건에 연루되었고, 이로 인해 남명 문인들은 폐모살제라는 대북정권의 혐의 즉 '염북'과 무관함을 강조하기도 하였고, 남명과의 연원을 축소시키고 퇴계와의 연원을 강조하는 경향을 갖게 되거나 '북인 영수로서의 정인홍'과 '퇴계를 비판한 정인홍'을 부정하고 단순히 '남명 문인으로서의 정인홍'만을 인정하는 흐름으로 나아가게 되었다. 그런 가운데 합천지역의 주요 문인인 박인은 인조반정 후 약 10여 년만

에『산해사우연원록』을 편찬함으로써 남명에 대한 추숭사업을 시작한
다. 폐모살제를 반대했던 까닭에 '염북'에 대한 혐의로부터 비교적 자유
로웠던 그는 편찬사업의 과정에서 '모현'의 문제를 고민할 수밖에 없었
는데, 많은 논란에도 불구하고 박인은 내암의 남명추숭정신과 입장을
그대로 유지하려고 노력했던 것으로 보인다.

이러한 합천지역 문인들의 동향을 한마디로 정리하기는 힘들지
만, 정한 옥사나 무신란[56] 같이 '염북' 혐의에 대한 대응으로 적극
자신들을 변호하기도 하고 또 적극적으로 역모를 꾀하기도 하였으
나 실패로 큰 타격을 입고 명맥이 끊어질 수밖에 없었다. 그리고
합천지역 문인들은 내암과의 직접적인 관련성으로 인해, '『남명집』
훼판 사건'이나 남명 연원 축소 등과 같은 다른 지역 문인들의 대응과
는 달리 직접적으로 남명의 전통성을 강조하였고, '모현'의 혐의에도
불구하고 내암의 추숭방식을 선택하였다. 이는 이후 남명에 대한
재평가에 기여하는 결과를 낳기도 했다고 평가할 수 있겠다.[57] 정치
적 패퇴로 인한 정치적 · 학문적 위축으로 20세기 들어오기까지 남명
의 직계 학맥을 거의 없어졌지만, 합천지역 문인들의 노력에 힘입어
남명이라는 한 인물의 사상이 강우지역에서만큼은 유례가 없을 정

---

56) 여기서는 지면관계상 영조 4년(1728)에 일어난 '戊申亂'을 미처 다루지 못했다.
무신란은 중앙정치권력에서 배제된 강경 소론과 남인들이 주동이 되었는데, 경
상우도 지역에서는 鄭蘊의 현손인 鄭希亮과 曺應仁의 5대손인 曺聖佐가 가담하였
다. 정온과 조응인은 모두 내암 정인홍의 문인이었다. 이러한 점은 반정 이후의
'염북' 혐의에 대한 대북세력의 대응이라고 할 수 있겠다.

57) 이러한 분위기를 짐작할 수 있는 것은 현종 4년(1663)에 응교 李敏迪이 경상우도
에서 여전히 성혼, 이이, 이언적, 이황을 비난하는 여론이 있다고 한 언급이다.
그러면서 그는 "인홍은 비록 죽었지만 그 의논은 죽지 않았다"고 언급하고 있
다. 이 또한 경상우도 지역에는 여전히 남명학파로서 정인홍의 입장을 지지하는
여론이 남아 있음을 알 수 있게 한다. 『현종실록』, 4년 6월 20일, 3번째 기사.

도로 끊임없이 존숭되고 계승되었다는 점은 재평가할 만하다.58)

58) 이상필, 「南冥學派의 南冥思想 繼承樣相」, 『퇴계학과 남명학』(경북대 퇴계연구
소·경상대 남명학연구소 편; 2001), 308~309쪽.

제4장 탁계 전치원의 행적과 정신세계, 그리고 그 학문의 탐구

손 병 욱

1. 들어가면서

　탁계濯溪 전치원全致遠(1527~1596)이 살았던 시대는 4대사화의 여파가 그대로 남아있던 시기였다. 그가 태어나기 전에 무오戊午(1498), 갑자甲子(1504), 기묘己卯(1519)의 3대사화가 있었고, 그의 나이 19세 때(1545) 을사사화乙巳士禍가 있었다. 겉으로는 평온한 듯했지만 남명南冥 조식曺植(1501~1572)이 「을묘사직소」(1555)에서 묘사한 대로 국가가 토붕와해土崩瓦解의 위기에 직면한 그런 시대였다. 선비들의 사기가 땅에 떨어져서 전전긍긍하는 한편으로 위정자들이 마치 태평성대에 사는 양, 눈앞에 다가온 국난을 대비하려는 의식이 결여되어서 뜻있는 선비들의 근심이 깊어가던 그런 시기였다. 본고에서는 이런 시대를 살았던 경상우도 한 지식인의 삶의 궤적에 대한 고찰을 통해서 그의 행적의 특징과 여기에 나타난 남다른 정신세계를 살펴보고,

이러한 정신세계를 가능하게 한 학문적 바탕이 무엇인지 살펴보고
자 한다.

한 인간의 평생을 알려면 그의 만년晩年의 삶을 봐야 할 것이다.
이 시기는 바로 평생의 결실기에 해당하기 때문이다. 비록 초년과
중년에 괄목할 만한 성과를 쌓았다고 하더라도 노년의 삶이 아름답지
못하면 전공이 애석하다고 할까? 평생의 삶이 허사가 되고 말 것이다.
이런 측면에서 전치원의 삶에서도 가장 주목되어야 할 부분은 그의
만년, 곧 노년이라고 하겠다.

그는 만년에 임진왜란이라는 미증유의 국난과 맞닥뜨리는 불운을
맞았다. 바로 그의 나이 66세 되던 해에 임진왜란 7년 전쟁(1592~1598)이
일어나서 그가 살던 고향 초계草溪가 왜적의 침입을 당하는 상황을
맞게 되었던 것이다. 그때 66세면 당시의 평균수명을 고려할 때, 오늘날
로 치면 90세가 넘는 상노인上老人에 해당하고, 벌써 오래전에 은퇴하여
조용히 삶을 반추하면서 죽음을 준비할 그런 나이였다. 물론 기력도
많이 쇠하고 의욕도 현저히 감퇴되었을 그런 연령이었다.

그럼에도 불구하고 국난의 상황에 처하자 그는 피난을 가거나 은둔
하는 방식이 아니라, 매우 적극적으로 떨치고 일어나서 왜적과 맞서
싸우는 길을 선택하였다. 그것도 혼자서 의병에 가담한 것이 아니라
스스로 의병을 조직하고 자기의 가까운 가족과 친지들을 대거 참여시
키면서 의병장을 맡아서 고장을 지키는 길을 선택한 것이다. 그리고
승리를 거둔다. 이는 그가 평생 살아온 그의 삶의 결정판이라고 할
수 있다. 그가 정말 잘 살아오지 않았다면 그는 결코 만년에 이런
삶의 모습을 드러낼 수 없었을 것이다. 그렇다면 이러한 비범한 만년의

삶을 가능하게 한 그의 초·중년의 삶, 나아가 그의 평생의 삶이 어떠했는지 궁금하지 않을 수 없다.

본고에서는 66세의 나이에 창의기병하여 초계 의병군의 외응장外應將으로 활약함으로써 두 번의 싸움에서 승리를 거두어 자기 고장을 안전하게 보호한 전치원의 행적에 주목하였다. 자기 두 아들과 조카, 그리고 사위까지 의병장 내지 의병으로 참전하게 한 그의 정신세계는 과연 무엇이었을까?

활발하게 창의기병한 남명학파 문인들 가운데서 환갑을 넘긴 인물이 3명 있었는데, 전치원도 그 가운데 한 명이었다. 다른 두 명 중 한 명은 77세의 나이에 삼가지역에서 창의기병한 고사孤査 문덕수文德粹(1516~1595)인데, 다만 그가 구체적으로 어떤 역할을 했는지는 불분명하다. 나머지 한 명은 그와 가까웠고 동갑이었던 입재立齋 노흠盧欽(1527~1602)이다. 노흠이 망우당忘憂堂 곽재우郭再祐(1552~1617) 막하에서 군량미 공급을 책임지는 역할을 한 데 비해서 전치원은 직접 전투에 참전하여 장수로서의 역할을 담당하였으므로, 전쟁 시에 두 사람이 한 역할은 그 비중이 달랐다고 하겠다. 노흠의 역할이야말로 그 나이에 걸맞은 충의지사忠義之士의 모습이었다고 한다면, 전치원의 경우, 도대체 그 무엇이 그로 하여금 나이를 잊고 직접 나서서 싸우도록 했을까?

본고에서는 전치원의 행적, 그 인격과 정신세계의 연원, 그리고 그의 학문세계에 대해서 차례로 살필 것이다.

2. 탁계 전치원의 행적

1) 임진왜란 시의 행적

(1) 「연보」 66세(1592) 조에는 다음과 같은 내용이 기록되어 있다.[1]

여름 4월에 왜구가 침입하자 여러 지역(列郡)이 와해되었다. 이에 설학 이대기와 창의토적倡義討賊을 약속하였다. 【적이 당도하자 군수 이유검李惟儉이 도망갔다는 소문을 듣고 개연히 경륜하여 구제할 뜻(經濟之志)을 품었다. 아들 우雨와 조카 제齊, 설雪을 불러서 울면서 말하길, "우리 집은 대대로 국록을 먹은 조정의 신하이다(吾家世臣也) 의리상 마땅히 북쪽으로 머리를 두고 죽음으로써 대적하여 설욕해야 한다. 너희들은 각자 노력하라"라고 하였다. 이로 인해 가동家僮 수십 인을 모집하였고, 같은 마을 장사 수백 명이 도착하여 마침내 이대기 공과 한마음으로 토적할 것을 약속하였다.】[2] 「통유경내문通諭境內文」을 작성하여 의병을 불러 모으고 설학과 함께 내외로 나누어 하나씩 분장分掌하였다. 【군내에는 내면內面과 외면外面이 있었다.】 그리하여 곽 망우당의 군사에 부응符應하였다. 【곽재우가 의령에서 이미 의병을 일으켰기에 응하였다. ○ 이때 적의 기세가 매우 팽창함에 사민士民들이 산골짜기로 도망가 숨었다. 선생이 정성을 다해 통유通諭하여 의리를 열어 보이자 듣는 이들이 감격하여 분노하였다. 이에 동향의 노순盧錞, 김영영金瑛, 정순신鄭舜臣, 안극가安克家, 유세온柳世溫, 노세기盧世麒, 정석희鄭錫禧・석조錫祚, 이유李維, 정유일鄭惟一, 이해룡李海龍, 안철安喆 등이

---

1) 「年譜」, 66세(1592), 『濯溪先生文集』, 권1; 한국역대문집총서 1173(경인문화사, 1995), 24쪽.

2) 「壬癸別錄」, 위의 책, 83쪽에는 "5월 12일에 道方里 私第에서…… 각자 노력하라"는 말 뒤에 "李精과 더불어 外面의 병사를 모집했다"고 하였다. 연보 66세의 기록에서는 없던 李精이라는 인물이 등장하는데, 그는 누구인가? 바로 전치원의 丈人이다. 연보 49세(1575)조에 따르면 전치원이 46세(1572)에 喪妻한 뒤에 이해에 다시 이씨부인을 맞는데, 그녀는 訓鍊奉事 李精의 딸이었다. 그런데 본래 「임계별록」은 전치원이 69세(1595) 때 지은 「壬癸亂離錄」이 失傳되는 바람에 창의한 바 있는 여러 사람들의 기록에서 전치원 관련 기록을 뽑아 모은 것이라고 하였다.

모여서 서로 기무機務를 논의하고 수천 명을 규합하여 얻었으니, 외면의 병사는 탁계가 거느리고 내면의 병사는 설학이 거느렸다.】

여기서 전치원이 창의기병한 직접적인 이유가 나오는데, 그것은 "우리 집은 대대로 국록을 먹은 조정의 신하였다"(吾家世臣也)라는 구절이다. 즉 세신世臣의 후예로서 국난에 무관심할 수 없다는 생각을 하고 있었음을 알 수 있다. 조선팔도에 전치원과 같은 세신 내지 세신의 후예들이 얼마나 많았겠는가? 그것도 전치원 자신은 벼슬한 적도 없고 당시에 가족 중 어느 누구도 벼슬을 하고 있지 않았음에도 불구하고 국가의 환난에 참여할 핑계를 찾아서 창의기병한 그 점에 우리는 주목하지 않을 수 없다. 이는 당시 창의기병하였던 특히 남명 조식 문인들 대부분에 해당되는 명분이었다고 하겠다.

여기서 「통유경내문通諭境內文」과 「약서문約誓文」 가운데 일종의 격문檄文이라고 할 수 있는 「통유경내문」의 내용을 살펴보자.

경내의 여러 군자에게 널리 고함. 우리나라(我國)가 불행하여 성상聖上이 몽진하고 여러 읍의 수령이 한갓 자기 몸이 있음만 알고 나라가 있음을 알지 못하여 모두 다 자기 읍을 지키지 못하고 이미 와해되기에 이르렀도다. 아, 영남의 사대부들이여! 손을 묶고 목숨을 부지하여 종국宗國이 장차 망하는 것을 바라봄이 옳겠는가? 지금 곽의사郭義士(곽재우)가 있어 나라를 위해 만 번 죽을 계책으로 의병을 수창首倡하여 적의 선봉을 막아섬으로써 우리 임금으로 하여금 신하와 자식이 있음을 알게 하였도다. 우리 고향 수십 개의 읍에 어찌 충신지사忠臣之士가 없겠는가? 바라건대, 여러 군자들이 같은 목소리와 메아리로 응함으로써 위로는 군부를 위해 복수하는 계책을 삼고, 아래로는 백성들(生靈)을 편안하게 하는 계책으로 삼는다면 다행이겠소[3]

---

3) 「通諭境內文」, 위의 책, 53쪽.

「임계별록」에 따르면, 1592년 4월 11일 임진왜란이 발발하였고, 5월 12일에 이정과 함께 외면外面의 병사를 모집했다고 하였다. 그리고 5월 13일에 성으로 나아가서 설학雪壑 이대기李大期(1551~1628)와 한마음으로 거의擧義하기를 약속하고 경내에 통문을 돌려서 수천 명을 규합하고 내외로 업무를 분장分掌하였다고 했다.4)

(2) 여기서 초계 의병 지휘부의 명단을 통해서 전치원과의 관계를 살펴보기로 하자.

- 내모장內募將 설학 이대기 : 황강黃江 이희안李希顔(1504~1559)의 외손자, 이희안·수우당守愚堂 최영경崔永慶(1529~1590)·조식의 문인.
- 외응장外應將 탁계 전치원全致遠 : 이정李精의 사위, 조식·이희안의 문인.
- 도총都總 예곡禮谷 곽율郭赳(1531~1593) : 초계 가군수假郡守5), 조식 문인.
- 조련장調練將 노세기盧世麒 : 만호에 제수되었으나 취임하지 않음.6)
- 분격장奮擊將 이해룡李海龍 : 훈련주부 역임.
- 방어장防禦將 평천坪川 변옥희卞玉希(1539~1593) : 전치원이 「변평천실기卞坪川實記」찬함, 조식 문인.
- 조호장調護將 전제全霽(1558~1597) : 전치원의 5촌 조카, 무과출신으로 영산현감을 지냄, 정유재란 때 화왕산성火旺山城 싸움에서 순국함.
- 조호장 성고省皐 이대약李大約(1560~1614) : 이희안의 외손자, 이대기의 동생, 전치원의 사위이자 문인.
- 좌보장左輔將 안철安喆 : 당시 나이 17세, 판관判官에 이름.7)

---

4) 「壬癸別錄」, 위의 책, 83쪽.
5) 假郡守는 당시 招諭使 金誠一이 전쟁수행을 위해서 임시로 임명한 직책이었다.
6) 김덕진, 「설학 이대기와 탁계 전치원의 의병활동」, 『남명학연구』 제2집(1992), 127쪽에 따르면 조련장으로 盧世麒 외에 鄭錫祚의 이름도 보인다.
7) 김덕진, 위의 논문, 127쪽에 따르면 左輔將으로 李紝이 安喆보다 먼저 언급되

- 우보장右輔將 이윤서李胤緒(1574~1624) : 이희안의 백형伯兄 이희증李希曾의 증손자, 전치원의 장남 전우全雨의 사위, 따라서 전치원의 손서孫壻, 나중에 무과에 급제함, 이괄의 난(1624)에 활약하다가 자결하였고, 진무원종공신振武原從功臣 1등에 추록됨.[8]
- 군기장軍器將 유세온柳世溫 : 당시 나이 18세, 조식과 이대기의 문인.
- 군기장 김준金俊.
- 기타 이정李精 : 전치원의 장인.
- 기타 뇌곡磊谷 안극가安克家(1547~1614) : 연보 68세(1994)조에 따르면 전치원의 딸이 그의 아들 안입후安立厚에게 시집가므로, 전치원과는 사돈지간임.
- 기타 유정柳亭 김영金瑛(1570~?) : 전치원의 문인.
- 기타 수족당睡足堂 전우全雨(1548~?) : 전치원의 장자, 찰방察訪 역임.
- 기타 전설全雪 : 전치원의 조카.[9]

이렇게 봤을 때 초계 의병 지휘부를 구성하는 인물들 가운데 전치원과 직·간접으로 연결된 사람들이 매우 많음을 알 수 있다. 가족 내지 친인척에 속하는 인물들로는 전우(장남), 전제(조카), 전설(조카), 이대약(사위), 이윤서(손서), 안극가(사돈) 등이 있다. 그리고 문인으로는 김영을 들 수 있다. 비록 지휘부에 소속되지는 않았지만 전치원의 서자庶子였던 전문全雯(1574~?) 역시 의병에 참여하였다.[10] 당시 초계에서 전치원과 직·간접으로 인연을 맺고 있었던 인물들이 거의 총동원된 셈이다. 아마 창의기병한 조식의 문인들 가운데서도 전치원만큼 많은 가족과

고 있다.
8) 김덕진, 위의 논문, 127쪽에 따르면 右輔將으로 李胤緒 외에 鄭錫禧의 이름도 보인다.
9) 이상은 김덕진, 위의 논문, 128~129쪽의 내용을 정리하면서 필자가 수집한 정보를 보충한 것이다.
10) 강동욱, 「탁계집」, 『남명학관련문집해제 (I)』(남명학연구소, 2006), 319쪽.

친인척이 참여한 경우는 없을 것으로 생각된다. 이는 무엇을 말해 주는가?

전치원은 국가의 위기상황에서 이 위기를 극복하는 데 힘을 보태기 위해서 자기의 모든 것을 바쳐서 헌신·봉사하려는 확고한 자세를 지녔고, 이를 실천에 옮겼음을 잘 보여 주고 있다고 해야 할 것이다. 이는 전치원의 의병군이 초계 의병군의 군량미를 남에게 의존하지 않고 스스로 마련하고 있음에서도 잘 드러나고 있다.[11]

(3) 그렇다면 초계 의병군의 활약은 어떠했는가? 여기에 대해서는 「임계별록」과 설학 이대기의 문집인 『설학집』의 「임계일기」에 그 내용이 상세하다.[12] 이 두 기록을 서로 참고하여 본다면 초계 의병군의 활약상을 충분히 파악할 수 있다. 여기서는 이들 기록을 참고하여 작성된 논문의 내용을 간략하게 소개하고자 한다.[13]

· 초계 의병군의 대규모 대일본군 전투는 크게 두 번 이루어졌다. 한 번은 단일군으로 참여하였고, 또 한 번은 우도右道 5읍병과 연합하여 참전하였다. 전자를 초계草溪전투, 후자를 무계茂溪전투로 명명하겠다.

· 초계전투는 1592년 6월 17일에 있었다. 초계 의병군의 첫 전투였다. 수백의 적이 좌도左道 쪽에서 낙동강을 건너 초계로 진입하여 민가와

---

11) 「事實撫錄」(龍巖書院通文), 앞의 책, 79쪽, "壬辰之亂團聚鄉兵, 糧必自持, 不食公家粟者, 灂庵募旅之忠毅也."
12) 「임계별록」은 위의 책, 82~92쪽을 참고하고, 「임계일기」는 강정화, 「설학집해제」, 『남명학관련문집해제(II)』(남명학연구소, 2008), 287~290쪽을 참고 바람.
13) 김덕진, 「설학 이대기와 탁계 전치원의 의병활동」, 『남명학연구』 제2집(1992), 136~138쪽의 내용을 정리한 것임.

관사를 불살랐다. 이에 의병군은 적의 점령 예상지인 요충지를 지키면서 군마를 보강하고 정돈하였다. 전치원은 적은 필히 전멸될 것이라고 하면서 큰 소리로 군병을 지휘하였다. 포고砲鼓를 대방大放하여 적을 기습 공격하였고, 육박전이나 사격전을 벌여 적 수십 명을 사살하고 많은 수를 포획하였다. 이에 적이 더 이상 공격하지 못하고 퇴각함으로써 읍내와 객사의 소실을 면하였다. 이후 강을 건너간 적군은 감히 초계를 공격하지 못하였다. 그리하여 흩어졌던 백성들은 점차 귀향하여 혹은 곡식을 심고 혹은 잡초를 제거하였으며, 적게나마 생업을 다시 영위할 수 있었다.

이러한 승리로 좌도에서 낙동강을 건너 우도를 거쳐서 호남으로 진출하려던 일본군의 진로는 차단되었고, 하류에서 낙동강을 거슬러 타고 상류 방면으로 진출하려던 일본군의 진로도 초계 의병군에 의해서 저지당했다. 이후 우도 몇몇 읍은 건재하여 후일 중흥의 기틀이 되었다.

· 우도 5읍 의병이 연합하여 참전한 무계전투에 대해서 살펴보자. 초계 의병군은 7월 13일 성주星州 무계전투에 참여하였다가 9월 11일에 이르러서야 완전히 초계본진으로 철수하였다. 이때 일본군 수천 명이 성주 무계의 강 좌우에 주둔하고 있어서 낙동강 통행이 불가능하였다. 이에 초계 의병군은 7월 13일 김면의 거창, 정인홍·손인갑孫仁甲의 합천, 김응성金應聖의 고령, 문려文勵·이홍우李弘宇의 성주 등 4읍 의병군과 합세하여 정인홍의 지휘 하에 적병을 사살하고 왜군 군량미와 노획물·군기물을 불살라 버렸다. 일본 구원군이 현풍에서 내려오자

후퇴하였으나, 드디어 궁지에 몰린 일본군은 낙동강을 타고 물러나기 시작하였다. 5읍 연합군은 추격을 계속하여 적선 8척을 파괴하였다. 22일에는 창녕 마수원馬首院까지 추격하자 사기를 잃은 일본군은 앞다투어 강물에 뛰어들어서 시체가 강을 메울 정도였다. 이 전투에서 합천의 의병장 손인갑이 전사하였다.

이로 말미암아 무계 주둔 일본군은 그 세력이 매우 약해졌다. 그러자 전력을 보강한 일본군은 성주에서 현풍으로 내려오면서 가혹한 분탕질을 자행하였다. 이에 5읍 의병군은 9월 10일 새벽, 재차 일본군을 공격하였다. 골짜기에 매복병을 숨겨두고 적군을 골짜기로 유도하였다. 그리고 전군을 좌·우·중군으로 나누어 공격하여 일본군을 격퇴하고 대승을 거두었다. 이 승리로 의병군은 낙동강을 따라서 진격하는 일본군의 진로를 차단하였다. 일본군은 낙동강 하류로 밀려났고, 성주의 무계에서 의령의 정암진鼎巖津까지는 일본군이 범접할 수 없었다. 그 동안 일본군에 의해서 막혀 있던 낙동강 통행이 재개되었고 초계로 들어오는 일본군을 막을 수 있었다.

2) 전치원이 보여준 평상시의 두드러진 행적

(1) 인물人物과 귀천貴賤을 초월하여 여리고 약한 존재에 대해 남다른 동정심同情心과 측은지심惻隱之心을 지니고 있었음을 다음에서 알 수 있다.

9세(1535) 때의 이야기이다. 아버지 종사공從仕公이 전치원의 나이 8세 때 돌아가신 뒤에 평소 타던 말이 늙어서 죽게 되었다. 노복들이 죽기 전에 이 말을 잡아서 먹으려고 하였다. 전치원이 이런 소문을 듣고 놀라서 동생과 함께 밖으로 나가서 한편으로는 끌고 한편으로는 몰아서 마구간에 들이고 잘 보호하였고, 마침내 수명을 다한 뒤에 죽도록 하였다. 원근에서 이 소식을 듣고 탄복하지 않는 이들이 없었다.[14]

필자가 보건대, 어려서 여리고 순수한 마음에 이런 생각을 할 수는 있겠으나, 이 일화가 기록으로 남게 된 것은 나이 든 여러 노복들의 기를 꺾고 전치원이 자기의 생각을 관철시켜서 실천으로 옮긴 데 있다고 본다. 여기서 아직 어린 나이지만 한 번 마음먹은 것은 반드시 행동으로 옮기고야 마는 강단 있는 그의 성격의 일단을 엿볼 수 있을 것이다. 이는 학습효과라기보다는 천성天性에서 연유한 특성이라고 봐야 할 것이다.

그렇다면 이것은 『논어』에 나오는, "공자가 집 마구간에 불이 났다는 이야기를 듣고는 사람이 상하지 않았는지 묻고 말에 대해서는 묻지 않았다"[15]라는 내용과 혹시 어긋나는 것이 아닐까 하는 생각이 드는데, 여기에 대해서는 어떻게 해명을 할 것인가? 이런 의문이 제기된다.

공자는 사람 우선의 인본주의人本主義적 입장에 입각하고 있었다고 하겠다. 전치원의 경우도 이와 다르지 않다. 다만 그는, 생명 있는 모든 것들은 다 살리고 하는 의지를 생래적으로 지니고 있으며 가급적이면 그러한 생명의지를 해치지 않아야 한다는 생각을 하였으므로,

---

14) 「年譜」, 9세(1535), 앞의 책, 11쪽. 이 일화는 전치원과 관련하여 꽤 유명했던 것 같다. 「언행록」, 「제문」, 「행장」, 「묘갈명」에 빠짐없이 등장하고 있기 때문이다.
15) 『論語』, 「鄕黨」, 11장, "廐焚. 子退朝曰, 傷人乎, 不問馬."

이는 공자·맹자의 근본정신과 어긋나지 않는다고 하겠다. 만약 사람이 먼저냐 말이 먼저냐는 양자택일의 상황이었다면 전치원의 선택은 너무나 자명하였을 것이다. 그의 인본주의적 입장은 다음의 사례에서도 엿볼 수 있다.

전치원이 서울에 있을 적에 문인 퇴촌退村 윤형尹涧(1549~1614)이 그를 모셨는데, 마침 나이어린 여종이 죽었다. 윤형이 말하길 "아무런 선행善行도 하지 못하고 죽었으니 아까울 것 없다" 하자 전치원이 질책하여 말하길, "시신이 아직 문 밖을 나가지 않았는데 너의 말이 이와 같으니 어찌 야박하지 않겠는가? 이는 내가 평일 가르친 바가 아니다"라고 하였다.16)

주인으로서 그 죽음을 애도해야 할 이유가 없는 나이어린 여종이지만, 그 죽음이 가련하여 너무나 가슴 아팠던 것이다. 그래서 마지막 가는 길이나마 야박하지 않게, 인간적인 도리를 다하고 싶었던 전치원의 마음이 이 글에서 잘 드러나고 있다고 하겠다.

(2) 권력자, 부귀인富貴人에 대해 아부하지 않고 도리어 억강부약抑强扶弱하는 태도를 견지하였다. 다음의 사례를 살펴보자.

안천鷗川의 송정松亭에서 문우文友들과 와서 회합을 할 때 도백道伯 곧 감사가 전치원의 집에 이르러서 수레를 멈추었다고 종이 와서 아뢰었다. 여러 벗들이 말하길 "귀한 손님이 집에 찾아 왔으니까 가보지 않을 수 없다" 하였다. 그러나 전치원은 그 말에 동의하지 않았다. 종으로 하여금 돌아가서 감사에게 "마침 여러 벗들과 만나서 대화하고 있는지라 이들을 버리고 갈 수가 없으니, 내일 마땅히 관아에 찾아가서

---

16) 「祭文(尹涧)」, 앞의 책, 104쪽.

사례하겠다"라고 복명復命케 하였다.17)

또 다른 사례를 들어 보기로 하자.

초계군수가 원수부元帥府에 잡혀 가서 곤장을 맞고 돌아오자 가서 위로하였다. 군수가 맞아서 상처 난 것을 보여 주면서 "초계인草溪人들이 나를 곤경에 빠뜨렸다" 하니 말하길, "정치를 잘못하면 당연히 백성들이 근심하여 원망할 것이고(政失, 當民氣愁恨), 그러면 비록 백성들이 저주하지 않더라도 어질지 못하다는 소문이 자연히 원수부에 들어가게 될 것입니다. 지금부터라도 그 정령政令을 쇄신할 수 있다면 앞으로 이르는 곳마다 성주城主의 현명함을 소리 높여 말하길 '우리 고을 사또는 한대漢代의 훌륭한 고을 원님(循吏)으로 이름 높은 공수龔遂와 황패黃霸 같은 분이다'라고 할 것입니다"라고 하여 그 책임이 군수 자신에게 있음을 지적하였다.18)

자기 마을을 관장하는 관찰사와 군수에 대해서 조금도 굽히지 않고 주체적인 입장 내지는 백성의 입장에서 자기 할 말을 다하는 데서 전치원의 인품이 간단치 않음을 알 수 있다.

(3) 질투하고 악행을 하는 상대의 무례하고 부당한 행위에 대해 용납하지 않는 기개를 지니고 있었다.

고양高陽(고령의 다른 이름) 벽송정碧松亭19)의 모임은 명류名流가 아니면 참여할 수

---

17) 「年譜」, 54세(1580), 위의 책, 21쪽.
18) 「年譜」, 68세(1594), 위의 책, 29~30쪽; 「言行錄」, 같은 책, 66쪽.
19) 정확히 언제 축조되었는지는 알 수 없으나 통일신라시대 학자였던 최치원이 시문을 남겼다. 조선시대에는 佔畢齋 金宗直의 문하에서 수학하였던 제자 一蠹 鄭汝昌과 寒暄堂 金宏弼도 정자의 현판에 시문을 남겼다. [출처] 한국학중앙연구원－향토문화전자대전.

없었다. 고양의 여러 유명인(聞人)들이 당연히 왔지만, 감히 음식을 맛보지 못하고 왼쪽 자리를 비워 놓고 전치원을 맞았다. 그때 오기로 약속하지 않은 한 사람(約外之人) 이 있었는데, 그가 여러 사람들에게 말하길 "들으니까 오늘 모임에 탁계가 반드시 온다고 하는데, 나에게 마침 술과 안주가 있으니 탁계에게 올리고 싶다. 여러분 보다 먼저 나아가서 술을 따를 수 있기를 바란다"라고 하니까 여러 사람들이 그렇게 하라고 하였다. 대개 그 사람은 전치원이 평소 꺼려하는(?) 고향 사람이었다. 이 사람이 술과 밥을 갖고 전치원에게 나아가자 전치원은 매우 놀라면서 옷을 걷어 올리고 밥을 넘어서 밖으로 나와서는 가마를 집으로 돌리라고 명령하였다. 여러 사람들이 일제히 일어나서 만류하였다. 전치원이 정색하여 말하길, "그대들이 나를 야박하게 접대하기가 여기에 이르렀으니 내가 머무를 수 없다" 하였다. 전치원의 이름은 선한 사람과 악한 사람들 모두로 하여금 존경하고 사모하게 하지만, 전치원의 성품이 꿋꿋하고 깨끗하여 질시와 악행이 자기를 더럽힐 것처럼 함이 이와 같았다.[20]

(4) 괴력난신怪力亂神과 이단異端에 굴하지 않는 태도를 지니고 있었 다. 다음의 사례에서 그 점이 잘 드러난다.

이희안을 위해서 청계서원淸溪書院을 건립할 때의 일이다. 서원 터는 옛날 사찰(古寺)터 였다. 이곳에는 미륵불상彌勒佛像과 나한상羅漢像이 안치되어 있었다. 전치원이 역부役 夫들에게 명령하여 이들을 다른 곳으로 옮겨 가려고 할 때, 뇌성을 동반한 비가 쏟아져 내렸다. 사람들이 모두 일손을 놓았다. 전치원은 전혀 동요하지 않고 감독하여, 끌어내어 강물 속에 가라앉히라고 명령하였다.

괴력난신과 이단을 배격하는 확고한 신념을 엿볼 수 있다.[21] 아울

---

20) 「年譜」, 60세(1586), 위의 책, 22쪽; 「言行錄」, 같은 책, 67쪽.
21) 이는 공자가 『論語』「雍也」편 20장에서 말한 "敬鬼神而遠之"하는 태도와 어떻게 연결될 수 있을 것인가?("樊遲問知, 子曰, 務民之義, 敬鬼神而遠之, 可謂知矣.")

러 흉한 징조에도 몸을 사리지 않는 과감한 무인武人의 기질을 은연 중에 드러내고 있다. 이는 문약文弱한 선비에게서는 발견할 수 없는 특징으로, 전치원에게는 이른바 '징크스가 없었다'고 해야 할 것이다. 이는 그만큼 내면세계가 강하고 굳셈을 말해 주는 근거가 될 수 있다. 징크스가 있는 사람은 꺼리는 바가 있기에 여기에 구애받음으로써 제때에 결단을 내리지 못하고 실기失機하는 경우가 많기 때문이다.

(5) 주체적이고 자주적인 판단에 의거하여 매사를 결정하고 선택하되, 여기에 대해서 끝까지 책임을 지려는 의식의 소유자였음을 다음의 사례가 잘 알려주고 있다.

스스로 선택하여 가르침을 받은 스승에 대하여 제자로서의 도리를 끝까지 다하려고 하는데, 바로 이희안과 조식에 대한 전치원의 태도에서 이 점이 잘 드러난다.

8세에 아버지를 여읜 전치원이 15세에 황해도 재령군수로 제수된 조부(永緩公)를 따라가서 재령에 머무르고 있었는데, 하루는 조부가 점장이(日者)한테 손자의 운명을 물었다. 이에 점장이가 대답하기를, "이 운명은 무를 공부하면 무기를 잡고 성곽을 지키는 장수가 될 운명이다"라고 하였다. 전치원의 타고난 자질이 영달英達하고 호용-절륜豪勇絶倫함을 고려하여 조부가 학무學武를 권유했으나, 전치원은 이것은 자기가 원하는 바가 아니라고 하여 거절하였다.[22]

전치원은 조부에게 청하여 말하길, "고향에 있는 황강黃江 이희안李希顔(1504~1559)

22) 「年譜」, 15세(1541), 앞의 책, 12쪽.

선생이 바야흐로 성리학을 강명講明하고 있는데, 종유從遊하여 배우기를 원합니다"
라고 하니까 조부가 크게 장려하고 감탄하여 보내주었다. 여름에 이희안에게 나아가
『소학』을 가르쳐 달라고 청하자 이희안이 나이 많음을 들어서 거절하고는 그
의지를 살폈다. 전치원은 꿇어앉아서 종일토록 미동도 하지 않은 채 앞자리를
응시하기를 5일간이나 해서 드디어 이희안의 감탄을 자아내고는 가르침을 받기
시작하였다.23)

「연보」29세(1555)조에 따르면, 전치원은 남명 조식 선생을 삼가 토동
정사兎洞精舍로 찾아가서 뵙는다. 이어서 「연보」37세(1563)조에 따르면,
5월에 조식 선생을 산천재山天齋로 찾아가 뵙는다.

이처럼 스스로의 판단에 따라 두 선생을 찾아뵙고 종유하면서 스승
으로 받들 뿐 아니라 제자로서 스승에 대한 도리를 다하려고 하였다.

이희안을 현창하는 일과 관련해서는, 조식이 찬한 이희안의 묘갈을
글로 써서 세우고 또 그를 기리기 위해 청계서원淸溪書院을 세운다.24)
조식을 현창하는 일과 관련해서는 대곡大谷 성운成運(1497~1579)이 찬한
남명묘갈을 글로 쓴다.25)

전치원은 일찍부터 자기의 주관이 뚜렷하였고 또한 한 번 마음먹
은 일은 반드시 관철해 내고야 마는 의지와 신념을 지닌 인물임을
알 수 있다. 이는 그의 천품天稟이 뛰어났음을 말해 주는 근거라고
하겠다.

(6) 그는 벼슬에 대해서 매우 초연한 태도를 취해서 한 번도 벼슬길에

---

23) 「年譜」, 16세(1542), 위의 책, 12쪽.
24) 「年譜」, 35세(1561) 및 38세(1564), 위의 책, 16~17쪽.
25) 「年譜」, 47세(1573), 위의 책, 19쪽.

나가지 않았다. 벼슬살이는 자기의 갈 길이 아님을 알고 그쪽과는 확실히 거리를 두고 있었음을 다음의 사례에서 알 수 있다.

「연보」20세(1546)조에 따르면 향시에 3등으로 합격하고도 회시會試에 떨어지자 곧 과거를 포기하고 성리학 연구에 오롯이 전념하였다고 하였다. 이후 「연보」48세(1574)조에 의하면 그는 유일遺逸로 천거되어서 사포서司圃署 별제別提(정6품, 종6품)로 제수되었으나 나가지 않았다. 동강東岡 김우옹金宇顒(1540~1603)이 강력히 권유했으나 "그대가 나에게 무슨 특이한 점이 있다고 추천했느냐? 이는 세상을 속이는 것이다"[26]라고 하여 끝내 받아들이지 않았다. 전치원은 임진왜란 당시에 의병장으로서 이룩한 그의 공적을 포상하기 위해서 67세(1593)에 내려진 벼슬(沙斤道察訪, 종6품)에도 나아가지 않았다. 학봉 김성일과 동강 김우옹 등이 모두 벼슬하라고 권유하였고, 감사 또한 마부를 보내어 식량을 지참하고 문밖에 서서 기다리기를 여러 달 동안 하였으나 끝내 벼슬길에 나서지 않았다. 그러면서 스스로 나이가 들어서 벼슬을 원하지 않음을 50세에 처음 시집가는 것에 비기는 노래를 지어 불렀다.[27]

이처럼 공을 세우고도 조정에서 내리는 벼슬을 한사코 거절한 것은 조식의 문인들 가운데서도 매우 특별한 경우에 속한다고 하겠다. 과연 이러한 그의 자세는 무엇을 말해 주는가?

---

26) 「年譜」, 48세(1574), 위의 책, 19쪽.
27) 「年譜」, 67세(1593), 위의 책, 28쪽.

3. 행적을 통해서 본 전치원의 인격과 정신세계, 그리고 그 연원의 탐구

1) 전치원의 인격과 정신세계

(1) 자주적이고 주체적인 의식을 지니고 매사에 솔선수범하고 책임을 지는 자세.

(2) 억강부약抑强扶弱, 호선오악好善惡惡, 낙선호의樂善好義하는 자세.

(3) 국가공동체(종묘사직)를 위해서 헌신·봉사하려는 자세: 치군택민致君澤民[28]하고 위국헌신爲國獻身하려고 하되, 여기에 대해서 일체의 보상을 바라지 않음.[29]

(4) 『소학』적 가르침에 충실하여 실천을 중시하는 태도를 견지함.

(5) 기절氣節(氣槪와 節操)[30]의 숭상으로 벽립천인壁立千仞, 태산교악泰山喬嶽, 추상열일秋霜烈日의 기상을 지님.

(6) 자연(山水)에 대한 사랑과 함께 자연과 더불어 유유자적하는 삶을 영위할 줄 앎.

(7) 문·무·예의 자질과 능력을 두루 구비한 전인적 인격의 소유자.

2) 전치원이 지닌 정신세계의 연원 탐구

위의 (1), (2)에 대해서는 앞의 '전치원의 두드러진 행적'에서 이미 언급했으므로, 여기서는 (3), (4), (5), (6), (7)과 관련하여 추가적인 설명

---

28) 그 의미는 '임금에게 몸 바쳐 충성하고 백성에게 혜택을 베풂'이다.
29) 「事實撫錄」(南冥先生師友錄), 위의 책, 71쪽, "不拘小節, 而大節則有毅然之操."
30) '씩씩한 기상과 꿋꿋한 절개'라는 의미이다.

을 해 보고자 한다.

(1) 위에서 언급한 (3)의 '국가공동체(종묘사직)를 위해서 헌신·봉사하되 일체의 보상을 바라지 않는 자세'가 어디서 연원했는지 살펴보기로 하자.

조선조에서 벼슬, 그것도 문과文科 계통의 벼슬살이는 벼슬이 가능한 양반 신분의 모든 남자들이 오매불망寤寐不忘, 고대해 마지않는 일이었다. 왜냐하면 이는 그들에게 모든 것을 보장해 주는 일종의 여의주如意珠와 같은 것이었기 때문이다. 과거 합격을 등용문登龍門에 비유한 데서도 벼슬에 대한 그들의 열망은 잘 드러난다. 그럼에도 불구하고 전치원의 경우, 유일로 천거되었을 때 나가지 않은 것은 벼슬을 할 명분이 없다고 스스로 여겼기에 이해가 되지만, 임진왜란 때 정당한 공훈을 세운 뒤에도 조정에서 내린 벼슬을 사양한다는 것은 결코 보통 일이 아니다. 이는 그의 어떤 인생관과 연관되어 있을 것이다. 과연 그것이 무엇이었을까?

필자는 그의 스승이었던 이희안과 조식, 그리고 전치원과 가까웠던 대부분의 인물들이 태어나서 자란 영남우도의 지역적 특징에 주목해 보고자 한다. 영남우도는 삼국시대 가야 지역에 속하는 땅이었다. 남명학파의 뿌리는 가야파에까지 소급될 수 있지 않을까? 이런 문제의식을 갖고 두 파간의 연결고리를 찾으려는 노력을 필자는 지속적으로 해 오고 있다. 그렇다면 필자의 이러한 문제의식을 뒷받침해 줄 가야파의 특징은 『화랑세기』에서 어떻게 묘사되고 있는가?31)

---

31) 이하의 내용은 손병욱, 「가야파와 남명학파의 친연성, 그 실체와 원인의 탐구」,

『화랑세기』'7세 풍월주 설화랑薛花郎'조에서는 가야파(가야문화)와 신라파(신라문화)의 특징에 대해 다음과 같이 말하고 있다.

문노文弩의 낭도들은 무사武事를 좋아했고 협기俠氣가 많았다. 설원(화)랑의 낭도들은 향가鄕歌를 잘하고 맑은 놀이淸遊를 즐겼다. 그러므로 나라 사람들이 문노의 무리를 가리켜서 호국선護國仙이라고 했고, 설원(화)랑의 무리를 가리켜서 운상인雲上人이라고 했다. 골품이 있는 사람들은 설원(화)랑의 무리를 많이 따랐고, 초택草澤(궁벽한 시골)의 사람들은 문노의 무리를 많이 따르면서 서로 의를 닦음을 주로 하였다.[32]

여기서 문노는 가야파(가야문화)를 대변하고 설원랑은 신라파(신라문화)를 대변하는 인물들이다. 이상의 내용을 표로써 정리해 보면 다음과 같다.

	가야파(가야문화)	신라파(신라문화)
대표적인 인물	문노(8), 김유신(15) ※숫자는 풍월주의 세수世數를 말함	설원랑(7), 보종(16)[33]
조직구성원의 특징	초택지인草澤之人	골품지인骨品之人
추구하는 가치	무도武道	선도仙道
지향하는 인간상	국선國仙	신선神仙
별칭	호국선護國仙	운상인雲上人
기타 특징	호무사다협기好武事多俠氣 호상마의위주互相磨義爲主	선향가호청유善鄕歌好淸遊

『선비문화』36호(2019년 가을호; 사단법인남명학연구소), 44~61쪽의 내용을 발췌하여 제시한 것임을 밝혀 둔다.

32) 김대문/이종욱, 『화랑세기』(소나무, 2009), 98쪽, "文弩之徒, 好武事多俠氣. 薛原之徒, 善鄕歌好淸遊. 故國人指文徒爲護國仙, 指薛徒爲雲上人. 骨品之人, 多從薛徒, 草澤之人, 多從文徒, 互相摩義爲主."

33) 이 두 사람은 父子之間이었다. 설원랑이 美室과의 사이에서 낳은 아들이 宝宗이다.

가야파는 무적인 성격이 강하였고, 신라파는 문적인 성격이 강하였다. 가야파가 세속의 현실적인 상황을 항상 염두에 두는 입세간入世間적인 성격을 지닌다면, 신라파는 탈세속적이고 출세간出世間적인 성격을 지니고 있었다. 가야파가 가족을 넘어선 공동체 중심의 결속을 강조하였다면, 신라파는 가족 내지 혈연 중심의 결속을 강조하였다. 가야파가 지닌 이러한 특징은 1,000년 뒤에 남명학파의 의義-기氣-무武-충忠으로 나타난다고 하겠고, 이에 비해 신라파의 특징은 퇴계학파의 인仁-리理-문文-효孝로 나타난다고 할 수 있다.

가야파는 먼저 의의 길을 추구하여 국선으로서의 역할을 다한 뒤에 신선으로서의 삶을 살기를 희구하였다. 이러한 가야파의 입장은 다음과 같이 정리될 수 있다.

국가공동체가 위기에 처하면 자기의 모든 것을 다 바쳐서 헌신·봉사하지만, 위기상황에서 벗어나면 일체의 공치사를 바라지 않고 깨끗이 물러나서 자연과 더불어 유유자적하는 삶을 영위하고자 하였다.

이러한 삶을 살았던 대표적인 인물을 우리의 역사에서 찾는다면 세속오계世俗五戒의 뿌리가 된 '무용武勇에 입각한 충효忠孝'의 정신을 후대에 물려준 신라 10대 나해왕奈解王(196~230) 시에 활약한 물계자勿稽子를 비롯하여 8세 풍월주 문노(538~606), 그리고 임진왜란 때 맹활약한 뒤 전쟁이 끝나자 은퇴하여 신선의 길을 추구했던 망우당 곽재우(1552~1617)를 들 수 있다. 전치원 역시 그가 신선을 추구했다는 근거는 없지만 전반적으로 보면 곽재우와 같은 계열의 인물이었다고 하겠다.

이처럼 『화랑세기』에 나타나는 가야파(가야문화)의 특징이 남명학파가 지니는 학파적 특성으로 부활하여 드러나고 있을 뿐만 아니라, 이러한 특징은 삼국통일기(540~681) 신라의 화랑풍월도花朗風月道 형성에도 매우 중대한 역할을 담당하였다고 하겠다. '무예수련으로 의기義氣를 배양한 뒤에 의를 실천하는(行義)' 화랑(風月)의 특징은 그대로 가야파(가야문화)와 연결된다. 그리하여 삼한일통三韓一統에 앞장선 호국무사護國武士들이 화랑도花郎徒로부터 배출되어 활약할 수 있었던 것이다. 이런 측면에서 가야문화, 화랑풍월도는 그대로 남명학파와 연결된다.

여기서 가야파를 대표하는 인물인 8세 풍월주 문노의 행적을 자세히 살펴보면, 그는 대가야 문화공주文華公主가 신라 귀족 비조부공比助夫公에게 시집와서 낳은 아들로서 스스로 '가야의 외손'이라는 자부심을 강하게 지니고 있었다. 늘 가야인의 후예로 자처했던 것이다. 아울러 검도劍道에 능한 무사이면서 호용능문好勇能文의 문무겸비지사이며, 화랑조직인 낭도부곡郎徒部曲을 '가장 강력한 조직'으로 만든 인물이었다. 그 비결은 그의 아내 윤궁낭주允宮娘主가 알려준 의義←정情←지志에 있다고 본다. "의는 정에서 나오고 정은 지에서 나온다"는 이 원칙에 의거하여 화랑조직을 가장 이상적이고 강력한 조직인 '형제애兄弟愛가 넘치는 동지조직同志組織'으로 만들어서 신라가 삼국통일을 이루는 데 지대한 공헌을 하였던 것이다.[34] 『화랑세기』의 저자 김대문은 이런 문노를 평가하여, "통일대업이 공에게서 싹트지 않은 것이 없었다"고 하였다.[35]

---

34) 필자는 전치원의 초계 의병군 조직 역시 구성원들 사이에 '형제애가 넘치는 동지조직'으로서의 특성을 드러내고 있었고, 이 점이 전치원과 이대기를 중심으로 한 초계 의병군이 굳게 단합하여 왜적의 침입을 막아낼 수 있었던 요인이라고 봐서 앞으로 여기에 대한 좀 더 세밀한 연구가 필요하다고 생각하였다.

35) 김대문/이종욱, 앞의 책, 122쪽, 8세 문노 조, "統一大業, 未嘗不萌於公也."

필자는 문노의 행적을 조식의 그것과 비교하여 둘 사이의 유사점을 밝힌 바 있거니와,[36] 여기서는 특히 전치원이 '국가공동체(종묘사직)를 위해서 헌신·봉사하되 일체의 보상을 바라지 않는 자세'를 형성한 것과 연관성을 지니는 문노의 행적에 대해 주목해 보고자 한다.

『화랑세기』 '8세 문노'조에 따르면 문노는 개국開國 4년(554) 17세 되던 해에 김유신의 할아버지인 무력武力을 따라 백제를 쳐서 공을 세우고도 보답을 받지 못했지만 개의치 않았다. 개국 5년(555)의 고구려 공격 시와 개국 7년(557) 국원國原으로 출전했을 때, 그리고 북가라北加羅를 정벌할 때도 공을 세웠으나 보답을 받지 못했다.[37] 당연히 그의 부하들이 불평불만을 늘어놓았다. 이때 문노가 부하들을 위로하면서 다음과 같이 말하였다.

> 대저 상벌이라는 것은 소인의 일이다. 그대들은 이미 나를 우두머리로 삼았는데도 어찌 나의 마음을 그대들의 마음으로 삼지 않는단 말인가?[38]

문노의 마음은 무엇인가? 국가공동체의 위기상황에서는 자기의 모든 역량을 총동원하고 하나밖에 없는 생명도 아까워하지 않지만, 위기 상황에서 벗어나면 일체의 공치사와 보상을 바라지 않는 마음이다. 어떤 보상을 바라고 생색 낼 일을 하는 사람은 대인이 아닌 소인배라고 보는 것이다.[39] 이 마음은 그대로 조식과 남명학파 구성원들의 마음이

---

36) 손병욱, 앞의 논문, 49~54쪽.
37) 그 연유에 대해서 김대문/이종욱, 앞의 책, 120쪽에서는 "어미로 인하여 현달하지 못했다"(以母之故不能顯)라고 한다. 이는 어머니 문화공주가 가야왕이 신라에 바친 貢女라는 사실과 연관성이 있을 것으로 여겨진다.
38) 김대문/이종욱, 위의 책, 120쪽, 8세 문노 조, "夫賞罰者, 乃小人之事也. 爾等旣以我爲首, 而何不以我心爲心乎."

자 또한 전치원의 마음이었다고 할 수 있다.

여기서 가야파와 남명학파의 공통점 내지 친연성親緣性을 필자는 다음과 같이 정리해 보았다.

의 - 무도(劍도) 중시 - 의기義氣 형성 - 충용忠勇의 정신으로 무장함 - 출장입상형出將入相型의 문무겸비지사文武兼備之士 - 국가의 위기를 극복하는 데 크게 기여함(두 번의 7년 전쟁에서 가야파와 남명학파가 각각 크게 활약하여 나라를 구함) - 제대로 인정받지 못하고 역사적으로 폄하됨.40)

그렇다면 문노와 조식 - 전치원은 1,000년의 시간적 간극을 지니고 있는데, 어떻게 이렇게 시간을 초월하여 가야파의 특징이 남명학파로 계승될 수 있었을까? 우연의 일치일까? 아니면 무슨 필연적인 이유가 있는 것일까? 여기서 필자는 조선조 후기 기철학자이자 실학자로서 '기학氣學'을 집대성한 혜강惠岡 최한기崔漢綺(1803~1877)의 기질형성론을 소개하고자 한다.

기학에 따르면 인간의 기질氣質은 신기神氣와 형질形質로 이루어지는데, 신기를 결정하는 요소가 넷이요 형질을 구성하는 요소 역시 넷이다. 이제 인용문을 통하여 먼저 신기를 결정하는 네 가지 요소, 다음으로 형질을 구성하는 네 가지 요소 순으로 살펴보자.

---

39) 이러한 입장은 김대문/이종욱, 위의 책, 314쪽, 22세 良圖公 조의 贊에서 나오는 "大人無貰, 與天地存"과 그대로 통한다. 그 의미는 "대인에게는 기림이 없다. (왜 냐하면 대인은) 천지(우주)와 더불어 존재하기 때문이다"로 풀이된다. 곧 대인은 천지우주와 하나 되는 최고의 정신경지에 도달한 사람이므로, 이런 사람에게는 기려서 줄 상이 있을 수 없다는 의미이다.

40) 손병욱, 앞의 논문, 55쪽.

사람 몸의 신기神氣를 생성하는 요소에 네 가지가 있다. 첫 번째는 천天이요, 두 번째는 땅의 요인(土宜)이요, 세 번째는 부모의 유전적 요인(父母精血)이요, 네 번째는 보고 들어서 익힌 것(見聞習染)이다.[41]

이미 사람으로 태어났다면 그 형질이 생겨난 연유를 궁구하여서, 하늘로부터 똑같이 품부받은 신기神氣가 형질을 따라서 달라진다는 데 통달해야 한다. 사는 곳의 자연환경 (所居之水土)과 부모의 유전적 요인(父母之精血)이 형질의 근본 바탕(根基)을 이루어 생성되면, 평소 익힌 바(所習)가 (하늘로부터 부여받은 똑같은) 천지의 신기(天地之神氣)를 (각각 다른 모양으로) 빚어내는 것이다.[42]

여기서 한 인간의 기질(신기+형질)을 형성하는 데 영향을 미치는 네 짝은 각각 천天+천지지신기天地之神氣, 토의土宜+소거지수토所居之水土, 부모정혈父母精血+부모지정혈父母之精血, 견문습염見聞習染+소습所習으로 제시된다. 여기서 천+천지지신기란 모든 인간이 생득적으로 부여받는 보편적인 기질이다. 예컨대, 인간이 하늘로부터 부여받는 보편적인 기질 속에는 누구에게나 다 같이 활동운화活動運化하는 본성이 들어 있다는 것이다. 토의+소거지수토란 개인의 기질을 구성하는 자연환경적인 요소이다. 어느 곳에서 태어나서 자랐느냐가 그 사람의 기질 형성에 영향을 미친다는 것이다. 부모정혈+부모지정혈이란 개인의 기질을 구성하는 유전적인 요소이다. 견문습염+소습이란 개인의 기질을 구성하는 후득적後得的인 요소이다. 즉, 무엇을 보고 듣고 익혔느냐의 학습 정도에 따라서 개인의 기질이 달라질

---

41) 『神氣通』, 권1, 「體通」, '四一神氣'조, "人身神氣生成之由有四, 其一天也, 其二土宜也, 其三父母精血也, 其四見聞習染也."
42) 위의 책, "旣爲人身, 宜究形質之所由生, 以達所稟神氣, 隨形質而有異也. 所居之水土, 父母之精血, 爲形質之根基而生成, 所習陶鑄乎天地之神氣."

수 있다는 것이다.

최한기는 모든 인간은 누구나 다 이러한 기질 형성의 네 가지 요소의 영향을 받아서 독특한 각자의 기질을 형성하게 되며, 이 기질이 개인의 운명을 결정하는 역할을 한다고 봤다. 이 가운데 개인의 기질적 특수성을 형성하는 요소는 셋인데, 그것은 자연환경적 요소, 유전적인 요소, 그리고 학습적인 요소이다. 이들 셋 중 자연환경적인 요소와 유전적인 요소가 생득적生得的이고 불변적인 것이라면, 학습적인 요소는 후득적이고 가변적이다. 이 말은 개인의 기질 형성에 영향을 주는 자연환경적인 요소와 유전적인 요소는 개인이 노력한다고 바꿀 수 있는 것이 아님을 가리킨다. 다만 학습적인 요소만이 기질적 특성에 가변적으로 영향을 미칠 수 있을 뿐이다. 그런데 이 말 속에는 아무리 후득적으로 학습을 많이 하더라도 그것은 불변적인 기질의 범위 내에서 이루어질 뿐, 학습을 통해서 타고난 불변적인 기질을 바꿀 수는 없다는 의미가 들어 있다. 따라서 한 개인의 기질 형성에 있어 생득적이고 불변적인 요소인 자연환경적인 요소와 유전적인 요소가 매우 중요한 것임을 알 수 있다.

그렇다면 가야파와 남명학파의 친연성은 이 네 가지 기질 형성의 요소 중에서 어느 요소의 영향으로 나타난 것일까? 바로 두 번째의 자연환경적인 요소 때문이라고 하겠다. 과거 가야문화권은 지정학적으로 봤을 때 조선조에는 강우문화권으로, 그리고 오늘날은 경남 일원으로 간주되고 있다. 이 지역에 살고 있는 사람들은 이 지역의 기후와 토질, 산세와 수세의 영향을 받을 수밖에 없다. 이는 과거에도 그러했고 지금도 그러하며, 앞으로도 그러할 것이다. 따라서 이 지역민들의 기질

속에는 이 지역의 자연환경적인 요소에서 오는 특성이 공통적으로 들어 있기 마련이다. 그렇지만, 이 특성은 다른 지역 사람들, 예컨대 신라문화권, 강좌문화권, 그리고 오늘날의 경북 일원에 사는 사람들의 특성과는 뚜렷한 변별성辨別性을 지닐 수밖에 없다.

이는 꼭 최한기에 국한된 주장은 아니다.『택리지擇里志』를 지은 실학자 청담淸潭 이중환李重煥(1690~1752) 역시 최한기에 앞서서 각 지역의 자연환경이 그곳 사람들의 기질적 특성을 형성한다는 이야기를 하고 있기 때문이다.

바로 이 이유 때문에 앞에서 살펴봤듯이, 거의 1,000년의 시간적 간격을 두고 가야문화권에 살았던 당시 신라인들과 남명학파 간에 강한 친연성이 나타난다고 할 수 있다. 그리고 우리는 앞에서『화랑세기』에서 묘사된 가야파의 특징이 전치원과 같은 남명학파의 구성원들에게 계승되었다면, 신라파의 특징이 퇴계학파로 계승되었음을 두 학파의 특성 비교를 통해서 확인할 수 있었다. 그렇다면 이러한 자연환경이 주는 기질적 특징은 이 시대 이곳 경남 일원에 살고 있는 사람들에게도 은연중에 계승되어서 이것이 개인의 기질 형성에 커다란 영향을 미치고 있다고 볼 수 있는 것이다.

(2) 위에서 언급한 '(4)『소학』적 가르침에 충실하여 실천 중시의 태도를 견지함'과 관련하여, 특히『소학』에 대한 공부가 전치원의 삶에 어떤 영향을 주었는지에 대해서 살펴보기로 하자.(여기에 대해서는 뒤에서 다룰 '전치원의 학문세계'에서 언급하기로 하겠다.)

(3) 위에서 언급한 '(5) 기절의 숭상으로 벽립천인, 태산교악, 추상열일의 기상을 지님'과 관련하여 살펴보겠다.

이와 관련하여 「사실척록事實撫錄」(76~77쪽)의 기록을 보면, 『노파이흘유집蘆坡李屹遺集』에서 "탁계는 평생 기위奇偉한 것을 좋아하여 '높은 산이 홀로 굽히지 않는 기상'(高山獨不降之氣像)이 있었다"고 하였다.

운창雲窓 이시분李時馩의 『영남부嶺南賦』에서는 조식 문인들이 지니는 특징을 다음과 같이 묘사하고 있다.

> 노흠은 강경剛耿하고, 곽율은 순지醇慈하고……곽재우는 의열義烈하고, 전치원은 기절氣節하고……. 남명의 문하에서 여의주(玄珠)를 얻어서 강호를 노닐되 비바람이 몰아쳐도 그 노래를 그치지 않았고, 눈, 비, 서리 내리는 추위에도 그 기색을 바꾸지 않았다.[43]

이처럼 기절을 중시하는 전치원의 태도는 어디서 왔을까? 타고난 천품에 더하여 후득적인 학습효과라고 하겠는데, 이런 측면에서 조식의 가르침이 큰 영향을 미쳤을 것으로 여겨진다. 과연 그 근거가 무엇인가? 이는 조식이 '조선기절지최朝鮮氣節之最'[44]로 일컬어진다는 사실과 관련성이 깊다고 생각된다.

(4) 위에서 언급한 '(6) 자연(山水)에 대한 사랑과 자연과 더불어 유유자적한 삶을 영위하려는 태도'에 대해서 살펴보고자 한다. 이와 관련하여 「연보」에 기록된 다음의 사실들에 주목해 보자.

---

43) 「事實撫錄」(雲窓李時馩嶺南賦), 앞의 책, 77쪽).
44) 정우락, 『남명과 이야기』(경인문화사, 2007).

「연보」 35세(1561)조에 따르면, 그는 탁계정사濯溪精舍를 건립하고 탁계濯溪로 자호하기 시작하였다.

「연보」 52세(1578)조에 따르면, 그는 매강梅岡 아래 둔강芚江 위에다가 유정遊亭인 춘강정春江亭을 건립하여 날마다 문도들과 강과講課에 게으르지 아니하였다. 이때 후처의 장인 이정李精이 이 집을 짓는 데 많은 후원을 하였고, 나중에 이름을 와유헌臥遊軒으로 바꾼다.

「연보」 52세(1578)조에서는, 그 가슴속이 맑게 빼어났으며 더욱이 가산여수佳山麗水를 좋아하여 매번 그윽한 절경을 만나면 배회하고 자연을 노래한 뒤에 돌아오곤 하였다고 기록하고 있다.

(5) 위에서 언급한 '(7) 문·무·예의 자질과 능력을 두루 구비한 전인全人적 인격의 소유자'라는 사실과 관련하여 살펴보겠다.

전치원에게서 나타나는 문사로서의 특징은 더 이상 언급하지 않겠다. 여기서는 무인武人과 예인藝人으로서 그가 지녔던 자질과 능력에 대해서만 언급하고자 한다.

전치원이 무적武的인 능력의 소유자임을 알려주는 근거는 앞에서도 여러 번 언급하였다. 그것은 「연보」 15세(1541)조의 기록에서 언급했듯이, 당시 재령군수로 있던 조부로부터 "너는 장수가 될 운명을 타고났으니 무과를 보라"라는 말을 들었을 정도였다는 사실이다. 그의 선대를 보면 그의 고조부 승덕承德은 병마절도사를 지낸 서반武人 출신이었음을 알 수 있다. 또한 그에게는 '흉한 징조에도 몸을 사리지 않는다'고 하는 이른바 징크스가 없는 무인의 전형적인 특징이 나타나고 있음도 살펴봤다.

이처럼 그의 천부적인 무인적 기질이 그로 하여금 나중에 국난 시에 창의기병하도록 하는 데 큰 영향을 미쳤을 것이다. 그가 비교적 어린 시절에 스스로 스승으로 택했던 이희안 역시 무인으로서의 자질을 다분히 지닌 인물이었다. 조식이 남긴 기록을 보면 그는 예·악·사· 어·서·수의 군자육예君子六藝 가운데서도 사射·어御에 능한 인물이 었다.[45] 조식 역시도 문사였지만 무의식武意識＝항재전장의식恒在戰場 意識을 지니고 무의 중요성을 깊이 인식하고 있었던 전형적인 문무겸비 지사文武兼備之士였음은 널리 잘 알려진 사실이다.

조식과 이희안이 매우 친밀한 교우관계를 유지한 데는 여러 가지 요인이 있었겠지만 그 가운데는 둘이 다 같이 공감하였던 무의 중요성 에 대한 인식이 있었고, 이러한 공감의 이면에는 두 사람이 공유한 혈연적인 연결고리도 작용했을 것으로 여겨진다. 바로 조선조 세종 때 무인으로서 대마도를 정벌하고 야인을 진압함으로써 명성을 떨쳐 좌의정에 오른 정열공貞烈公 임곡霖谷 최윤덕崔潤德(1376~1445)과의 관계 가 그것이다. 조식은 그의 외조모 통천최씨가 최윤덕의 손녀였다.[46] 이희안은 그의 어머니가 최윤덕의 증손녀였다.[47] 이런 측면에서 조식 과 이희안에게 무인적 기질이 강하게 나타나고 있음은 결코 우연이 아니었다고 하겠다.

이러한 두 스승이 전치원에게 끼친 영향은 매우 컸다. 그는 문사였지 만 이희안, 조식과 마찬가지로 무의 중요성을 간과하지 않고 무의식을

---

45) 조식/남명학연구소, 『남명집』(이론과 실천, 1996), 220쪽, 「軍資監判官李君墓碣並 書」, "활쏘기와 말타기의 재주를 겸비하여 무인의 반열에서도 뛰어났다."
46) 이성무, 『남명 조식과 퇴계 이황』(남명학연구원, 2014), 12쪽.
47) 조식/남명학연구소, 앞의 책, 219쪽.

지녔던 문무겸비지사였다고 해야 할 것이다.

전치원은 예술적인 능력도 탁월했다. 그는 서예와 음악, 특히 거문고에 일가를 이룬 인물이었다. 이는 다음의 기록에서 잘 나타나고 있다.

앞에서 언급했듯이, 그는 35세(1561)와 47세(1573) 때 각각 조식이 찬한 이희안의 묘갈을 글로 써서 세웠고, 또 성운이 찬한 조식의 묘갈을 글로 썼다.

「연보」 28세(1554)조에서는 전치원의 필법이 더욱 기고奇古하여서 한때의 병풍과 족자가 모두 그 손에서 나왔다고 하였다.

「연보」 63세(1589)조에서는 봄에 비단병풍 8첩에 글을 써서 장남 우에게 주었다고 했고, 8월에 주자의 무이구곡시武夷九曲詩를 초서로 써서 집에 간직하였다고 했다.

거문고와 관련해서는,

「연보」 50세(1576)조에 따르면, 거문고에 더욱 공력을 쏟아서 자연(山水)를 노래하였다고 하였다.

「연보」 60세(1586)조에서는, 그가 시대를 아파하고 옛것을 사모하여 비분강개함을 그치지 않되, 늘 좋은 감정이 일어날 때면 거문고를 타면서 낭랑하게 읊조려서 그 뜻을 부치곤 했다고 하였다.

「연보」 62세(1588)조에서는, 거문고를 갖고 호호정浩浩亭을 지나다가 뇌곡磊谷 안극가安克家(1547~1614)를 방문하였다고 하였다.

이처럼 그가 문·무뿐만 아니라 예능 방면까지 그 능력을 발휘할 수 있었음은 조선조 선비, 특히 남명학파의 문인들 가운데서도 매우 드문 경우라고 하겠다. 이처럼 문·무·예의 자질과 능력을 두루 지니고 평생을 산 전치원의 삶은 매우 다정다감하면서도 세심하며, 또한 과감하게 결단하고 실천할 줄 아는 대담·세심한 인격으로 드러났다고 하겠다. 즉, 그는 지성知性과 야성野性은 물론이고 감성感性까지도 두루 갖춘 전인적 인격을 구비한 인물로서 평생을 살 수 있었던 것이다.

4. 전치원의 학문세계

1) 개관

앞에서도 살펴봤듯이 전치원의 타고난 천품은 그의 학문을 이루는 데 큰 영향을 끼쳤을 것이다. 여기에 대해서 「언행록」에서는 "타고난 자질이 매우 높고 도량 내지 기국(氣宇)이 매우 커서 작은 일에 구애되지 않았으며, 논의가 당당하여 세상에 영합하는 것을 달갑게 여기려고 하는 그런 태도를 취하지 않았다"라고 하였다.[48] 그가 지닌 독특한 기질을 형성하는 데는 유전적인 요소 외에도 가야문화권에서 유래한 자연환경적인 요소가 끼친 영향 역시 매우 크게 작용했다고 봐야 할 것이다.

그리고 그가 이룬 학문세계에 대해서 「사실척록事實摭錄」에서는 "입심立心이 정대正大하고 학문이 독실하였으며 효우孝友가 순수하고 아름다워 언어로 다 표현할 수 없는 점이 있었다"라고 하였고,[49] 또한 "학문이 바르고 조예가 지극했으니 참으로 남보다 크게 뛰어난 점이 있었다"라고 하였다.[50]

---

48) 「言行錄」, 앞의 책, 59쪽.
49) 「事實摭錄」(門人退村尹洞遺集), 위의 책, 77쪽.
50) 「事實摭錄」(桐溪鄭蘊遺集), 위의 책, 77쪽.

그렇다면 전치원은 그의 학문적 목표를 어디에 두었을까?

그의 문집에 나오는 말과 자기 문인에게 가르친 말 등을 두루 참고해서 정리해 보면, 그것은 한마디로 득지행도得志行道, 치군택민致君澤民, 내지 득군치택得君致澤에 있었다고 할 수 있다. 득지행도란 '임금이 자기를 알아주고 써 줌을 입어서 널리 공·맹의 도를 실천하여 대동사회를 구현하겠다'는 의미이다. 득군치택은 앞에서 나온 치군택민과 동의어로서, '임금의 신임을 얻어서 임금에게 충성하고 백성에게 은택을 베푼다'는 의미이다.

그렇다면 그는 무엇을 배우고 무엇을 체득했으며, 문인들에게는 무엇을 강조했던가? 또한 어떠한 학문적 업적을 남겼는가?

다만 전치원에게서 그가 학문적 업적을 특별히 글로써 남긴 흔적을 찾기는 쉽지 않지만, 그가 보여 준 삶의 행적과 정신세계를 뒷받침하는 학문적 연원이 무엇이었는지를 탐색하는 것은 가능하다고 본다.

이제 그가 형성한 학문세계에 대해서 스승 이희안과 조식의 가르침이 각각 끼친 영향과 두 사람으로부터 동시에 받은 영향, 그의 성리학적 견해, 기타 유념해 봐야 할 점 등의 순으로 살펴보기로 하겠다.

2) 이희안의 가르침과 그 영향

전치원이 16세의 나이에 스스로 택한 스승인 이희안으로부터 받은 학문적 영향은 매우 컸다. 그 영향의 일단이 「연보」 21세(1547)조의 기록에서 잘 드러난다.

거처하는 서사書舍에 고인古人의 잠언과 송 제유諸儒의 도서를 가득 채웠다.

일어나면 머리 빗고 양치질하고 의관을 정제한 뒤에 사묘祠廟를 참배하고 어머니 침소에 다녀왔다. 그리고 나서는 온종일 서사에서 정좌正坐한 뒤에 성현의 유적을 강송講誦하여 진지실득眞知實得을 일로 삼아서 침잠완색沈潛翫索하기를 날마다 계속하였다.51)

이 외에도 전치원이 이희안으로부터 받은 가르침의 핵심은 『소학』 적 실천의 중요성과 경전 공부의 순서, 그리고 학문의 목표 등에 관한 것이었는바, 이 가운데 경전 공부의 순서에 대해서는 다음과 같은 기록에 주목할 필요가 있다.

학자를 가르칠 때는 반드시 먼저 『소학』, 『논어』, 『근사록』으로부터 시작하여 『대학』, 『중용』, 『맹자』와 삼경을 읽도록 하였다. 그러면서 말하길, 성현이 되는 것이 여기에 있고 득군치택得君致澤도 여기에 있으니 마땅히 정밀하게 궁구하고 힘써 실천精究力行 하여야지, 입으로 읽기만 해서는 안 된다고 하였다. 그 이끌어 부축하며 가르쳐 인도함을 부지런히 하여 게으름을 피울 줄 몰랐다. 가까이로는 쇄소응대의 방법부터 성리의 심오함에 이르기까지 강론하여 열어 보임에 혹시라도 숨기는 바가 없었다. 성암省庵 김효원金孝元(1542~1590)이 듣고는 칭찬하여 말하길, 우리 퇴계선생의 설과 대략 상응한다고 하였다.52)

이제 문인이었던 퇴촌 윤형이 전치원으로부터 받은 가르침이 무엇 이었던가에 대해서 살펴보기로 하자.

먼저 『소학』을 가르치면서 말하길 "이것이 성현을 만들어 주는 것임은 내가 황강선생에 게서 수학할 때 들은 말이다. 너도 살펴서 알되 문자를 배우기 위해서 『소학』을

---

51) 「年譜」, 21세(1547), 위의 책, 14쪽.
52) 「言行錄」, 위의 책, 61쪽.

공부해서는 안 된다고 하셨다"고 하셨다. 그리고 『사서삼경』을 가르쳐서 말하길 "이 시대의 치군택민致君澤民의 길은 과거급제가 아니면 얻기가 어려워서 뜻있는 선비(有志之士)들이 마침내 과거공부에 매몰되니 어찌 한스럽지 않겠는가? 뜻을 얻어서 도를 실천하는 것(得志行道)도 여기(四書三經)에 있으며 성현이 되는 것도 여기에 있으니, 어찌 서로 힘쓰지 않겠는가?"라고 하셨다.

『논어』를 가르침에 이르러서는 "내가 일찍이 황강선생에게서 들었는데 선생이 말하길, '내가 어릴 적 성품이 어리석었는데 『논어』를 읽음에 이르러 활짝 밝아지게(豁然開明) 되었다'고 하였는바, 이는 참으로 『논어』를 잘 읽은 것이다. 옛사람이 말하길 '『논어』를 읽기 전에도 이 사람이고 읽고 난 뒤에도 똑같이 이 사람이라면 이는 곧 『논어』를 읽지 않은 것과 같다' 하였는데, 이 말은 참으로 두려워할 만하다. 너희들은 예사로 듣지 말고 마음에 새겨서 잘 읽어야 할 것이다"라고 하셨다.

또한 『근사록』과 『독서록요어讀書錄要語』를 읽을 것을 권유하면서 말하길 "학자가 도에 들어가는 공부의 반이 그 가운데 있다"고 하시면서, 가까이로는 쇄소응대의 일로부터 성명리기性命理氣의 심오함에 이르기까지 강설하고 열어 보이기를 부지런히 하여서 나태함을 잊었다.

어린 시절에 비록 이런 말을 들었으나 그 긴요하게 관련됨(緊關)이 이와 같은 줄 몰랐다. 자라면서 자못 경책 받는 바가 있었고, 성암省庵 김효원金孝元(1542~1590)에게 나아가서야 퇴계선생의 논의와 대략 부합된다는 말을 들었다. 또한 선생이 옛 성현의 서적을 논의한 것을 보니 황강에게서 전해 받은 바가 있음을 알았으니, 선생이 황강에게서 들은 바가 이와 같았다. 그 외에 경책하여 가르치신 말은 어떻게 다시 한정지을 수 있겠는가? 어릴 때는 다 기억하지 못하고 게다가 소홀하고 거칠며 공허하고 소략하여 옛사람(古人)의 문정門庭을 감히 바라지 못하다가 지금에 이르러서야 정상인들과 더불어 지낼 수 있음은 모두 선생의 은혜이다.[53]

이상을 통해서 전치원이 이희안으로부터 받은 학문적인 영향이 매

---

53) 「祭文」(退村尹泂), 위의 책, 98~100쪽.

우 컸음을 알 수 있다. 이희안의 가르침이 전치원에게로 전승되고, 전치원은 다시 이것을 윤형에게 충실히 전달하고 있는 것이다.

3) 조식의 가르침과 그 영향

(1) 경의사상의 영향

① 개관

앞에서 우리는 전치원이 29세(1555)와 37세(1563) 되던 해에 토동정사와 산천재로 조식을 찾아가서 가르침을 받았음을 알 수 있었다. "일찍 조 선생 문하를 왕래함에 조 선생이 매우 신임하였고(器重之), 동강 김우옹, 한강 정구, 입재 노흠, 송암 김면, 낙천 배신, 옥산 이기춘, 대암 박성 등 제현들과 도의지교(道義交)를 맺었다"[54]리고 하였다. 그렇다면 전치원이 조식으로부터 받은 학문적인 영향은 무엇이었을까?

무엇보다도 조식이 강조해 마지않았던 경의사상의 영향을 크게 받았다고 하겠다. 조식의 학문은 한마디로 주경행의主敬行義로 집약된다. 경을 주로 하여 의를 실천하자는 것이다. 그리하여 경을 하늘의 해에, 의를 하늘의 달에 비유하였다. 그리고 이러한 경의를 제대로 이해하고 실천하도록 하기 위한 방안으로서「신명사도명神明舍圖銘」을 그려서 벽면에 붙여 두고 이것을 강조하기도 하였다. 그는 경의에 의해 수기修己의 완성을 기해서 대장부大丈夫의 정신경지에 이르고자 하였다. 그런데 경의는 다 같이 경에 속한다. 따라서 경은 내성외왕內聖外王을 추구하는 성리학에서 수기를 완성하여 내성의 경지에 이르기 위한 철상철하

---

54) 「言行錄」, 위의 책, 59쪽.

徹上徹下의 덕목으로 간주된다.

이 경은 거경함양居敬涵養과 거경성찰居敬省察로 나뉜다. 거경함양이 경의 체體라면, 거경성찰은 경의 용用이다. 거경함양을 바탕으로 거경성찰이 가능하다. 이 거경함양을 조식은 주경主敬으로 표현하였고, 거경성찰을 행의行義로 표현하였다. 거경함양이 안 되면 거경성찰이 불가능하다. 따라서 거경함양이 매우 중요하다. 조식은 거경함양의 방법으로 정좌수련靜坐修練을 매우 강조하였다. 아울러 『소학』적 실천도 중요하다고 봤다. 이제 여기에 대해서 좀 더 구체적으로 살펴보자.

② 정좌수련과 『소학』적 실천에 의한 거경함양

전치원은 이희안으로부터 『소학』을 배워서 그 실천에 매우 돈독했음을 위에서 살펴봤다. 아울러 그는 정좌수련에도 매우 열심이었다. 다음에 주목해 보자.

염궁정좌斂躬整坐하여 풍채와 정신(風神)이 엄숙하고 의연하며, 늠름해서 가히 범할 수 없는 기상이 있었다.[55]

여기서 염궁정좌란 달리 말하여 염슬위좌斂膝危坐라고도 하는데, 이는 선비들이 정좌수련하는 전형적인 모습이다. 염궁정좌하면 어째서 풍신이 엄숙하고 의연하며 늠름해지는가? 바로 집중력(의지력)이 배양되어서 한사존성閑邪存誠이 가능하기 때문이다.

여기서 전치원의 『소학』적 실천이 이희안과 조식으로부터 동시에

---

55) 「言行錄」, 위의 책, 59쪽.

영향을 받은바 컸다고 한다면, 정좌수련은 조식의 영향이 매우 컸다고 할 수 있다. 조식은 정좌수련을 거경함양을 위한 중요한 수단으로 활용하고 있었기 때문이다.56) 주경 곧 거경함양이란 '몸의 수렴收斂-마음의 수렴-의식의 각성'으로 천리天理의 본연本然을 함양하는 것, 좀 더 쉽게 말한다면 집중력(의지력)을 기르는 것을 가리킨다. 이때 '수렴'이란 거두어 들어서 제자리에 두는 것을 의미한다. 이 셋은 그대로 시간적인 선후관계이기도 하다. 즉, 의식을 각성시키기 위해서는 몸의 수렴과 마음의 수렴이 차례로 필요하다고 보는 것이다.

정좌수련을 하면 몸의 수렴, 마음의 수렴, 의식의 각성이 동시에 가능하면서 집중력(의지력)이 배양된다. 그렇다면 정좌수련은 어떻게 하는가? 정좌의靜坐儀는 무엇인가?

이것은 불교 좌선의坐禪儀와 마찬가지로 조신調身, 조식調息, 조심調心으로 이루어진다. 이 가운데서도 일종의 호흡명상인 조식調息이 매우 중요하다. 조식曹植은 이것을 '마음과 호흡이 서로 돌아본다'는 의미를 갖는 심식상고心息相顧로 표현한 바 있다.

그렇다면 이희안과 조식으로부터 가르침을 받은 『소학』 공부가 거경함양에 어떤 영향을 미치는가?

『소학』에서 강조해 마지않는 계율 내지 덕목들은 거경함양이 겨냥하는 성성惺惺한 의식의 회복 및 함양과 연관성을 지닌다. 즉 마음을 지속적으로 성성하게 유지해 주는 것을 가능하게 해 줄 전단계로서의 심신心身수렴을 위한 내용들임을 알 수 있다.57) 그것도 몸의 수렴으로

---

56) 손병욱, 『한국선비문화연구원탐구』(경상대학교출판부, 2019), 45쪽.
57) 손병욱, 「함양성찰」, 『조선유학의 개념들』(한국사상사연구회; 서울: 예문서원, 2002), 338~340에서 재인용함.

마음을 수렴하고 이것을 바탕으로 함양하려고 한다는 측면에서 "외면을 통제하여 내면을 배양하려는"(制於外以養其中)58) 입장이라고 하겠다. 함양 내지 존양은 『소학』적 실천에 의거한 심신의 수렴을 바탕으로 가능하다고 보는 것이다. 이처럼 『소학』적 실천에 의거한 거경함양을 율신적律身的 수기의 완성을 위한 근본배양根本培養이라고 할 수 있을 것이다.59)

정좌수련에 의한 거경함양이 정시靜時 가운데서도 미발시未發時의 공부라면, 『소학』 공부에 의한 거경함양은 정시 가운데서도 무사시無事時의 공부라고 하겠다. 무사시는 미발시가 아니라 이발시已發時이다. 의식의 사려작용이 싹트고 난 이후이기 때문이다. 그런데도 이것을 동시動時가 아닌 정시에 넣는 까닭은, 『소학』에서 강조하는 정제엄숙整齊嚴肅, 쇄소응대灑掃應對, 출필고반필면出必告反必面, 혼정신성昏定晨省 등이 완전히 습관화되어 있어야 한다고 보기 때문이다. 이처럼 오랜 반복의 습관화를 통해서 상시적이고 반복적이며 즉각적인 행동이 가능하기 때문에 이발시이긴 하지만 정시에 속하는 무사시로 분류하는 것이다.60)

③ 거경성찰에 의한 행의行義와 호연지기 형성

이처럼 정좌수련과 『소학』적 실천에 의해 배양된 집중력(의지력)을 바탕으로 거경성찰을 통한 행의가 가능하다. 전치원에게 있어서 거경

---

58) 佐藤仁/朴洋子, 「李退溪와 李延平에 대하여」, 『퇴계학보』 제62집(대구: 퇴계학연구원, 1989), 35쪽.
59) 손병욱, 「퇴계 이황의 거경궁리사상에서 본 정좌수련의 위상」, 『퇴계학논총』 제22집(부산: 퇴계학부산연구원, 2013. 12), 25쪽.
60) 손병욱, 위의 논문, 26쪽.

성찰이란 조식과 마찬가지로 잡념의 침투를 막고 정신을 집중하여 선하고 옳은 일을 실천하는 것, 곧 행의行義를 가리킨다. 이처럼 주경을 바탕으로 행의하게 되면 의를 결집하는 집의集義가 가능한데, 주자朱子는 이 집의를 '선한 행위를 쌓아나가는 적선積善'이라고 풀이한 바 있다. 적선을 하면 '지극히 크고 꿋꿋한 기운'인 호연지기浩然之氣가 내면에 형성된다. 그러면 차츰 대장부大丈夫의 정신경지로 나아갈 수 있다.

조식은 물론이고 전치원에게서도 이러한 대장부의 기상氣像이 분명하게 드러난다. 그리하여 일체의 외부적인 유혹을 이겨내고 "천하라는 넓은 집에 거처하면서 천하의 바른 위치에 서서 천하의 큰 길(大道)로 당당히 걸어가는 삶"을 살 수 있었다고 하겠다.61) 그는 바로 주경을 바탕으로 한 행의 곧 집의에 의거하여 꾸준히 선을 실천하고, 이것을 쌓음으로써 드디어 호연지기를 지닌 대장부의 정신경지에 도달하였다. 이러한 기상을 한마디로 '태산교악泰山喬嶽, 벽립천인壁立千仞, 추상열일秋霜烈日'로 묘사할 수 있을 것이다. 전치원이 지닌 이러한 기상은 조식의 가르침에 힘입은 바가 컸다고 하겠다.

(2) 위기의식과 무武의식

전치원은 가계 상으로 볼 때, 그의 고조부 승덕이 무과출신으로 병마절도사를 지낸 바 있었다. 또한 스스로 선택한 두 스승인 이희안과 조식이 조선조 초기의 무장武將으로 대마도 정벌과 야인 진압에 공을 세운 최윤덕과 혈연적인 연결고리를 갖고 있는 데서 드러나듯이 무인으로서의 자질을 충분히 구비하고 있었다. 이처럼 유전적인 영향이나

---

61) 『孟子』, 「滕文公下」, 大丈夫論.

학습적인 영향으로 미루어 그에게서 남다른 무의식 내지 항재전장의식의 요소를 발견하는 것은 당연시된다. 특히 그는 이러한 의식과 직결되는 강렬한 위기의식을 지니고 있었음이 다음의 칠언절구七言絶句에서 잘 드러난다.

감회(辛卯年. 앞의 한 구가 빠짐)[62]

시대는 위태로운데, 위기를 타개할 방책은 아직 찾지 못하고　　　時危, 未試扶危策

세상은 어지러운데, 난리를 구제할 마음은 지니고 있지 못하구나.　世亂, 空藏濟亂心

　매우 짧지만 의미심장하다. 임진왜란이 발발하기 1년 전의 상황에서 전치원은 분명 자기의 시대가 위기임을 알고 있었고, 이는 조식의 가르침과도 무관하지 않다고 본다. 그가 임진왜란 시에 창의기병할 수 있었던 것은 조식의 다른 문인들처럼 만일의 사태에 대비하고 있었기에 가능했다고 봐도 될 것이다. 나라가 위기이고, 특히 그 위기가 왜적의 침입으로 초래될 가능성이 크다고 예상했다면, 만일의 경우에 어떻게 행동해야 할지에 대해서 미리 생각할 수 있었을 것이다.

　비록 위기의식이 있었더라도 무에 대한 조예가 없는 일개 서생에 지나지 않았다면 그와 같이 행동할 수는 없었을 것인데, 그는 내 고장을 침입하는 왜적을 막아내어서 보존할 방책을 마련하고 있었다고 할 수 있다.

---

62) 「詩」, 앞의 책, 42쪽. 여기서 辛卯年은 1591년으로, 임진왜란 일어나기 1년 전이다.

(3) 처즉유수處則有守의 입장

전치원은 출즉유위出則有爲의 입장이 아니라, 스승 조식처럼 철저하게 처즉유수의 입장에 입각하여 평생을 살았다. 평생토록 벼슬하지 않고 향리에 머무르면서 문인門人을 양성한 데서 이러한 그의 입장이 잘 드러난다. 그러나 비록 향리에 머물렀지만, 그는 학문의 목표를 득지행도得志行道, 치군택민致君澤民, 득군치택得君致澤에 둠으로써 유자儒者로서의 자기 역할을 찾고 이를 실천하는 일에 늘 관심을 가지고 있었다고 하겠다. 따라서 그가 강조한 "고인古人을 스스로 기약하였다"(古人自期)에서 고인이란 바로 안연顏淵이었다고 할 수 있고, 그는 안연의 안빈낙도安貧樂道와 불천노不遷怒, 불이과不貳過의 정신을 철저히 이행하고 이를 문인들에게 심어 주는 일을 자기의 시대적 역할로 여겼다고 하겠다.

4) 성리학적 견해

전치원은 앞에서 살펴봤듯이 성리학에 관심이 많았다. 특히 이희안으로부터 이에 관한 가르침을 받아서 문인을 가르친 것으로 기록되어 있다. 나중에 그의 문인 윤형(1549~1614)이 김효원(1542~1590)에게 나아가서 전치원의 성리설에 대해서 이야기했더니 퇴계 이황의 논의와 흡사하다고 했다고 하였다. 그의 문집에는 더 이상 그의 성리학적 견해가 어떠했는지 기록하고 있지 않아서 그 구체적인 실상을 알 수 없다.

전치원이 이황에게서 배운 적이 없으므로 이러한 말이 얼마나 신빙

성이 있는지 여부는 현재로서는 알 길이 없다.

5) 학문세계 탐구의 애로점

그의 문집을 대할 때 우리는 무엇보다도 그의 학문과 정신세계 형성에 영향을 미친 두 사람 가운데 조식에 대한 언급이 매우 소략함을 발견하게 된다. 그리하여 조식의 가르침이 준 영향이 무엇이었는지 살피기가 쉽지 않다. 필자는 왜 그럴까에 대해서 생각해 봤다.

무엇보다도 그가 남긴 많은 저술이 화재를 만나서 소실되었다는 사실과 무관하지 않다고 본다. 이후 다시 여기저기서 그와 관련된 문자를 모아서 지금의 문집을 발간하게 되기까지의 과정을 살펴보면 왜 조식과 관련한 내용들이 소략한지를 미루어 짐작해 볼 수 있다.

· 1640년 그를 기리는 연곡사淵谷祀를 건립할 때 허희許熙가 「언행록」을 간행하였다.[63]
· 1656년 봄에 임진부林眞怤(1586~1675)에 의해서 행장이 완성되었고, 같은 해 채유후蔡裕後(1599~1660)에 의해서 묘갈명이 완성되었다.[64]
· 1858년(철종 9) 합천 추모재追慕齋에서 그의 문집이 간행되었다. 문집의 서문은 정재定齋 유치명柳致明(1777~1861)의 문인인 동림東林 유치호柳致皜(1800~1862)가 지었고, 문집 뒤의 두 편의 발문은 이황의 10대 종손인 고계古溪 이휘령李彙寧(1788~1861)과 응와凝窩 이원조李源祚(1792~1872)가 지었다.[65]

이상에서 전치원의 문집 간행에 퇴계학파 인물들이 깊숙이 관여하

---

63) 강동욱, 「탁계집」, 『남명학관련문집해제 (I)』, 317·321쪽.
64) 강동욱, 위의 논문, 328쪽.
65) 강동욱, 위의 논문, 316쪽.

고 있음을 알 수 있다. 아마 그런 흔적 중의 하나가 위에서 언급한 대로, 김효원의 입을 빌려서 전치원의 성리학설이 이황의 논의와 흡사하다는 기록이 아닌가 여겨진다.

나아가 조식 관련 문자가 매우 소략한 것은 바로 그의 문집과 관련한 중요한 내용들이 인조반정(1623) 이후에 성립하고 있는 것과 무관하지 않다고 생각된다. 남명학파가 철저하게 탄압받는 상황에서 전치원의 후손들은 조식과의 연관성을 가급적 감추려고 했을 것이고, 그래서 상대적으로 조식의 흔적이 축소되고 이황의 흔적이 강조된 측면은 없을까? 더군다나 그의 문집이 간행될 당시는 인조반정으로 인한 타격에 이어서 영조 4년(1728)의 이른바 무신난戊申亂으로 다시 한 번 남명학파가 큰 타격을 입어서 그 명맥이 거의 끊어지다시피 한 상황임을 염두에 둘 필요가 있을 것이다.

필자는 이러한 상황을 염두에 두고, 전치원의 학문세계를 서술함에 있어서 조식의 가르침이 준 영향에 대해서 언급하고자 하였음을 밝혀 둔다.

5. 나가면서

필자는 본고를 작성하면서 무엇보다도 전치원의 임진왜란 시의 행적에 눈길이 갔다. 그가 창의기병하였을 때의 나이가 66세였다는 사실이 매우 놀라웠다. 100세 시대를 사는 요즈음도 이 나이에 그렇게 하기가 매우 어려울 텐데, 어떻게 평균수명이 매우 짧았던 400여 년 전에 그런 행동이 가능했을까? 더군다나 그와 같이 창의했던 설학 이대기(1551~1628)는 비록 스승 이희안의 외손자라고는 하지만 자기 아들 우(1548~?)보다 나이가 더 어렸다. 장유유서長幼有序의 질서가 강조되던 시대에 어떻게 이런 일이 가능했을까? 이는 나이를 초월한 어떤 가치를 두 사람이 공유하고 있었음을 말해 준다. 그것이 과연 무엇이었을까? 이처럼 두 내외장內外將의 나이 차이로 인해서 초계 의병단 내부에 갈등이 초래되지는 않았을까? 그렇지 않을 수 있었다면 그 비결은 무엇이었을까?

1592년 당시의 전치원처럼 행동하기 위해서는 단지 건강하기만 해서는 안 되고, 인맥관계, 사승관계, 돈독한 신뢰감, 학식, 지혜, 용기 등 여러 가지 조건이 두루 구비되지 않으면 절대로 불가능하다고 해야 할 것이다. 한마디로 전치원은 만년의 그의 행적을 통하여 평생토록 매우 성공하는 삶을 모범적으로 잘 영위해 왔으며, 아울러 바람직한 인성도 두루 구비하고 있었음을 입증해 주었다. 그렇다면 이러한 삶을 가능하게 한 요소가 과연 무엇인지가 궁금하지 않을 수 없었다.

바로 이런 문제의식을 갖고 본고를 작성코자 했음을 밝혀 둔다. 그렇지만 충분히 그의 정신세계와 학문세계를 묘사했다고는 여겨지지 않는다. 다만 그의 문집이 갖는 한계를 염두에 두고 문집에 직접 나타나지 않는 행간을 읽어 보려고 했고, 그 결과 전치원이 가야문화권 출신이라는 점에 주목하여 그가 지닌 성격적 특징이 최한기가 말한 기질형성론과 연관성을 지닐 수 있음에 주목하였다. 나아가 그의 문집에서는 제대로 드러나지 않았지만 그가 이희안 못지않게 조식으로부터도 큰 영향을 받았음을 고려하여, 그가 받은 가르침이 무엇일까에 대해서 좀 더 구체적으로 살펴보려고 하였다.

　필자는 무엇보다도 전치원의 만년 삶의 위대성에 주목함으로써, 이 '국난의 시대', '위기의 시대'에 이미 정년을 하여 인생 제3기를 사는 이 시대의 지식인들이 유종의 미를 거두려고 할 때 전치원의 삶의 궤적에서 어떠한 시사를 받을 수 있는지 구명해 보고자 하였다는 점을 마무리 글로써 대신하고자 한다.

제5장 황강 이희안의 생애와 학문

구 진 성

1. 서론

  황강黃江 이희안李希顔(1504~1559)은 남명南冥 조식曺植, 송계松溪 신계
성申季誠과 함께 영중삼고嶺中三高로 불릴 만큼 당대에 명망이 있었고,
그로 인해 유일遺逸로 천거되어 조정에서 수차례 벼슬이 내려진 인물이
었다. 이희안과 조식은 젊은 시절부터 세상을 떠날 때까지 절친하게
교유하였고, 이희안이 먼저 죽자 조식이 묘갈문을 지어 일생을 기록하
면서 뜨거운 애도의 정을 표하였다.

  조식은 이희안의 묘갈문에서 이희안과 자신의 관계를 "정의情誼가
형제와 같았다"[1]고 표현하였다. 두 인물이 함께 두류산 유람을 하다가
조식이 구토 증세를 보이자 이희안이 그 곁을 지키며 간호했다[2]는
일화나 조식이 이희안에게 준 여러 시들을 통해 사이가 얼마나 각별했
는지를 짐작할 수 있다. 실제로 두 인물은 모두 최윤덕崔潤德(1376~1445)

---

1) 曺植, 『南冥集』, 卷2, 「軍資監判官李君墓碑」, "植之於君. 義均兄弟."
2) 曺植, 『南冥集』, 卷2, 「遊頭流錄」, "是夜初昏, 植忽嘔吐下瀉, 却食仆臥, 愚翁護宿西
   廂室."

의 외손으로, 이를 기준으로 보면 8촌형제 간이기도 하다.

이희안과 조식 모두 당대에 명망 있는 학자이면서 절친한 사이였기 때문에, 서로 간에 적지 않은 학문적 영향을 주고받았음을 짐작할 수 있다. 또한 이희안의 제자 전치원全致遠과 외손자 이대기李大期는 조식의 주요한 문인이 되기도 하였다. 이처럼 두 인물 사이에 학문적·인맥적 교류가 활발했을 것으로 보이지만, 남은 문헌이 빈약하여 실상을 파악하는 데에 적잖은 한계가 있다. 그런 탓인지 남명학 연구에서 이희안을 주요하게 다루는 경우는 거의 없다.[3] 그러나 조식이 수많은 인물들과 영향을 주고받으며 생성된 결과물이 남명학이라면, 이희안은 조식과의 친밀도만큼 남명학 생성과정에 영향을 끼친 인물이다. 이러한 그의 생애와 학문을 고찰함으로써 남명학의 외연이 다소나마 확장될 수 있을 것이다.

이희안에 관한 현전 자료는 소략하다. 이희안의 원고는 그가 작고한 이후 문인 전치원이 수습하여 집에 보관하다가, 그 손자 대에 화재로 소실되었다. 이희안의 작품은 비문碑文 2편뿐이고, 나머지는 서문序文, 연보年譜, 언행총록言行總錄, 유사遺事, 행장行狀 등 부록 성격의 글들로 구성되어 있다. 이 내용들은 『동국유선록東國儒先錄』·『갱장록羹牆錄』·『국조보감國朝寶鑑』 및 『남명집南冥集』 등 여러 문집에서 관련한 글을 모은 것이다.

이희안과 관련된 글은 『합천이씨세고陜川李氏世稿』의 권4에 실려 있다. 이 책은 합천이씨 초계草溪 성산파城山派의 10대에 걸친 11인의

---

3) 해제가 2편 있다. 姜東郁, 「황강실기 해제」, 『남명학연구』 10집(1990); 姜貞和, 「黃江實紀」, 『남명학 관련 문헌해제(Ⅰ)』(2006), 146~152쪽.

시문집으로, 권1은 이윤검李允儉(1451~1520)의 실기이고, 권2는 이희증李希曾(1486~1509)의 기록이고, 권3은 이희민李希閔에 관한 기록이며, 권4가 바로 이희안의 『황강실기黃江實紀』이다. 이 책은 1899년 겨울에 간행을 시작하여 1900년에 완성하였다.

2. 사림파 가계

이희안은 합천·단성 등지에 세거하던 합천이씨로, 1504년 초계군草溪郡 초책면初冊面 성산城山에서 태어났다. 그의 조부 이순생李順生이 성산에 이주하면서 그 자손들이 대대로 그곳에 거주하게 되었다. 이희안의 모친은 통천최씨로 최윤덕崔潤德의 증손녀였다.

이희안의 부친 이윤검李允儉(1451~1520)은 무인의 자질이 있어 선전관宣傳官에 천거된 이후 사천현감·해주목사 등을 역임하다가, 이극균李克均(1437~1504)과 왕래한 사실로 인해 갑자사화(1504) 때 파직되었다. 중종반정(1506) 이후에는 충청도병마절도사忠淸道兵馬節度使·강릉대도호부사江陵大都護府使 등 여러 고위직 벼슬을 거쳤다가, 기묘사화(1519) 때 연좌되어 다시 파직되었다.

기묘사화 당시 이윤검은 영해부사寧海府使였는데, 망명亡命한 김식金湜(1482~1520)을 숨겨 주었다는 혐의로 추국을 받았다. 또한 기묘사화 때 사림의 탄압상을 지켜보던 이윤검이 "조정에 무슨 변고가 있기에 한때의 명사名士가 이렇게까지 죄를 입었는가?"라는 상탄傷嘆을 했다는 증언이 추국 과정에서 나오기도 하였는데,[4] 『기묘록己卯錄』에 그의 행적이 등재된 사실이나 당대 사림을 대표하는 인물인 김안국金安國이 그의 묘갈문을 쓴 사실을 통해 소위 '기묘사림己卯士林'의 일원임을 알 수 있다. 이윤검의 사림파적 성향과 인맥은 그의 세 아들들에게 계승된다.

이윤검은 기묘사화 이후 김식金湜과 관련된 일로 1520년 4월부터 7월까지 조정에서 지속적으로 이름이 오르내리고 관련 추국도 받은 것으로 보이는데, 이로 인한 후유증 탓인지 1520년 8월 14일 70세의 나이로 세상을 떠난다. 이 직후에 이희안의 중형仲兄 이희민李希閔이 김안국金安國(1478~1543)에게 부친 이윤검의 묘갈문을 요청하였는데, 당시에는 백형 이희증李希曾(1486~1509)이 이미 작고했기 때문이었다. 그러나 이희민은 그 이듬해 세상을 떠나고, 부친의 묘갈문은 이희안이 다시 요청하는 1524년 무렵 완성된다.

이희안 3형제는 김안국金安國·김정국金正國(1485~1541) 형제와 밀접한 관련을 맺고 있었다. 이희증·이희민은 김안국의 문하에 출입하였고, 김정국과는 절친한 친구 사이였다. 아래에 김정국이 지은 이희증의 묘갈명에서 이들의 관계가 잘 드러난다.

노옹魯翁(이희증)이 죽자 나는 세상에 친구가 없음이 애통하였다. 아니 친구가 없음이 슬픈 것이 아니라, 내 자신이 유익함을 취할 곳이 없어진 점이 슬펐던 것이다. 노옹은 나보다 한 살 적었다. 내 나이 18~9세 때 많은 사람들 가운데에서 처음 그를 보았는데, 빼어나고 시원한 모습이 뚜렷하여 보통사람과는 달랐다. 나는 처음부터 그 사람됨에 감복하여 그가 스승으로 따른 분들이 누구인지 물어보니, 그가 말하기를 "나는 어릴 적에 먼저 이귀李龜 선생을 따르면서 몽매함을 깨우쳤고, 뒤에는 정여창鄭汝昌

---

4) 『中宗實錄』, 1520년 5월 18일조, "義禁府推鞫寧海府使李允儉以啓曰, 允儉謂人曰, 朝廷有何變故, 一時名士, 被罪至此乎, 因而傷嘆."

선생에게 3년을 배워 많은 가르침을 받았습니다"라고 하였다. 내가 그 점을 감탄하며
말하기를 "사람 중에 누가 스승에게 배워 성취하지 않는 이가 있겠는가만은, 그대가
성취한 바는 남들과 크게 다르니 어찌 그 두 선생을 스승으로 섬겼기 때문이 아니겠는
가?"라고 하였다. 우리는 그때부터 날마다 함께 강마하면서 마침내 지기知己가 되었으
나 그가 갑자기 세상을 등졌으니 애통하도다! 아, 노옹이 졸한 이후 지금까지 사람
일이 어그러져서 한 번도 그의 묘소에 가서 곡을 할 수 없었던 점이 늘 한이 되어
지금에 이르렀다. 그의 동생 효옹孝翁(이희민)도 형과 다름없이 내가 벗으로 여겼다.5)

김정국은 어릴 시절 만나 깊이 교유하고 강마했던 이희증이 젊은
나이에 세상을 떠난 사실을 애통해하면서, 젊은 시절 이룩했던 그의
학문적 성취를 기리고 있다. 김정국은 김굉필金宏弼(1454~1504)의 문인
으로, 1509년 별시문과에 급제하고 사간원정언, 황해도관찰사 등을
역임하다가 기묘사화 때 삭탈관직되어 김안로金安老가 실각하는 1537
년까지는 관직에 나아가지 못했다. 이희증이 세상을 떠난 지 10년
뒤 1519년에 그의 아우 이희민은 형의 묘갈문을 김정국에게 요청하였
는데, 이희민도 김정국과 깊이 교유한 인물이었다. 김정국은 위의 묘갈
문에서 자신과 이희증의 첫 만남에서부터 교유한 내용을 기록하였다.
한 살 차이가 나는 두 인물은 10대 후반 처음 만나 서로의 학문 내력을
묻고, 마침내 지기知己가 되어 함께 강마하였다는 것이다.

위에서 이희증의 사승관계가 분명히 드러난다. 이희증의 어릴 적

---

5) 金正國, 『思齋集』, 卷3, 「弘文館修撰李君墓碣銘」, "魯翁死, 余慟其無友於世也. 非無友
之爲慟, 慟余之無所取益於身也. 魯翁少余一歲. 余年十八九, 始見之於稠人中, 秀爽盎然
不類恒人. 余始服其爲人, 問其所從師焉則曰, 余少也, 先從李先生龜, 開發蒙昧, 後又從鄭
先生汝昌, 授學三年, 多被提撕. 余爲之歎曰, 人孰不有受於師而成就其身者, 君之所就大
異於人者, 豈以得二先生爲之師耶. 余自是日相就講劘, 遂作知己, 而君忽見背, 痛矣哉. 嗚
呼, 自君之歿至于今, 人事舛違, 每以不能一造其墓哭吾魯翁爲恨者, 悠悠十八年于玆矣.
其季孝翁, 余友之不異於其兄."

스승은 이귀李龜(1469~1526)였고,[6] 이후에는 정여창鄭汝昌(1450~1504)에게 입은 학문적 영향이 크다는 것이다. 이귀의 동생 이원李黿(?~1504)은 갑자사화(1504) 때 김종직金宗直의 문인으로 화를 당한 인물인데, 이귀도 이 사건에 연좌되어 유배되었다가 중종반정 이후 다시 기용되어 여러 요직을 거쳤다. 정여창은 김종직金宗直의 문인으로 무오사화에 연루되어 함경도 종성鍾城에 유배되었다가 1504년 세상을 떠났으나 곧이어 발생한 갑자사화로 인해 부관참시되기에 이르렀다. 이희증은 1503년 종성과 가까운 함경도 온성부사穩城府使로 부임한 부친의 명으로 당시 종성에 유배되어 있던 정여창을 찾아가 문인이 되었다고 한다.[7] 정여창과 이희안의 부친 이윤검 사이의 관계를 자세히 파악할 문헌은 부족하지만, 이윤검이 아들을 정여창에게 보낸 사실과 김식金湜 등 사림파와 긴밀한 관계를 유지했던 정황으로 볼 때, 직접적인 교유는 맺지 못했더라도 평소 그의 학문을 깊이 인정했던 것만은 분명해 보인다.

이와 같이 이희증은 이귀·정여창 등 사화로 인해 피해를 입은 인물들에게서 배웠으며, 더욱이 관직에 있을 때에는 무오사화로 피해를 입은 김일손金馹孫 등의 관작을 회복시키는 데에 앞장서기도 하였다.[8] 또한 김안국·김정국 등과의 예사롭지 않은 관계로 보았을 때, 이희증을 당대 사림의 핵심적인 인물 중 하나로 보아도 무방할 것이다. 그의

---

6) 『陜川李氏世稿』卷2,「月暉堂年譜」에는 이희증이 11세 때 李龜에게 배웠다는 기록이 있다.

7) 『陜川李氏世稿』, 卷1,「參判公年譜」, "十六年癸亥, 公五十三歳. 移拜龜城府使, 秩未滿陞通政, 拜穩城府使〇命長子希曾受學于一蠹鄭先生, 先生時在鍾城."

8) 金正國,『思齋集』, 卷3,「弘文館修撰李君墓碣銘」, "時戊午之獄, 皆已見正, 而獨金馹孫等官爵未復, 籍財未還, 君倡曰, 禍自於史局, 宜吾輩所當先論, 因抗疏陳論, 竟得盡歸其財而追復官爵."

동생 이희민은 더욱 사림파적 색채가 짙은 행적을 보이는데, 그는 조광조趙光祖의 문인으로 1516년 문과에 급제하여 이조정랑 등의 요직을 지내다가 기묘사화 때 파직된 인물이었다.

이상에서 이희안의 부친 이윤검과 형제 이희증·이희민의 이력을 살펴보았다. 이들은 정여창·조광조·김안국·김정국 등 사림파의 대표적인 인물들과 긴밀한 교유했고, 정치적·학문적 입장도 공유했던 것으로 보인다. 이로 인해 사화 때 피해를 입기도 하였다. 이 가계의 사림파적 성향은 이희안의 학문과 출처에 심대한 영향을 주었다고 판단된다.

이상에서 논의한 이희안의 가계를 정리해 보면 다음 그림과 같다.

<이희안 가계도>

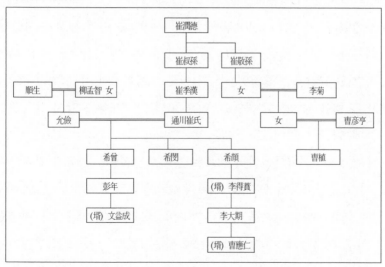

3. 생애와 교유

1) 생애 개관

이희안은 1504년 초계군草溪郡 초책리初册里 성산城山(현 합천군 쌍책면 성산리)에서 태어났다. 그의 부친 이윤검은 무신武臣으로 평생 여러 벼슬을 역임했고, 두 형은 모두 문과에 급제하여 사림파로서 관직 생활을 하였으나 젊은 나이에 세상을 떠났다. 그는 어릴 적부터 외부의 사승 없이 부친과 두 형에게 배웠던 것으로 보인다.

이희안은 8세 때 중형 이희민에게 『소학』을 배웠고, 11세 때 『논어』를 처음 읽었다. 14세 때 사마시에 합격하였으나 결국 문과에는 급제하지 못했다.[9] 16세(1519) 되던 해 11월에 기묘사화가 일어나자 김식金湜과 연루되어 부친이 국문을 받았고, 조광조의 문인이었던 중형 이희민은 파직되었다. 이듬해 부친상을 당했고, 곧이어 중형이 세상을 떠났다.

백형과 중형이 모두 작고한 까닭에 21세(1524) 때 김안국을 직접 찾아가 선친의 묘갈문을 요청했는데, 김안국은 이희안의 지기志氣와 학행學行이 두 형을 닮았다고 하였다. 이후 30세(1533) 때에도 당시 파직해서 여주에 머물고 있던 김안국을 방문했다.

35세(1538) 때 이언적의 추천으로 전옥서참봉典獄署參奉에 제수되어 몇 개월 근무하다가 돌아왔다. 40세 상서원직장에 제수되었고, 이해 9월에 조봉대부朝奉大夫로 승진하여 이황李滉과 함께 성균관에 머물렀다. 이후 47세(1549) 때 장악원주부에 제수되었고, 50세(1552) 정월에는 고령현감에 제수되었다. 그러나 이듬해 고령에서 관직을 그만두고

---

9) 曹植, 『南冥集』, 卷2, 「軍資監判官李君墓碑」.

돌아왔는데, 당시 경상도관찰사 정언각鄭彦慤이 이를 문제삼아 조정에
징계를 건의했다. 당시 임금 명종明宗은 정언각의 말을 수용하여 이희
안을 처벌하고자 하였으나, 이에 삼공三公 등 대신들이 반대하여 뜻을
이루지 못했다.[10] 유일遺逸로 발탁된 인물에게 죄를 주는 것은 조정에
서 선비를 대우하는 예가 아니라는 것이었다. 특히 장령掌令 유중영柳仲
郢(1515~1573)은 "무릇 수령 중에 부패하여 백성을 학대하는 자는 반드
시 관직을 버릴 수 없으며, 관직을 버릴 수 있는 자는 부패하고 백성을
괴롭히는 지경에 이르지는 않습니다. 또한 조정에서 선비를 대우할
적에는 마땅히 예절을 숭상하여 염치를 기르도록 해야 하는 것이니
속박해서는 안 됩니다. 지금 이희안은 유일로 천거되어 부임한 인물인
데, 한 번 관직을 버렸다고 갑자기 무거운 죄로 옭아맨다면 아마도
조정에서 선비를 대우하는 예를 상하게 할 것입니다"라고 이희안을
변호하였다.[11] 이후로도 1558년 지례현감知禮縣監, 군자감판관軍資監判
官에 제수되었고, 이듬해 5월 14일 별세하였다.

이상에서 이희안의 생애를 대략 언급하였다. 아래 표에서 「황강연보」
와 기타 기록들을 참고하여 이희안의 일생을 정리하였다.

연도	나이	내용
1504	1	草溪郡 初冊里 城山에서 태어났다.
1506	3	백형 이희증이 문과에 급제하여 湖堂에서 독서했다.
1508	5	부친이 寧邊府使에 제수되었다.
1509	6	백형 이희증이 졸했다.

10) 『明宗實錄』 1554년 7월 19일과 9월 5일조에 관련 내용이 있다.
11) 柳成龍, 『西厓集』, 卷20, 「先考黃海道觀察使府君行狀」, "先君進曰, 凡守令貪瀆虐民者,
必不能棄官, 能棄官者, 必不至貪瀆虐民也. 且朝廷待士, 當崇禮節以養廉恥, 要不可束縛.
今希顔以遺逸起, 一棄官而遽繩以重律, 恐傷朝廷待士之體."

1510	7	중형 이희민이 사마시에 합격했다.
1511	8	중형에게 『소학』을 배웠다. 이때 부친은 경상우도 병마절도사였다.
1514	11	처음으로 『논어』를 읽고 활연히 開明했다.
1516	13	중형이 문과에 급제하였다.
1517	14	사마시에 급제하였다.
1519	16	기묘사화가 일어났다. 이때 부친은 영해부사였는데 연루되어 파직되었다. 중형도 삭적되었다.
1520	17	부친상을 당했다.
1521	18	중형이 별세했다.
1523	20	안동권씨에게 장가들었다.
1524	21	김안국을 찾아가 선친의 비문을 요청했다.
1527	24	부친상을 당한 남명 조식을 찾아가 위문하였다. 丹城으로 삼종숙 淸湖堂 李迪(1480~1544)을 방문했는데, 이적은 남명문인 李天慶(1538~1610)의 증조부이다.
1528	25	申季誠이 찾아와 經史를 강론하고 도의지교를 맺었다.
1529	26	딸이 태어났는데 나중에 李得賁에게 시집가서 이대기·이대약을 낳았다.
1530	27	김해 산해정으로 가서 조식·신계성·성운과 강마했다. 가을에 단성으로 가서 족형 李圖南(1496~1567)을 만났다.
1531	28	8월에 황강정이 건립되었다. 가을에 丁燦이 와서 안부를 물었다.
1534	31	청향당 이원이 방문했다.
1536	33	신계성·성운과 함께 황강정에서 강마했다.
1539	36	성제원이 황강정에 와서 머물렀다.
1540	37	조정에서 權機에 의해 천거되었다.(7.16)
1541	38	신계성이 방문했다.
1542	39	여름 전치원이 『소학』을 배우고자 찾아왔으나 나이가 많다는 이유로 사양하였다. 그러자 전치원은 그 자리에 꿇어앉아 5일을 움직이지 않았다. 이희안이 비로소 기특하게 여겨 지도하였다.
1544	41	정황이 찾아왔다.
1546	43	모친상을 당한 조식을 위문하였다.
1547	44	전치원이 고하며 말하기를 "모친이 집에 계시는데 문안드린 지가 매우 오래되었습니다. 문자를 배우는 것은 여력이 있을 때하는 일입니다"라고 하고는 돌아가 노모를 봉양하고자 하였다. 그러자 이희안은 "너는 이미 도를 보았구나!"라며 감탄하였다. 송인수의 부고를 듣고 위패를 만들어 곡하였다.
1548	45	삼가 계부당에서 조식을 만나 강론하였고 성운도 동참하였다.
1549	46	조식과 감악산을 함께 유람하였다. 성수침이 와서 함께 강마하였다.
1551	48	오건이 와서 인사했다.
1552	49	김대유를 곡했다.
1552	49	고령현감에 제수되었다.(9.12)
1554	51	경상감사 鄭彦慤의 狀啓로 이희안을 拿推하라는 명이 있었으나, 여러 대신들의 반대로 무산되었다.(7.19)

1555	52	봄에 이광우가 찾아왔다. 이해 9월에 후실 이씨를 맞아들였다. 이천경이 와서 인사했다.
1557	54	이대기가 와서 배웠다. 조목·주이·황준량과 함께 함벽루를 유람했다.
1558	55	曺植·金泓·李楨·李公亮 등과 지리산을 유람했다.
1558	55	지례현감(10.14), 군자감판관(12.20)에 제수되었다.
1559	56	초여름에 병이 위독해져서 5월 13일에 전치원에게 장례일을 맡기고 서적을 나누어 맡도록 하였다. 다음날 세상을 떠났다.
1561		묘갈을 세웠는데, 글은 조식이 짓고 글씨는 전치원이 썼다.

2) 교유의 양상

『황강실기』, 「사우록師友錄」 등을 참고하여 이희안과 교유·사승 등의 관계를 맺고 있던 인물을 정리하면 아래의 표와 같다.

성명	생몰년	자, 호	본관	거주	비고
金安國	1478~1543	國卿, 慕齋	義城	京	寒暄堂 문인, 己卯罷職
金大有	1479~1551	天佑, 三足堂	金海	淸道	金馹孫 조카, 己卯以後削官職
朴河談	1479~1560	應千, 逍遙堂	密陽	淸道	
李迪	1480~1544	允之, 淸湖堂	陜川	丹城	황강 삼종숙
金正國	1485~1541	國碩, 思齋	義城	京	寒暄堂 문인, 慕齋弟, 己卯罷職
李彦迪	1491~1553	復古, 晦齋	驪州	慶州	良才驛사건 연루 유배
成守琛	1493~1564	仲玉, 聽松	昌寧	坡州	靜菴 문인, 己卯以後廢擧業
李圖南	1496~1567	大鵬	陜川	丹城	迪子
成運	1497~1579	健叔, 大谷	昌寧	報恩	兄成遇乙巳被禍以後隱居
宋麟壽	1499~1547	眉叟, 圭菴	恩津	京	乙巳士禍로 賜死
申季誠	1499~1562	子誠, 松溪	平山	密陽	從松堂
林薰	1500~1584	仲成, 葛川	恩津	安陰	
李源	1501~1569	君浩, 淸香堂	陜川	丹城	
曺植	1501~1572	楗仲, 南冥	昌山	三嘉	
李滉	1501~1570	景浩, 退溪	眞寶	禮安	
郭珣	1502~1545	伯瑜, 警齋	玄風	淸道	乙巳禍殞於杖下
成悌元	1506~1559	子敬, 東洲	昌寧	公州	柳藕(한훤당 문인) 문인
金希參	1507~1560	師魯, 七峰	義城	星州	東岡父
金禧年	1510~1592	慶老, 浣溪	金海	京	乙巳爲奸兇構陷杖流于定平

丁熿	1512~1560	季晦, 遊軒	昌原	南原	靜菴 문인, 良才驛사건 연루 유배
李楨	1512~1571	剛而, 龜巖	東城	泗川	
周怡	1515~1564	士安, 二樂堂	尙州	陜川	
宋寅	1517~1584	明仲, 頤庵	礪山	京	
盧禛	1518~1578	子膺, 玉溪	豊川	咸陽	
吳健	1521~1574	子强, 德溪	咸陽	山陰	남명 문인
李俊民	1524~1590	子修, 新菴	全義	晉州	남명 생질
全致遠	1527~1596	士毅, 濯溪	完山	陜川	황강, 남명 문인
李光友	1529~1619	和甫, 竹閣	陜川	丹城	源姪
李大期	1551~1628	任重, 雪墅	全義	草溪	황강 외손, 남명 문인

이희안은 사림적 색채가 짙은 이들과 두루 교유했는데, 특히 기묘사
화(1519), 을사사화(1545) 때 관직에 있다가 피해를 입은 인물이 많았다.
기묘사화 때 파직된 김안국金安國·김정국金正國 등을 비롯하여 김대유
金大有, 이언적李彦迪, 송인수宋麟壽, 곽순郭珣, 김희년金禧年, 정황丁熿 등
은 모두 관직에 있다가 사화로 인해 크고 작은 피해를 입은 인물들이다.
이 중 송인수·곽순 등은 을사사화 때 목숨을 잃었고, 나머지 인물들은
파직되거나 유배되었다. 정황은 이희민과 함께 조광조趙光祖의 문인록
에 올라 있는데, 1547년 양재역벽서사건에 연루되어 곤양·거제에서
유배생활을 하였다. 유배지에서 세상을 떠날 때까지 이희안과 다수의
편지를 주고받은 것으로 보이며, 이희안의 만시도 남겼다.[12] 이들 사림
파의 사승은 김굉필金宏弼·정여창鄭汝昌·조광조趙光祖 등과 연결되는
경우가 많다.

위에서 거론한 인물들은 사화 당시 벼슬자리에 있었기 때문에 크고
작은 피해를 입었는데, 당시 벼슬하고 있지 않던 인물들 중에서는 사화

---

12) 丁熿, 『游軒集』, 「書答李愚翁」·「書答李愚翁簡後(甲寅)」·「書二哀寄龜巖(己未)」 등
참조.

를 계기로 은거의 의지를 더욱 굳힌 인물들도 있었다. 성수침成守琛은 기묘사화 이후 과거를 포기하였고, 그의 종제 성운은 을사사화 때 형 성우成遇가 화를 당한 뒤에는 속리산으로 들어가 은거하였다. 조식曺植 의 경우에는 기묘사화 이후에도 과거공부를 지속하다가 31세 무렵 출처 에 대한 대오각성을 거쳐 학문의 방향을 전환하였다. 성수침·성운·조 식 등은 사화 때 입은 직접적인 피해는 없었지만, 사림의 이념에 투철했 던 인물들이라 할 수 있다.

이희안은 조식과 한평생 절친한 관계를 유지하였다. 조식은 이희안 이 거주하던 황강정을 방문하고 여러 편의 시를 남겼고, 두류산 유람도 함께 했다. 이러한 관계로 조식의 인맥과 겹치는 부분이 많은데, 김대유 金大有·박하담朴河談·성수침成守琛·성운成運·송인수宋麟壽·신계성 申季誠·임훈林薰·이원李源·곽순郭珣·성제원成悌元·김희삼金希參· 정황丁熿·이정李楨·노진盧禛·오건吳健 등은 조식의 교유인이나 제자 이기도 하다. 또한 이희안은 이적李迪·이도남李圖南·이원李源 등 단성 지역의 종족들과도 교유했는데, 이원의 조카 이광우李光友는 조식의 문인이 된다.

4. 학문 성향과 출처 양상

1) 『논어』를 통한 개명開明과 효제孝悌의 실천

앞에서 언급했듯이 이희안은 어릴 적 중형 이희민으로부터 『소학』 을 배웠다. 『소학』은 사림파의 학문 전통에서 의미가 깊은 서적으로,

당대의 유종儒宗 김굉필金宏弼은 '소학동자小學童子'로 불릴 만큼 그 책을 중시하였으며, 김굉필의 문인 김안국金安國은 경상도관찰사 재직 시 도내 66개 향교를 다니면서 『소학』에 힘쓸 것을 당부하는 60여 수의 '권소학시勸小學詩'를 창작하였다. 김안국은 스승 김굉필의 성리학적 이념을 계승하여 『소학』을 교화의 도구로 삼은 것이다.[13) 김안국의 문하에 출입하기도 했던 두 형에게 배운 이희안이 맨 처음 『소학』을 접한 것은 자연스러운 공부의 단계였다.

이희안은 『소학』을 배운 뒤 곧이어 『논어』를 읽었었는데, 『논어』를 읽고 받은 감동이 적지 않았던 것으로 보인다. 그는 "나는 어릴 적에 본성이 우둔했는데 『논어』를 읽고 '활연히 지혜가 열렸다'(豁然開明)"고 술회한 적이 있다.[14) 「황강연보」에는 『논어』를 읽은 나이가 11세로 기록되어 있는데, 갓 『소학』을 읽은 이희안이 독학하기는 어려웠을 것으로 보이며 부형의 지도를 받았던 것으로 판단된다.

이희안의 부친 이윤검은 세 아들의 이름을 모두 공자의 제자 증삼曾參·민자건閔子騫·안연顔淵에서 인용하여 붙였을 만큼 『논어』에 관심이 깊었던 것으로 보인다. 특히 이희안의 백형 이희증은 부친의 명으로 정여창鄭汝昌의 문인이 되는데, 『소학』과 함께 정여창의 학문을 이루는 또 다른 중심이 『논어』였다.[15) 이희증이 정여창에게 전수받은 '논어학'이 두 아우에게 전해져 이희안이 『논어』에 대해 남다른 인식을 갖게 되는 배경이 되었던 것으로 보인다.

---

13) 정출헌, 「16세기 사림파 문인의 문학사회학적 인식 지평과 문학생성 공간의 연구」, 『동양한문학연구』 제24집(2007), 154~159쪽.
14) 『陜川李氏世稿』, 卷1, 「參判公年譜」, "先生常對人言, 吾少時性愚駿, 讀論語, 得豁然開明."
15) 성호준, 「일두 정여창의 학문세계」, 『포은학연구』 제18집(2016), 122쪽.

현재 이희안이 쓴 글이 거의 남아 있지 않기 때문에 그의 『논어』
수용 양상을 구체적으로 밝히기는 힘들다. 다만 그의 학문에서 『논어』
가 차지하는 위상을 서술한 글이 있어, 이를 통해 그 일단을 엿볼
수 있다. 아래의 글은 1900년 『황강실기』를 간행한 뒤 후손 이채수李埰壽
(1832~1912)가 문집 뒤에 남긴 발문의 일부이다.

> 황강선생이 일찍이 말씀하기를 "나는 어릴 적 본성이 우둔했는데, 『논어』를 읽고
> 활연히 밝은 눈이 열렸다"라고 하였는데, 이것은 정백자程伯子가 "『논어』를 숙독하여
> 거기에 젖어 관통하면 기질을 변화시킨다"(熟讀論語 涵泳貫通 變化氣質)라고 한 말과도
> 합치된다. 대개 황강선생의 학문은 효제孝悌에 근본하였고 『논어』에서 만들어져
> 나왔다.…… 뒷날 배우는 사람들은 『논어』를 때에 맞춰 익힌 뒤에야 선생의 학문이
> 이 책에서 근본하여 효제의 도를 극진히 했음을 알 수 있을 것이다.[16]

이채수는 이희증의 후손으로 1894년 진사에 입격하였고, 이원조李源
祚에게 배우고 박치복朴致馥 등과 교유한 인물이다. 이채수는 이희안이
『논어』를 깊이 읽고 이해하여 책의 내용을 관통함으로써 스스로 기질氣
質의 변화를 이끌어 내었다고 보았다. 따라서 『논어』를 이희안 학문의
근간이라고 말할 수 있으며, 그것을 관통하는 핵심 가치가 효제孝悌라
는 설명이다. 이러한 맥락에서 이희안의 아래와 같은 생활 태도는
예사롭지 않다.

① 모친이 노년에 집에 계셨는데, 선생은 매일 닭이 울면 세수하고 양치질하며 의관을

---

16) 李埰壽 撰, 「黃江先生實紀跋」, "黃江先生嘗曰, 吾少時性愚駭, 至讀論語, 豁然開明, 契合
程伯子, 熟讀論語, 涵泳貫通, 變化氣質之語也. 蓋先生之學, 本於孝悌, 而論語上做出來
矣.……後之學者, 時習論語然後, 乃知先生之學, 本於此, 而盡孝悌之道云爾."

삼가 갖추고 모친께 문안드렸다. 온화하고 부드러운 용모와 얼굴빛을 혹시라도 잃은 적이 없었고, 저녁까지 한결같이 하였다. 모친의 잠자리를 봐 드리는 일이나 의복을 챙기는 일들은 몸소 하였고, 시종에게 맡기지 않았다. 항상 온순한 말로 모친의 마음을 위로하고 기쁘게 해 드리는 모습이, 마치 어린아이가 장난치며 노는 모양 같았다.[17]

② 남명선생이 말하기를 "공은 거상居喪 중에 최질衰絰을 벗은 적이 없었고, 아침저녁으로 묘소 앞에서 울부짖고 곡하기를 3년간 하였다. 매번 제사 때는 목욕재계하고 사모하며 슬퍼하기를 한결같이 살아계신 분을 섬기는 것과 같이 하였다"라고 하였다.[18]

③ 형제자매들과의 우애를 다른 종족들에게까지 미루었다. 형제들의 고아를 보살피고 가르치기를 자신의 아이처럼 하였다. 그 선을 독실히 하고 효성스럽고 우애로우며 남들을 사랑하고 삼가는 마음은 거의 비할 곳이 없었다.[19]

실록에서도 누차 이희안의 효성과 우애가 언급되거니와,[20] 효제의 독실한 실천은 이희안이 평생에 걸쳐 여러 번 유일遺逸로 천거될 수 있었던 주요한 근거였다. 이는 이희안의 실천이 일시적인 것이 아니라 평생에 걸쳐 지속되었음을 방증하는 것이며, 그 기저에는 『논어』 읽기를 통한 기질의 변화가 있었던 것으로 판단된다. 이희안은 『논어』를

---

17) 『陜川李氏世稿』, 卷4, 「言行總論」, "母夫人臨年在堂, 每日鷄鳴, 盥漱衣帶, 以省安候. 愉聲婉容, 無或小失, 昏定亦如之. 枕席之設, 衣余之敎, 必身親爲之, 未嘗委諸侍. 恒以溫言順辭, 懇悅親情, 如嬰兒遊嬉樣."
18) 『陜川李氏世稿』, 卷4, 「言行總論」, "南冥先生曰, 公服孝之日, 衰絰未嘗去身, 晨夕號哭於塚前, 如是者三年. 每遇祭祀, 齊沐慕哀, 一如事生."
19) 『陜川李氏世稿』, 卷4, 「言行總論」, "友愛兄姊, 推諸九族. 兄弟之孤, 撫恤敎誨, 加於己出. 其篤善孝友愛人勤物之心, 殆與無比云."
20) 『明宗實錄』, 1559년 5월 13일조, "前高靈縣監李希顔卒.……早喪父, 養母極其孝, 事兄盡其道, 及居喪, 葬祭一依古禮."

통해 개명한 의식 상태에서, 『소학』에서 제시된 효제의 실천 사례를 더욱 잘 이해하고 실천할 수 있었을 것이다. 위의 인용문에서 언급되는 효성과 우애의 내용을 단순한 찬양조의 기사로만 볼 수 없는 이유가 여기에 있다.

또한 이희안의 이러한 학문 성향은 제자 전치원全致遠(1527~1596)을 거쳐 그 제자 윤형尹涧(1549~1614)에게까지 영향을 미쳤다. 전치원은 16세 되던 1542년 이희안을 찾아가 입문을 요청하였으나 나이가 많다는 이유로 거절당했다. 그러자 전치원이 그 자리에서 움직이지 않고 5일을 버티며 간청하니, 이희안도 감탄하며 제자로 받아들였다.[21] 전치원은 이처럼 독실한 자세로 이희안에게 배웠고, 이는 그의 제자 윤형에게까지 깊은 인상을 주었다.

윤형은 무송윤씨茂松尹氏로 8세 때부터 전치원에게 배웠다. 이후 문과에 급제하여 여러 고위 관직을 거쳐 1611년에는 무성부원군茂城府院君에 봉해졌다. 그가 전치원에게 받은 가르침의 내용은 아래의 제문祭文에 잘 드러난다.

제가 글자를 어느 정도 익히고 나니, ① 제일 먼저 『소학』을 가르쳐 주시면서 말씀하시기를 "이것은 성현이 될 기본을 만드는 책이다. 이 점은 내가 황강선생께 배울 적에 들은 말씀이니 너는 자세히 살펴 알되 글자만 배우지는 말거라!"라고 하셨습니다. ② 그러고는 사서삼경四書三經을 가르쳐 주시며 말씀하시기를 "지금 임금을 보좌하고 백성을 윤택하게 하는 일은 과거공부로는 이루기 힘들다. 뜻이 있는 선비 중 과거공부에

---

21) 全致遠, 『濯溪集』, 「年譜」, "二十一年壬寅先生十六歲. 夏請學於黃江李先生.【將小學請學, 黃江先生以年晚故卻之, 以觀其志, 先生危坐前席, 凝然不動以終日, 如是者五日, 黃江先生始異之曰, 此人於古人立雪之操, 庶幾焉, 遂進以敎之, 先生旣得受業, 夙夜蓁蓁, 一以古人自期待.】"

매몰된 자가 얼마나 많으냐? 뜻을 얻고 도를 행하는 것이 이 책에 달려 있고 성현이 되는 것도 여기에 달려 있으니, 어찌 면려하지 않겠는가?"라고 하셨습니다. ③ 『논어』를 가르쳐 주실 때 말씀하시기를 "내가 일찍이 황강선생께 '나는 어릴 적 본성이 우둔하였으나 『논어』를 읽은 뒤에는 활연히 밝아졌다'라는 말씀을 들었는데, 이는 참으로 『논어』를 제대로 읽은 분의 말씀이네. 옛사람이 말하기를 '이 책을 읽기 전에 이러한 사람이었는데, 이 책을 읽고도 이러한 사람이라면, 이 사람은 이 책을 읽은 적이 없는 사람이다'라고 하였으니, 깊이 두려워해야 하네. 너희들은 대충 듣지 말고 깊이 알아 제대로 읽어야 할 것이네"라고 하셨습니다. ④ 또 『근사록』과 『독서록요어』를 읽기를 권하며 말씀하시기를 "학자가 도에 들어가는 공부가 절반은 이 책 속에 있네"라고 하시면서, 가까이로는 쇄소灑掃의 일부터 성명性命·리기理氣의 심오함까지 강설하여 보여 주시기를 부지런히 하여 지칠 줄을 모르셨습니다. 저는 어릴 적에 비록 이 말씀을 들어도 그것이 긴요한 관건임을 이처럼 몰랐으나, 조금 자라서는 자못 깨닫는 점이 있었습니다. 그 뒤 성암省庵 김효원金孝元의 문하에서 퇴계선생의 논의를 들으니 대체로 선생의 논의와 부합했습니다. 또 옛 성현의 글에서 의론이 유래한 곳을 보았으니, 이에 황강선생이 반드시 전수하려 하시던 바가 있었으며 선생이 황강선생께 들었던 것도 이와 같았음을 알게 되었습니다.[22]

위의 제문에서 윤형은 스승 전치원에게서 배운 책을 중심으로 가르침의 내용을 서술하고 있다. 윤형은 전치원에게 『소학小學』(①), 사서삼경四書三經(②), 『논어論語』(③), 『근사록近思錄』(④) 등을 배웠는데, 전치원은 제자들

---

22) 全致遠, 『灌溪集』, 卷2, 附錄, 「祭文」(門人茂城府院君尹泂退村), "解蒙之後, 先教小學曰, 這是做聖賢樣子. 此吾受學於黃江先生時所聽聞者, 汝可審識, 勿爲但學文字也. 因教以四書三經曰, 今時致君澤民, 非科弟難得. 有志之士, 竟就埋沒者, 何限. 得志行道, 在於是, 爲聖爲賢, 亦在於是, 盍相勉之. 至教論語曰, 吾嘗聞於黃江先生, 曰吾少時性愚駭, 及讀論語, 豁然開明云, 此誠善讀論語矣. 古人曰, 未讀是書猶是人, 旣讀是書猶是人, 便是不曾讀此言, 深可懼也. 汝等勿爲泛聽, 識心善讀可也. 又勸讀近思錄及讀書錄要語曰, 學者入道工夫, 半在其中, 近自灑掃之事, 以及性命理氣之奧, 講說開示, 亹亹忘倦. 兒時雖聞此言, 未知緊關如是, 稍長頗有所警. 及到金省庵門, 得聞退溪先生之論, 大槪相符. 又見古聖賢書, 議論有所自, 乃知黃江必有所傳授, 而先生亦聞於黃江者如是."

을 가르칠 때에도 이희안의 말을 자주 인용했던 것으로 보인다. 특히 『소학』과 『논어』에 대해 이희안에게 들었던 말을 제자에게 직접 전하고 있다. 전치원은 '『소학』은 성인을 만드는 책'이라는 스승의 말을 부연하여, 단순히 『소학』 글귀를 풀이하는 데에 치중할 것이 아니라 그 내용을 실천하여 성인과 같은 행위를 할 것을 당부하였다. 또한 『논어』를 읽은 뒤 개명했다는 이희안의 회고를 인용하면서, 깊이 읽고 마음에 새겨 행동을 변화시키는 독서를 추구해야 한다고 역설하였다. 어릴 적 전치원을 통해 이희안의 학문을 접한 윤형은, 그 가르침이 성리설이나 옛 성현의 책을 이해하는 틀을 제공해 주었다고 술회하고 있다.

2) 다양한 학문 섭렵과 경세의 역량

신계성은 이희안에 대해 '일을 실행하는 데에 큰 솜씨가 있다'(設施大手)고 하였는데, 이를 두고 당시 사람들은 적확한 표현이라 여겼다.[23] 신계성이 김대유의 특징을 헌활불구軒豁不拘, 조식의 특징을 설천한월 雪天寒月로 포착한 것과 비교해 보면, 이희안은 다소 이질적이다. 인품·기상의 측면에서 김대유·조식의 특징을 형용했다면, '설시대수設施大手'는 이희안의 경세적 역량이 뛰어남을 나타내는 표현으로 보이기 때문이다.

이희안이 고령현감을 비롯하여 몇 차례 벼슬에 나아갔던 행적에서 경세적 역량에 대한 자신감을 엿볼 수 있다고 생각된다. 직무 중 맞닥뜨리는 다양하고도 구체적인 사안에서, 합리적이고 순발력 있게 문제를

---

23) 曺植, 『南冥集』, 卷4, 補遺, 「行錄」, "申松溪嘗有言曰, 三足有軒豁不拘底氣宇, 南冥有雪天寒月底氣像, 黃江有設施底大手, 時人謂善形容三君子矣."

해결할 자신이 있었다는 것이다. 이러한 문제해결 능력의 근저에는 앞서 살펴본 깊이 있는 독서 방법이 있었던 것으로 보이는데, 실천을 염두에 두고 독서라는 간접체험을 쌓아 나간다면 실제 상황에서도 적절하게 대응할 지혜가 축적되기 때문이다. 또한 변수가 많은 상황에서의 대응력을 높이기 위해서는 다양한 분야의 지식이 요구되는데, 이러한 맥락에서 다양한 학문을 섭렵하고 있는 이희안의 학문적 특징이 주목된다.

> (이희안은) 날마다 남명南冥 조식曺植, 대곡大谷 성운成運, 삼족당三足堂 김대유金大有, 송계松溪 신계성申季誠, 청송聽松 성수침成守琛 등과 도의지교를 맺어 강마절차講磨切磋하고 상장보인相長輔仁하여 도덕道德이 이루어지니, 생각하지 않아도 얻어지고 노력하지 않아도 들어맞는 경지에 이르렀다. 독실한 공부는 『논어』·『맹자』·『대학』·『중용』 및 주염계周濂溪·이정二程·장횡거張橫渠·주자朱子의 성리서性理書들을 위주로 하였고, 곁으로는 육예六藝의 과목에 통하며 제자백가의 말들도 두루 섭렵하였다. 심지어는 천문天文·지지地誌·음양陰陽·역상曆象·병마兵馬·행진行陣·기정奇正·합변合變과 같은 술수術數와 음양오행이 생성되는 묘리나 사단칠정이 나누어지고 속하는 설들에 이르기까지 섭렵하여 훤히 알지 못하는 것이 없었다.[24]

위의 인용문을 통해 알 수 있듯이 이희안은 사서四書를 자기 학문의 근간으로 삼았으나 다양한 분야의 학문을 섭렵하고 있었다. 게다가 각 분야에 상당한 자질도 지녔던 것으로 보이는데, 활쏘기·말타기를

---

24) 『陜川李氏世稿』, 卷4, 「言行總論」, "日與曹南冥·成大谷·金三足堂·申松溪·成聽松 諸先生, 爲道義之交, 講磨切磋, 相長輔仁, 道成德立, 至不思而得, 不勉而中. 篤實工夫, 職主乎語·孟·曾·思·濂·洛·關閩性理群書, 旁通六藝之科, 汎濫百家之語. 甚至天 文·地誌·陰陽·曆象·兵馬·行陣·奇正·合變之術, 二五生成之妙, 四七分屬之說, 無不涉獵通暢."

무인武人만큼 능숙하게 했다는 사실[25]도 한 가지 예가 될 것이다. 각각의 분야에 일정 수준의 조예를 보였고, 그것을 활용하여 뛰어난 문제해결 능력을 발휘했기 때문에 신계성이 '큰 솜씨가 있다'고 표현한 것으로 판단된다. 조식 또한 다양한 학문을 섭렵한 것으로 알려져 있으나, 신계성의 평을 보건대 이희안은 조식보다 상대적으로 관심 분야가 더욱 넓었고 조식은 상대적으로 인격도야에 관심이 많았던 것으로 보인다.

이와 같은 이희안의 학문 경향은 그의 제자들을 통해 임진왜란이라는 국가적 위기상황에서 빛을 발했다. 그의 독실한 제자 전치원과 외손자 이대기는 임진왜란 때 초계지역 의병의 핵심 지도자로 활약했다. 훗날 이희안은 청계서원清溪書院에 제향祭享되고, 그 뒤 전치원·이대기가 추향追享되는데, 추향 당시 이희안의 영전에 고하는 글은 아래와 같다.

> 아아! 선생(이희안)께서는 하늘이 내린 호걸영웅이었습니다. 문채文采를 사숙私淑하셨고[26] 뜻을 함께하는 벗은 남명南冥이었습니다. 학문은 연원淵源을 이으셨고 도는 강명講明에 힘입었습니다. 효우로써 정치를 하였고 인仁으로써 이름을 이루셨습니다. 실제로 일을 행하는 데에 큰 솜씨를 가지셨으니, 유자儒者이면서도 병법을 아셨습니다.[27]

---

25) 曺植, 『南冥集』, 卷2, 「軍資監判官李君墓碑」, "才兼弓馬, 絶出武列, 終不爲世用, 遺豹一斑, 人所惜也."

26) 1858년 간행된 『탁계집』 권2에 전치원을 청계서원에 배향할 적에 이미 제향되고 있던 이희안에게 고하는 글이 수록되어 있는데, 이 글을 1900년 『황강실기』 간행 시 그대로 인용하여 수록한 것으로 보인다. 여기에서 '私淑文采'라는 구절은 뒤에 '學承淵源'과 연계되어 이희안의 학문 연원을 표현한 것인데, '문채'가 누구를 뜻하는지 분명하지 않다.

27) 『陜川李氏世稿』, 卷4, 「告由文(灌溪雪堅追享淸溪時)」, "猗歟先生, 天挺豪英. 私淑文采, 執友南冥. 學承淵源, 道資講明. 孝友爲政, 仁以成名. 施設有手, 儒亦知兵."

임진왜란 때 전치원·이대기가 즉각 의병을 일으켜 전투를 할 수 있었던 배경으로 이희안의 가르침을 거론하고 있다. 유자로서 병법까지 학습함으로써 경세적 역량을 축적했다는 것이다. 이를 통해 이희안의 학문 경향이 제자들에게 영향을 끼쳐 위기상황을 극복하는 동력이 되었음을 짐작할 수 있다.

3) 출처의 양상과 평가

조식이 쓴 이희안의 묘비문에 따르면, 이희안은 9품직인 전옥서참봉 典獄署參奉으로 몇 개월 근무하다가 그만둔 뒤에, 장악원주부掌樂院主簿, 고령현감高靈縣監, 조지서사지造紙署司紙, 군자감판관軍資監判官 등의 벼슬에 제수되었다. 1552년부터 고령현감으로 2년 정도 재직했고, 1558년에 5품직인 군자감판관으로 제수되어 근무한 지 몇 개월 지나지 않아 세상을 떠났다.28) 1540년 천거된 이래로 생을 마칠 때까지 관직이 내려왔고, 이희안도 적극적으로 소명에 응했다.

이러한 이희안의 출사 태도에 대해 조식은 다음과 같이 평가하였다.

(이희안은) 붙잡으면 주저앉기로는 유하혜柳下惠와 비슷했고, 통달해서 알기로는 진동보陳同父(陳亮)와 유사했다. 도를 지키려는 뜻을 가지고 있으면서, 도를 보고도 보지 못한 듯이 여긴 사람이다. 활쏘기, 말타기의 재주를 겸비하여 무인의 반열에서도 뛰어났다. 그러나 끝내 세상에 쓰이지 못하고 이름만 남겼으니 사람들이 애석하게 여겼다.29)

---

28) 曺植, 『南冥集』, 卷2, 「軍資監判官李君墓碑」, "以遺逸擧, 始受典獄署參奉, 閱數月而歸, 又受掌樂院主簿, 除高靈縣監, 二年辭去, 後授造紙署司紙, 陞軍資監判官, 未二年而退."
29) 曺植, 『南冥集』, 卷2, 「軍資監判官李君墓碑」, "援而止, 似柳下惠, 通而知, 類陳同父. 有衛道之志, 望道而未之見者也. 才兼弓馬, 絶出武列. 終不爲世用, 遺豹一斑, 人所惜也."

조식은 이희안의 출처 양상을 유하혜柳下惠에 비유했고, 그 근거가 되는 학문적 방향성은 진량陳亮과 유사하다고 하였다. 또한 이희안이 바른 학적 지향을 가지고 끊임없이 도를 추구하였고 무인적武人的 능력도 뛰어나, 경세를 할 만한 충분한 자질과 역량을 갖추고 있었음에도 당대에서는 발휘할 기회를 얻지 못한 점을 아쉬워하고 있다.

유하혜는 춘추시대 인물로, 맹자는 그의 출처 양상에 대해 "더러운 임금도 부끄러워하지 않았고 작은 관직도 사양하지 않았다. 관직에 나아가서는 자신의 어짊을 숨기지 않고 반드시 제대로 된 도로써 하였으며, 벼슬길에서 버림을 받아도 원망하지 않았고 곤궁한 처지에 빠져서도 근심하지 않았다.…… 그러므로 유유하게 (자신을 모욕하는 자들과) 더불어 함께 있으면서도 스스로 올바름을 잃지 않았는데, 떠나가려 하다가도 잡아당겨 멈추게 하면 멈추었다"라고 설명하면서, 그를 '성인聖人 중의 화和한 자'(聖之和者)라고 평가하였다. 백이伯夷의 청淸, 이윤伊尹의 임任, 공자孔子의 시時와 대비되는 유하혜 출처의 특징이 화和라는 것이었다.

이희안이 고령현감직에 있으면서 첩보牒報를 올리면 경상감사는 번번이 기각하면서 모욕을 주었다고 한다.[30] 이 때문에 이희안은 벼슬을 버리고 귀향하였으나, 이를 빌미로 경상감사가 이희안을 탄핵하여 화를 당할 뻔했다. 그럼에도 이희안은 이후로 다시 벼슬이 내려지자 관직에 나아갔다. 모욕당할 위험을 감수하고서 다시 관직에 나아갔던 것인데, 이를 두고 조식은 '누가 잡아당기면 떠나려다가도 멈추는 유하혜'에 이희안을 비유한 것이다.

---

30) 『明宗實錄』, 1554년 7월 19일조, "希顔以遺逸, 薦高靈縣監, 凡有牒報之事, 監司鄭彦慤, 必反其所爲, 書于牒尾曰, 殊無國家擧賢良之意."

진량陳亮(1143~1194)은 송宋이 요遼·금金의 침략을 받던 시기에 태어나 천하를 경략經略할 지향을 가지고 병법을 담론하기를 좋아하였는데, 청소년기에 이미 옛 영웅들의 전술전략을 고찰한 「작고론酌古論」을 지었다. 26세 때는 「중흥오론中興五論」이라는 송宋 중흥의 대책을 논한 글을 지어 황제에게 바쳤고, 이후 황제에게 여러 차례 상소를 올려 국정쇄신國政刷新과 부국강병富國强兵을 역설하였다. 이후 50세의 나이로 진사進士로 발탁되어 관직에 임명되었으나 임지로 가는 도중에 죽었다. 그는 특히 문文과 무武를 통합적으로 인식하면서 각각의 핵심 가치를 재才와 지智로 규정하였다. 문은 '글을 쓰는 것'이 아니고 반드시 '일에 대처하는 재才'가 있어야 하며, 무는 '무기를 다루는 것'이 아니고 반드시 '적을 헤아리는 지智'가 있어야 된다는 것이었다.[31]

진량은 문무를 가리지 않고 여러 분야에 통달하여 경세의 지략을 지니고 있었으며, 이를 바탕으로 끊임없이 대책을 제시하면서 벼슬에 나아갈 의지를 보인 인물이었다. 앞서 살펴보았듯이 이희안은 다양한 분야에 관심과 자질을 지니고 있었고 무인적 능력도 충분했다. 또한 경세적 역량은 신계성·조식 등 지인의 인정을 받았고, 본인도 내려오는 벼슬을 마다하지 않았을 만큼 자신감을 보였다. 조식은 이희안을 진량에 비유함으로써 이희안이 추구한 학문의 방향이 이처럼 경세에 초점을 맞추고 있었음을 드러내고 있고, 이희안이 진량처럼 상당한 역량을 지니고서도 당대에 큰 역할을 맡지 못했던 사실을 안타까워하고 있는 것이다.

---

31) 李相益, 「주자와 진량의 왕패논쟁에 대한 재검토」, 『동방학지』 138집(2007) 참조; 陳亮, 『陳亮集』(中華書局出版, 1987), 卷5, 「酌古論序」, "吾以謂文非鉛槧也, 必有處事之才, 武非創楯也, 必有料敵之智."

5. 결론

이상에서 이희안의 생애와 학문·출처에 대해 간략히 살펴보았다. 이희안은 조식의 교유인 중 비중 있는 인물로, 남명 문인 및 남명학의 형성 과정에서 적잖은 영향을 끼쳤다고 판단된다.

이희안은 조선 전기 사림파 가계 출신이다. 부친 이윤검은 무인이었지만 큰아들 이희증을 유배 중이던 정여창에게 가서 배우게 하였고, 그 자신도 기묘사화에 연루되어 『기묘록』에 등재되었다. 이희안의 두 형 이희증·이희민은 김안국·김정국 등 당대 사림을 대표하는 인물들과 교유하였는데, 특히 이희민은 조광조의 문인으로 기묘사화 때 파직된 인물이다.

이희안은 1504년 초계군 초책면 성산에서 태어나, 외부의 사승 없이 부친과 두 형에게 배웠던 것으로 보인다. 어릴 적 『소학』을 읽고 곧이어 『논어』를 읽었는데, 이후 '활연히 지혜가 열렸다'(豁然開明)고 표현할 정도로 『논어』에서 얻은 감동이 컸다. 이는 깊이 있는 독서를 통해 스스로 기질을 변화시킨 결과로 볼 수 있는데, 평생토록 독실히 효제孝悌를 실천할 힘을 『논어』를 통해 얻은 것이다. 이러한 그의 학문은 전치원에게 전수되고, 전치원이 다시 윤형尹泂에게 전하였다.

이희안은 유학뿐만 아니라 다양한 학문에 관심을 가지고 두루 섭렵했으며, 특히 무인의 능력도 뛰어났다. 여기에 바탕한 경세적經世的 역량도 상당했던 것으로 보이는데, 이러한 그의 성향을 신계성은 '일을 실행하는 데에 큰 솜씨가 있다'(設施大手)고 평했다. 이러한 이희안의 학문적 특징은 그의 제자 전치원·이대기가 임진왜란 때 즉각 의병을 조직하여 활약하는 데에 영향을 끼친 것으로 판단된다.

이희안은 14세 때 사마시에 합격하였고, 1538년 유일遺逸로 천거된 이래로 생을 마칠 때까지 관직이 내려왔다. 특히 1552년 고령현감에 제수되어 부임하였으나 곧 관직을 그만두고 돌아왔다. 조정에서 이 일을 문제삼아 징계하려고 하였지만 대신들의 변호로 화를 면할 수 있었다. 그 뒤로도 5품직인 군자감판관으로 제수되어 벼슬에 나아갔다. 이처럼 이희안은 평생 동안 적극적으로 소명에 응했다.

조식은 이러한 이희안의 출처 양상을 유하혜柳下惠에 비유했다. 모욕을 당할 위험을 감수하고서 다시 관직에 나아갔던 행적을 두고 조식은 '누가 잡아당기면 떠나려다가도 멈추는 유하혜'에 이희안을 비유한 것이다. 또한 조식은 이희안의 학문적 방향성이 진량陳亮의 그것과 유사하다고 평함으로써 이희안의 출처를 해명하였다. 조식은 이희안을 진량에 비유하면서 이희안이 추구한 학문의 방향이 경세에 초점을 맞추고 있었음을 드러내었고, 아울러 진량처럼 상당한 역량을 지니고서도 당대에 큰 역할을 맡지 못했던 사실을 안타까워하였다.

제6장 한사 강대수의 강학과 교육

사 재 명

1. 머리말

한사寒沙 강대수姜大遂(1591~1658)[1]는 합천 출신으로 내암來庵 정인홍
鄭仁弘(1535~1623)[2]과 여헌旅軒 장현광張顯光(1554~1637)[3]의 문인이다. 광

---

1) 姜大遂의 초명은 大進, 자는 勉哉·學顏, 본관은 晉州이며, 호는 春磵, 寒沙, 靜窩이다.
   1591년(선조 24) 11月 3日 陜川 心妙里(지금의 합천군 묘산면)에서 태어났다.(「연보」)
   姜仁壽의 증손으로, 할아버지는 姜世倬이고, 아버지는 사간 姜翼文, 어머니는 陜川李
   氏로 李後臣의 딸이다. 여러 대에 걸쳐 합천에서 살았으며, 저서로는 『寒沙集』 7권
   4책이 있다. 행장을 통해서 본 世系는 다음과 같다.

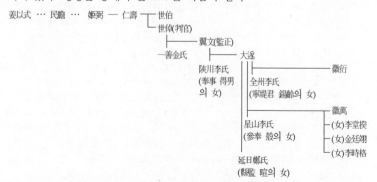

2) 『光海君日記』, 7年 1月 17日, "次治大進等遺君 背師之罪", "文景虎姜翼文父子李大期
   本仁弘徒弟也"; 『仁祖實錄』, 2年 3月 3日, "大進本以鄭仁弘門徒."

해군 시기의 20세 때(1610) 생원·진사의 양시에 문과급제한 후 여러 청직淸職을 거쳤으며,[4] 1614년(광해군 6) 영창대군永昌大君의 죽음을 간언한 동계桐溪 정온鄭蘊(1569~1641)을 구하려다 사직당하고 회양에 유배되었고, 인조반정(1623) 직후 풀려났다.[5] 이후 겸재謙齋 하홍도河弘度(1593~1666)와 더불어 남명학파를 주도하게 되었다.

그의 학문은 성리학性理學을 탐구하여 경의敬義공부를 실천하는 것이었다.[6] 유교의 도道를 중시하면서 온아하고 아담함, 공손하고 검소함, 겸손하고 청렴함을 추구했으며, 이를 평생의 법도로 삼았다.[7] 이는 항상 두렵고 삼가는 마음으로 공경하듯이 해야 하는데, 30세 때 지은

3) 姜大遂, 『寒沙集』, 「年譜」, 17歲條, "贄謁旅軒張先生 于知巖精舍."

4) 22세 때(1612)에 증광시에 을과로 급제하여 성균관 정자를 비롯하여 이듬해 12월에 사간원 정언을 제수받았다. 이후 정언(23세), 寧邊府 判官·호조좌랑·예조정랑(33세), 지평·정랑(34세), 嶺南號召使(37세), 순천부사(38세), 집의·군자감정·靈光郡守(42세), 집의(44세), 사간·제용감 정·公淸道 암행어사(45세), 부응교(47세), 남원부사(48세), 東萊府使·통정대부(49세), 진주목사(51세), 동부승지·병조참지와 참의·경주부윤(54세), 판결사·밀양부사(57세), 전주부윤(61세)이 되었다.

5) 姜寒沙는 그 父인 鬻庵 姜翼文(1568~1648)과 더불어 來庵의 門徒로서, 이들 父子는 일찍이 文科에 급제하여 淸班에 출입하였으나, 癸丑獄事에 이어 다음해인 光海君 6년에 鄭桐溪의 抗疏事件이 일어나자, 寒沙는 正言의 職에 있으면서 雪壑 李大期(1551~1628) 등과 함께 同門인 桐溪를 옹호하는 논의를 주도한 까닭에, 이해 3월에 臺官의 탄핵을 입어 削奪官爵의 처분을 당하였는데, 이에서 그치지 않고 鄕里의 嶧陽 文景虎(1556~1619) 등과 연락하여 마침내 來庵의 門下가 觀松 李爾瞻(1560~1623)의 지지파와 반대파로 크게 분열하여 中北의 성립을 보게 되는 적극적 계기를 마련하였던 것이다. 이 일로 인하여 그는 光海君 7년에서 13년까지 江原道 淮陽에 付處(流配의 일종)되었고, 그의 父인 鬻庵은 忠原縣監으로 出補되었다가 瀆職의 혐의로 소王 7년 이후 仁祖反正에 이르기까지 投獄되어 고초를 겪었다. 그러나 寒沙는 오히려 이러한 前歷으로 말미암아 反正 직후 발탁되어 右道 출신으로서는 드물게도 堂上官에 이르기까지의 宦路가 보장될 수 있었다.(吳二煥, 『南溟學派硏究』 上[南溟學硏究院 出版部, 2000], 225쪽)

6) 姜大遂, 『寒沙集』, 卷7, 附錄, 「祭文」(李景茂), "探性理源 做敬義工."

7) 姜大遂, 『寒沙集』, 卷7, 附錄, 「墓碣銘並叙」(許穆), "而重儒術尙溫雅恭儉謙廉 爲平生受用之大法云."

「신명사기神明舍記」는 학습자의 마음을 지키고 닦는 심성수양의 방법론으로서 오늘날의 교육에 시사하는 바가 있다.

『한사집』『寒沙集』 권5에 보이는 「신명사기」는 남명南冥 조식曹植(1501~1572)의 「신명사도명神明舍圖銘」에서 유래한 것으로서, 남명학파의 학문적 전통8)과도 무관하지 않다. 그는 눈에 보이지 않는 인간의 마음을 가시적인 집의 형태로 시각화하여 논한 「신명사기」를 통해서 심성을 수양하고자 하였다.

이러한 심성수양을 바탕으로, 한사는 만년에 한사만은寒沙晩隱이라 자호하고 석천서재石泉書齋를 열었는데,9) 여기서 후학後學을 개진開進하고 사문斯文을 흥기興起시키는 일을 자신의 주된 임무로 삼았다. 이로부터 학문과 덕이 더욱 두터워지고 높아졌으며,10) 글을 지어 시골의

---

8) 다음은 신명사도와 관련된 남명학의 심성도설에 관한 대표적인 연구들이다. 전병윤, 「남명조식의 '신명사도' 고찰」, 『남명학연구』 제1집(경상대 남명학연구소, 1991); 최석기, 「남명의 신명사도·신명사명에 대하여」, 『남명학연구』 제4집(1995); 금장태, 「남명의 심 개념과 신명사도의 구조」, 『한국유학의 심설』(서울대 출판부, 2002); 김충렬, 「신명사도·명의 새로운 고석」, 『남명학연구논총』 제11집(남명학연구원, 2002); 강신표, 「신명사도·명의 새로운 이해」, 『남명학연구』 제14집(2002); 조일규, 「남명의 신명사도·명과 언어구조」, 『평택대학교 논문집』 제18호(2004); 이상필, 「후산 허유의 남명학 계승과 그 의의 ― '신명사도명혹문'의 성립을 중심으로」, 『남명학연구』 제19집(2005); 정순우, 「후산 허유의 '神明舍圖銘或問' 연구」, 『남명학연구』 제19집(2005); 허원기, 「심성도설의 도상학적 의미와 심성우언소설」, 『남명학연구』 제20집(2005); 이상필, 「귀암 이정의 학문 표적 ― 신명사부의 분석을 중심으로」, 『남명학연구』 제23집(2007); 전병철, 「지리산권 지식인의 마음 공부 ― '신명사도명' 관련 남명학파 문학작품에 나타난 재해석의 면모와 시대적 의미」, 『남명학연구』 제28집(2009) 및 「19세기 강우지역 학자들의 신명사도명 해석과 그 의의」, 『남명학연구』 제30집(2010); 김영숙, 「남명의 신명사도에 근거한 유아인성교육의 수업모형 탐색」, 『남명학연구』 제42집(2014); 「신명사도의 학습심리적 함의: 인간정보처리론적 관점을 중심으로」, 『남명학연구』 45(2015).

9) 姜大遂, 『寒沙集』, 卷7, 附錄, 「墓碣銘並叙」(許穆), "晚年自號寒沙晚隱 好讀易 日日誦一卦以潛玩焉"; 姜大遂, 『寒沙集』, 卷7, 附錄, 「行狀」, "誨人則闢石泉書齋 俾居學徒 而程督有序 後進蔚然."

부로父老와 자제子弟들을 깨우치고자 했다.[11]

자제들과 후학을 일깨우는 교육은 아는 것과 행하는 것의 두 가지 측면을 동시에 강조하는 것이었다. 그는 표리表裏가 한결같아 세상의 모범이 되었는데, 이는 교육적 인간상으로서 후학의 모범이 되는 사표師表의 전형이었다.[12] 이러한 사표가 되기까지에는 수많은 서적과 다양한 학습주제가 바탕이 되었을 것이며, 이는 교육적 인간상의 추구라는 교육목적에 부합하는 교육내용과 방법의 요소로 작용되었을 것으로 생각된다.

한사는 유학자들을 위해 1645년(인조 23) 합천에 이연서원伊淵書院과 덕곡서원德谷書院을 창건하였고, 향교에서 향음주례鄕飮酒禮를 실시하고 향촌 부로들과의 논의를 거쳐 향약鄕約을 수립하였다. 이를 통해 그는 당시에 향촌교화를 주도했던 것으로 보인다.

이에 본고는 한사의 강학과 교육에 관한 대체적인 윤곽을 그리기 위해서, 먼저 수학과정과 생애를 통한 한사의 강학을 살펴보고, 마음을 지키고 닦는 방법으로서의 심성수양이라 할 수 있는 「신명사기」를 개관해 본다. 그리고 인재관과 이상적 인간상으로서의 교육목적을 살펴보고, 이를 지향하기 위한 교육내용과 방법을 통해서 한사의 대체적인 교육사상을 구명해 보며, 서원설립과 향음주례, 그리고 향약을 통한 향촌교화의 한 면모를 살펴보고자 한다.

---

10) 姜大遂, 『寒沙集』, 「年譜」, 從六世孫 趾皞.
11) 姜大遂, 『寒沙集』, 「年譜」, 61歲條, "五月莅官 作文諭鄕父老子弟."
12) 姜大遂, 『寒沙集』, 卷7, 附錄, 「祭文」(郭壽岡), "知行兩進 表裏如一 能有以模楷乎斯世 師表乎後學."

2. 한사의 강학과 심성수양

1) 수학 및 강학

한사는 6세 때(1596) 『동몽선습童蒙先習』과 『백수문白首文』을 배웠고, 9세 때(1599) 사서四書를 읽기 시작하였다. 14세 때(1604) 경사經史와 백자百子를 두루 읽었으며, 부賦와 송頌을 지어 이름이 나고 향시에도 여러 번 장원하였다. 당시 합천군수 여대로呂大老(1552~1619)는 '훗날 나라를 빛낼 사람'이라고 칭찬하기도 했다.

한사는 내암 정인홍(1535~1623)과 같은 마을의 후진으로서 일찍이 내암의 문하에 나아가기도 했으며, 17세 때(1607)에는 과거에 쓰이는 시문(功令)공부를 하다가 여헌 장현광(1554~1637)으로부터 학문을 배웠다. 이듬해(1608, 18세)에 부친 당암戇庵 강익문姜翼文(1568~1648)[13]을 따라 서울로 올라가게 되었다.

19세 때(1609)에 성균관에 입학하여 본격적인 과거공부에 들어갔다. 당시 관관館官이던 오산五山 차천로車天輅(1556~1615)가 한사를 허여함으로써 두각을 나타내게 되었고, 다음해(1610, 20세)에는 생원·진사의 양시 문과에 급제한 후 관직생활을 하게 되었다.

25세 때(1615, 乙卯) 3월에 유배지 회양에 도착해서는 남과 사귀거나 노는 것을 삼가고 시사時事에 미치는 언급을 피하면서 오직 성현의 글만 탐독하여 행하려고 노력했으며, 어려운 상황에 직면했을 때에는 올바른 방향으로 나아가고자 했다. 이를 지켜본 마을 사람들 역시

---

13) 『光海君日記』, 5年 7月 7日(癸亥), "翼文 草溪人……與子大進 俱師事鄭仁弘 凡仁弘所論 皆擔當無忌憚 臺中不敢抗."

환란에 직면하게 되었을 때 한사와 마찬가지로 의리를 지키고자 했으며, 이로부터 서로 따르는 학도學徒가 6~7인이나 되었다.14)

격치성정格致誠正 수신제가修身齊家 치국평천하治國平天下는 한사가 추구하는 학문의 순서였다. 성현의 천 마디 만 마디 말이 모두 책 속에 있는데, 이는 착한 것을 밝히고 성품을 다하는 것이며 강목綱目이 분명해서 학문하는 차서가 공자孔子의 말에서 벗어나지 않았다. 『대학大學』이라는 책은 본래 『예기禮記』 속에 있던 하나의 편으로서 두 정씨程氏가 이를 표장表章하고 주자朱子가 천명했으니, 이는 성현들이 서로 전한 것이다. 이른바 격치格致란 곧 정일精一이며 성정誠正이란 집중執中으로서 이것이 수신제가치국평천하修身齊家治國平天下에 이르기까지 계급階級이 뚜렷하니, 진실로 경서經書에 유의해서 깨닫고 이를 연구해서 넓히고 충실하게 되면 지극히 태평스러운 다스림에서 벗어나지 않을 것15)이라고 하였다.

독서와 강습 역시 한사의 학문에서 강조되는 것으로서, 비록 궁리窮理보다 앞서는 것은 없지만 궁리의 요점은 독서讀書에서 벗어나지 않는다고 한다. 독서법은 중요한 것을 순서에 따라 정밀하게 읽고, 뜻을 공경하게 하여 수신제가치국평천하의 근본으로 삼는 것이다.16)

---

14) 姜大逡, 『寒沙集』, 「年譜」, 25歲條, "先生自到淮陽息 交絶遊 語不及時事 讀聖賢書 刻苦勵行 能得處困之正 淮人來見者 莫不眠其素患亂之義 學徒相從者六七人."
15) 姜大逡, 『寒沙集』, 「年譜」, 60歲條; 姜大逡, 『寒沙集』, 卷4, 疏箚, 「應旨陳弊疏庚寅」, "聖賢千言萬語 布在方策 無非明善盡性之要 而綱目分明 可見爲學次第者 莫過於孔氏之遺書也 大學一書 本在戴記中 兩程表章之 朱子闡明之 眞聖賢相傳之旨訣也 所謂格致者卽精一也 所謂誠正者 卽執中也 以至修齊平治 階級瞭然 殿下誠能留意於遺經 理會硏究 擴而充之 則雍熙之治 不出乎此矣."
16) 姜大逡, 『寒沙集』, 「年譜」, 42歲條, "莫先於窮理 窮理之要 不外於讀書 讀書之法 貴在順序而致精 敬而持志 以爲修齊治平之本焉."

그러나 당시 5~60년 사이에 조정에서 숭상하는 것은 사화詞華나 제술製述 사이를 넘지 않았으므로, 강습講習과 토론討論을 중시하지 않는 선비들의 풍토는 다음과 같았다.

선비들은 오직 이름이 드러나기를 구하여 겉으로는 문자文字를 아는 체하고 경술經術이 무엇인지를 알지 못하니, 또 어찌 강습과 토론이 무슨 일인지 알겠는가? 이에 강습과 토론이 무엇인지 알지 못하니, 이치를 연구하고 마음을 다스리는 일을 보기를 월越나라 사람이 유학자儒學者들이 모이는 것을 보고 비웃는 것과 같을 뿐만이 아니었다. 바르고 바르지 않은 것이나 마땅하고 마땅치 않은 것을 묻지 않고, 오직 벼슬에 급제하는 것만을 몸에 영화롭게 하는 묘책으로 여겼다.[17]

여기서 경서와 관련한 학술, 이치를 연구하고 마음을 다스리는 것, 그리고 정正과 부정不正, 당當과 부당不當을 묻지 않고 오직 이름과 벼슬만을 추구하려는 당시의 세태를 보여 주고 있다.

이후 51세 때(1641)에는 덕천서원에 참배하고 여러 선비들과 더불어 『이정전서二程全書』를 강론하다가 『학기學記』의 교정校正에 관한 일을 논의하였다.[18] 54세 때(1644)에는 옥산서원玉山書院에서 회강會講하였고, 이듬해(1645, 55세) 2월에 덕천서원의 원장이 되었으며, 무민당無悶堂 박인朴絪(1583~1640)의 『덕천사우연원록德川師友淵源錄』의 교정에 대해 논의하였다.

56세 때(1645) 덕천서원에서 예서禮書를 강론하였는데, 겸재謙齋 하홍

---

17) 姜大遂, 『寒沙集』, 卷4, 疏箚, 「應旨陳弊疏庚寅」, "士子惟掇取剩馥 衣被文字 不知經術 之爲何物 又豈知講習討論之爲何事乎 旣不知講習討論之爲何事 則其視窮理治心之說 不 啻若越人之視章甫 羣聚而嘲笑之 不問正不正當不當 惟以得科爲榮身之妙策."
18) 姜大遂, 『寒沙集』, 「年譜」, 51歲條, "謁德川書院 與多士講論二程全書 仍議及學記校 正事."

도河弘度(1593~1666)의 동생인 낙와樂窩 하홍달河弘達(1603~1651)의 주관
하에 한강 정구의 가장본家藏本인『의례경전통해儀禮經傳通解』40권을
등사謄寫하여 강습자료로 삼았다. 그리고 산천재山天齋에서 예서를 강
론하고『청금안靑衿案』을 만들었다.

66세 때(1656) 봄에 석천재石泉齋에서 후학을 일깨우고 도술道術을
강명하는 것으로 만년의 책무로 삼았으며,[19] 이듬해(1657, 67세) 봄에
한사정와寒沙靜窩에서 조석으로 관대冠帶차림으로 정성定省한 후 제생
들을 가르쳤다. 배우는 것이 오래되어 생각이 깊고 성숙해졌으며, 동정
動靜과 어묵語默이 모두 규칙規則이 아닌 것이 없었다. 촛불을 들고 그를
섬기는 이들이 십 수 인이었으며, 부지런히 덕을 상고하며 학업學業을
묻는 자가 거의 백여 명이나 되었다.[20]

2)「신명사기」

「신명사기」는 30세 때(1621) 회양淮陽에서의 유배생활 중에 저술된
것이다. 이는 마음을 신명神明의 집에 비유하여 그림으로 형상화하여
나타낸 남명의 「신명사도명」에서 유래한 것이다. 본래 주희朱熹(1130~
1200)의 "마음은 신명神明의 집이요, 일신一身의 주재자"[21]에서 비롯된
것으로, 이에 따라 그는『맹자』의 주석에서도 "마음은 사람의 신명으
로, 모든 이치를 모두 갖추고 있으며 만사에 응하는 것"[22]이라고

---

19) 姜大遂,『寒沙集』,「年譜」, 66歲條, "春在石泉齋 先生以開牖後學 講明道術 爲晩年
　　己任."
20) 姜大遂,『寒沙集』,「年譜」, 67歲條, "春在寒沙靜窩 晨夕必冠帶 而定省退而敎誨諸生 畜
　　久而思覃資深而用熟 動靜語默無非規則 則常侍執燭者數十人."
21)『朱子語類』, 卷98, "心是神明之舍爲一身之主宰."
22)『孟子集註』,「盡心上」, "心者 人之神明 所以具衆理而應萬事者也."

말한 바 있다. 이후 주희의 제자인 황간黃榦(1152~1221)은 "마음은 신명의 집으로, 텅 비어 있고 영묘하며 밝게 통하여, 모든 이치를 다 갖추고 있으며 만물에 응하는 것"[23]이라고 하였다. 가상의 형태인 마음의 집을 설정하여 이를 지키고 닦는 방법을 보여 주는 「신명사기」는 다음과 같다.

충막沖漠의 고을에는 단전丹田에 집 한 채가 있는데 '신명神明'이라고도 하고 '영대靈臺'라고도 하니, 신묘하여 헤아릴 수 없고 허령虛靈하여 어둡지 않기 때문에 그렇게 이름을 붙인 것이다. 그 집의 제도는 둥근 하늘과 네모난 땅의 형상을 본떴다. 인산仁山이 에워싸고 지수智水가 옷깃처럼 두르고 있으며, 소광昭曠의 벌판을 의지하고 부박溥博의 연못을 임해 있었는데 건물이 높고 아름다웠다. 객이 주인옹을 방문하자 주인옹이 말하였다.

"아, 그대는 나의 집을 어떻게 보셨습니까? 뛰어난 장인의 솜씨를 빌린 것도 아니요, 집짓기를 일삼은 것도 아닙니다. 박후博厚를 터전으로 삼았기 때문에 천지사방이 이 집의 문과 뜰에서 벗어나지 않으며, 고명高明을 들보와 기둥으로 삼았기 때문에 고금의 시간이 이 집의 문 안에 포괄됩니다. 기쁨, 분노, 슬픔, 즐거움, 좋아함, 싫어함, 욕망이 여기에서 나오지 않음이 없으며, 어버이를 친애하고 귀한 이를 귀하게 여기고 옳은 것을 옳다고 하고 그른 것을 그르다고 하며 선을 좋아하고 악을 미워하는 것이 여기에 속하지 않음이 없습니다.

안과 밖도 없고 방위도 없으며 허령虛靈하고 통철洞徹하며, 닫혔다 열렸다 하며 늘어났다 줄어들었다 합니다. 이곳에 있으면 천년 후의 동지冬至라도 언제일지를 앉은 자리에서 예측할 수 있고, 어지러이 뒤섞여 일어나는 온갖 변화를 앉은 자리에서 이해할 수 있으니, 그 신령스러움은 귀신에 견줄 만하고, 밝음은 해와 달에 견줄 만합니다. 이것이 바로 '신명사'라는 이름이 붙여진 이유입니다.

멀리 태극太極이 처음 생김으로부터 삼재三才가 모두 벌여져서 사람에게 이 집이 있고

---

23) 『心經附註』, 卷4, "勉齋黃氏曰 心者 神明之舍 虛靈洞徹 具衆理而應萬物者也."

집에는 이 이름이 있으니, 천자라고 해서 거만하지 않고 필부라고 해서 잘박하지 않습니다. 이에 흙으로 쌓은 뜰의 검소한 것에 정신을 모아서 집이 높고 넓으니, 어찌 요대瑤臺의 해에 없어질 수 있겠습니까? 집은 긴 밤에 누항陋巷의 안회顔回와 같이 편안하게 거처하고 부富한 주周나라의 계와季騧처럼 귀신을 보니, 그 신神하고 명명明함은 오직 주인이 닦고 지키는 것을 어떻게 하느냐에 달려 있을 뿐입니다."

손님이 묻기를, "그렇다면 신명사를 정비하고 지키는 데에 방법이 있습니까?"라고 하자, 주인이 대답하였다.

"있습니다. 입덕문入德門을 높이고 인귀관人鬼關을 걸어 잠그며, 삼자부三字符를 차고 사물기四勿旗를 내거니, 이는 엄정하게 지키는 방도입니다. 찌꺼기를 없애고 사악하고 더러움을 씻어내며 활수活水로 두르고 제월霽月로 비추니, 이것은 깨끗하게 정비하는 방도입니다. 그렇게 한 뒤에야 여기에서 활동하거나 고요히 있고, 여기에서 만사에 응하여 어디에 간들 자득하지 않음이 없게 됩니다.

만약 이렇게 하지 않으면 지붕을 깨고 도적이 이르며 방을 어둡게 하여 먼지가 일어날 것이니, 사악함이 그 틈에 찾아오고 기관은 그 기능을 잃게 될 것입니다. 그리고 살아있는 용과 호랑이가 집을 차지하고 타는 불과 엉기는 얼음이 기둥에 나타났다 사라졌다 해서 이 집이 신명神明하지 않게 됩니다.

내가 이 때문에 두려워하여 아무도 없는 곳에 홀로 있어도 삼가고 조심하며, 방안에 들어가서도 진법陣法을 시행하듯이 합니다. 감히 편안한 집을 편안하게 여겨서 스스로 방자하지 못하고, 감히 넓은 거처를 넓게 여겨서 스스로 안일하지 못합니다. 이 집을 소유한 이라면 어떻게 경건하지 않을 수 있겠습니까."

손님이 말하기를 "좋습니다. 집의 이름을 물어 집을 지키는 방도까지 알게 되었습니다." 라고 하고서 큰 띠에 적어 기록하였다.[24]

---

24) 姜大遂, 『寒沙集』, 卷5, 記, 「神明舍記」, "冲漠之鄕 丹田之上 爰有一舍 稱神明 亦曰靈坮 以其不測不昧故名之 之舍也之制也 取規於圓穹 象矩於方輿 鎭以仁山 襟以智水 依昭曠 之原 面溥博之淵 高矣美矣 / 客有問於主人翁曰噫噫 子其相吾舍乎 非假於工斲 無事乎結 搆 以博厚爲基址 而上下四方 不外於戶庭 以高明爲梁棟 而古往今來 包容乎門闥 可喜可 怒可哀可樂可愛可惡可欲者 莫不於是乎出焉 親親貴貴是是非非善善惡惡者 莫不於是乎 圍焉 / 無內外無方位 虛靈洞澈 闔闢伸縮 千歲之日至 可坐而致也 萬化之繆暢 可坐而理 也 鬼神與合其神 日月與合其明 此其所以名乎 / 粤自太極肇判 三才幷列 人有是舍 舍有

여기서 이 기記의 구성을 보면, 첫째, 신명사의 대체적인 모습을 기술하고 있다. 아무 조짐도 없는 조용한 장소에 자그마한 집 한 채가 있는데, 여기에는 안팎의 구분도 없고 허령하게 비어 있으며 천지사방의 공간과 고금의 시간이 모두 이 집과 연결되어 있다. 이는 모든 변화를 헤아리는 주체자로서의 인간의 마음을 표현하는 것으로, 보이지 않으면서도 실재하는 것이 바로 인간의 마음이라고 보았다. 둘째, 사舍의 구조와 작용에 관한 것으로, 손님과 신명사 주인의 문답내용과 신명사의 이름이 붙여진 이유로 구성되었다. 셋째, 마음을 수양하는 방법에 관한 것으로, 사舍를 유지하는 요령과 유지하지 못했을 때의 결과를 보여 준다.

인간의 심성을 신명사神明舍에 비유하는 「신명사기」는 신명사를 잘 정비하고 치키는 방법론을 제시해 주고 있다. 이는 외부 세계의 다양한 자극으로부터 인간의 마음을 잘 지키고 제대로 수양하는 것으로서, 심성 수양에 관한 지식의 획득보다는 이를 직접 실천하기 위해 자신을 일깨우고 경계하며 스스로 깨달음의 경지에 이르는 과정을 중시한 것으로 보인다.

是名 不以天子而敵 不以匹夫而朴 乃神於土階之天而舍則巍蕩 曷喪乎瑤臺之日而舍則長夜 陋巷之回而居之安 富周之季而瞰以鬼 其神而明之 / 唯在於主人修與守之如何 曰然則修而守之有道乎 曰有 崇入德之門而鑰人鬼之關 佩三字之符而麾四勿之旗 此其守之之嚴也 消融其査滓 蕩滌其邪穢 活水以繞之 霽月以照之 此其修之之潔也 夫然後動靜於斯 應萬事於斯 無入而不自得焉 / 如其否者 破屋而寇至 暗室而塵生 邪抵乎隙 官失其職 生龍活虎 攫挐於庭宇 焦火凝氷 變幻於軒楹 舍無所用其神明矣 / 予爲是懼 屋漏乎淵氷 入室乎行陣 不敢以安宅爲安而自肆也 不敢以廣居爲廣而自佚也 有是舍者 奈何不敬 / 客曰善問舍之名 得守舍之道 遂書紳以記之."

3. 한사의 교육사상과 향촌교화

1) 교육사상

(1) 교육목적

성리학을 탐구하고 경의敬義의 실천을 강조하는 한사의 학문은, 다음의 「제문」에서 이를 기반으로 하는 후학 교육의 일면을 보여 준다.

> 경의敬義를 마음에 담고 몸소 도道의 참된 것을 찾았네.
> 염락濂洛의 근원을 연구하고 관민關閩의 실마리를 접했네.
> 아름다운 말과 착한 행동은 신명神明을 대한 것 같았네.
> 넓고 간략한 것을 겸해 갖추어서 공정工程을 생각하고 물었네.
> 부지런히 착한 일을 하고 위를 향해서 오로지 정밀히 했네.
> 어리석은 이들을 잘 이끌어서 이치를 극진히 밝혀 주었네.
> 학문과 덕업을 질의하면서 후생後生들이 의탁할 곳이 있었네.25)

여기서는 후학을 이끌고 학문과 덕업을 향상시키기 위한 교육의 일단을 엿볼 수 있다. 한사는 교육의 대상인 학습자를 인재로 간주하고, 인재와 인재양성에 대한 관점을 다음과 같이 보여 주고 있다.

> 인재人才란 국가의 원기元氣이니, 함께 만기萬幾를 같이할 자도 인재이고, 이기二氣를 조정하고 사시四時를 순하게 하는 자도 인재이며, 밖에서 업신여김을 막고 난폭한 자를 형벌하는 자도 인재이다. 그런 까닭에 국가에 인재가 있는 것은 마치 집에 있어서 곡식과 같고, 배가 가는 데 키와 돛대의 역할과 같다. 그러나 물건은 미리

---

25) 姜大遂, 『寒沙集』, 卷7, 附錄, 「祭文」(李重輝), "存心敬義 耽躬道眞 沂源濂洛 接緒關閩 嘉言善行 對越神明 博約兼該 思問工程 眷眷執善 向上專精 提誘羣蒙 兩端叩竭 質疑問業 後生有托."

갖추어 놓지 않으면 졸지에 구할 수가 없는 것이다. 재목을 미리 기르지 않으면 중도에 쓸 수가 없다. 들보가 되는 나무는 1년에 자라는 것이 아니다. 3년 묵은 쑥을 어찌 하루저녁에 구할 수 있겠는가.26)

여기서 인재는 국가의 원기, 집안의 곡식과 배의 키와 돛대에 비유되고, 장시간에 걸친 준비를 통해서 장래 유용하게 쓰일 수 있는 존재로 파악되고 있다.

영남은 인재의 부고府庫27)임에도 불구하고 당시 인재가 부족할 수밖에 없었던 사정을 한사는 다음과 같이 지적하고 있다.

첫째, 과거공부에 힘쓰는 자와 시골에서 책으로 공부하는 자가 부재한 현실이다.

인욕人欲이 횡행하여 천리天理가 멸해지고 공도公道가 없어지면서 사사로운 구멍만이 열려, 과科마다 방榜을 낸 뒤에는 비방하는 말이 자자하고 진위眞僞가 서로 엇갈려, 인정人情이 풀어져서 착실하게 과거공부에 힘쓰는 자를 또한 얻기가 어렵고 시골 마을에서 책을 끼고 공부하러 가는 자가 몹시 드무니, 선비들의 습관이 어떻게 바르게 되며 인재가 어디에서 나올 수 있겠는가. 그런 까닭에 벼슬에 나가서 정치에 종사하는 자와 학식과 재행才行이 있는 자는 천 명 중에 백 명이거나 10명 중에 한 명밖에 되지 않고, 문한文翰이 있고 총명하고 민첩한 선비 또한 많이 볼 수가 없으며, 남의 글을 베껴 써 가지고 아무것도 모르면서 요행히 성공한 자가 많다.28)

---

26) 姜大遂, 『寒沙集』, 卷4, 疏箚, 「應旨陳弊疏庚寅」, "人材者 國家之元氣也. 與之共萬幾者人材也. 與之擾萬民者人材也. 調二氣順四時者人材也. 禦外侮刑暴亂者人材也. 人材之於國家 如居家之不可無菽粟 行舟之不可無柁楫也. 然物不素具 不可以應卒 材不預養 不可以中用 棟樑之木 非一年可長 三年之艾 豈一夕可求乎."

27) 姜大遂, 『寒沙集』, 「年譜」, 37歲條. 姜大遂, 『寒沙集』, 卷5, 雜著, 「通諭列邑文丁卯以號召使從事官製」, "況我嶺南 人材之府庫 國家之根柢 列聖之所培養 先賢之所教訓 戶有節義之風家傳忠孝之俗 義聲旣著於壬辰 忠憤豈歇於今日 朝廷之所期待於本道者 不淺鮮矣."

28) 姜大遂, 『寒沙集』, 卷4, 疏箚, 「應旨陳弊疏庚寅」, "人欲肆而天理滅 公道蝕而私竇開 每

여기서는 과거공부에 힘쓰지 않고 성현의 책 읽기를 게을리하는 자들은 많으나 정치에 종사하거나 학식과 재행을 갖추고 있으며 문장에 능하고 총명하고 민첩한 선비는 찾아보기 어려운 현실을 개탄하고 있다. 둘째, 모든 고을이 방학放學한 지 오래되어 교양敎養의 법도가 이미 사라져 버렸다는 것이다.

> 근년 이래로 국가에 일이 많고 해마다 흉년이 들어서 모든 고을에서 방학放學한 지가 여러 해가 되고 학교에 풀이 무성한지가 이미 오래되어, 이름이 유적儒籍에 있는 자도 어로魚魯를 분별하지 못하는 자가 많고 민간의 마을에서 짐승이 옷을 입은 무리들을 볼 수 있으니, 교양敎養의 법도가 사라진 것이 이때보다 더한 적은 없었다.[29]

흉년으로 인한 고을의 방학이 그 원인이기도 하겠으나, 유적儒籍에 있으면서도 어로魚魯를 구분할 줄 모르고 심지어 이들에게서 교양의 법도조차 찾아볼 수 없는 현실을 개탄한 것으로 보인다. 사정이 이렇다 보니 인재가 나오지 않는 것은 당연한 이치였을 것이다. 게다가 당시의 시대적 상황도 이러한 세태를 반영해 주고 있다.

> 세도가 날로 낮아지고 나랏일이 날로 잘못되며, 하늘의 노여움은 날로 심해지고 백성의 원망은 날로 불어나며, 기강紀綱은 날로 해이해지고 풍속은 날로 그릇되며, 화란禍亂은 날로 일어나고 윤리와 강상綱常이 날로 무너져서, 치평治平의 공효는

科出榜之後 謗言藉藉 眞僞相蒙 人情解體 着實用力於擧業者亦不多得 而村巷間挾書者甚罕 士習何由而正 人材何從而出乎 是以釋褐從政者 學識才行之士 十一於千百矣 文翰聰敏之士 亦難多見矣 剽竊粃繊之士 倖得者往往居多矣."

29) 姜大遂, 『寒沙集』, 卷4, 疏箚, 「應旨陳弊疏庚寅」, "近年以來 國家多事 歲比不登 列邑之放學多年 學校之茂草已久 名在儒籍者 率多魚魯不分 比屋村閭者 俱見襟裾之徒在 敎養之無法 莫此時若也."

이미 기대할 수도 없거니와 혼란과 패망을 내포한 그런 재앙에 이르렀다.30)

여기서 한사는 당시의 혼란한 상황을 목격하고 인재등용을 위한 새로운 대책을 강구하게 되는데(1631, 41세), 10월에 작성된 「옥당팔조차玉堂八條箚」에서 그는 인재의 효율적 활용방안을 다음과 같이 제시하고 있다.

첫째, 간사하고 올바르며(邪正) 어질고 어리석은지(賢否)를 반드시 환히 살피고 분간해서 그들을 각기 알맞은 곳에 등용해야 한다.31)

둘째, 현재 조정에는 좋은 선비가 많고 시골에는 묻혀 있는 어진이가 없으니, 사람을 얻은 훌륭함이 이에 이르러 성대하였다. 임금이 정말로 밝게 보고 신중히 가려서 성의를 미루어 맡긴다면 어찌 훌륭한 보필로서 국사를 담당할 사람이 없겠는가.32)

셋째, 일단 한 사람을 얻어서 곁에 두고, 그로 하여금 천지의 도를 공경히 밝히고 국사를 경륜하게 하며, 그로 하여금 사방에서 준걸한 사람을 초치하여 여러 지위에 배치하게 하면, 반드시 뜻이 굳고 방정하며 정직한 사람이 나와서 임금의 대간이 될 것이다.33)

그렇게 되면, 옛것을 배워 들은 것이 많은 선비가 나와서 임금의 강관講官이 될 것이다. 그리고 까다롭지 않아 백성과 친근해지는 어진 관원을 열읍에 내보낼 수 있고, 온갖 집사의 분주한 직책에 훌륭한

---

30) 姜大遂, 『寒沙集』, 卷3, 「玉堂八條箚」, "世道日降 國事日非 天怒日甚 民怨日滋 紀綱日解 風俗日偸 禍亂日興 倫常日壞 治平之效 已無可冀 亂亡之灾."

31) 『仁祖實錄』, 9年 辛未 10月3日, "其邪正賢否 必皆洞燭 而涇渭之矣 宜其各適其用 奮庸熙載."

32) 『仁祖實錄』, 9年 辛未 10月3日, "目今朝多吉士 野無遺賢 得人之美 於斯爲盛 殿下果能灼見愼簡 推誠委任 則豈無碩輔良弼擔當國事者乎."

33) 『仁祖實錄』, 9年 辛未 10月3日, "旣得一人 置諸左右 使之寅亮天地 經綸國事 使之旁招俊彦 列于庶位 則必有剛方 正直之人出 而爲殿下之臺諫."

인사들을 얻을 수 있을 것이며, 병마를 통솔하는 직임에 간성干城이 되는 장수를 얻을 수 있을 것이고, 방면方面을 통치하는 방백의 선발에 맑고 깨끗한 인재를 얻을 수 있을 것이다.[34] 이렇게 안팎으로 인재를 얻게 되면 다스리는 도가 이루어지지 않음이 없을 것이다.

이러한 인재관에 기반하는 교육목적, 즉 교육적 인간상으로 내세울 수 있는 사표는 다음과 같은 의미를 시사해 준다.

검소하고 공손하고 겸손하고 청렴하다는 것은 모두 몸을 닦는 큰 법으로서, 제사를 받드는 데는 예禮로 하고 규문閨門을 다스리는 것은 법으로 하며 자제子弟를 가르치는 데는 의리로 하되 엄하게 하고 동복僮僕을 다스리는 데는 화락하게 하되 사납게 한다. 이는 가도家道의 정리된 바이요 사람들의 칭찬이 흡족한 바이다. 오직 그 착한 것을 좋아하고 악한 것을 미워하는 것은 타고난 바의 바른 것으로서, 사물事物 위에 경수涇水와 위수渭水가 분명히 나뉘기 때문에 불초不肖한 자는 기뻐하지 않는 것이다. 푸른 하늘과 흰 해는 노예奴隸라도 또한 그 청명淸明한 것을 아는 것이니, 어찌 감히 한 자 안개와 한 치의 구름이 이를 가릴 수 있겠는가. 예를 묻는 자가 오고, 학문을 배우는 자가 오고, 의심나는 것을 묻는 자가 오니, 사람들의 사표師表가 된 지가 오래이다.[35]

여기서 예를 묻고 학문을 배우며 의심나는 것을 묻는 자들이 모이게 되니, 이들이 본받으려는 교육적 인간상으로서의 사표는 한사에게

---

34) 『仁祖實錄』, 9年 辛未 10月3日, "學古多聞之士出 而爲殿下之講官矣 平易近民之良 可布 於列邑矣 百執事奔走之職 可得庶吉矣 閫寄之任 可得干城之將 而方面之選 可得澄淸之 才矣."

35) 姜大遂, 『寒沙集』, 卷7, 附錄, 「家狀」, "曰儉曰恭曰謙曰廉 儘是修身大法 而奉祭祀以禮 飭閨門以法 敎子弟以義而嚴 御僮僕以和而厲 此家道之所整 而人譽之所洽也 惟其善善惡 惡 出於所賦之正 事物上涇渭太分 故不肖者不悅 而靑天白日 奴隷亦知其淸明 疇敢爲尺 霧寸雲之蔽障哉 問禮者至焉 講學者至焉 質疑者至焉 爲人之師表雅矣."

있어서 교육목적으로 스스로 모범이 되어 보여 준 전형으로 이해될
수 있다.

(2) 교육내용

한사의 교육과정은 다음의 두 가지를 보여준다. 하나는 『소학』→
『대학』→『논어』→『맹자』→『중용』의 5과목으로 구성된 것이다.
이는 63세 때(1653) 인근의 후학들에게 과정을 짜서 차서 있게 가르친
것으로, 먼저 『소학』에 들어간 다음, 『대학』, 『논어』, 『맹자』, 『중용』에
이르게 하고, 아는 것과 행동하는 것의 두 측면을 함께 배우도록 하며,
넓고 간략하고 함께 닦는 등의 말을 곡진하게 하여, 문예文藝를 먼저하
고 기식器識을 뒤에 하는 일이 없게 하였다.[36]

다른 하나는 『소학』→『중용』→『대학』→『논어』→『맹자』→
시서역詩書易의 8과목으로 구성되는 것으로, 이는 나아가는 것과 문자
의 숙성夙成, 그리고 사부詞賦에 능통하는 방법으로서 다음과 같다.

늘그막의 한가로운 운치는 오직 사람 가르치는 것으로 즐거움을 삼았으나, 마을
속에 공부할 곳이 없으므로 이에 석천서재石泉書齋를 열어 학도學徒들이 거처하게
했다. 내 힘을 함양하는 여가에는 어린이들을 가르치고 후생들을 공부시키는 과정이
차서次序가 있어서, 먼저 『소학』으로 초학初學의 입덕入德의 문을 삼아서 어버이를
사랑하고 형을 공경하며 스승을 높이고 벗을 친하게 여기는 도리를 간절히 가르치고,
『중용』, 『대학』을 그 다음에 가르치고, 『논어』, 『맹자』를 또 그 다음에 가르친 뒤에
시詩, 서書, 역易을 가르치는데, 반드시 글 뜻을 강구하게 하여 그들로 하여금 들어가서는

---

36) 姜大遂, 『寒沙集』, 「年譜」, 63歲條, "課傍近後學程督有序 先入小學次及大學論孟中 庸
諄諄於知行兩進 博約交修等說 毋得先文藝 而後器識焉."

지식과 행동의 근본을 알고 나가서는 문장을 하는 데 쓰게 했다. 학문을 하는 방법을 알게 한 것은 이것이 그 한 모퉁이의 일이니, 문자의 숙성夙成함과 사부詞賦에 능할 것은 그 한 가지만 엿보아도 전체의 글을 알 수 있을 것이다.[37]

여기서 후자의 교육과정에서는 『중용』과 시·서·역의 과목이 추가되고, 글의 뜻을 강구해서 지식과 행동의 근원을 파악하고 학문의 방법을 알게 하며 문자의 숙성과 사부詞賦에 능통함이 강조되었다.

한사의 생애를 통해서 볼 때 그의 교육과정은 대체로 사서四書 및 『소학』, 정명鼎銘의 찬정贊正, 장사숙張思叔의 좌우명座右銘, 남전향약藍田鄕約, 족계族契, 경전經傳, 『주역周易』, 『주자대전朱子大全』, 그리고 육경六經·제사諸史 등으로, 이는 대체로 다음과 같다.

첫째, 사서四書 및 『소학』이다. 사학四學의 관원은 경서에 밝은 선비 중에 선발해서 사서 및 『소학』 등의 책을 항상 통독하게 하고, 사대부의 도로 참례해 찾는 자도 역시 모두 경의經義를 강론하였다. 대개 선정신先正臣 문순공文純公 이황李滉(1502~1571)이 도학道學을 창명倡明하자 이 일이 몹시 성盛했으나, 그 후로는 잠잠하고 해이해졌다.[38] 그래서 한사는 자질子姪들에게 '모름지기 『소학』에 힘을 얻어서 몸이 마치도록 이를 힘껏 행하라'[39]고 『소학』 공부를 당부하였다(1658, 68세).

---

37) 姜大遂, 『寒沙集』, 卷7, 附錄, 「家狀」, "暮境閒致 惟以誨人爲樂 而患其里中無蛾述之所 乃闢石泉書齋 所以居學徒也 涵養餘力 及於訓蒙 課旁近後生 程督有序 先以小學爲初學 入德之門 懇懇於愛親敬兄隆師親友之道 而庸學次之 論孟又次之 然後授以詩書易 必求其 講究文義 使之入而爲知行之本 出而爲科臼之用 爲學知方 此其一隅 而文章之夙成 詞賦 之兼工 窺其一斑 可知全豹之文也."

38) 姜大遂, 『寒沙集』, 卷4, 疏箚, 「應旨陳弊疏庚寅」, "臣又逮聞宣廟朝事四學之官 擇定明經 之士 以四書及小學等書 常爲通讀 士大夫之還往參尋者 亦皆講論經義 盖其時先正臣文純 公李滉倡明道學 故此事甚盛 厥後寢以解弛 壬辰亂後 全然廢壞 然而宣武扈聖之佐 昏朝 扶倫之士 皆是宣廟所養之人材也."

둘째, 정명鼎銘의 찬정贊正, 장사숙張思叔의「좌우명座右銘」, 남전향약
藍田鄕約, 족계族契이다. 한사는 자신을 신칙할 적에는 정고보正考父의
정명鼎銘40)을 기리듯이 하고, 마음을 경계하는 것은 장사숙張思叔의
좌우명座右銘으로 하고, 풍속을 바르게 하는 것은 남전여씨향약(藍田呂約)
을 모방하고, 친척을 화목하게 하는 것은 내외족계內外族契를 통해서
강론하였다.41) 평생을 공평하게 생각하고 행하는 것이 터럭만큼도
옳지 않은 것이 없었고, 남을 대해 말하는 것이 그 분화紛華한 것을
좋아하지 않고 교만하고 사치스러운 것을 하지 않으니, 이는 실로
밖으로 거짓으로 하는 바가 아니었던 것이다.42) 장사숙의「좌우명」43)
은 한사가 1653년(63세) 봄에 한사정와寒沙靜窩에 거처할 때 걸었던 것인
데, 당시 학문을 익히고 예를 묻는 자가 항상 가득했다고 한다.44)
　셋째, 경전經傳,『주역周易』,『주자대전朱子大全』이다. 그는 어버이의
침소에 문안하고 음식을 살펴보는 여가에 날마다 경전을 대해서 깊은
의미를 탐구하였고,『주역』읽기를 좋아하여 장차 늙어 가는 줄도
몰랐다. 또『주자대전』을 좋아해서 꿰뚫지 않은 곳이 없었다.45) 62세

---

39) 姜大遂,『寒沙集』,「年譜」, 68歲條, "戒子姪曰 須得力小學 可終身行之"
40) 姜大遂,『寒沙集』, 卷4, 雜著,「正考父鼎銘贊」, "一命而僂 再命而傴 三命而俯 恭也 循墻
　　而走 亦莫余敢侮 讓也 饘於是粥於是以餬余口 儉也 按一銘之中 恭儉讓備 若夫溫良則德
　　修而潤身之效也 吾夫子之得之 固出於生知 而亦豈無所本歟 吁其盛哉."
41) 姜大遂,『寒沙集』, 卷7, 附錄,「行狀」, "飭躬則贊正考父鼎銘 警心則揭張思叔座銘 正俗
　　則倣藍田呂約而行之 睦親則立內外族契以講之."
42) 姜大遂,『寒沙集』, 卷7, 附錄,「家狀」, "擧平生夷考其行 無一毫不可對人言者 其紛華之
　　不喜 驕侈之不爲 實非外假也."
43)『小學』,「立敎篇」, "張思叔 座右銘曰 凡語必忠信 凡行必篤敬 飮食必愼節 字劃必楷正
　　容貌必端莊 衣冠必整肅 步履必安詳 居處必正靜 作事必謀始 出言必顧行 常德必固持 然
　　諾必重應 見善如己出 見惡如己病 凡此十四者 皆我未深省 書此座右 朝夕視爲警."
44) 姜大遂,『寒沙集』,「年譜」, 63歲條, "講學問禮者 戶屨常滿."
45) 姜大遂,『寒沙集』, 卷7, 附錄,「行狀」, "其爲學也 問寢視饍之餘 日對經傳 探賾蘊奧 尤喜
　　讀易 不知老之將至 又慕朱子大全 無不融貫."

때(1652)에는 『주역』에 잠심하고, 이듬해(1653, 63세)에는 『주역』에 더욱 몰두하게 되어서 매일 한 괘卦씩 외웠으며, 마음을 씻고 도를 즐겼던 것으로 보인다.[46]

넷째, 육경六經, 제사諸史이다. 능히 육경을 널리 배우고 자세히 말하며, 제사諸史를 참고해서 그 흥망의 발자취로 근본을 바르게 하고, 그 근원을 살펴서 사물의 무궁한 변화에 대응하면 패연沛然히 강하江河의 물을 뜨는 것과 같았다고 한다.

(3) 교육방법

장수將帥가 될 만한 훌륭한 인재의 배출은 학교를 일으키는 일에서 이루어진다. 학교가 일어나서 얽매이지 않는 선비가 그 사이에서 나온다면, 여력이 이에 타고 나고 또 능히 그 풍교風敎에 젖어서 임금에게 충성하고 직책을 다하는 도리를 알게 될 것이다. 그러면 문재文才가 짧아서 글을 배우다가 이루지 못한 자도 역시 발분發憤하여 예업藝業에 뜻을 돈독히 하게 됨으로써 공명功名을 진취進取하는 자가 있을 것이다.[47] 이와 같이 한사는 정치와 교육을 통한 교화를 강조하였다.

풍교를 비롯하여 개인의 재질에 따른 교육도 아울러 강조되었다. 한사가 회양准陽에 부처付處되었을 때, 각고의 노력으로 행실을 조심하고 곤경에 잘 대처하자 그를 찾아와서 배우는 이들도 재주에 따라 성취된 바가 많았으니, 사람들이 모두 훌륭하게 여겼다.[48] 그리고 옷을

---

46) 姜大遂, 『寒沙集』, 「年譜」, 63歲條, "先生尤喜易 日誦一卦 洗心樂道 不知老之將至."
47) 姜大遂, 『寒沙集』, 卷4, 疏箚, 「應旨陳弊疏庚寅」, "將材之出 亦由於學校之興 學校旣興 而跅弛之士出於其間 則膂力旣有天得 又能濡染於風敎 知忠君盡職之道矣 其短於文才學書不成者 亦宜有發憤篤志於藝業而進取功名者矣."

걷어 올리고 배우기를 청하는 이가 날로 많아졌는데, 각각 그 재주에 의해 순서에 따라 권장하여 진보시키니 차츰 이름을 이루는 자가 있었다.[49] 이로써 보면, 개인의 재질에 따른 교육 역시 한사의 교육에서 중시되는 것이었다. 이는 다음의 글에서도 확인된다.

내(李堂揆) 나이 15세에 공의 문에 장가들었는데, 공이 나를 무양撫養하고 교회敎誨하며 권장勸奬하여 성취시켜 주신 것이 지극했다. 비록 둔한 재주가 무능無能해서 한 가지 재주의 이름도 이수하지 못했으나, 오히려 아름답지 못한 바탕으로 어둡다는 편단을 얻지 않은 것은 공의 은혜가 깊다.[50]

나(李重輝) 같은 못난 사람이 일찍 공의 문하에 들어와서 뜰아래 출입하여 가르침이 많았고 은혜를 입었네.[51]

여기서는 비록 이당규나 이중휘의 재주가 둔하긴 하였으나 이를 잘 파악하여 가르치고 장려함으로써 학습자의 타고난 소질이 개화될 수 있도록 한 예를 보여 준다.

한편, 풍교를 비롯한 개인의 재질에 따른 교사의 교육뿐만 아니라, 학습자 내면의 심성에 관심을 가지고 이를 수양하려는 「신명사기」의 교육방법도 다음과 같이 보인다.

---

48) 姜大遂, 『寒沙集』, 卷7, 附錄, 「行狀」, "付處淮陽……其在淮刻苦勵行 能得處困之正 其 來學者 隨其才成就之甚多 人皆賢之."

49) 姜大遂, 『寒沙集』, 「年譜」, 30歲條, "摳衣請學者日益衆 先生各回其才順序 將進稍稍有 成名者."

50) 姜大遂, 『寒沙集』, 卷7, 附錄, 「祭文」(李堂揆 女壻), "余年十五而贅公門 公之所以撫養我 敎誨我勸奬我成就我者至矣 雖緣魯才無能未成一藝之名 猶以不美之質 得無賫賫之蔽 則 公之恩厚矣."

51) 姜大遂, 『寒沙集』, 卷7, 附錄, 「祭文」(李重輝), "如我無似 早贅公門 出入庭下 誨多承恩."

첫째, 학습자의 마음을 지키는 방법이다. 「신명사기」는 마음의 집인 신명사神明舍를 외부의 적으로부터 방비하는 모습을 보여 주는데, 이는 외부의 다양한 자극으로부터 내 안의 마음을 잘 지키는 방법을 시사한다. 신명사를 잘 유지하고 지키는 방법으로 한사는 입덕문入德門, 인귀관人鬼關, 삼자부三字符, 사물기四勿旗의 네 가지를 제시하였다.

① 입덕入德의 대문을 숭상하여 덕으로 들어가는 입덕문入德門으로, 이는 마음을 지키기 위한 출발점이다. ② 인귀人鬼의 관문을 닫는 인귀관人鬼關이다. 이는 선과 악의 기로가 되는 관문의 역할을 하며, 뜻을 지극히 정성스럽게 함으로써 마음을 바르게 하려고 한다. ③ 삼자부三字符52)의 패용이다. 이는 경敬과 의義와 성誠으로 내면의 마음가짐을 확립하고 이를 외면의 실천적 행동으로 구현하는 것을 보여 준다. ④ 사물기四勿旗의 수립이다. 사물四勿이란 인仁이 무엇인지를 묻는 안연顔淵의 질문에 공자가 "예가 아니면 보지도 듣지도 말하지도 행동하지도 말라"53)라고 답한 데서 비롯된다. 사물기의 게양은 신체 외부의 다양한 자극들이 마음의 집인 신명사에 침투하려는 것을 사전에 차단하면서, 인仁을 필사적으로 구현하고자 하는 의지의 표명으로 보인다.

둘째, 학습자의 마음을 닦는 방법이다. 신명사를 깨끗하게 닦는 방법

---

52) 『周易』, 坤卦, 「文言傳」, "直其正也 方其義也 君子敬以直內 義以方外 敬義立而德不孤 直方大 不習無不利 則不疑其所行也." 『南冥集』 卷1의 「神明舍銘」에 四字符는 和恒直方을 말한다. 和는 외물과 접하여 절도에 맞는 것이고, 恒은 변함이 없는 것이며, 直은 혼자만 아는 마음을 삼가는 愼獨이고, 方은 내 마음의 법도로 남을 헤아리는 絜矩이다. 한편, 『浮査集』 卷5의 「三字解」에서 浮査 成汝信은 '삼자'를 直方大라 하여, 直의 공부는 敬이고 方의 공부는 義이며 大의 공부는 誠이라고 하였다. 전병철, 「지리산권 지식인의 마음 공부 - '신명사도명' 관련 남명학파 문학작품에 나타난 재해석의 면모와 시대적 의미」, 『남명학연구』 제28집, 335~336쪽 참조.
53) 『論語』, 「顔淵」, 第1章, "非禮勿視 非禮勿聽 非禮勿言 非禮勿動."

으로는 마음에 쌓인 찌꺼기와 더러움을 깨끗이 씻어내고, 신명사 둘레에 활수活水가 흐르게 하며, 제월霽月이 비추게 한다. 신명사를 지키고 정비하는 일은 언제나 두렵고 삼가는 마음으로 공경하듯이 해야 하는데, 학습자의 마음을 수양하는 방법에는 다음의 두 가지가 있다.

하나는 신명사를 지키고 정비하는 것으로, 이는 마음의 활동 여부를 떠나 마음은 항상 이 신명사에 머물면서 언제나 자득한 상태에 있게 된다는 것이다.

다른 하나는 이와 반대의 경우로, 신명사를 지키고 정비하지 않으면 도적이 신명사의 지붕을 깨고 내부로 침입하게 되어 방이 어두워지고 먼지가 생겨난다. 바깥 세계의 자극들이 신체 내부로 침투하게 되면 마음에 사사로운 욕심이 생기게 되고, 그 틈새로 사악함이 침투하여 맑고 신묘한 마음이 흔들리게 된다. 마음이 제 역할을 상실하게 되면 신체의 모든 기능을 제대로 수행하지 못하게 된다. 이렇게 되면 결국 신명사라는 마음의 집은 더 이상 신묘하거나 밝지도 않은 상태가 되어 명실상부하지 않은 존재로 전락하게 된다.

후자와 같은 결과를 방지하기 위해서 학습자가 실천할 수 있는 방법은, 홀로 있을 때라도 항상 두려워하고 삼가는 신독愼獨의 자세와, 전쟁에서 진법陣法을 행하듯이 언제나 신중하고 근엄한 자세를 유지해야 한다. '편안한 집'(安宅)을 편안하게 여겨서 방자하게 굴고 '넓은 거처'(廣居)를 넓게 여겨서 안일하게 구는 것은, 인仁과 의義의 도리를 제대로 행하지 않고 방자하고 안일하게 행동하는 것이다. 따라서 마음을 잘 보존하고 싶다면 인의仁義의 도리를 잘 실천하면서 항상 지경持敬해야 할 것이고, 언제나 깨어 있는 성성惺惺한 상태의 경敬을 유지해야 할 것이다.

2) 향촌교화

50대 중반 이후로 한사는 신라 충신 죽죽竹竹의 충절을 기리는 비문의 찬수, 서원의 설립과 향음주례의 시행 그리고 향약의 수립 등을 통해 향촌교화에 일조하게 된다.

「신라충신죽죽비新羅忠臣竹竹碑」54)는 한사가 55세(1645) 때 지은 것으로, 신라 선덕여왕 때에 활동했던 충신 죽죽(?~642)의 충절을 기린 것이다. 죽죽은 대야주(지금의 합천) 사람으로, 선덕여왕 11년(642) 대야성이 백제군에 함락될 때 대나무와 같은 절개로 끝까지 굴하지 않고 맞서 싸우다 전사하였고, 선덕여왕은 그의 용맹성과 나라를 위한 충절을 기리고자 급찬으로 벼슬을 높여 주었다. 이런 죽죽의 충절을 기리고 후대에 길이 전하기 위해 조선 중종 20년(1525)에 군수 조희인曹希仁(1578~1660)이 비를 건립하였던 것이다.

이연서원伊淵書院은 한사(1645, 56세)가 세운 것으로서, 한훤당寒暄堂 김굉필金宏弼(1454~1504), 일두一蠹 정여창鄭汝昌(1450~1504) 두 선생을 모신 서원이다. 두 선생이 일찍이 군郡의 서쪽에서 학문을 연구한 바 있었으나 자리잡은 곳이 없어서 선비들이 의논한 지가 오래되었다. 그래서 한사가 힘써 주장해서 세우게 된 것이다.55) 이는 다음과 같이 보인다.

---

54) 姜大遂, 『寒沙集』, 「年譜」, 55歲條, "撰新羅忠臣竹竹碑" 및 卷6, 碑, 「新羅忠臣竹竹碑」, "按新羅善德主時 百濟一萬兵來攻大野城 城主金品釋出降幢下 竹竹諫不見用 則迺收殘兵 閉城門力戰死之 噫謂之歲寒後凋者非耶 眞不負其名者哉 公大野人 撰干郝勢之子 其名與其地 人到今稱之 而識者歎其無徵 今曹侯希仁懼夫愈久而泯 伐石而竪諸里 九百年之幽光 於侯乎發之 侯之於風敎 功豈微哉 是用識."

55) 姜大遂, 『寒沙集』, 「年譜」, 56歲條, "創伊淵書院 寒暄堂一蠹兩先生嘗卜藏修於郡西 而無揭處之 所士有公議者久矣 至是先生力主創之."

이연伊淵에 서원書院을 세워 두 어진 이를 받드는 일은 대개 일찍이 전배前輩들이 뜻은 있어도 이루지 못했는데, 이 일을 이루어서 많은 선비들로 하여금 의지하고 돌아갈 바가 있게 함으로써 도를 높이고 어진 이를 사모하는 정성이 거의 사람으로 하여금 탄복하게 했다.56)

곽수강郭壽岡의 「제문祭文」에 의하면, 한사는 이연서원을 세워 두 어진 이를 받듦으로써 선비들의 귀의처를 설치하고 유교의 도를 숭상하고자 한 것이었다. 이는 「봉안제문奉安祭文」에서도 보인다.

쇄소灑掃하고 응대應對하는 일이 첫길의 시작일세. 아름다운 말과 착한 행동이 신명神明을 찬양하네.…… 선비는 나갈 바를 알고 선비는 전형典刑이 있네.57)

리기理氣를 연구하고 더듬어서 위를 향하여 정기를 오로지했다. 사업을 절개로 지키고 공정工程을 생각하고 물었다.58)

위의 「이연서원한훤당김선생봉안제문伊淵書院寒暄堂金先生奉安祭文」과 「이연서원일두정선생봉안제문伊淵書院一蠹鄭先生奉安祭文」에 의하면, 한사는 쇄소灑掃와 응대應對를 기반으로 하며 선비의 나아갈 바와 성리학을 토론하고 강습하는 모습을 상기하고 있다.

또한 덕곡서원德谷書院은 한사(1654, 64세)가 의령에 건립하여 퇴계退溪 이황李滉을 배향한 곳으로, 간송澗松 조임도趙任道(1585~1664), 조은釣隱

---

56) 姜大遂, 『寒沙集』, 卷7, 附錄, 「祭文」(郭壽岡), "顧惟伊淵之揭虔兩賢 盖嘗先輩之有志未就者 而至于公乃克成百年未遑之事 俾多士得有所依歸 尊道慕賢之誠 幾令人而歎服."

57) 姜大遂, 『寒沙集』, 卷5, 祭文, 「伊淵書院寒暄堂金先生奉安祭文」, "灑掃應對 軔自初程 嘉言善行……士知趨向 儒有典刑."

58) 姜大遂, 『寒沙集』, 卷5, 祭文, 「伊淵書院寒暄堂金先生奉安祭文」, "研探理氣 向上專精 操存事業 思問工程."

한몽삼韓夢參(1589~1662), 군수 윤순거尹舜擧(1596~1668)와 같이 논의하고 협력해서 건립한 것이었다. 한사는 이 서원의 상량문과 퇴계 봉안문을 짓기도 하였다.

한편, 향음주례는 미풍양속을 교도敎導하는 의식으로, 한 고을의 유생들이 모여 향약鄕約을 읽고 예의를 지키기 위해 서약하며 술을 마시는 잔치이다. 한사(1645, 55세)는 정월에 학교에서 향음주례鄕飮酒禮를 행했고,[59] 2년 후(1647, 57세) 부로父老들과 의논하여 향약鄕約을 세웠다. 남전藍田의 고사를 본받고 약간의 조목을 가감하였는데, 그 서문序文이 남아 있다. 또한 학교에서 향음주례를 행한[60] 예를 보여 준다.

「밀양향약입의서密陽鄕約立議序」(1648)는 1648년에 밀양부사密陽府使였던 한사가 참여하여 제정한 밀양부密陽府 유향소留鄕所의 운영규정인 향규鄕規의 서문이다. 여기에서 한사는 임진왜란으로 인심과 풍속이 문란해졌다며, 밀양의 여러 향로鄕老들과 의논해서 향약을 기본조항으로 하고 몇 개의 조항을 첨가하여 향규를 제정하였다. 서문에는 다음과 같이 보인다.

내가 백성을 돌보라는 명령을 받고 보니 토지는 기름지고 백성은 순박하여, 이러한 큰 흉년을 당하고도 민가에서 아침저녁으로 얼고 굶주릴 것을 근심하지 않았다. 전야田野를 개간하여 10중의 8~9를 더하니, 난리의 처음에 비교하면 가히 부자가 되고도 넉넉하다. 여기에 풍화風化를 입은 자를 잡아서 만일 그 사람을 얻어 교도敎導한다면 같이 얻어서 진실로 갖는 자가 어찌 깨우치기가 쉽지 않겠는가?…… 나는 또 그 사람이 아니어서 남전藍田의 고사를 감히 들어 행하는 것이 아니라, 다만

---

59) 姜大遂, 『寒沙集』, 「年譜」, 55歲條, "正月 行鄕飮酒禮於黌堂."
60) 姜大遂, 『寒沙集』, 「年譜」, 57歲條, "與父老議立鄕約 倣藍田故事 增損略干條有序文 行鄕飮酒禮於黌堂."

그 중의 약간 조목만을 추려서 부로들과 함께 힘쓰기를 약속하는 바이다.61)

여기서 풍화를 입은 자를 통해 가르치고 인도해 주며 남전의 고사를 기반으로 마을의 실정에 따라 향약조를 수정하고 수립한 것은 향촌사회의 발전에 일조한 것으로 보인다.

4. 맺음말

본고는 한사의 강학과 교육에 관한 대체적인 윤곽을 그리기 위해서, 먼저 수학과정을 통한 한사의 강학을 살펴보고, 마음을 지키고 닦는 방법론으로서의 심성수양이라 할 수 있는「신명사기」를 개관해 보았다. 그리고 인재관과 이상적 인간상으로서의 교육목적을 살펴보고, 이를 지향하기 위한 교육내용과 방법을 통해서 한사의 대체적인 교육사상을 구명하였으며, 서원 설립과 향음주례 그리고 향약을 통한 향촌교화의 한 면모를 살펴보았다. 이는 전통사회의 강학을 오늘날 교육의 시각으로 재조명한다는 데 의의가 있다. 이제 이를 정리하면 다음과 같다.

한사는 경사經史와 백자百子에 두루 통하여 부賦와 송頌을 지었으며, 향시에서도 여러 번 장원을 차지하였다. 일찍이 내암 정인홍의 문하에도 왕래하였고, 17세 이후에는 여헌 장현광으로부터 학문을 배우기도 하였다. 18세 이후에는 부친을 따라 서울생활을 하게 되었다.

---

61) 姜大遂,『寒沙集』, 卷5, 序,「密陽郷約立議序」, "不佞承乏視民事 土沃民淳 當妓大侵 閭閻不以朝夕凍餒爲憂 田野闢什八九 較之亂初 可謂富且庶矣 操風化者 若得其人而導迪之 則同得而固有者寧不牖之孔易歟……余且非其人 藍田故事 不敢擧而措之 只拈若干條 與父老約爲勑勵."

심학心學과 도설圖說을 근거로 하여 인간의 심성을 구명하고자 한 남명의 「신명사도」는 한사의 「신명사기」의 연원이 되었다. 한사는 마음의 집인 신명사神明舍를 가상의 공간으로 설정하여, 이 공간의 유래와 구조, 마음을 잃어버리는 과정과 다시 찾는 과정에 대한 경위 등을 기록함으로써 심성을 수양하고자 한 것으로 보인다.

후학과 자제를 위한 교육은 아는 것과 행하는 것의 두 가지에 모두 진전이 있었고 표리가 한결같아 세상의 모범이 되었으며, 이는 교육적 인간상으로서 후학들의 사표가 되었다. 이러한 사표가 되기까지 다양한 경서와 학습주제가 활용되었을 것으로 보이는데, 도서圖書들을 통해서 성현과 성리의 근원을 탐구하거나, 『주역』을 읽고 한 괘씩을 외워 완색하거나 침잠하기, 『주자대전』 읽기, 「신명사기」 등은 교육적 인간상을 추구하는 교육내용과 방법의 요소로 작용하였을 것으로 보인다.

그리고 한사는 1645년(인조 23) 합천에 이연서원을 창건하여 한훤당 김굉필과 일두 정여창을 배향하고 또 1654년(효종 3) 의령에 덕곡서원을 지어 퇴계 이황을 배향하는 등, 서원을 지어 유자儒者들의 공부에 정성을 기울이기도 했다. 또한 향교에서 향음주례를 실시하고 향촌 부로들과 의논하여 향약을 수립함으로써 향촌사회의 교화운동에도 적극 기여했던 것으로 보인다.

제7장 사상학적 관점에서 본 허재 임여송의 문학

정 우 락

1. 머리말

임여송林汝松(虛齋, 1612~1686)은 비교적 알려지지 않은 인물이다. 그러나 우리가 이 인물을 주목하는 것은 그가 한평생 향촌을 중심으로 생활한 은구형隱求型 사림士林의 한 전범이 되기에 충분하기 때문이다. 조선은 성종조와 중종조를 거치면서 영남과 기호지역 사림들이 관료로 나아가게 된다. 김종직金宗直(佔畢齋, 1431~1492)과 조광조趙光祖(靜庵, 1482~1519)가 그 대표적인 인물이다. 이로써 사림은 관료형과 은구형, 그리고 방외형으로 다시 분화되었는데,[1] 임여송은 바로 은구형 사림 계열에 속하는 17세기 중후반의 인물이다. 그는 벼슬에 한 번도 나아가지 않고 자연에 뜻을 두면서, 자연 속에 내재한 진리의 세계를 추구하였기 때문이다.

임여송은 누구인가. 그의 본관은 은진恩津, 자는 필장必長으로 허재虛

---

1) 이에 대해서는 정우락, 「士林派 文人의 類型과 隱求型 士林의 戰爭體驗」, 『한국사상과 문화』 28(한국사상문화학회, 2005)에서 자세하게 다루었다.

齋는 그의 호이다. 종증조부는 임훈林薰(葛川, 1500~1584)이며 증조부는 임운林芸(瞻慕堂, 1517~1572)이다. 아버지는 임진부林眞怤(林谷, 1586~1657)요, 어머니는 동성이씨東城李氏로 이정李楨(龜巖, 1512~1571)의 손자 호변虎變의 따님이다. 임여송은 이들 사이에서 2남 1녀 중 장남으로 태어났고,[2] 출생지는 아버지의 외가인 합천군陜川郡 삼가현三嘉縣 대평리大平里이다. 그의 아내는 벽진이씨 중무重茂의 따님인데 세칭 산화선생山花先生으로 불리는 이견간李堅幹의 후손이다. 임여송은 4남 2녀를 두었으며, 그 가운데 1남 1녀는 요절하였고, 3남 1녀는 동선東善(遷), 동우東遇, 동원東遠과 정천휘鄭天徽에게 시집간 딸이었다.

임여송의 생애에 대한 대략적인 정보는 이현일李玄逸(葛庵, 1627~1704)이 지은 「허재임공묘갈명虛齋林公墓碣銘」과 그 스스로가 쓴 「영회詠懷」, 「유사기초遺事記草」 등을 통해서 알 수 있다. 그는 자신에 대하여 "나는 타고난 성품이 못났고, 근골筋骨이 허약하여 어릴 때부터 질병이 많았다. 다행히 부모님께서 걱정하고 보살펴 주셔서 겨우 목숨을 이어 갔는데, 8~9세가 되어 조금 좋아지게 되었다"[3]라고 적고 있다. 임여송은 어릴 때부터 안질眼疾로 고생을 하였는데, 이 병으로 말미암아 항상 우울하게 지냈다고 한다. 안질은 겨울에 더욱 심해졌고, 이에 임여송은 사물탕四物湯을 복용하면서 병을 다스렸다. 장년 이후로는 또 이명耳鳴이 찾아와서 고생했지만, 그는 이를 천명으로 받아들이고자 했다.[4]

---

2) 첫째는 딸로 鄭彧에게 시집갔으며, 동생은 汝栢으로 朴壽宗의 딸에게 장가들었다.

3) 林汝松, 「遺事記草」, 『虛齋遺稿』, 18쪽, "余, 稟質庸下, 筋骨孱弱, 孩提時多疾病. 幸賴父母慇念調治, 僅延縷命, 至八九世稍實."

4) 이에 대하여 그는 「詠懷」에서 "佇見立揚期, 光陰不我謀. 疾病輒相罹, 萬事固有數"라 표현하였다.

임여송의 향년이 75세였으니, 매사에 조심하면서 비교적 조섭을 잘 했다고 하겠다.

질병에 시달리는 가운데서도 과거에 대한 뜻을 잃지 않았다. 1648년 (인조 26)에 성주에서 있었던 감시監試(초시)에 나아가 합격한 바 있는데, 이때 아버지 임진부가 얼마나 기뻐하였던가를 「유사기초」는 전한다. "선군께서는 침중沈重하고 간묵簡默하시어 희로喜怒를 얼굴에 나타내지 않으셨는데, 한 번 초과에 붙자 기쁜 모습이 얼굴에 가득하시었다. 일찍이 듣건대 자식이 어버이를 기쁘게 하는 것은 과거만한 것이 없다고 하더니, 진실로 거짓이 아니었다"[5]라고 적은 것이 그것이다. 그러나 회시會試에 나아가 병 때문에 참방에 들지 못하고, 이후 과거를 포기하고 만다.

임여송은 12세에 처음으로 동생 여백汝栢(反求堂, 1612~1686)과 함께 『사략史略』을 배웠다. 당시 여백은 10세로 재기才氣가 다른 사람에 비해 못한 점이 있기는 하였지만 노둔하지는 않았다고 한다. 이후 『소학』과 『대학』을 읽으며 유학적 실천과 규모를 확대해 나갔다. 아버지를 특별히 존경했고, 가학을 기반으로 박인朴絪(无悶堂, 1583~1640)에게 나아가 수학하였으며, 정온鄭蘊(桐溪, 1569~1641)과 조임도趙任道(澗松, 1585~1664)에게서도 많은 영향을 받았다. 그는 아버지 임진부가 깊이 허여하였던 정온의 문집 『동계집』을 늘 책상에 두고 보았으며, 정온의 삶을 기리기도 했다.[6] 조임도에 대해서는 스스로 방문하여 그의 삶과 지취를 흠모하였으며, 그것을 여러 편의 글로 남겼다.[7] 그는 특히 명나라의 학자

---

5) 임여송, 「遺事記草」, 『虛齋遺稿』, 122쪽, "先君, 沈重簡默, 喜怒不形于色, 而見一草科, 多有喜色. 嘗聞, 人子悅親, 莫如科擧, 信不誣矣."
6) 「次桐溪集對案有感韻」(『虛齋遺稿』, 34쪽)이 대표적이다.

설선薛瑄(敬軒, 1389~1464)의 『독서록讀書錄』을 읽으면서 깊은 감동을 받고 독후감을 쓰기도 했다.

아울러 임여송은 합천의 용암서원에 모셔진 조식曺植(南冥, 1501~1572), 함양의 용문서원에 모셔진 정여창鄭汝昌(一蠹, 1450~1504)·임훈林薰·임운林芸·정온鄭蘊, 그리고 아버지 임진부가 깊이 허여했던 조임도 등을 정맥正脈으로 평가했다. "용암과 용문에 편액을 달고, 우리의 도는 여기에 의지해 떨어지지 않았네. 개미처럼 학도들이 부지런히 제사를 지내, 정맥正脈을 끝없는 시간 속에 수립하였네"[8]라고 하거나, 함안에서 조임도를 뵙고 돌아와서 "나이가 많아지면서 덕은 더욱 아름다워, 정맥은 장차 끊어지지 않는다네"[9]라고 한 발언에서 이러한 사실을 확인할수 있다. 비록 그가 논리를 세워 정맥을 언급한 것은 아니지만, 정여창, 임훈, 조식 등 영남우도의 선현들에 의해 정맥이 계승된다고 생각하였던 것이다.

과거를 포기하고 안질과 이명으로 고생한 임여송은 향촌과 가족을 중심으로 생활하면서 단권으로 된 『허재유고』를 남긴다. 이 책은 행초 서체로 된 필사본인데 문집으로 간행되지 못했다. 작품의 규모는 대체로, 5언절구 71수, 5언율시 34수, 7언절구 137수, 7언율시 75수, 장편고시 11수, 부賦 1수, 제문祭文 5편, 발跋 1편, 서書 11편, 록錄 6편으로 7언절구가 가장 많다. 이것이 임여송이 남긴 작품의 전모라고 할 수는 없으나,

---

7) 「靈山道中 訪澗松」 2수(『虛齋遺稿』, 32쪽), 「謁澗松先生還家述懷」(『虛齋遺稿』, 80쪽), 「題澗松封事下」 및 「題甲寅封事」(『虛齋遺稿』, 60쪽), 「遺事記草」 가운데 癸卯(1663, 현종 4)조(『虛齋遺稿』, 132쪽) 등이 그것이다.

8) 林汝松, 「愧己賦」, 『虛齋遺稿』, 95쪽, "牓龍巖興龍門, 吾道賴而不墜. 蛾子從而俎豆, 樹正脈於無疆."

9) 林汝松, 「謁澗松先生還家述懷」, 『虛齋遺稿』, 80쪽, "年高德彌邵, 正脈將不絶."

이를 통해 사상학事上學을 기반으로 한 그의 상상력의 행방을 탐구하는
것은 어려운 문제가 아니다. 그는 일생을 통해 '수졸守拙'을 특별히
강조하였는데, 다음 작품에 잘 나타난다.

인심은 아침저녁으로 변하여   人心朝暮態

위태롭기가 몇 층의 물을 건너는 것 같네.   如涉浪層危

누가 알리오, 빈집에서 늙어가면서도   誰解虛齋老

마침내 변하는 때가 없다는 것을.   終無變易時[10]

「우제수졸偶題守拙」이라는 작품이다. 얼핏 보아도 "사람의 마음은
늘 위태롭고, 도의 마음은 잘 드러나지 않는다. 오로지 정밀하게 살피고
한결같이 지켜 그 중심을 붙잡아야 한다"[11]라는 유가 심법을 제시한
것임을 알 수 있다. 아침저녁으로 변하는 위태로운 인심을 어떻게
안정시킬 것인가 하는 것이 문제인데, 임여송은 제목을 통해 이미
답변을 제시하였다. '수졸'이 그것이다. 위 시의 전구에서 제시한 '빈집'
은 '허재虛齋'로, 바로 자신을 의미하기도 한다. 따라서 그는 소박함을
지키며 본성本性을 고치지 않는다는 의미인 '수졸'을 일생의 화두로
삼았던 것 같다.

본고는 일상생활을 특별히 강조하는 '사상학事上學'을 염두에 두면서
임여송의 문학의 주제와 그 의의를 따진다. 이를 위하여 먼저, '사상학'
이라는 관점을 설정한다.(2장) 이것에 기반하여 임여송 문학의 주제적
양상을 탐구할 터인데, 구체적으로는 수양론적 측면, 가족주의적 측면

---

10) 林汝松, 「偶題守拙」, 『虛齋遺稿』, 10쪽.
11) 『書經』, 「大禹謨」, "人心惟危, 道心惟微. 惟精惟一, 允執厥中."

자연인식의 측면으로 나누어 서술할 것이다.(3장) 나아가 그의 문학이 지닌 의의를 '지금-여기에 대한 자각', '생활 소사小事의 재발견', '다양한 소재의 수용'으로 나누어 살펴본다.(4장) 이러한 논의 과정에서 지병을 갖고 평생 초야에서 생활하였던 임여송의 고민과 그 문학적 성과를 자연스럽게 이해하게 될 것이다.

본고는 무엇 때문에 '사상학'이라는 관점을 설정하고자 하는가? 이는 은구형 사림문학을 본격적으로 다루기 위한 것이기도 하다. 지금까지 우리는 근대에 초점을 두고, 이에 합당한 문학사적 위상을 지닌 문제적 작가를 중심으로 다루거나, 한국사상사에서 뚜렷한 족적을 남긴 유명한 학자를 중심으로 연구해 왔다. 그러나 조선시대의 수많은 선비들은 자발적으로, 혹은 비자발적으로 과거를 포기하고 초야에 묻혀 지냈다. 이들 또한 독서인으로 문학활동을 하면서 대체로 작품집을 갖고 있으며, 세계에 대한 일정한 안목을 지니고 있었다. 즉 문학사에 족적을 남기지는 않았지만 생활을 강조하며 향촌을 중심으로 활동했던 작가들을 새롭게 부각할 필요가 있다는 것이다. 이는 물론 우리 문학사를 온전하게 읽기 위함이기도 하다.

2. '사상학'이라는 관점

임여송은 자연 속에 은거하면서도 자신의 뜻을 지켜가고자 했다. '수졸'에서 이를 바로 파악할 수 있다. 기실 이 수졸은 도잠陶潛(淵明, 365~427)이 「귀거래사歸去來辭」에서 "남쪽 귀퉁이 황무지 일구며 소박함

지키려 전원에 돌아왔다네"(開荒南野際, 守拙歸園田)라고 할 때의 그 '수졸'이
다. 이는 시끄러운 도회나 권모술수가 횡행하는 조정의 대척점에 있는
전원, 즉 자연 속의 삶에서 가능하다. 소박함을 지키며 자연 속에서
독서 양성하는 것도 중요하겠지만, 가족들과의 친밀감 있는 생활이
무엇보다 강조된다. 「귀거래사」에서 "어린아이들의 손을 잡고 방으로
들어서며"(携幼入室), "친척 이웃들과 즐겁게 정담을 나눈다"(悅親戚之情話)라
고 한 것도 이러한 방향에서 제시된 것이다. 바로 여기서 우리는 성리학
의 핵심 공부법인 '사상학事上學'12)을 떠올리게 된다. 이는 고원한 형이
상학을 배격하면서 생활 속의 실천을 강조하는 것이니, 유가에서 전하
는 오랜 하학下學 전통이라 하겠다. 다음 자료를 통해 좀 더 구체적으로
들어가 보자.

(가) 모름지기 사상事上에 나아가 배워야 한다. 고괘蠱卦는 백성을 진작하고 덕을 기른다고
했으나 이는 아는 바가 있은 뒤에야 비로소 이와 같을 수가 있으니, 어찌 반드시 책을
읽은 뒤에야 학문을 하는 것이겠는가.13)

(나) 백성을 진작하고 덕을 기른다는 것은 자기 몸을 닦고 남을 다스리는 일이다. 그러나
반드시 앎이 지극한 뒤에야 행함이 지극해지는 것이니, 학문 아님이 없다. 어찌
다만 책을 읽는 것만을 학문이라고 하겠는가. 자로子路도 일찍이 이러한 말을
한 바 있는데, 부자夫子께서 배척하심은 무엇 때문인가. 학문하는 방법은 진실로
독서만을 오로지하지는 않지만 반드시 독서를 궁리의 근본으로 삼아야 한다. 자고子

---

12) 이 논문에서 사용하는 '사상학'은 시론적 측면이 있다. '사상학'은 '就事上學'을
포괄하며, 사회적 실천과는 다른 지점에 놓인다. 아울러 미시사나 생활사적 문
제의식과도 일정한 거리가 있다. 이에 대한 본격적인 논의는 다른 지면을 통해
가능할 것이다.
13) 『近思錄集解』, 卷2, "須是就事上學. 蠱, 振民育德, 然有所知後, 方能如此, 何必讀書然後
爲學?"

羔가 미처 학문을 하지 못하였는데, 바로 그로 하여금 벼슬로 나아가서 배우게 한다면 지행知行의 순서를 잃을 뿐만 아니라 장차 궁리의 큰 단서를 폐하게 되어 일을 만나면 제대로 처리하지 못할 것이다. 그러니 어찌 각각 법칙에 마땅하게 할 수 있겠는가. 정자程子의 가르침은 진실로 독서와 궁리를 급선무로 여겼으나 사상학事上學을 하지 않으면 간책簡冊을 제외하고 모든 사물을 응접應接할 때 힘쓸 바를 알지 못한다. 이렇게 하면 학문을 함에 있어 끊어짐이 많을 것이니, (공자와 정자의) 두 말씀이 각각 뜻이 있는 것이다.[14]

(가)는 정호程顥(明道, 1032~1085)의 발언이고, (나)는 이에 대한 주자와 여조겸呂祖謙(東萊, 1137~1181)의 해석이다. 여기서 제시한 '일에 나아가 배운다'는 것이 바로 사상학事上學이다. 그 내용은 독서와 궁리를 통해 지지知至를 이루고, 이로써 백성을 진작시키고(振民) 덕을 기르는 것(育德)이다. (나)에서 '진민'은 치인治人이고 '육덕'은 수기修己라 하고 있으니, 사상학은 유학의 핵심이라는 사실을 말한 셈이다. 정호와 주희가 그렇게 이야기하고 있듯이, 사상학은 학문을 하는 것이 굳이 독서에만 있는 것이 아니다.[15] 독서가 중요하기는 하지만, 사상事上의 모든 것이 학문 아닌 것이 없다. 이는 '도의 일상성'을 의미하며, '생활 속에서 진리 구하기'로 요약할 수 있다.

정구鄭逑(寒岡, 1543~1620)는 『심경발휘心經發揮』에서 주자의 말을 인용

---

14) 『近思錄集解』, 卷2, "振民育德, 修己治人之事也. 然必知之至而後, 行之至, 無非學也. 豈但讀書而謂之學哉? 子路亦嘗有是言, 而夫子斥之, 何也? 蓋爲學之道, 固不專於讀書, 必以讀書, 爲窮理之本. 子羔旣未及爲學, 而遽使之以仕爲學, 則非特失知行之序, 而且廢窮理之大端, 臨事錯繆. 安能各當其則哉! 程子之敎, 固以讀書窮理爲先務, 然不就事而學, 則捨簡策之外, 凡應事接物之際, 不知所以用力. 其學之間斷, 多矣, 二者之言, 各有在也."

15) 『近思錄集解』 卷2에는 程顥의 "有所知後, 方能如此"에 대한 발언에 "程子之意, 蓋以就事上學, 爲重, 謂爲學, 不必讀書而已, 卽朱子所謂爲學, 不必讀書之意"라 주석해 두었다.

해서 사상학에 대하여, "일상생활 속에는 단지 사상事上에 나아가 자세하게 생각하여, 이것이 천리이고 저것이 인욕이라는 것을 몸소 인식할 뿐이다. 힘을 다해서 사사로운 것을 제거하고 하지 말아야 한다. 오로지 이치에 따라 해 나가면 순서가 점차로 보이고 도리가 저절로 완전히 익숙하게 되어 인仁도 볼 수 있을 것이다"16)라고 한 바 있다. 일상생활 속에서 구체적인 사상事上의 학문을 함으로써 천리를 통괄하는 본체17)인 '인'에도 도달할 수 있다는 것이다. 그렇다면 '사상'이란 무엇인가. 여기에 대하여 정구의 발언과 함께 김성일金誠一(鶴峯, 1538~1593)의 발언 역시 들어보기로 하자.

(가) 성인의 성스러움과 현인의 어짊이 고원高遠하고 이상하여 하늘에 올라가고 공중에 사다리를 놓고 올라가는 것처럼 어려운 것이 아니다. 실로 사람의 도리에 당연하여 마치 남자는 밭을 갈고 여자는 길쌈하는 것과 같아 직분에 떳떳한 일인데, 다만 사람들이 제 스스로 살피지 못하고 스스로 닦지 못하여 아는 자가 이미 드물고 행하는 자는 더욱 드문 것이다.18)

(나) 학문은 장구章句나 문사文詞의 사이에 있는 것이 아니라 단지 일용사물日用事物 위에서 구하는 것이니, 이것이 이른바 사상학事上學이다. 그 근본은 충신忠信을 위주로 하고 효제孝悌를 우선으로 하는 데 있으며, 그 요체는 단지 방심放心을 수습하는 데 있다. 쇄소응대灑掃應對로부터 제가齊家, 치국治國, 평천하平天下에

---

16) 鄭逑, 『心經發揮』, 「顏淵問仁章」, "日用間, 只就事上, 子細思量, 體認那箇是天理那箇是人欲. 着力除去了私底, 不要做. 一味就理上去做, 次第漸漸見得, 道理自然純熟, 仁亦可見."

17) 『朱子語類』, 卷6, 「性理」 3, "李先生云, 仁是天理之統體."

18) 張顯光, 『旅軒集』 13, 「皇明朝鮮國, 故嘉善大夫司憲府大司憲兼世子輔養官, 贈資憲大夫吏曹判書兼知義禁府事寒岡鄭先生行狀」, "聖人之聖, 賢人之賢, 蓋非高遠異常, 如昇天梯空之爲實. 人理當然, 如男耕女織, 職分常事, 只緣人自不察, 不能自修, 知者旣鮮, 行者尤鮮."

이르기까지 그 절목의 차례와 공부의 선후가 손바닥을 보듯이 아주 쉬운 것이니, 순서에 따라서 점차적으로 나아가고 깊이 완미하여 실제로 체득하는 데 달려 있을 뿐이다.19)

(가)는 장현광張顯光(旅軒, 1554~1637)이 정구의 행장에서 정구의 말을 전한 것이고, (나)는 최현崔晛(訒齋, 1563~1640)의 질문에 대하여 김성일이 답변한 것이다. 이에 의하면 학문은 장구章句나 문사文詞 등 글재주에 있는 것이 아니라, 밭을 갈고 길쌈을 하는 것과 같은 일상 가운데 있다. 사상학의 핵심 내용이 아닐 수 없다. 이것이 충신忠信과 구방심求放心을 중심으로 한 수신과, 쇄소응대灑掃應對로부터 제가齊家, 치국治國, 평천하平天下에 이르는 치인으로 나아가게 한다고 했다. 이러한 연유로 이황李滉(退溪, 1501~1570) 역시 「진성학십도차병도進聖學十圖箚幷圖」에서, "도는 삶의 일상 속에서 유행하여 어디를 가든지 없는 곳이 없는 것입니다. 그러므로 어느 한 자리에도 리理가 없는 곳이 없으니 어느 곳에서라도 공부를 그만둘 수 있겠습니까?"20)라고 할 수 있었다.

임여송이 추구한 학문 역시 사상학이라 하겠다. 이 때문에 그는 『소학小學』을 특별히 중시하여 생활 속의 실천을 학문의 기본으로 삼았다. 이 때문에 이현일李玄逸은 그의 묘갈명에서, "사람을 존귀하게 여기는 까닭은 인사人事를 닦기 때문이다. 이른바 인사人事라고 하는 것은 들어가 효도하고 나가서 공경하여 그 마땅히 해야 할 바를 하는 것에

---

19) 『鶴峯先生文集』, 附錄, 卷3, 「言行錄」, "學不在章句文詞之間, 只向日用事物上求之, 所謂事上學也. 其本在於主忠信先孝悌, 而其要只在收放心. 自灑掃應對, 至於齊治平, 其節目次第, 工夫先後, 如示諸掌, 在乎循序漸進, 深玩實體而已."

20) 李滉, 『退溪集』, 卷7, 「進聖學十圖箚幷圖」, "夫道流行於日用之間, 無所適而不在. 故無一席無理之地, 何地而可輟工夫!"

불과할 따름이다"21)라는 것으로 임여송의 말을 전하였다. 이처럼 일상생활 속에서의 진리 찾기인 사상학은 그에게 있어 매우 구체적으로 나타났다. '선배先輩와 장덕長德에 대해서는 마음을 기울여 공경하지 않음이 없었고, 선을 좋아하고 악을 미워하여 교제함에 있어서는 구차함이 없었다"22)라는 전언이 바로 그것이다. 특히 그는 『설문청공독서록薛文淸公讀書錄』에 사상학의 요체가 담겨 있다고 생각했다. 다음 자료가 그것이다.

내가 설문청공의 독서록을 보니	余觀薛公讀書錄
구절마다 글자마다 모두 긴요한 것이었네.	句句字字皆要切
아득하지도 않고 천근하지도 않으며	不爲玄遠不淺近
조리가 분명하고 널리 통해 본말을 갖추었네.	曲暢旁通該本末
다만 공이 상달에 있는 것이 아니라	非徒有功於上達
실제로는 하학과 밀접하게 관계되는 것이라네.	實是最關於下學
한 번 읽으면 사람으로 하여금 감발하게 하고	一讀令人能感發
두 번 읽으면 찌꺼기가 거의 사라진다네.	再讀查滓幾化却
참된 지식과 힘써 행함은 간혹 옛날에도 있었지만	眞知力踐古或有
누가 이 사람같이 지극한 데까지 나아갔으리요	孰如斯人造其極
작은 유학자들은 지금 그림으로 그려서	小儒如今作畵圖
한쪽 벽에 걸어 두고 항상 눈으로 보아야 하리.	掛諸半壁恒寓目23)

이 작품은 임여송이 설선薛瑄(文淸, 1389~1464)의 독서록을 읽고 쓴

21) 李玄逸,「虛齋林公墓碣銘」,『虛齋遺稿』, 40쪽, "所貴乎人者, 以其修人事也. 所謂人事者, 不過入孝出弟, 爲其所當爲者而已."
22) 李玄逸,「虛齋林公墓碣銘」,『虛齋遺稿』, 40쪽, "於先輩長德, 靡不傾心慕之, 而好善嫉惡, 交際甚不苟."
23) 林汝松,「題讀書錄下」,『虛齋遺稿』, 79~80쪽.

「제독서록하題讀書錄下」이다. 여기서 그가 발견한 것은 하학을 통한 상달이다. 독서록을 읽고 '실제로는 하학에 밀접하게 관계되는 것'이라고 하여, 상달이 일상생활에 있음을 분명히 하였다. 하학이 일상생활 속에서 그 당위적인 것을 찾아 상달을 이룩하는 것에 다름 아니니, 사상학의 본령을 언급한 것이라 하지 않을 수 없다. 이러한 생각은 「민기부憫己賦」에서도 지속된다. 그는 여기서 "인도人道의 지극히 위대한 점에 대하여 그 근원을 탐구해 보면, 일상생활의 대수롭지 않은 일에 있다. 이것은 정치를 한 집안에서 하지만, 덕화는 또한 사방에서 입게 되는 것이다"[24]라고 하고 있기 때문이다. 사상학은 이처럼 임여송에게 있어 공부론의 전부였던 것이다.

요컨대, 사상학은 일 위에 나아가서 하는 학문이다. 독서 상에서는 독서를 하면서 합당한 이치를 찾는 것이며, 일에 임해서는 그 일을 하면서 거기에 합당한 이치를 찾는 것이다. 생활은 매우 다양한 일을 거느리고 있으니, 우리는 사상학을 '생활 속에서 진리 찾기'로 요약할 수 있을 것이다. 이는 하학이상달下學而上達이라는 오랜 유가적 공부법이라 할 것인데, 소학적 실천에서 그 학문은 출발한다. 임여송 역시 이를 깊이 인식하고 있었으므로, 「제독서록하」 혹은 「민기부」 등에서 즐겨 사상학을 말하고 있다. 이러한 생각에 입각하여 그의 문학 작품이 창작되었음은 물론이다. 이는 본고가 지닌 기본 입장이기도 하다.

---

24) 林汝松, 「憫己賦」, 『虛齋遺稿』, 97쪽, "原人道之至大, 在日用之尋常. 是爲政於一家, 化亦被於四方."

3. 임여송 문학의 주제 양상

생활 속에서 진리 찾기를 의미하는 사상학은 임여송의 학문과 문학의 바탕을 이룬다고 했다. 이 때문에 그 스스로 과거에 나아가 관료 생활을 하는 것에 관심을 두지 않은 것은 아니었지만, 여기에 매달리지는 않았다. 오히려 그의 관심은 스스로를 수양하고, 이것을 가정 속에서 실천하는 데 있었다. 가정은 수기와 치인이 상호 교섭하는 매우 소중한 공간이기 때문이다. 그리고 그는 향촌의 배경이 되는 자연을 주목하였다. 자연 속에서 무한한 진리체를 발견할 수 있었기 때문이다. 이러한 사실을 염두에 두면서 우리는 임여송 문학의 주제적 양상을, 수양론적 측면, 가족주의적 측면, 자연인식의 측면에서 살핀다. '수졸'을 바탕으로 한 그의 사상학은 이를 통해 자연스럽게 드러날 것으로 본다.

1) 수양론적 측면

수양론은 인간이 자신의 실존적 불완전성에서 벗어나 완전성을 추구하는 노력의 총체를 의미한다. 희성希聖을 통해 성인이 되고자 하는 일체의 노력이 바로 그것이다. 주자의 경우 기질 변화를 통해 성인이 되는 것으로 의미하는바, 흔히 알인욕존천리遏人欲存天理를 통해 구체화된다.[25] 이러한 인욕과 천리의 문제가 비유의 옷을 입고 형상화의 과정을 거치게 되면 문학이 된다. 임여송 역시 당대의 다른 선비들처럼 주자학자였다. 이 때문에 그는 주자 수양론에서 중시했던 개념을 강조

---

25) 주자의 수양론은 임종진, 「주자의 수양론에 대한 검토」(『동서사상』 2, 경북대학교 인문학술원, 2007)에서 자세하게 다루었다.

하면서 다양하게 작품화하였다. 그가 주로 활용한 개념은 거경居敬과 명성明誠, 그리고 신독愼獨이었다. 이를 차례대로 살펴보자.

먼저 '거경'에 대해서다. 주지하듯이 성리학에서의 '경敬'은 정이程頤(伊川, 1033~1107)가 주돈이의 '정靜' 개념이 지닌 허무적멸의 오해적 요소를 제거하면서 내세운 것이다. 정이는 이를 '정제엄숙整齊嚴肅'과 '주일무적主一無適'으로 설명하였다. 그의 문인인 사양좌謝良佐(上蔡, 1050~1103)는 '상성성常惺惺'으로, 윤돈尹焞(和靖, 1071~1142)은 '기심수렴불용일물其心收斂不容一物' 등으로 풀이했다. 임여송 역시 이를 깊이 인식하고 있었으므로, 「민기부」에서 "하나에 마음을 집중하여 두 갈래가 되게 하지 말라"[26]라고 할 수 있었다. 이제 그가 거경을 어떻게 작품화하고 있는지를 보기로 하자.

고경을 함函 없이 오래 두었더니	古鏡無函久
티끌로 표면이 침식되고 말았네.	塵埃蝕面平
사람의 마음도 응당 이와 같아	人心應類此
경敬이 아니면 아마도 밝히기 어려우리.	非敬恐難明[27]

일찍이 주자가 임대춘林大春과 이별하면서, "옛 거울 갈고 닦음에는 옛 방법이 필요하나니, 보는 눈이 밝아지면 저 햇빛과 밝음을 다투게 되지"[28]라고 하였던바, 『주자대전차의朱子大全箚義』에서는 "옛 거울은 심心을 가리키고 옛 방법은 경敬을 가리킨다"라고 하였다. 이처럼 주자가 고경을 들어 마음 닦기를 강조하자, 이황은 고금의 문헌 중에서

---

26) 林汝松, 「憫己賦」, 『虛齋遺稿』, 93쪽, "主一心而勿貳."
27) 林汝松, 「古鏡」, 『虛齋遺稿』, 1쪽.
28) 朱熹, 『晦庵集』, 卷6, 「送林熙之詩」, "古鏡重磨要古方, 眼明偏與日爭光."

수양에 관한 잠箴, 명銘, 찬贊을 모아 책을 만들고 그 제명을 주자의 시 첫 구절을 따서 『고경중마방』이라 하였다. 이 책의 모든 내용은 경敬으로 귀결된다. 이러한 맥락 속에서 임여송 역시 고경을 함 속에 넣어 제대로 관리하지 않으면 티끌로 인해 표면이 침식되듯이, 사람은 응당 거경으로 마음을 제대로 관리해야 한다고 하였던 것이다.

다음은 명성明誠에 대해서다. 『중용장구』에서 "성誠으로 말미암아 밝아지는 것을 성性이라 하고, 명明으로 말미암아 성誠해지는 것을 교敎라고 한다. 성誠하면 밝아지고 밝으면 성誠해진다"[29]라고 하였다. 임여송은 『중용』이 이 '성' 개념을 지극히 중시하여 「성자음誠字吟」이라는 시를 지은 바 있다. 그는 여기서, "배우는 사람이 힘을 써야 할 곳은, 지성至誠을 버리고 무엇을 구하리. 진실로 잠시라도 끊어지는 것이 없다면, 천지와 더불어 함께 유행하게 되리"[30]라고 하였다. 지성至誠의 작용이 간단없이 지속된다면 그 힘이 안으로 온축되어 천지와 더불어 작용을 같이한다는 것이다. 이러한 생각의 연장선상에서 다음과 같은 작품을 남겼다.

앞으로 나아가서 진실로 그치지 않으면	進前苟不止
마침내 먼 길에 가 닿는 것을 보리라.	終見窮遲程
일을 하는 것도 또한 이와 같나니	做業亦如此
날로 새로우면 명성明誠으로 돌아갈 것이라네.	日新歸明誠[31]

---

29) 『中庸章句』 21章, "自誠明, 謂之性, 自明誠, 謂之敎. 誠則明矣, 明則誠矣."
30) 林汝松, 「誠字吟」, 『虛齋遺稿』, 12쪽, "學者用功處, 舍至誠何求. 苟能無間斷, 與天地同流."
31) 林汝松, 「獨行吟」 其三, 『虛齋遺稿』, 4쪽.

임여송은 「독행음獨行吟」 세 수를 짓는데 위의 작품은 그 마지막 수이다. 여기서도 '무식無息'을 말하고 있다. 간단없이 나아갈 때 궁극처에 가닿을 수 있듯이, 일 또한 마찬가지라 했다. 그 일이란 다름 아닌 사상학이다. 『대학』의 '일신日新'을 통해 결국 『중용』의 '명성明誠'에 귀착하고자 했던 것이다. 이러한 생각은 그의 생활 속에 자주 등장한다. 예컨대, 게으르면 일을 하다가 중단하게 되니, 이를 경계하여 「경타음警惰吟」을 지었다. 그는 여기서, "근고勤苦의 뜻을 세우고자 한다면, 모름지기 게으른 습관을 버려야 하네. 공부는 이 속에 있나니, 명성明誠의 경계에 들어갈 수 있으리"[32]라 한 것이 그것이다.

마지막으로 신독愼獨에 대해서다. '신독'은 마음이 발한 이후의 성찰 공부이며, 계신공구戒愼恐懼는 발하기 이전의 존양공부이다. 이 때문에 『중용』에서는 "도는 잠시라도 떠날 수 없는 것이다. 떠날 수 있다면 도가 아니다. 그러므로 군자는 그 보이지 않는 곳에서 '계신'하고, 그 들을 수 없는 것에서 '공구'한다. 감추어진 것보다 더 잘 보이는 것은 없고, 미세한 것보다 더 잘 드러나는 것은 없다. 그러므로 군자는 혼자만 아는 곳을 삼간다"[33]라고 설명할 수 있었다. 이 '신기독愼其獨'은 이황이 '무불경毋不敬', '무자기毋自欺', '사무사思無邪'와 함께 수양의 요체로 삼았던 표어 가운데 하나였다. 이에 대하여 임여송은 다음과 같은 작품을 남겼다.

---

32) 林汝松, 「警惰吟」, 『虛齋遺稿』, 6쪽, "欲立勤苦志, 須革懈惰習. 工夫做這裏, 明誠域可入."
33) 『中庸章句』, 1章, "道也者, 不可須臾離也. 可離非道. 是故, 君子戒愼乎其所不睹, 恐懼乎其所不聞. 莫見乎隱, 莫顯乎微. 故君子愼其獨也."

혼자만 아는 곳을 더욱 삼가야 하나니	獨處尤可謹
사람들이 모를 것이라 말하게 말라.	勿云人不知
진실로 자겸自謙의 일이 없다면	苟無自謙事
하나를 제하고 어찌 셋을 알리요	除一奈三知[34]

이 시는 제목 자체가 '신독'이다. 『중용』에서 신독을 '계신공구'로 설명했다면, 『대학』에서는 '무자기'와 '자겸'으로 설명한다. 이 때문에 임여송은 위의 작품 전구에서 '자겸'을 제시하였던 것이다. "이른바 뜻을 성실하게 한다는 것은 스스로를 속이지 않는다는 것이다. 나쁜 냄새를 싫어하는 것과 같으며, 예쁜 여자를 좋아하는 것과 같다. 이것을 일러 자겸이라고 한다. 그러므로 군자는 반드시 신독하는 것이다"[35]라고 한 것이 그것이다. 자겸은 유쾌(快)와 만족(足)으로 해석되니, 타자의 존재와 무관하게 스스로의 마음을 삼가고 조심해야 한다는 의미이다. 이 때문에 삼지三知[36]를 통해 입덕入德하자는 결구의 제의는 지극히 당연한 것이라 하겠다.

임여송의 사상학은 마음에서 출발한다. 이 때문에 그는 거경居敬과 명성明誠, 그리고 신독愼獨 등의 개념을 활용하며 이를 적극 작품화하였던 것이다. 그는 「심전心田」, 「심자음心字吟」 등의 작품에서 '마음'에 관한 문제를 문학적으로 제기하면서, "영대靈臺의 아래 선량한 밭이 있다"[37]라고 하거나, "너무 많이 생각하고 많이 말하는 것이 마음에

---

34) 林汝松, 「愼獨」, 『虛齋遺稿』, 5쪽.
35) 『大學章句』, 傳6章, "所謂誠其意者, 毋自欺也. 如惡惡臭, 如好好色. 此之謂自謙. 故君子, 必愼其獨也."
36) 『중용장구』33장에서, "먼 곳은 가까운 곳에서 시작됨을 알고, 바람이 어디서 불어오는 것인지를 알며, 은미한 것에서 드러나는 것을 알면 더불어 도에 들어갈 수 있다"(知遠之近, 知風之自, 知微之顯, 可與入德矣)고 하였다.

가장 해롭다"[38]라는 등의 수양론을 제기한다. 그 자신「우음偶吟」에서 "티끌과 때가 낀 거울 밝지 못하고, 찌꺼기로 흐린 물 맑지 못하네. 진실로 쓸어 내고 맑게 할 수 있다면, 어찌 밝고 또 맑지 않으리"[39]라고 한 것도 같은 맥락에서 이해된다. 이처럼 그에게 있어 마음은 일상의 도를 밝히는 매우 중요한 자구資具였다.

2) 가족주의적 측면

가족은 개인이 사회와 만나는 최초의 지점이다. 인간윤리의 출발점인 관계적 자아가 성립된다는 것이다. 이것은 개인인 '나'가 부모의 아들이면서 자녀의 아버지이며, 조부의 손자이면서 손자의 조부이고, 삼촌의 조카이면서 조카의 삼촌이라는 등의 관계망 속에서 존재하고 있기 때문이다. 임여송이 과거를 포기하고 향촌에 살면서 가장 중시한 것은 바로 가족이었다. 여기서 발생하는 것이 바로 가족주의이다. 이 가족주의는 근대 이후 사회 변동과 맞물리면서 많이 약화되거나 새롭게 이해되기도 하였다. 하지만 가족주의는 가정생활에서의 화목 및 부모와 자식 사이의 자연스러운 애정을 근간으로 한다는 측면에서, 새롭게 주목받아 마땅하다.

우선, 부모와 자식의 관계부터 보자. 우리는 흔히 오륜 가운데 '부자유친父子有親'으로 이를 설명한다. 부모의 자애慈愛와 자식의 효도孝道가 서로 맞물리면서 호혜적 관계를 성립시킨다. 이는 종적인 질서를 특별

---

37) 林汝松,「心田」,『虛齋遺稿』, 44쪽, "靈臺之下有良田, 日就荒蕪問幾年."
38) 林汝松,「心字吟」,『虛齋遺稿』, 45쪽, "多慮多言最害心, 也須沈黙務存心."
39) 林汝松,「偶吟」,『虛齋遺稿』, 9쪽, "塵垢鑑未明, 滓濁水未淸. 苟能掃澄之, 豈不明且淸."

히 강조하는 삼강의 '부위자강父爲子綱'과는 다른 형태의 관계 설정으로, 부모와 자식이 서로 지켜야 할 마땅한 행동기준을 제시한다. 임여송은 1672년(현종 13) 환갑을 맞아 거창의 갈계葛溪에서 자신의 일생을 회고하면서, 「유사기초遺事記草」라는 글을 남긴다.[40] 이 글에 흐르는 가장 중요한 것이 바로 가족주의이다. 이는 물론 임훈 형제가 보여 준 효우에 기반한 가학 전통이 그에게 계승된 것이라 하겠다. 자신의 천품과 어릴 때부터 병이 많음에 대해 말하면서 이 글은 시작된다. 이 가운데 다음 자료를 보자.

(가) 서실 세 칸을 시냇가에 지었다. 양정羊亭은 곧 옛사람이 살았을 때 이름을 붙인 것인데, 어느 대의 어떤 사람인지는 알지 못한다. 선군께서는 조용히 앉아 책을 보시면서 하루의 일과 중에 훈계하고 가르치면서 시를 지었는데 이러하였다. "이 몸은 세상에서 아무것도 할 것이 없어, 이 때문에 집 이름을 '자지헌自知軒'이라 하였네. 졸다가 깨어나 보니 작은 창에 노을이 가득한데, 한 권의 경서를 마주하고 아이들을 가르친다네."[41]

(나) 경인년(1650, 효종 1)에 보암寶岩의 삼촌 집에 있었다. 6월에는 고모부 송공宋公께서 세상을 떠나고, 8월에 고모께서 홀연히 또 이어서 떠나시니 혹독한 화를 거듭 만나 차마 말로 다하지 못하겠다. 그해 가을에 나는 병든 아우와 함께 양친兩親을 모시고 황계黃溪 상류로 옮겨 살게 되었다. 쇠잔한 마을에는 단지 몇 안 되는

---

40) 「유사기초」는 1672년에 쓴 회고록이지만, 이어서 1629년(인조 7) 임진부가 조임도를 방문한 사실, 1631년(인조 9) 선친에 대한 추억과 조처사와 대화를 나눈 일, 1663년(현종 4) 조임도를 찾아 뵌 일, 1683년(숙종 9) 2월 동생 여백과 용연서원 향사에 참여한 후 용문사로 유람한 일, 1683년(숙종 9) 3월 동생 및 여러 이웃의 벗들과 놀이를 즐긴 일 등을 특기하고 있다.

41) 林汝松,「遺事記草」,『虛齋遺稿』, 119쪽, "構書室三間于溪上. 羊亭乃昔人所居時號, 而不知何代何人也. 先君, 靜坐看書, 日課訓誨, 有詩曰. 此身於世百無爲, 是以軒名曰自知. 睡覺小窓西日晚, 一經相對敎輩兒."

지친 백성들만 있었는데, 적막하고 무료하였다. 더불어 마주 대하여 터놓고 이야기할
상대도 없었다. 그러나 다행히 대평大平의 친구들이 왕래하며 위로해 주어 자못
울적한 마음을 풀 수가 있었다.[42]

위의 자료는 모두 「유사기초」의 일부이다. (가)는 아버지 임진부가
삼가현 대평리[43]의 시냇가 양정에 자지헌自知軒[44]을 지을 당시의 기록
이다. 그때 지은 시 역시 소개하고 있다. 1622년(광해군 14) 7월에는 임진
부의 어머니가 세상을 뜨자 다음해 1월 합천군 봉산면 술곡에 장사를
지내고 합천군 삼가면 대평의 양정에 반혼하여 여묘살이를 하게 된다.
상을 마치고 그는 자지헌을 짓는데, 이러한 사정을 앞의 자료에서
자세히 전했다. 이후 임여송은 여러 곳으로 옮겨 다니면서 생활하게
된다.

(나)는 병든 아우와 함께 양친을 모시고 황계폭포 상류로 이거했던
사정을 전했다. 1670년(현종 11)에서 1671년(현종 12)까지는 이른바 경신대
기근庚辛大饑饉이 발생한 시기이다. 당시의 기온 저하 현상은 세계 각지
의 기록으로 나타나는데, 이를 관련 학계에서는 소빙기(Little Ice Age)라
부르며, 1650~1720년간에 그 현상이 더욱 두드러졌다.[45] 이로 인해

---

42) 林汝松,「遺事記草」,『虛齋遺稿』, 122쪽, "庚寅, 寓在寶岩三寸家. 六月, 姑母夫宋公捐
世, 八月, 姑母忽又繼逝, 疊出酷禍, 不忍掉舌. 其年秋, 余與病弟, 陪雙親移寓黃溪上流.
殘村只有查少疲氓, 寂寞無聊. 誰與晤語. 幸賴大平親朋, 往來慰問, 頗解鬱悒之懷耳."
43) 현재는 합천군 대병면 장단리 대산동으로 불린다. 이곳에 임진부의 별묘와 허굴
산 아래에는 羊亭이 있다.
44) 임진부는 자지헌의 벽에 敬義 두 글자 및 '毋自欺', '愼其獨', '思無邪' 등의 글귀를
써서 붙여 두고 스스로를 깊이 성찰하였다.
45) 박용국,「17세기 지리산권의 小氷期 現象과 사회·경제적 양상」,『영남학』17(경
북대학교 영남문화연구원, 2010). 이 논문에 당시 경상우도의 자연재해에 따른
기근과 여역, 이에 대한 국가의 救民策 및 사회·경제적 양상이 자세히 서술되
어 있다.

온갖 자연재해가 집중해서 발생하였으며 전염병도 창궐하였다. 여기에 대하여 임여송은 "봄부터 가을에 이르기까지 시골 마을에서 사람들이 기근으로 죽고 여역癘疫으로 죽어 열 집에 아홉 집이 텅 비게 되었는데, 도처가 모두 그러하였다"[46]라고 적고 있다.

경신대기근을 맞아, 아내 벽진이씨도 유사한 증상이 있었다. 이에 약간의 차도가 있자, 임여송은 아들과 손자를 데리고 술곡과 저전촌楮田村 등을 떠돌게 된다. 그러나 아내 및 세 아들과 세 며느리, 손자와 손녀가 모두 무사하여 그는 천우신조에 힘입어 한 사람도 죽은 사람이 없다며 다행스러워 한다. 이처럼 임여송의 가족 사랑은 험난한 경험 속에서 더욱 강조되며 다양하게 표출되었다. 이는 성묘 행위로도 나타난다. 그의 시에 「성묘행省墓行」 등 성묘에 관한 것이 유난히 많다는 사실이 이를 방증한다. 때로는 병중에 김천 구성龜城(지례의 옛 이름)의 어머니 묘를 생각하며 시를 짓기도 했다.[47]

다음으로 형제간의 우애를 들 수 있다. 임여송은 동생 여백如栢과 우애가 대단히 깊었다. 이들은 어릴 때 『사략』을 함께 읽으며 학문적 기초를 닦았고, 특히 임훈과 임운, 임진부를 통해서 내려오는 가학 연원에 충실하면서 학문을 다져나갔다. 임여송의 동생 여백 역시 많은 병을 달고 살았기 때문에 걱정을 많이 하였다. "병술년(1616, 인조 24) 이래로 동생이 이름도 알 수 없는 병에 걸려 문을 닫고 나가지 않은

---

46) 林汝松, 「遺事記草」, 『虛齋遺稿』, 128쪽, "自春至秋, 村閭之死於饑饉, 死於癘疫者, 十室九空, 到處皆然."
47) 林汝松, 「病中憶龜城先妣墓」, 『虛齋遺稿』, 50쪽 참고. 임여송의 어머니 동성이씨의 묘소는 2012년 12월 3일 김천시 부항면에서 합천군 봉산면 술곡리(銅店)로 옮겨 임진부와 합분한다. 이때 임여송의 묘 역시 술곡리로 옮겨와 임진부의 묘소 아래 벽진이씨와 합분한다.

지가 10년이나 되었다"[48]라고 한 데서 알 수 있듯이 동생의 병을 특별히 걱정하였다. 그는 동생을 생각하며 다음과 같은 시를 지은 적이 있다.

초봄에 각기 동쪽과 서쪽으로 흩어져	春初分散各西東
처음부터 끝까지 고난을 함께하지 못한 것을 한탄하노라.	恨未甘辛共始終
나는 어린아이를 데리고 먼 곳으로 옮겨 왔고	我率稚兒移遠地
너는 여러 식구를 거느리고 산속으로 들어갔었지.	君携諸眷入山中
푸른 풀은 습기를 머금어 잘 타지도 않는데	青薪帶濕烟難起
평지가 바다처럼 펼쳐져 소식을 어찌 전할까?	平陸開溟信豈通
어느 날 고향으로 돌아가 나란히 함께 모여	何日故園齊會合
술잔을 들며 이별의 마음을 이야기할꼬!	擧杯談話別離衷[49]

앞서 언급한 1670년(현종 11)의 전염병으로 인해 임여송의 가족은 동서로 흩어졌다. 이때 임여송은 아이들을 데리고 저전촌 등지를 떠돌게 되는데, 위의 시는 당시에 동생 여백을 생각하며 지은 것이다. 특히 미련에서는 서로 만나 술잔을 들고 그동안 서로 헤어져 지냈던 이별의 정을 함께 나누고자 했다. 동생과의 우애가 이처럼 깊었으므로, 이후 세상이 안정되자 이들은 놀이와 회합을 함께하며 우애를 더욱 돈독히 하였다. 1683년(숙종 9) 3월 15일 임여송 형제가 이웃의 벗 이훈원李勳遠 형제 등 20여 명과 모여서 즐겁게 놀았던 것에서도 이러한 사실이 확인된다.

임여송은 1662년(현종 3) 11월 3일에 어떤 일로 우곡愚谷에 가게 되고,

---

48) 林汝松, 「遺事記草」, 『虛齋遺稿』, 122쪽, "丙戌以後, 舍弟得難命之疾, 杜門不出, 十餘年矣."
49) 林汝松, 「寓中憶舍弟」, 『虛齋遺稿』, 61쪽.

날이 저물어 이곳에 묵게 되었다. 그 다음 날 창녕의 계성桂城으로 가서 우연히 송련宋璉의 아들인 의생義生의 집을 방문하게 되는데, 그 집의 대청에서 아버지 임진부가 쓴 글을 발견한다. 이것은 부친이 전염병을 피하여 이곳으로 와 있다가 무료無聊한 여가에 글을 지어 송련의 덕을 기린 것이었다. 이 글을 보고 임여송은 "묵색과 자체가 명확하여 어제 쓴 듯하고 글을 끝까지 읽기도 전에 감동의 눈물이 저절로 흘렀다"[50]라 기록하고 있다. 그리고 이러한 사실을 적어 '뒷날 아이들이 다시 찾는 자료로 삼기 위한 것'이라 하였다. 우리는 여기서 임여송의 가족주의가 상하로 서로 이어지고 있음을 새삼 확인하게 된다.

요컨대, 임진부는 효우孝友라는 가학적 전통에 기반하여 위로는 부모, 옆으로는 동생에 대한 각별한 애정을 표하였다. 부모가 돌아가신 후에는 성묘를 하며 간절한 효심을 노래했고, 동생과는 다양한 시를 주고받으며 동기애를 나누었다. 「민기부」에서 "효도는 모든 행동의 근원이라 할 수 있고, 사람들이 형제 사이를 간여하지 못한다"[51]라고 한 발언에서 볼 수 있듯이, 그의 가족주의는 부모와 형제 사이라는 관계적 자아 속에서 특별히 강조되었다. 사랑을 바탕으로 한 그의 이러한 가족 사랑은 「시아배示兒輩」와 같이 아이들에게 시를 지어 보이며 권면하기도 하고, 「희손생일喜孫生日」과 같이 손자의 생일을 맞아 기뻐하기도 하는 등 다양한 시편에서 반복적으로 나타난다.

---

50) 林汝松, 「寓舍廳壁記後叙」, 『虛齋遺稿』, 109쪽, "墨色字體, 昭然如昨, 覽未終篇, 感淚自零."
51) 林汝松, 「憫己賦」, 『虛齋遺稿』, 94쪽, "孝可源於百行, 人不間於弟昆."

3) 자연인식의 측면

성리학자들에게서 자연은 도를 추구하는 대상이자 도를 실현하는 현장이었다. 즉물궁리即物窮理라 할 때, 물物은 바로 '사물'로서 인사이면서 자연물이다. 이로써 자연은 리理를 감지하고 체득하는 하나의 표상이 될 수 있고, 사상학의 근거 역시 이로써 마련된다. 예컨대, '어약연비魚躍鳶飛'나 '광풍제월光風霽月'은 하나의 자연 현상이지만, 이러한 자연 현상이 성리학자들에게 포착되면 활발한 자연 생명력의 기제機制로 그 의미가 규정되거나, 시원하게 툭 트인 인간의 품성을 상징적으로 나타내는 하나의 상징체가 되기 때문이다. 사정이 이러하므로, 향촌을 중심으로 생활하였던 사대부 문인들은 그들의 생활 주변에 존재하는 자연을 도가 구현되는 가장 확실한 현장으로 보았고, 이를 적극적으로 작품화하였던 것이다.

임여송은 그 스스로 산수를 지극히 사랑했다고 고백한다. 그는 일찍이 "나는 어릴 때부터 늙음에 이르기까지 산수벽山水癖이 없지 않았으나 병에 골몰하느라 속세의 조롱을 벗어나지 못했다"[52]라고 기록하고 있기 때문이다. 이처럼 그에게 있어 자연은 진리를 찾는 현장인 동시에 위안을 주는 안식처였다. 그는 특히 공자의 가르침에 따라 산수를 통해 인지仁知를 터득하고자 했다. 이 때문에 그는 "평생 동안 산수를 사랑하였지만, 인지를 얻지 못해 부끄럽네"[53]라고 하면서 그의 자연애호가 함의하고 있는 유가적 지향점을 분명히 드러내기도 했다. 이와

---

52) 林汝松, 「遺事記草」, 『虛齋遺稿』, 137쪽, "吾自所至老, 不無山水之癖, 而汩於冗病未脫塵籠."
53) 林汝松, 「嘆無實見得」, 『虛齋遺稿』, 9쪽, "平生愛山水, 慚無仁智得."

관련하여 다음 작품을 보자.

（가） 마음은 천리 밖을 노니는데　　　　　　　心游千里外

　　　몸은 하나의 방 속에 갇혀 있네.　　　　　身在一房中

　　　어느 때나 산수를 찾아　　　　　　　　　何日尋山水

　　　진원의 궁극에 도달할 수 있을까.　　　　眞源到直窮54)

（나） 자주 새로 심은 대나무를 찾나니　　　　頻訪新栽竹

　　　사람들은 옥 같은 싹을 생각한다고 말하네.　人言念玉芽

　　　뉘라서 알리오, 맑고 푸른색에서　　　　　誰知淸翠色

　　　많은 세한의 의미를 보려고 하는 뜻을.　　看取歲寒多55)

　위의 작품은 각각 「병중음病中吟」과 「종죽種竹」이다. 이들 작품을 통
해 우리는 임여송이 자연을 통해서 무엇을 추구하였던가 하는 것을
바로 알게 된다. (가) 작품은 병중에 지은 것이므로 산수에 대한 그의
마음이 더욱 간절하였다고 하겠는데, 임여송은 그 이유를 진원眞源
찾기라 했다. 진원은 인욕에 훼손되지 않은 참된 근원으로 인간의
본성을 의미한다. (나) 작품도 마찬가지다. 이 작품에서는 새로 대나무
를 심고 이를 가꾸면서 두 가지를 제시한다. 옥아玉芽와 세한歲寒이
그것이다. 옥아는 아름다운 죽순으로 대나무의 외형을 말한 것이고,
세한은 시련을 견디는 대나무의 내질적 의미를 말한다. 여타의 사람들
과 달리 임여송은 세한에서 대나무의 의미를 찾는다고 했다. 이러한
일련의 사고는 그가 추구하고 있었던 성리학적 자연관에 다름 아니다.

---

54) 林汝松, 「病中吟」, 『虛齋遺稿』, 11쪽.
55) 林汝松, 「種竹」, 『虛齋遺稿』, 6쪽.

임여송은 분명 자연 속에서 성리학적 이념을 찾고자 했다. 그러나 이것이 그가 지닌 자연관의 전부가 아니다. 자연을 어떠한 이념도 배제한 상태에서 그 자체로서의 아름다움으로 감지하기도 했기 때문이다. 즉 요산요수樂山樂水를 통한 인지仁知의 구현이나 궁극처에서 만나는 진원, 혹은 송백松栢이나 국화菊花 등을 통해서 인간이 추구하는 절의 등의 추상적 이념을 제시하는 것이 아니라는 것이다. 오히려 그는 자연 속에서의 평화와 자유로움을 만끽하고, 이를 통해 자족적인 삶을 추구하고자 하였다. 자연은 임여송에게 위안과 화평을 제공하는 특별한 공간이었던 것이다. 다음 두 수가 바로 이러한 분위기 속에 창작된 것이다.

(가) 홀로 시냇가 돌에 앉아 있노라니 　　　　　　獨坐溪邊石
　　　바람은 가볍고 해는 이미 서산으로 넘어가네. 　風輕日已西
　　　산의 모습과 물의 빛깔은 　　　　　　　　　山容與水色
　　　이때가 참으로 좋은 때라는 것을 알겠네. 　　認得此時佳[56]

(나) 발길 가는 대로 방초를 따라가며 　　　　　　足踏隨芳草
　　　손으로 맑은 물결을 즐거이 희롱하노라. 　　手弄愛淸派
　　　때로 걷고 때로 앉아 있을 즈음 　　　　　　或步或坐際
　　　산의 해가 저무는 것도 잊어버리네. 　　　　却忘山日斜[57]

위의 두 작품에서 임여송은 자연을 거닐며 그 자연을 마음껏 즐기고 있음을 여과 없이 보여 주고 있다. (가)에서는 시냇가 돌에 앉아 바람을 맞으며 지금이 산빛과 물빛이 가장 좋은 때라는 것을 느낀다고 했다.

---

56) 林汝松, 「坐溪邊」, 『虛齋遺稿』, 3쪽.
57) 林汝松, 「春日獨坐」, 『虛齋遺稿』, 7쪽.

(나)에서는 해가 지는 것도 모르고 방초 사이를 마음대로 걸어 다니면서 손으로는 맑은 물을 희롱하며 즐긴다고 했다. 우리는 여기서 어떤 성리학적 이념도 포착되지 않음을 알 수 있다. 자연과의 완전한 일체감을 이루며 인간 세상의 속박으로부터 벗어난 자유인 임여송을 만날 뿐이다. 임여송은 여기서 멈추지도 않는다. 보다 적극적으로 자연에 어떤 인격을 부여하며 대화를 신청하고 있기 때문이다. 다음 작품이 바로 그러한 예에 해당한다.

(가) 새여! 나를 의심하지 말거라	鳥乎莫疑我
내 늙어서 기심 잊은 지 오래다.	老矣忘機久
적막하여 사람도 없는 이곳에서	寂寞無人處
너를 버리고 내 누구와 벗을 하리.	舍汝其誰友[58]

(나) 붉은 꽃 좌우에 비치는데	紅花映左右
백발로 그 사이를 지나가네.	白髮經其間
부끄러워하며 한창 핀 꽃을 보나니	羞見芳華盛
머뭇거리며 얼굴도 들지 못하겠네.	低回不擧顔[59]

(가)에서는 자신을 보고 놀라 달아나 버리는 새에게 말을 걸고 있다. 속세의 일을 잊고 외롭게 살고 있으니 날아가 버리지 말고 자신의 친구가 되어 달라고 하소연하고 있다. 이로써 그는 일체의 세속적 욕망을 끊고 물외의 지취志趣를 추구하고자 하였던 것이다. (나)에서는 자연에 대단히 민감한 반응을 보인다. '홍紅－백白'의 대비를 통해, 붉게

---

58) 林汝松, 「嘆鳥獸同群」, 『虛齋遺稿』, 10쪽.
59) 林汝松, 「暮春道中」, 『虛齋遺稿』, 4쪽.

핀 젊은 꽃과 백발의 늙은 자신을 한자리에 두고, 한창 핀 꽃을 보며 얼굴을 들지 못할 정도로 부끄럽다고 했다. 이 역시 자연에 어떤 인격을 부여하면서 스스로 반응하는 것이어서, 자연을 적극적으로 이해하고 해석하는 그의 또 다른 면모라 하겠다.

사상학이 생활 속에서 구성되는 것이기 때문에 그의 자연관 역시 여기에 봉사하지 않을 수 없다. 자연을 통해 인지仁知나 세한지의歲寒之意 등 인간이 추구해야 하는 이상을 찾고자 하기도 하였으나, 그의 작품에는 자연 속의 무한한 자유와 자족감이 다량 나타난다. 심지어 자연에 어떤 인격을 부여하며 그 스스로 자연과 일체화되려고 하기도 했다. 우리는 여기서 한편으로 자연을 통해 인간이 추구하며 나아갈 길을 찾기도 하고, 다른 한편으로 자연을 통해 그 자연과 일체감을 이루며 자족감을 느끼기도 하는 임여송을 만나게 된다. 이념과 실천의 두 힘이 한 작가의 상상력 속에 내적으로 통일되고 있음을 발견하게 된다.

4. 임여송 문학의 의의

수졸적守拙的 자세를 지니며 과거를 포기하고, 자연 속에 은거하면서 자신의 뜻을 추구하였던 임여송, 그는 자연스럽게 생활 속의 진리 찾기라는 사상학을 주목한다. 이 때문에 사회나 국가적 범위의 사유나 실천으로 그의 학문이 확장된다기보다, 독서 수양을 통해 경전 속에 나타나는 중요한 개념들을 민첩하게 포착하여 작품화하는가 하면, 가족주의에 입각한 효우를 향촌 안에서 실현하고자 했다. 그리고 생활 속에서 자연스럽게 만나게 되는 산수를 다각적으로 인식하면서 때로는 이념을, 때로는 자족적自足的 의상意象을 문학 작품을 통해 표출하고자 했다. 그렇다면 이러한 경향을 지닌 임여송 문학이 지닌 의의는 무엇일까? 이에 대한 답변을 마련하는 것이 본 장의 과제이다.

1) '지금-여기'에 대한 자각

'지금'과 '여기'에 대한 자각은 실존적 개념과 깊은 관련을 갖고 있다. 이것은 실존철학에서 현존재를 나타내기 위해서 사용된 개념이기 때문이다.[60] 사상학이 현재의 인간 활동인 생활 속에서 진리를 구현하고자 하는 것이라고 볼 때, '지금-여기'에 대한 자각은 사상학에 대한 주요 포착점을 제공한다. 시간적으로 과거나 미래가 아닌 '지금'을, 공간적으로 저기나 거기가 아닌 '여기'를 강조하기 때문이다. 특히 은구형 사림의 경우 사회나 국가라는 집단보다 자신과 생활하고 있는 가족을 중시하며, 그 가족의 생활 현장이라 할 수 있는 자연을 강조한다. 특히 임여송은 '지금'과 '여기'에 대한 생각이 뚜렷했다. 우선 '지금'에 대한 그의 생각을 들어보자.

두견새는 천년의 한이 평정되지 않아	蜀魄千年恨未平
지금 피를 토하며 깊은 달밤에 울음 우네.	至今啼血月三更
하소연하는 듯한 소리, 마침내 무슨 이익 있으리,	聲聲似訴終何益
수심 깊은 사람의 이 밤의 정을 부질없이 부수네.	空碎愁人此夜情[61]

---

60) 이에 대한 논의는, 서동은, 「사이-존재(Dasein)로서의 인간」, 『존재론 연구』 25 (한국하이데거학회, 2011), 174~175쪽 참조.
61) 林汝松, 「月夜啼鵑」, 『虛齋遺稿』, 22쪽.

이 시는 깊은 달밤에 우는 두견새의 울음소리를 듣고 지은 「월야제견
月夜啼鵑」이다. 주지하다시피 두견새는 촉나라 망제望帝 두우杜宇의 고
사를 근거로 타향에서 죽은 망제가 두견새가 되어 밤새 원통하게 피를
토하며 운다는 전설을 지니고 있다. 임여송은 이 전설에 근거하여
지금도 두견새가 달 밝은 밤에 운다고 했다. 그는 여기서 과거의 망제와
지금의 두견을 대비시키며, 전구에서 보듯이 "하소연하는 듯한 소리,
마침내 무슨 이익 있으랴"라고 말하고 있다. 이것은 수심 깊은 사람의
정을 부질없이 부술 뿐이라고 하면서, 과거에 연연해 우는 두견새를
비판적 시각에서 노래한 것이다. 이뿐만 아니라 그는 다음과 같이
'여기'를 강조하기도 했다.

문 앞 수십 보쯤에	門前數十步
꽃과 버들이 가볍고 부드럽게 한들거리네.	花柳弄輕柔
도처가 모두 감상할 만한 곳인데	到處皆堪賞
어찌 모름지기 멀리 나가 놀겠는가.	何須歷遠遊[62]

이 시는 바로 집 앞의 언덕을 노래한 「옥전안상屋前岸上」이다. 우리는
여기서 매우 흥미로운 것을 발견하게 된다. 임여송이 문전 수십 보
앞 언덕 위의 풍경과 멀리 있는 경치를 선명하게 대비시키고 있기
때문이다. 그는 주위의 자연공간은 도처가 감상할 만한 곳이라 했다.
즉 승경이 '저기'나 '거기'에 있는 것이 아니라 바로 '여기'에 있다는
주장이다. 이 때문에 임여송은 자신의 생활 근거지인 합천에 가장
많은 승경이 있다고 할 수 있었다. 구체적인 예를 들어 이를 강조했다.

---

62) 林汝松, 「屋前岸上」, 『虛齋遺稿』, 7쪽.

용문龍門, 고사枯査, 조동釣洞, 황폭黃瀑 등이 바로 그것이라 했다. 이 공간은 중국의 도원桃源, 무릉武陵, 반곡盤谷, 낭야琅琊보다 낫다고 하면 서, "인간 세상에 또한 스스로 신선이 사는 단구丹丘가 있거늘, 어찌 따로 방외方外를 찾아 노닐 것인가?"[63]라고 하기도 했다.

'지금'과 '여기'에 대한 자각은 임여송 스스로 '나'의 마음을 관찰할 수 있게 했다. 특히 자신의 마음속에서 발생하는 근심과 즐거움의 소종래에 대한 생각도 깊이 있게 탐구하게 했다. 이 문제에 대하여 그는, "고요히 앉아 있노라면 몸이 잠시 한가한데, 근심이 오면 마음이 한가롭지 않게 되네. 뉘 알리오? 장소에 따라 즐거울 수 있는 것은, 다만 이 마음의 한가로움에 달려 있다는 것을"[64]이라고 한 것이 그것이 다. 여기서 그는 '한가로움-즐거움', '한가롭지 못함-근심'이라는 대 립항을 만들어, '지금-여기'에서 한가로움을 획득할 때, '나'에게는 비로소 즐거움이 온다고 했다. 그의 은구적 삶이 지향하는 최종점은 바로 이 한가로움을 마음속에 지니는 것이었다. 다음 작품 역시 이러한 측면에서 읽힌다.

고요한 즐거움은 진정 내가 원하는 것	喜靜眞吾願
항상 적막한 가운데서 이를 찾는다네.	常尋寂寞中
뜰의 배꽃은 보슬비 속에서 피어나고	庭梨開細雨
언덕의 풀은 온화한 바람 속에 자라나네.	岸草長和風

---

63) 林汝松, 「遺事記草」, 『虛齋遺稿』, 137쪽, "如龍門·枯査·釣洞·黃瀑, 不啻若桃源· 武陵·盤谷·琅琊也. 人間亦自有丹丘, 何用別尋方外遊?" "勝地의 유래가 넓은 데 있 는 것이 아니라, 몇 개의 서까래 깨끗하고 푸른 물굽이만 굽어보는 곳이면 된 다"(「次與地勝覽韻寄德兄」, 『虛齋遺稿』, 56쪽)는 발상도 같은 입장에서 제출된 것 이다.
64) 林汝松, 「偶成」, 『虛齋遺稿』 12쪽, "靜坐身暫閑, 愁來心未閑. 愁知隨處樂, 只在此心閑."

잠을 쫓으려 때때로 지팡이를 짚고 나가   禦睡時携杖
마음을 가라앉혀 날마다 눈을 감아 보네.   冥心日閉瞳
나의 생애 어느 한곳에 고착된 것이 없으니   生涯無着處
동서로 떠다니는 쑥에 맡겨 둔다네.   蓬轉任西東[65]

「우중음회寓中吟懷」다. 이 작품에서 그는 자신이 가장 바라는 바는 '희정喜靜'이라 했다. 이를 적막함 속에서 찾는다고 했다. 그리고 그는 지팡이를 짚고 때로 산수 속으로 들어가 마음을 가라앉히고 눈을 감아 본다. 우리는 여기서 임여송이 자연과의 일체감을 느끼며 '한가로움－즐거움'을 획득하고 있는 과정을 이해하게 된다. 이로써 그는 생애가 고착된 것이 없는 매우 유동적인 것이어서 쑥대처럼 동서를 떠돌지만, 그 떠도는 과정 속에 '희정'을 얻을 수 있어야 한다고 했다. 이것은 '나'가 어떠한 상황에 놓이더라도, '지금－여기'에서 희정, 즉 한가한 즐거움을 찾아야 한다는 의미이다. 임여송의 문학은 바로 이 즐거움을 찾아가는 길에 생산된 것이라 하겠다. 다음 작품을 통해 이러한 사정을 더 보기로 하자.

다만 마음의 기작機作도 고요해   只爲心機靜
근년에는 시도 짓지 않았네.   年來不作詩
삼춘三春이 지금 또 지나가니   三春今又過
전별함에 어찌 시가 없으리.   餞別豈無詩[66]

임여송은 위의 시 「송춘送春」에서 마음의 작용을 일으키는 근원적인

---

65) 林汝松, 「寓中吟懷」, 『虛齋遺稿』, 18쪽.
66) 林汝松, 「送春」, 『虛齋遺稿』, 8쪽.

움직임인 심기心機마저 고요해서 근래에는 시도 짓지 않았다고 했다. 마음의 어떤 움직임도 일어나지 않는 상태에서 창작은 불필요하기 때문이다. 그러나 '지금-여기'를 자각하면서, 삼춘이라는 시간과 자신이 생활하는 공간이 맞닿으면서 봄을 보낸다는 시간을 감지한다. 이에 심기의 고요함에 일정한 균열이 발생하고, 이 균열이 전별시를 창작할 수 있게 했던 것이다. 임여송의 시간에 대한 민감성을 말하는 것이라 하겠는데, 가을을 보내면서 지은 「송추送秋」도 마찬가지다. "삼추를 다 보내고, 텅 빈 집에 턱을 고이고 앉아 있네. 이 마음 표현할 길이 없어, 애오라지 한 수의 시를 지어보네"[67]라 한 것이 그것이다. 이 역시 '지금-여기'를 자각한 까닭이다.

'지금-여기'에 대한 자각은 사회나 국가에 대한 문제의식보다, 자신이 살고 있는 생활 주변을 주목한다. 은구형 사림은 자연히 그들의 삶의 공간인 산수를 주목하지 않을 수 없다. 두견새가 과거의 일로 괴롭게 울거나, 승경이 멀리 있다며 원유하는 것을 모두 비판한다. 이는 사상학이 내적으로 작동한 결과이기도 하지만, 우리 시대를 위해서도 중요한 의의를 지닌다고 하지 않을 수 없다. 다원성에 입각하여 수많은 가치들이 혼재하면서 인간의 실존 문제가 더욱 부각되는 오늘날이기 때문이다. 「애두견哀杜鵑」에서 "만일 고향을 생각하는 뜻이 있다면, 무엇 때문에 돌아가지 않는가?"[68]라는 문제제기도 결국은 '지금'과 '여기'를 강조한 것에 다름 아니다.

---

67) 林汝松, 「送秋」, 『虛齋遺稿』, 2쪽, "送盡三秋節, 空齋坐柱頤. 此懷無處寫, 聊寅一聯詩."
68) 林汝松, 「哀杜鵑」, 『虛齋遺稿』, 7쪽, "若有思鄕意, 如何不便歸?"

2) 생활 소사의 재발견

사상학은 일상 속에서 발생하는 다양한 일을 모두 중요한 공부로 인식한다. 이 때문에 사상학은 관념적인 것을 배격하며, 쇄소응대灑掃應對나 기거동작起居動作 등 인간의 일상 그 자체를 중시한다. 예컨대, 어떤 일에 임해서는 그 일에 대하여 깊이 생각하고 마땅하게 처리하는 것이 사상학이다. 독서궁리를 하였지만 일에 나아가고 사물에 접함에 있어 거기에 대하여 합당한 이치로 대응할 수 없다면 그것은 사상학이 아니다. 이 때문에 이에 기반한 문학은 자신의 생활을 매우 섬세하게 살피고, 이를 민첩하게 포착하여 작품화한다. 즉 관념적인 부분을 가능한 대로 배제하고, 자신이 경험한 생활상을 적극 드러낸다. 이와 관련하여 다음 작품을 보자.

반세 동안 머물러 정할 곳 없어　　　　　　半世栖無定
쑥처럼 나부끼며 가는 대로 맡기네.　　　　蓬飄任所如
인연 있는 땅이 아니라고 말하지 말라,　　　莫言非故土
어느 곳인들 내 살 곳인 것을.　　　　　　　安處是吾居69)

임여송은 1665년(현종 6)에 어머니가 세상을 떠나자 김천의 석교산 아래 두곡에 장사지낸다. 이후 합천의 술곡에서 이곳으로 옮겨 살게 되는데, 이 시는 그때 지은 것이다. 이 작품에서 임여송은 인연 있는 땅이 특별히 있는 것이 아니라 자신이 깃들어 살게 되면 그곳이 바로 인연 있는 땅이라고 했다. 여기서 우리는 그의 삶에 나타나는 강한

---

69) 林汝松,「有卜居杜谷之志吟一絶」,『虛齋遺稿』, 9쪽.

적응력을 발견하게 되는데, 이 역시 응사접물應事接物에 있어서 그 마땅함을 찾아가고자 했던 그가 보인 사상학적 노력의 일단을 발견하게 된다. 허망한 정치권력이나 공소空疏한 이론 위주의 학문은 그의 관심 대상이 아니었다. 이러한 생각에 기반하여 그는 생활 소사를 재발견하게 된다.

홀연히 창밖에서 새벽을 알리는 소리	忽聞窓外報晨聲
어두운 기운이 점차 밝음으로 향하네.	昏氣移時漸向明
이 짐승이 아니었던들 누가 나를 깨울까	微爾禽誰能喚我
양양한 것이 오히려 고잠명古箴銘보다 낫네.	揚然猶勝古箴銘[70]

새벽에 닭의 울음소리를 듣고 일어나 지은 「문계기좌聞鷄起坐」이다. 이 작품에서 임여송은 매우 흥미로운 발상을 한다. 독서와 계명鷄鳴이 그것이다. 독서는 '고잠명'으로 표현하였고, 계명은 제목으로 나타내고 있다. 「숙흥야매잠夙興夜寐箴」과 같은 잠명에는 게으름을 경계하는 수많은 말이 있을 터인데, 실제적인 일이라 할 수 있는 '기좌'에 대한 효과는 잠명이라는 글에 있는 것이 아니라 닭 울음에 있다는 발상이다. 여기서 우리는 그의 사상학에 대한 분명한 입장을 듣게 되는데, 실질적인 일에 대한 당위성을 이 작품에서 닭의 울음소리를 통해 말하고자 했던 것이다.

임여송이 생활 속에서 발견한 농부도 마찬가지이다. 향촌을 중심으로 생활했던 작가로서 어쩌면 당연한 일이다. 흔히 조선시대 사대부 작가들의 시에는 향촌에서 독서하고 소요하면서 자연을 관찰하고,

---

70) 林汝松, 「聞鷄起坐」, 『虛齋遺稿』, 34~35쪽.

그것을 인간의 보편 문제로 환치시키는 작품이 많다. 임여송 역시 예외가 아니다. 예컨대, 바위틈에서 자라는 철쭉꽃을 보면서, "지난번에 막 피었더니 지금 보니 떨어져 날리니, 봄빛 아래 예쁜 꽃으로 오랫동안 머물기가 어렵네. 인간세상의 영화와 쇠락이 어찌 이와 다르랴, 헛된 물거품을 잡고 부질없이 시비를 따지지 말지라"[71]라고 노래한 것 등이 그것이다. 그럼에도 불구하고 농부에 대한 관심은 이와 각도를 약간 달리하고 있어 흥미롭다.

(가) 땀을 닦으며 수고로운 호미질 잠시도 쉬지 않는 것은   揮汗勞鋤不暫休
노동 생활이 가을걷이에 있음을 보려 하는 것이라네.   要看食力在於秋
아무 일 없이 보낸 반평생 이룬 일이 무엇인고   悠悠半世成何事
몰래 농부를 향하여 부끄러움을 이기지 못하겠네.   暗向田夫不勝羞[72]

(나) 아침에 들에 나가 저녁에 집으로 돌아오니   朝而出野暮歸家
힘쓰고 애쓰는 마음, 무엇이 여기에 더하리.   勤力勞心孰此加
나는 궁한 집에서 일없이 앉아 있는 것이 부끄러워   愧我窮簷無事坐
눈을 감고 있자니 도리어 부처를 배우는 것 같네.   閉眶還似學頭陀[73]

모두 농부를 소재로 한 작품이다. 흔히 농부를 작품화할 때는 전원에서의 평화롭고 고즈넉한 분위기 속에서 목가적인 시각으로 그리거나, 관리들에게 수탈당하고 억압받는 농민을 사회적인 시각에서 제시한다. 그러나 임여송은 이와는 전혀 다른 입장을 취한다. 앉아서 아무것도

---

71) 林汝松, 「嚴嶂躑躅」, 『虛齋遺稿』, 36쪽, "向見方開今見飛, 韶光難久住芳菲. 人間榮悴何殊此, 莫把虛漚謾是非."
72) 林汝松, 「憫夏畦」, 『虛齋遺稿』, 23쪽.
73) 林汝松, 「嘆羨農人」, 『虛齋遺稿』, 37쪽.

이루지 못하는 자신과 극명하게 대비시키면서 오히려 부끄러워하고 있기 때문이다. 작품 (가)와 (나) 모두 '수羞'나 '괴愧'자를 사용했던 것으로 보아 이러한 사실을 바로 알 수 있다. 여기서 우리는 그가 농부의 가을걷이라는 실용 혹은 실천적 노력을 얼마나 강조하는가를 알게 된다. 이러한 자각은 바로 농부에 대한 새로운 발견에 다름 아니다.

성묘 또한 임여송의 생활과 관련한 주요 소재였다. 1657년(효종 8)에 아버지가 세상을 떠나자 합천군 봉산면 술곡에 장사지내고, 1665년(현종 6)에 어머니가 세상을 떠나자 김천시 지례면 석교산 아래 두곡에 장사지낸다. 이후 그는 선대의 묘소가 있는 거창의 갈계, 아버지의 묘소가 있는 합천의 술곡, 어머니의 묘소가 있는 김천 지례를 오가며 정성을 다해 묘사를 지낸다. 성묘는 선비들에게 있어 매우 중요한 일상사다. 이러한 측면에서 성묘 또한 그의 주요 시적 대상일 수 있었다. 다음 작품을 보자.

한 명의 아이와 필마로 험한 곳을 지나니	單童匹馬歷崎嶇
산골짜기 안에서 찬바람 불어 이미 포시晡時라네.	峽裡寒風日已晡
눈물을 닦으며 자주 북쪽을 바라보노라니	揮淚不惟頻北望
석교산 아래에 저무는 구름만 외롭구나.	石橋山下暮雲孤[74]

어머니의 묘소에 성묘하러 가면서 지은 「성묘행省墓行」이다. 찬바람을 무릅쓰고 성묘를 가는데, 석교산에 걸린 외로운 구름을 통해 그의 고달픈 정서를 드러냈다. 임여송은 이 시를 비롯하여 「술곡성묘述谷省墓」 2수, 「한식단오개궐성묘寒食端午皆闕省墓」, 「성묘행음省墓行吟」

---

74) 林汝松, 「省墓行」, 『虛齋遺稿』, 41쪽.

74) 林汝松, 「省墓行」, 『虛齋遺稿』, 41쪽.

3수, 「체우조성묘행滯雨阻省墓行」, 「조풍설좌궐성묘阻風雪坐闕省墓」 등 성묘에 관한 사연을 작품으로 남긴다. 제목에서도 드러나지만, 비나 풍설 등에 막히어 성묘를 제대로 지내지 못하는 안타까움 등이 이들 작품에는 곡진하게 표출되어 있다. 그리고 자신이 늙어 다시는 성묘 하지 못할지도 모른다는 불길한 예감에 휩싸이기도 한다. 이처럼 임여송에게는 일상의 모든 체험이 시적 대상이었고, 그것을 사상학 적 측면에서 성공적으로 작품화하였던 것이다.

사상학이 자신이 처한 생활을 특별히 강조하는 측면이 있다면, 그 생활 속에서 일어나는 다양한 소재를 작품화하는 것은 지극히 당연한 일이다. 그의 생활 소사에 대한 관심은, 늦게 일어나는 사람을 꾸짖는 「탄조와만기지인嘆早臥晚起之人」, 생일을 맞은 감회를 적은 「우서치생 신寓栖値生辰」, 시냇가에서 낚시를 하면서 지은 「천변수조川邊垂釣」 등으 로 확장되어 나타난다. 어쩌면 삶의 모든 것을 작품으로 나타낼 수 있을 것이다. 이러한 경향의 작품은 자신과 가족의 생활을 특별히 강조하는 오늘날 더욱 강한 의미를 지닌다. 지나치게 강한 이념은 배제하고 문학적 소재를 자신의 생활 소사에서 찾아 이에 합당한 의미 를 부여하고 있기 때문이다.

3) 다양한 소재의 수용

조선시대 사대부 문인들은 성리학적 이념에 입각하여 작품을 창작 하는 것이 대부분이다. 이것은 조선시대의 문학을 이해하는 데 있어 매우 중요한 사실이다. 사물 속에 내포되어 있는 성리학적 이념을 찾고 그것을 문학적으로 표출하고 있기 때문이다. 그러나 오랫동안 초야에서 은거하면서 생활 속에서 진리를 추구했던 은구형 사림들은 그들의 관심이 거기에 한정되지 않는다. 일상생활 속의 다채로운 체험을 소박한 필치로 묘사하기를 즐겼기 때문이다. 이에 따라 소재 역시 그들의 체험과 관련되어 매우 다양하게 나타난다. 생활 소사에 관심을 갖고 있었기 때문에, 이에 따른 다양한 소재가 수용될 수밖에 없었다.

임여송은 자신의 생활 근거지를 중심으로 매우 다채로운 사물들을 만난다. 예컨대, 여행을 하면서 만난 옥계서당, 보암사, 어적정, 사락정, 가선정, 영각사, 용암서원, 예림서원 등의 인공물은 말할 것도 없고, 대평, 구곡산, 양정, 황계폭포, 향천, 술곡, 갈계, 수승대, 저전촌, 대덕산, 석교산, 구성(지례), 두곡 등 마을이나 자연물 등도 이에 해당한다. 이들 사물을 만나면서 이를 적극적으로 그의 작품에 수용하게 된다. 흔한 소재이기는 하나 이 가운데 누정의 경우를 들어 보자.

몇 번이나 명승지를 지나갔지만	幾度名區過
구상했던 생각의 빗장 열기를 잊었다네.	忘開構思關
단은 넓은 앞 들판에 닿아 있고	壇臨前野濶
헌은 푸른 물굽이를 누르고 있네.	軒壓碧流灣
높이 솟은 모습은 의당 씩씩함이요	顯敞看宜壯
그윽이 깊은 힘은 또한 편안함이라네.	幽深勢亦安
선현이 남긴 훌륭한 필적	先賢留筆跡
천년토록 영원히 사라지지 않기를.	千載永無刪[75]

사락정을 보고 지은 시다. 이 정자는 지금의 거창군 마리면 영승촌에

75) 林汝松, 「題四樂亭」, 『虛齋遺稿』, 20쪽.

있다. 이황의 장인 권질權礩(1483~1545)이 처숙 전철全轍의 정자를 빌려서 사용하고 있었던바, 권질의 부탁으로 이황이 사락정이라 이름 짓는다. 농農 · 상桑 · 어魚 · 초樵가 전가田家의 가장 큰 즐거움이라는 뜻에서 사락정이라 이름 붙였다고 한다.[76] 이러한 유래를 지닌 사락정을 탐방한 임여송은 정자에 올라 확 트인 들판과 굽이도는 강물을 보았다. 그리고 높은 정자를 통해 씩씩함을, 그윽한 깊이를 지니고 있는 것에서는 편안함을 느낀다고 했다. 그리고 선현들이 남긴 필적이 영원히 사라지지 않기를 기원하는 것으로 마무리했다.

누정 등과 같은 인공물 혹은 자연물에 대한 임여송의 문학적 상상력과 소재의 수용방식은 여타의 문인들과 거의 다름이 없다. 그러나 그가 활용한 시적 소재는 여기에 한정되지 않는다. 생활 주변에 있는 동식물로 확대되어 가기 때문이다. 눈에 띄는 거의 모든 것을 문학적 소재로 수용했다고 할 수 있다. 동물의 경우 '나는 새' 등으로 통칭하기도 하지만 꾀꼬리, 닭, 두견, 기러기, 파리 등으로 구체화하고, 식물 역시 '낙화' 등으로 통칭하기도 하지만 대나무, 매화, 소나무, 철쭉, 국화, 천궁, 결명 등으로 구체화한다. 이 가운데 동식물을 노래한 작품을 하나씩 들어 보면 다음과 같다.

(가) 초가집 쓸쓸한데 푸른 산과 가까워   茅屋蕭條近翠岑
    홀연히 꾀꼬리가 맑은 소리를 보내오네.   忽聞黃鳥送淸音
    어여쁘구나, 사냥꾼의 화살 속에 들지 말아라   憐渠不入虞人弋
    매양 4월이 되면 녹림을 찾아오기를.   每爲淸和訪綠林[77]

---

76) 정우락, 『조선의 서정시인 퇴계 이황』(글누림, 2009), 121~125쪽 참조.
77) 林汝松, 「聽鶯」, 『虛齋遺稿』, 26쪽.

(나) 울적한 봄 회포를 누굴 향해 펼쳐 보나   春襟鬱鬱向誰開
    손수 소나무를 가까운 섬돌 모퉁이에 심는다네.   手種蒼髥近砌隈
    바람서리에도 홀로 빼어난 것을 사랑하나니   爲愛風霜猶獨秀
    곁에 있는 사람은 동량의 재목이라 말하지 말라.   傍人休道棟樑材78)

(가)는 꾀꼬리를, (나)는 소나무를 노래한 것이다. 꾀꼬리에 대해서는
교언영색을 꾸짖는 「제앵啼鶯」79)과 녹림으로 돌아온 것에서 믿음을
느끼는 「견앵見鶯」80) 등으로 다양하다. 위 작품에서 임여송은 4월이면
맑은 소리로 녹림을 찾는 꾀꼬리를 반기고, 사냥꾼의 화살을 조심하라
고 한다. 소나무에 대해서도 더위를 씻어 준다는 「송차松遮」,81) 바위에
의지하여 세한의 의미를 전하는 「담상쌍송潭上雙松」82) 등으로 나타난
다. 위의 시 역시 동량이라는 소나무의 실용적 가치보다 이 나무가
가지는 세한의 의미를 더욱 부각시키고 있다. 우리는 여기서 임여송의
시정신이 특정한 소재를 만나면서 어떻게 작품화되는지를 파악하게
된다.

임여송은 그 자신 많은 병을 지니고 있었다. 문재엽文再燁에게 시를
지어 주면서, "나 같은 사람은 바탕이 어리석고 몸은 또 병들어, 속절없
이 헛되이 세월만 저버리고 말았네"83)라고 하면서 고백하거나, 양산으
로 의원을 찾아가 박우한朴迂漢과 이별하면서 "병들어 궁한 집에 10년

---

78) 林汝松, 「種松」, 『虛齋遺稿』, 25쪽.
79) 林汝松, 「啼鶯」, 『虛齋遺稿』, 6쪽, "鶯乎翳庭樹, 去來莫間關. 平生所深惡, 令色而巧言."
80) 林汝松, 「見鶯」, 『虛齋遺稿』, 6쪽, "不入虞人弋, 年年訪綠林. 憐渠反有信, 非是爲淸音."
81) 林汝松, 「松遮」, 『虛齋遺稿』, 24쪽.
82) 林汝松, 「潭上雙松」, 『虛齋遺稿』, 24쪽, "眼看無他不風波, 萬物其如變化何? 唯有倚岩雙
    老樹, 干云翠色歲寒多."
83) 林汝松, 「贈文道季再燁」, 『虛齋遺稿』, 21쪽, "如我質愚身且病, 悠悠虛負幾星霜."

동안 엎드린 몸, 여기 온 이래 찌푸린 눈살을 펴게 되어 얼마나 다행스러운가"[84]라며 인사하는 것에서 그의 투병생활을 짐작할 수 있다. 임여송은 어릴 때부터 특히 눈병을 심하게 앓았고, 장년에 들면서 이명까지 겹쳐 몹시 괴로워한다. 이를 치료하기 위하여 백방으로 노력하지만 효과를 제대로 보지 못한다. 다음 작품을 보자.

(가) 귓가에는 매미 소리 일찍이 귓병이 생기고　　　　耳邊蟬噪曾成聘
　　　눈앞에는 꽃이 어른거려 또 봉사가 되겠네.　　　眼底花生又作盲
　　　남자의 총명을 하늘이 나에게만 인색하니　　　　男子聰明天嗇我
　　　늙도록 이름 없음을 스스로 달갑게 여길 수밖에.　自甘頭白不成名[85]

(나) 사람들이 이 풀이 눈을 밝게 한다고 해서　　　　人言妓草能明眼
　　　의원에게 빌려 손수 재배를 한다네.　　　　　　借得醫家手自栽
　　　눈앞에 흐릿하게 낀 백태 지금까지 몇 달이던가　着瞙玄花今幾月
　　　금비金鎞는 이로부터 모름지기 쓰지 않아도 되리.　金鎞從此不須開[86]

　앞의 시는 「안혼이명眼昏耳鳴」으로 눈병과 이명을 작품화한 것이고, 뒤의 시는 눈에 좋다는 결명자를 심으면서 지은 「종결명種決明」이다. 여기서 임여송은 자신에게 닥친 눈병과 귓병을 운명으로 받아들이고 있다. 이로써 이름 없이 살아가는 것을 달갑게 여기지 않을 수 없는 처지 또한 밝히고 있다. 그러나 그는 치병을 위해 무척 노력한다. 양산으로 의원을 찾아가기도 하고, 그 스스로 결명決明, 감국甘菊, 천궁川芎

---

84) 林汝松, 「贈別朴逗漢」, 『虛齋遺稿』, 59쪽, "病伏窮廬十載身, 此來何幸展眉唭."
85) 林汝松, 「眼昏耳鳴」, 『虛齋遺稿』, 43쪽.
86) 林汝松, 「種決明」, 『虛齋遺稿』, 25쪽.

등의 약초[87]를 심으며 병마로부터 벗어나기를 기원하기도 한다. 뒤의 작품은 바로 결명자를 심으면서 금비金鎞로 눈에 낀 백태를 깎아 내지 않아도 되기를 바라는 마음을 담았다. 이처럼 그의 질병은 다양한 약초를 작품의 소재로 활용할 수 있는 역할을 했다.

일상생활이 다기하므로 여기에 주목한 문인들은 다양한 소재를 수용하지 않을 수 없다. 사상학이 일상생활을 강조하니 더욱 그러할 수 있었다. 이는 그 스스로 자신의 생활을 매우 정밀하게 관찰하고 있다는 것을 방증하는 것이기도 하다. 그렇다 하여 임여송의 생각이 생활에 함몰된 것은 아니었다. 다소 약화되기는 하였으나 꿈 등을 통해 국가나 사회 문제를 주제로 작품화하기도 하였기 때문이다. 「기몽記夢」에서 "무슨 일로 자연 속에 사는 한 포의布衣가, 임금을 사랑하고 나라를 근심하는 것이 여기에 이르렀는가"[88]라 한 것이 그것이다.

5. 맺음말

본고의 근본적인 문제의식은 은구형 지식인 임여송이 자신의 생활을 어떻게 작품화하였던가 하는 것이다. 이를 위해 먼저 사상학事上學에 주목하였다. 이것은 '생활 속에서 진리 찾기'를 의미하는바, 쇄소응대灑掃應對나 기거동작起居動作 등 인간의 일상을 중시한다. 우리는 흔히

---

87) 이에 대해서는 「種三材藥」(『虛齋遺稿』, 45쪽)에 나타난다. 원문은 다음과 같다. "決明甘菊與川芎, 培養初非供藥籠. 峽裡無人慰幽獨, 擬將淸契伴衰慵." 처음에는 약상자에 넣어 두기 위한 것이 아니라 청계를 이루며 이들 약초와 교감하고자 하였으나, 결국은 약으로 쓰지 않을 수 없었음을 나타내고 있다.
88) 林汝松, 「記夢」, 『虛齋遺稿』, 40~41쪽, "何事溪山一布衣, 戀君憂國至於斯."

문학사적 측면에서의 문제적 작가나 사상사적 측면에서의 주요 위상을 지닌 인물을 중시한다. 이러한 연구방향은 지극히 당연한 것이다. 그러나 조선의 수많은 선비들은 자발적이든 비자발적이든 향촌을 중심으로 자신의 생활을 영위하며 진리를 탐구해 왔고, 가족을 중시하며 생활에의 체험을 작품화해 왔다. 이러한 측면에서 본고는 비교적 덜 알려져 있지만 일상과 생활, 평범과 소박을 존중하며 작품 생활을 해 왔던 한 작가에 집중한 것이다.

임여송의 문학의 주제는 수양론, 가족주의, 그리고 자연인식의 측면으로 나누어 볼 수 있다. 향촌에서 생활하면서 그 자신이 이를 가장 강조하고 있기 때문이다. 수양론적 측면에서는 거경居敬과 명성明誠, 그리고 신독愼獨 등의 개념을 내세우면서 적극 작품화하였고, 가족주의적 측면은 위로는 부모, 옆으로는 동생에게 각별한 애정을 가졌다. 이는 그 스스로 "효도는 모든 행동의 근원이라 할 수 있고, 사람들이 형제 사이를 간여하지 못한다"라는 말을 신봉하면서, 이를 바탕으로 가족 사랑을 실천하였기 때문이다. 그리고 산수 속에서 인지仁知나 세한지의歲寒之意 등 유가적 이상을 찾고자 하기도 하지만, 그의 자연관에는 무한한 자유와 자족감에 방점이 놓인다.

임여송 문학의 의의는 '지금－여기'에 대한 자각을 첫 번째로 꼽을 수 있다. 이는 그의 실존적인 문제와 결부된 것인바, 과거의 일로 괴로워하지 않고, 아름다운 경치를 보기 위하여 원유遠遊를 나서지도 않는다. 이를 두견새의 울음소리나 원유에 대한 비판적 견해 등으로 구체화시켰다. 사상학이 생활을 특별히 강조하는 것이니 그럴 수 있었다. 생활 소사小事에 대한 재발견 역시 중요한 문학적 의의를 지닌다. 새벽

닭의 울음소리, 들판의 농부, 부모에 대한 성묘 등 자신의 생활 체험과 그것이 지닌 의미를 더욱 부각시키고 있다. 생활 소사에 대한 재발견은 소재를 더욱 다양하게 수용할 수 있게 했다. 질병 등 생활 속에서 발생하는 모든 것이 소재로 수용되었던 것이다.

이제 임여송 연구에 대한 몇 가지 남은 문제를 제시하기로 하자. 첫째, 이 논문이 지닌 방향과의 대척점에 있는 작품들에 대한 연구이다. 임여송의 문학은 생활 속에서의 진리 찾기라는 사상학에 기반해 있다. 그럼에도 불구하고, 그의 문학은 여기에 모두 포괄된다고 볼 수 없다. 예컨대, 눈을 노래하며, "리理와 기氣가 밝게 서로 왕래하고, 지뢰地雷(復)가 울리는 곳에 일양一陽이 돌아오네"[89]라고 하는 등 성리학자들의 일반적인 상상력에 의거한 작품 역시 적지 않다. 임여송 문학에는 당대 문단의 이러한 보편성 역시 갖고 있음을 인식하면서, 이를 본고의 성과와 함께 종합적으로 다루는 것이 하나의 과제이다.

둘째, 임여송의 가족주의가 그의 가학적 전통과 어떻게 연관되어 있는가 하는 문제이다. 본론에서 살펴본 바대로 임여송은 효도와 우애에 남다른 점이 있었다. 효우孝友는 그의 문학에 가족주의를 형성하며 이에 대한 내적 원리로 작동한다. 우리는 여기서 그의 종증조부 임훈과 증조부 임운 형제가 효행으로 알려져 1563년(명종 18)에 명정命旌을 받아 생정려生旌閭가 세워졌다는 사실을 상기할 필요가 있다. 임여송 이후로도 1832년 임한신林翰臣과 그의 처 고령박씨, 1891년 임경원林慶原, 1905년 임지예林之藝가 명정되어 정려각에 봉안되었다. 이처럼 효우는 이 가문을 이해하는 매우 중요한 요소라 하겠는데,

---

89) 林汝松, 「咏雪次德陽韻」, 『虛齋遺稿』, 26쪽, "理氣昭昭互往來, 地雷鳴處一陽回."

이를 통시적 측면에서 살펴볼 만하다.

셋째, 임여송의 정맥에 대한 인식과 그 계승에 대한 연구이다. 용암서원에 모셔진 조식曹植, 용문서원에 모셔진 정여창鄭汝昌·임훈林薰·임운林芸·정온鄭蘊, 그리고 아버지 임진부가 깊이 허여했던 조임도趙任道 등에 대하여 임여송은 정맥으로 평가한다. 여기서 우리는 임훈과 임운을 중심으로 한 가학 전통과 정여창, 조식, 정온, 조임도 등으로 이어지는 강우사림의 학문적 전통을 예상할 수 있다. 그러나 임여송은 이에 대한 구체적인 내용을 언급하지는 않았다. 따라서 그가 남긴 자료 등을 통해 임여송이 강우지역의 학문적 전통을 어떻게 인식하고 있었는가 하는 부분에 초점을 맞추어 정밀하게 논의할 필요가 있을 것이다.

넷째, 사상학에 기반한 임여송의 문학과 17세기 한시사의 관련성 문제이다. 임여송이 초야에서 은거하면서 '지금-여기'를 자각하며 생활 소사를 재발견하고, 이에 따른 다양한 소재를 문학적으로 수용하였다. 우리는 여기서 17세기 중반쯤에 활동한 시인들 가운데 정두경鄭斗卿, 김득신金得臣 등과 같이 호란胡亂을 체험하면서 명분의 혼란과 당쟁의 격화 등을 경험하며 전원에 은거한 일련의 시인들을 염두에 둘 필요가 있다. 이들의 작품은 기존 시의 틀에서 벗어나는 파격체破格體를 시험하는 등, 다양한 변화를 모색하면서 일상에 대한 감흥을 다양하게 작품화한다. 임여송의 세계관과 정치적 경험이 이들과 사뭇 다르기는 하지만, 문학적 측면에 일정한 공감을 획득하고 있다. 이 부분에 대한 연구 역시 남은 연구 과제 가운데 하나일 것이다.

다섯째, 임여송 문학에 나타난 특정 제재題材에 대한 연구이다. 우선 '계변溪邊'을 들 수 있다. 과거를 포기하고 향촌에서 주로 살았던 임여송은 주로 계변에서 시적 상상력을 획득한다. "억지로 쇠잔한 몸을 부축하여, 온종일 시냇가를 걷네. 읊으며 노니는 이러한 의미를, 뉘라서 이해할 수 있을까?"[90]라고 하고 있듯이 그의 작품은 시내를 중심으로 창작된다. '질병' 역시 임여송 문학의 주요 제재이다. 임여송은 당시 역질疫疾이 발생하여 여러 곳을 떠돌게 되는데, 이와 관련하여 「유사기초遺事記草」에 자세하다. 그리고 그 자신 어릴 때부터 안질眼疾 등 지병을 갖고 있었기 때문에, 「병서病暑」(『虛齋遺稿』, 37쪽) 등 다양한 질병에 관한 시편들이 있다. 이처럼 주요 제재들에 대한 발굴과 그 연구는 그의 문학의 본질에 이르는 첩경이 될 것이다.

여섯째, 임여송 문학의 형식적인 측면 역시 하나의 중요한 연구거리이다. 그의 문학은 7언절구가 137수로 가장 많아 그 규모에 따른 의미를 따질 수도 있을 것이다. 그리고 그는 '3'을 특별히 강조하며 같은 운셋을 동시에 사용하기를 즐겼다. 예컨대, 삼신三新(「三新字」), 삼교三交(「三交韻」), 삼간三間(「三間韻」), 삼인三人(「題三人韻」) 등이 그것이다. 이 가운데 '삼간'의 경우를 보면, "순임금과 도척은 모름지기 선善과 이利 사이에서 나누어지나니, 누가 서로의 거리가 하나의 털끝 사이에서 이루어진다는 것을 알았으리. 가련하다, 마음이 물질의 지배를 받게 됨이여! 해충은 언제나 황폐한 잡초더미 속에 사는 것을"[91]이라 하였다. '선리간善利間', '일호간一毫間', '무예간蕪穢間'을 제시하며 인간의 성찰을 강조하기도 했다.

---

90) 林汝松, 「溪邊行」, 『虛齋遺稿』, 7쪽, "强扶衰瘦身, 盡日行溪邊. 吟翫一般味, 有誰能解人."
91) 林汝松, 「題三間韻」, 『虛齋遺稿』, 33쪽, "舜蹠須分善利間, 誰知相去一毫間. 可憐方寸爲形役, 蚩賊常乘蕪穢間."

임여송은 분명 당대의 주류 문인이 아니다. 시골에서 숨어 산 일개의 처사處士에 지나지 않는다. 이 때문에 그는 사상사나 문학사의 어느 한 구석에도 자리하지 못했다. 그러나 사상학은 이러한 문인들이 창작한 작품을 새롭게 이해하기에 충분하다. 사회나 국가적인 문제보다, 자신의 수양과 가족을 중시하면서 자신의 생활에 충실하기 때문이다. 이로써 우리의 논의는 새로운 시대에 새로운 가치로 성장할 수 있다. 즉, 본고에서 논의한바, 가족에 대한 사랑이나 '지금—여기'에 대한 강조 및 생활 소사에 대한 관심은 근대를 극복해야 하는 시점에서 새로운 의미를 지닐 수 있다는 것이다. 바로 이러한 측면에서는 본 논의는 사상학으로 작품을 읽은 출발선에 서 있다고 해야 할 것이다.

‖ 이 글은 필자의 「虛齋 林汝松 文學의 주제와 그 의의」(『남명학연구』 62, 경상대학교 경남문화연구원, 2019)를 수정·보완한 것이다.

제8장 반구당 임여백의 학적 지향과 시세계의 일 국면

김 승 룡

1.『반구당집』속 한시를 읽기 위한 고민

이 글은 반구당反求堂 임여백林汝栢(1614~1685)의 시세계를 이해하기 위하여 준비되었다. 무엇보다 아직 학계에 본격적으로 소개되기 전이라는 점에서 이 글은 많은 책임을 갖고 있으며 아울러 한계도 갖고 있다. 처음 소개되는 만큼 그에 대한 기본적인 정보들, 이를테면 생평을 비롯하여 학문과 사상, 교유와 같은 인적 네트워크들, 시문에 대한 구체적인 분석 등등, 다양한 분야에서 차근한 안내가 필요할 것이다. 그래서 항용 특정한 인물에 대한 최초의 논문은 비슷한 방식으로 서술되곤 한다. 인물의 생평, 학문적, 사상적 지향들, 시나 문 가운데 특징적인 국면들, 지역적 혹은 지성사적 위치에 대한 비정批定의 순서를 갖는 것이 그것이다. 이 글도 이로부터 자유롭지는 않다. 이 글 역시 반구당에 대하여 초보적 수준의 접근을 진행하고 있는 형편이라서 기본적인 사항에 대한 학습과 정리, 안내가 반드시 필요하다.

그럼에도, 이 글은 살짝 방향을 바꿔서 서술하려고 한다. 즉 이 글은 평상시의 논문 서술방식과 달리, 반구당의 시세계를 직접 처음부터 노출시키면서 그런 작품이 나오게 된 이유를 추정하는 순서로 서술하고자 한다. 무엇보다도 그의 시를 논문의 중심 테마로 올리기 위함이다. 즉 가문이나 학식 및 관직을 전제로 하는 시 분석 논고의 경우, 많은 경우 가문의 전통, 사상적 특징, 공직에서의 경륜 등을 앞서 서술한 뒤, 그 문학적 표출을 살펴보는 논리구조를 갖기 마련이다. 이는 벌열閥閱을 이룬 가문의 경우, 특정한 사상의 중추로 서 있는 인물들, 과거를 통하여 공직을 시작하고 나아가 국가를 경영하는 경험을 가진 사람의 분석에는 나름 효과가 있는 방법이다. 한시처럼 개인적 서정성이 강한 장르조차도 사회적 경험의 볼(bowl) 안에서 살펴보는 것은, 시적 정서를 개별적 경험으로 환원하지 않고 나름의 객관적·보편적 성격을 부여할 수 있기에 그러하다. 그런 점에서 기존의 논리구조는 상당히 의미 있다.

그런데 지역고전(local classics)을 마주했을 경우에는 다소 당황하게 된다. 주로 특정한 지역 안에서의 제한된 사회적 경험을 갖고 있을 뿐이고, 이른바 국가적·시대적 소명을 살피기엔 한계가 엿보이기 때문이다. 과연 이런 작품은 어떻게 분석하고 평가할 것인가? 평가의 문제는 다소 어려우니 차치하고라도, 지역고전 작품을 정당하게 바라볼 수 있는 방법은 무엇일까? 이는 내가 늘 고민으로 갖고 있던 과제였다. 나는 살아 있는 모든 것은 다 존재의 이유가 있고, 그들 사이의 실존적 가치는 동등하다고 생각한다. 즉 혈연이든 지연이든 학연이든 경력이든 각각이 가지고 있는 경험은 소중하며, 각각의 경험 빛깔이 그 시대와 공간을 아름답게 수놓는다고 생각한다. 가까이 가서 들여다보면 들쭉날쭉 거칠고 난삽하지만, 약간 시간적-공간적 거리를 두고 살펴보면 저마다 멋진 나무가 되고 그것들이 모여 하나의 아름다운 정원을 이룬다고 생각한다. 내가 지역고전을 마주하는 기본적인 태도이다. 그렇다면 반구당의 경우는 어떠한가?

반구당은 17세기 중반을 살았던 학인이다. 『반구당집反求堂集』을 일별하면, 분량은 적지만 그의 학적 지향과 언술이 만만치 않음에 놀라게 된다. 대략 시詩 139수, 부賦 1편, 찬贊 1편, 잠箴 3편, 명銘 1편, 제문祭文 및 산문류 17편 등으로, 이 가운데 거론되는 길재吉再(「冶隱畵像」, 「冶隱集次南龜亭生字韻」), 정몽주鄭夢周(「圃隱先生畵像贊」), 김종직金宗直(「佔畢齋集次營字」) 등은 조선유학의 통서統緖와 맞닿아 있고, 「태극변太極辨」, 「답동문答童問」, 「제성학십도병장후題聖學十圖屛幛後」, 「선악개아사善惡皆我師」, 「수맹자지광안택이불거사정로이불유유감授孟子至曠安宅而不居舍正路而不由有感」 등은 유학의 특정한 주제에 대하여 논변을 시도할 정도로 학문적 축적을 이루었음을 보여 주며, 「구계서원청액소龜溪書院請額疏」 등은 그가 지역 사림士林의 지도자로서의 소임을 충실히 수행하였음을 확인시켜 준다. 그의 시문이 사적인 친교와 관계에만 머물지는 않고 있음을 알 수 있는 것이다. 곧 창작지평은 제법 사회적 차원으로 열린 편이라고 할 수 있다. 그러나 아쉽게도 그는 시명時命의 불운으로 폐거廢擧한 뒤 지역의 학인들과 교류하며 사인을 가르치는 일에 전념하였고, 그의 저술은 『반구당집』 단권으로 수렴되었을 뿐이라는 점에서 논의에는 많은 괄호가 필요하다. 그렇지만 반구당의 삶은 그냥 흘려버릴 수 없는 지점들이 있어서, 본격적인 거론을 준비할 필요가 있다고 생각한다.

앞서 말했듯, 이 글은 주로 반구당의 시세계를 조망하는 데에 초점을 맞추고자 한다. 그의 학문적 축적과 식견을 엿볼 수 있는, 즉 사상가로서의 면모를 확인하기엔 필자의 준비도, 자료의 확보도 아직 충분하지 않기 때문이다. 이 부분은 별도의 논구가 필요하다. 특히 17세기 지역고전학의 전반적 추세들, 특히 영남유학의 면모들과 견주어서 그의 학적 편린이 갖는 의미를 다시금 재론할 필요가 있다.

그러나 이 글은 이를 논하지 않는다. 논제를 '학문적 지향'으로 하지 않고 '학적 지향'으로 제한한 것도 바로 이 이유에서다. 시세계 속에 보이는 반구당의 정서情緒를 추적하고, 그것이 그의 학적 온축과 상관이 있을 것이라는 추정에서 머물고자 한다. 무엇보다 반구당의 시를 선입견 없이 그 속의 의경들, 정조들에 집중하여 읽어 가고자 한다. 이후 그것이 그의 어떤 정신세계와 맞닿아 있을지에 대하여 추정하도록 한다. 먼저 「행장」의 기록을 거론하는 것으로 논의를 시작하도록 하자.1)

문장을 지을 때는 기벽한 것을 숭상하지 않았고 기미한 것을 좋아하지 않았다. 명백하면서도 평실하여 마치 콩이나 좁쌀 같은 소박한 맛이 있었다. 시도 또한

---

1) 반구당의 생평에 대한 안내는 이 글 부록의 <行狀要約과 簡譜>로 대신하고자 한다. 이 논고는 기획발표(林谷 林眞怤와 그의 후예들, 2019. 5. 17., 경상대 남명학연구소)를 통하여 발표되었다. 당시 허권수 교수의 「林谷 林眞怤 후예들의 학문활동」을 비롯한 제 논고를 통하여, 반구당의 가문 내 학술적 위치가 중심부에 있음을 확인하였다. 아직 필자는 이를 본격적으로 논의할 준비가 되어 있지 않다. 추후 더 나은 논의로 반구당의 가문 내 학술적 위상은 물론 17세기 조선 지식인사, 특히 영남지역에서 어떤 위치를 차지할 것인지에 대하여 대답을 하기로 기약해 본다. 아울러 귀중한 문중 자료를 제공해 주신 임영주 님에게도 고마운 마음을 드린다. 아울러 이 논고를 위해 다음의 논문들을 통해 은진임씨의 가계와 학문전승을 이해했음을 밝혀 둔다. 허권수, 「安義縣의 학문전통과 瞻慕堂 林芸 가문의 형성과 전개」; 강정화, 「林谷 林眞怤의 삶과 시세계」(2018); 강동욱, 「恩津 林氏家門의 계승과 변천」(2018). 이 논문들은 『瞻慕堂 林芸과 林谷 林眞怤의 삶과 학문』(남명학연구원 엮음; 도서출판 바오, 2018)에 수록되어 있다.

충담 전아하였는데, 궁벽한 전고를 찾아내려 하지 않았다. 문 잡저 약간 권이 집안에
소장되어 있다.2)

2. 우음偶吟: 갈등하는 내면의 진솔한 토로방식

『반구당집』을 열면 두 수의 시가 눈에 먼저 들어온다. 「사회寫懷」와
「우음偶吟」이다. 모두 자신의 속마음을 털어놓고 있는 작품이다. '사회
寫懷'가 '우음偶吟'보다는 더 의지적으로 속마음을 내보이는 뜻을 갖고
는 있지만, 두 수 모두 작자가 특별한 상황에 맞게 의례적으로 쓴
작품은 아니다. 즉 의식儀式을 위하여, 이를테면 친교나 연회, 혹은
특정한 사건에 대한 의견 개진 등과 같은 '목적성'을 띠지 않는다.
'사寫'는 쏟아내다(즉 瀉)는 뜻이 강하고, '음吟'은 입에서 나오는 대로
써낸다는 뜻이 있어, 그 강렬도는 다소 차이가 있을 순 있다. 그러나
우리의 논의에서 그 차이는 그다지 중요하지 않다. 모두 작자가 자신의
속마음을 '정직하게' 직서直敍하고 있음을 주목하도록 하자. 먼저, 「사
회寫懷」를 보면 다음과 같다.

나의 걸음이 어이해 이곳까지 이르렀나	我行何到此
떠도는 쑥솜처럼 이 삶을 내맡겼지.	蓬轉任生涯
온 가족이 궁벽한 산 아래에 머물고	盡室窮山下
형제들 먼 물가로 옮겼다네.	荊枝遠水湄
하늘은 정녕 마음이라도 있는가?	蒼穹寧有意

---

2) 林汝栢, 『反求堂集』, 「行狀」, "其爲文不尙奇僻, 不好綺靡. 明白平實, 有如菽粟之味. 詩
韻亦沖淡典雅, 絶去鉤棘搯擢之習. 有文雜著若干卷藏于家."

세상 이치일랑 제일齊一하기 어려워라.   物理直難齊
누구는 복을 받고 누구는 화를 당하는지   誰福而誰禍
깊이 읊조리나니 눈물만 절로 떨어지네.   沉吟淚自垂[3]

　　제3, 4구를 보면, 작자의 가족이 산하山下, 수미水湄에 복거하게 되었
고, 봉전蓬轉하며 살아온 삶에 대하여 슬퍼하는 모습을 볼 수 있다.
과연 하늘이 나를 생각해 주는 마음이라도 있었는지, 도대체 세상
이치를 어떻게 이해해야 할지에 대하여 의문을 던지고 있다. 7, 8구의
직서直敍는 너무 노골적이어서 시적 긴장을 떨어뜨렸다는 혐의가 있을
수 있지만, 사실 감정의 가감 없는 노출을 통해 속마음의 진솔함을
드러내었다고 볼 수 있다. 시제에 충실한 셈이다. 작자는 시 전체에
걸쳐서 반복과 대조를 통해 감정의 기복을 강렬하게 표출하고 있다,
즉, '아행我行'과 '봉전蓬轉', '궁산하窮山下'와 '원수미遠水湄', '창궁蒼穹'과
'물리物理', '수복誰福'과 '수화誰禍' 등의 대조를 통하여 시적 긴장을
유지하고 있는바, 이런 반복으로 작자의 마음속 갈등은 더 넓은 진폭을
갖게 되었고, 그 결과 눈물이 '자수自垂'하게 되었다.

인심은 흔들리는 등불을 좇나니   人情隨轉燭
세상의 맛도 시든 짜든 배불리 맛보았지.   世味飽酸鹹
오랫동안 문원文園의 병을 안았거니와   久抱文園病
□□□은 견디기 어려울시고   難堪魏歲□
나는 강산의 주인이라   江山吾是主
본성은 명리를 탐하지 않노라.   名利性非饞

---

　3) 林汝栢, 『反求堂集』, 「寫懷」.

아침저녁 사이 그윽하게 홍취가 일어나니 　　　　　　　朝暮悠然趣

때때로 붓끝에 기대어 보노매라. 　　　　　　　　　時憑筆舌尖[4]

이 시는 1, 2, 3, 4구와 5, 6, 7, 8구 전반, 후반으로 나뉜다. 전반은
작자가 살아온 삶을 '간단하게 요약하고 있다.' 한마디로 기쁨과 슬픔
을 모두 겪고, 세상과 인정을 알게 되었다고 말했다. 그 스스로도 병을
안고 살았으니, 참으로 궁한 모습이 아닐 수 없다. '문원병文園病'은
사마상여司馬相如가 평생 앓았던 소갈증消渴症을 말하며, 이로 인해 세
상과 거리를 둔 채 살았음을 표현한다. 이는 작자가 병을 고생했던
것과 맞닿아 있다. 특히 사마상여는 문인으로서의 재주를 갖고서도
세상에 쓰이지 못한 인물의 대명사이니, 이를 통해 작자는 자신의
불행을 아파하고 있음을 볼 수 있다.[5]

　다시 찬찬히 보도록 하자. 제1, 2구에서 '인정人情'과 '세미世味'를
대조하면서 인간세상의 차가운 마음들, 변덕스런 태도들, 그리고 신맛,
짠맛을 모두 맛보았을 정도로 세상의 온갖 역경을 겪었음을 내보이고
있다. 바람에 흔들리는 등불은 신뢰할 수 없고, 그 등불을 탓할 수도
없다. 수많은 경험을 '강요'하는 세상에 대해서 불평할 수도 없다. 아니
굳이 불평할 필요도 없다. 본래 '인人'과 '세世'는 그런 법이니깐! 시의
서두에 이를 거론하는 이유는, 세상과 사람을 비판하기 위해서는 아니
었다. 어쩌면 후반에서 말하고 싶은 '달관'(깨달음)을 강조하기 위해
츤대儭對한 것이 아닐까 생각한다.

---

4) 林汝栢, 『反求堂集』, 「偶吟 — 用進退格」.
5) 이 점에서 「哀時命賦」를 주목할 필요가 있다. 그러나 이곳에선 논의하진 않는다.
　별도의 논의를 필요로 할 만큼 분량이 만만치 않기 때문이다.

후반은 전반의 우울한 모습과는 달리, 다소 정돈되어 있다. 우환憂患은 오히려 자신이 어떤 존재이고, 본성은 어떤 취향이었는지를 알 수 있게 해 주었다. 제5구의 '오吾'와 제6구의 '성性'은 작자가 작시를 통해 확보한 지점을 명쾌하게 보여 준다. 즉 그는 자신이 '강산江山'의 '주主'인임을 자각하고, '성性'은 명리를 탐하지 않음을 확인하게 된다. 뜻밖의 변전이다.

사실 『반구당집』에 위 두 수가 병치竝置되어 있는 것은 우연일 것이다. 시를 수습하는 과정에서 같이 놓인 데 불과하지만, 반구당의 시세계를 이해할 수 있는 묘한 관건을 잠복시켜 놓은 것이 아닐까 생각할 정도로 특이하다. 하나는 우울한 정조 속에서 자신이 맞닥뜨린 불행을 '화禍'로까지 생각하며 눈물짓고 있지만, 다른 하나는 내 편이 되지 않았던 세상인심을 그대로 '수긍'한 채 오히려 그 안에서 내가 강산과 명리에 대하여 어떤 태도로 살아야 할 것인지를 보여 주고 있다. 대조적인 정조를 유사한 시제로 담아서 비교시켜 놓은 것이다. 이들 시는 각각 지어진 시기가 다를 듯하다. 「사회寫懷」는 반구당이 「애시명부哀時命賦」를 지을 즈음(약 36세)으로 생각되고, 「우음偶吟」은 폐거하고 학업에 전념하여 위기爲己를 이룬 생애 후반부로 보인다. 그러나 이 또한 확실하진 않다. 흔히 체제별 창작 순으로 편집되는 상례를 생각하면 비슷한 즈음으로 간주할 수도 있다. 창작배경이 다른 만큼 비교의 한계도 명확하다. 그럼에도 이곳에 보이는 두 가지 정조는 반구당의 시세계를 이해하는 프레임을 제공한다. 즉 반구당은 두 가지의 시적 정서 사이를 '방황'하고 있었다. 한 번 더 확인하도록 하자.

노둔한 자질에 병까지 많을사	魯鈍仍多病
올해로 마흔 남짓이 되었어라.	今年四十餘
내 삶은 종래 무미건조했고	生涯從淡泊
어리석어 시서詩書에 어두웠지.	稚子昧詩書
할미새 벌판에 놓였음을 몇 번이나 탄식했던가	幾嘆鴒原隔
학처럼 머리 세고 성글음에 흠칫 놀라노라.	偏驚鶴髮疏
걱정하는 마음은 되레 취한 듯하거니	憂心還似醉
눈물이 떨어져 어느새 옷깃을 적시누나.	零淚忽沾裾[6]

제2구를 보면, 작자는 40세 남짓 되었을 즈음에 이 시를 지었다. 행장에 의하면, 이즈음 부친의 죽음을 맞이하게 된다. '영원격鴒原隔'은 『시경』소아「당체棠棣」의 고사를 원용한 것으로 형제간에 서로 떨어져 있음을 표현한다. 제6구의 '학발소鶴髮疏'는 자신의 처지를 표현한 것인데, '영鴒'과 '학鶴'을 대구하고 있음이 특이하다. 사실 제6구는 특별한 고사를 원용한 것은 아니니 엄밀하게 보면 대를 이루지 못하지만, 조대鳥對를 통해 표현의 묘미를 살리고 있다. 사실 제5, 6구는 '기幾'와 '편偏', '탄嘆'과 '경驚', '격隔'과 '소疏'도 각각 대를 이루고 있다.

제7, 8구에서 보듯, 이 시는 앞의 「사회寫懷」의 정조와 그 결을 같이하고 있다. '우심憂心'이라 하여 자신의 마음상태를 직서하고 있고, '영루零淚'라 하여, 앞 시의 '누수淚垂'(淚自垂)와 연동된다.

하루 종일 오직 이만 잡고 있고	終日惟捫虱
어이 한번인들 세무世務를 입에 올렸던가.	何曾世務談
남쪽의 기러기는 어느새 북녘에 머물거니와	南鴻已滯北

---

6) 林汝栢, 『反求堂集』,「病裏寫懷」.

같은 형제면서 다시 셋으로 나뉘었구나.	一室又分三
갈옷을 걸쳤어도 몸은 오히려 안온하고	布褐身猶穩
산나물을 먹지만 입에 또한 달구나.	山蔬口亦甘
먼지바람이 눈뜨는 것을 가리지만	風塵迷舉目
숲속에 기특한 남자는 뉘시더뇨?	林下孰奇男[7]

3, 4구를 보면, 가족들이 뿔뿔이 흩어져 살 무렵으로, 부친의 상을 만난 뒤 가솔들과 떨어져 지내고 한편으로 병든 어머니를 모셨던 즈음으로 생각된다.[8]

가장 주목되는 부분은 제5, 6구이다. '포갈布褐'과 '산소山蔬'가 몸에 맞고 입에 달게 느껴진다. 이는 베옷을 입고 사는 것이 익숙해졌고, 산나물을 먹고살아도 달게 느낄 정도로, 이런 생활이 편안해졌음을 뜻한다. 그런데 사실 역설적으로 이해하는 것도 가능하다. 원래 그렇지는 않았는데 산속의 생활이 익숙해질 정도로 자신의 처지가 '야野'해졌다는 것이다. 그런데 제7, 8구를 보면 이런 후자의 상상은 여지없이 깨진다. 5, 6구처럼 살아가는 사람을 '기남奇男'으로 적시하고, 숲속에 살아가는 그가 바로 자신임을 확인하고 있다. 자신을 궁벽한 산속의

---

7) 林汝栢, 『反求堂集』, 「山中獨坐」.
8) 林汝栢, 『反求堂集』, 「行狀」, "丁酉(1657), 遭先府君喪, 宿病之餘, 奄罹大故, 驚隕氣絶, 幸而得甦, 以病不能執喪, 獨陪母夫人, 居一房, 母子之間相與慰曰, 爲人子而不能自盡於親喪, 是天地一罪人也. 仍鳴咽折塞不能言, 聞者悲之. 雖在病癏中, 孝思尤切, 歷叙先府君言行實錄, 永銘於眉叟許斯文, 欲竪墓道而遷就, 未果, 是第一含恨事也. 庚子(1660)以後, 伯氏陪母夫人, 寓居縣北松楸後鷄鳴山, 相距稍間, 是時公病漸愈, 雖未能挈眷, 陪侍往來親側, 殆無虛目(日?), 常以離居勞心, 憂形於色. 甲辰(1664)以後, 母夫人耆病轉深, 恒侍湯藥, 未肯離側. 時長姊鄭氏家亦移居來寓, 一室之內兄弟俱處, 極其護養之方. 至乙巳(1664)春, 母夫人竟不起疾, 哀毀孺慕, 一遵禮制, 與伯氏同守殯, 跨夏涉秋, 葬期遷延, 水飮累月, 不食菜果, 人皆以爲慮, 而竟保無恙, 此非所感者天耶? 其冬葬母夫人于知禮西面杜谷之原, 返魂後, 伯氏卽守墓居廬, 公與子姪守殯以終三年."

삶을 '온穩'하고 '감甘'하는 '기남奇男'으로 자각한 것이다. '온穩'과 '감甘'은 마음의 흡족함, 편안한 태도, 수긍하는 모습을 보여 주는 글자들이다. 그런 점에서 작자는 '독좌獨坐'한 지금 대단히 만족스러워하고 있다.

3. 임우霖雨: 동제이감同題異感, 그리고 새로운 기회

반구당은 을미년(1655)에 「우중고우화제공寓中苦雨和諸公」이란 장편시를 지은 적이 있다. 이 시는 "황천분사시皇天分四時, 한서질상종寒暑迭相從"으로 시작하여 "추요성소택萩堯聖所擇, 당념여오농倘念如吳儂"으로 끝나기까지 64운韻으로 이뤄졌으며, 고우苦雨를 두고 비와 관련 있는 고사를 원용하면서 지었다. 말미의 '오농吳儂'은 원래 오나라 사람을 부르는 말이지만, 여기서는 반구당(및 諸公)을 두고 하는 말이다. 즉 나무꾼의 말이라도 옳으면 성인께서 가리셨으니, 나 같은 사람의 말이라도 굽어 살펴주기를 바란다는 것이다.

『반구당집』에 자주 등장하는 의경이 '임우霖雨' 등 비가 내리는 풍경 속의 우울하거나 고독한 모습이다. '풍설風雪'(「風雪偶吟」9))처럼 인간사에 재앙처럼 다가오는 천기天氣이다. 수개월간 지속되는 비는 참으로 고통스럽다. 마치 감옥과도 같다. 이 임우霖雨를 두고 반구당은 두 편의 시를 남겨 두었다. 또렷하진 않지만, 그 안에 담겨 있는 마음이 다소 이질적인 부분이 있어서 같이 다뤄 보고자 한다. 먼저 「임우독좌霖雨獨坐」이다.

---

9) 林汝栢, 『反求堂集』, 「風雪偶吟」, "獰雪驅雪下飄飄, 入耳江聲暮更驕. 爽氣襲人寒透骨, 淸光纈眼白凌絹. 千峰削玉山增態, 萬樹春銀鳥失條. 病客獨吟仍獨坐, 一年生意此時消."

단비가 되레 고우苦雨가 될 줄이야	甘雨還歸苦
뜨락의 빗물이 조수로 바뀌었네.	庭潦變作潮
시름하며 초라한 옷을 걸쳤는데	愁邊披短褐
병 안에 든 쌀마저 떨어졌네.	瓶裏乏長腰
상우尚友하느라 책 천 권을 읽었고	尚友溫千卷
안빈安貧하며 표주박 하나 지켰다오	安貧守一瓢
작은 서재에 날 다가도록 앉았자니	小齋終日坐
먹이를 찾는 새들 다투어 우는고야.	得食鳥爭呱[10]

처음에 비가 내릴 즈음에 '감우甘雨'인 줄 알았는데 그것이 '고우苦雨'가 되었고, 끝내 고인 물은 조수처럼 집안(뜨락)을 삼켜 버릴 정도가 되었다. 그 때문에 혹시나 하여 '단갈短褐'을 걸치고, 피난을 갈 생각으로 쌀도 병에 담아 두었다. 작자의 얼굴엔 수심이 가득하다. 사실 그는 그동안 책을 읽고 옛사람과 벗을 하면서(尚友), 애써 가난을 벗어나려 하기보다는 그 안에서 도를 즐기는 삶을 살아 왔다. 그런데 이 작은 집에 온종일 앉아서 비가 그치기를 기다리는 신세라니! 비는 작자 자신을 괴롭게 만들기도 했지만, 새들도 먹이를 찾아 울도록 만들었다. 이 부분은 다소 슬픈 느낌을 주기도 한다. 지식인으로서 살아가고픈 반구당의 귀에 먹을 걸 찾아 우는 새 울음소리는 어쩌면 자신의 처지에서 불가피하게 요구되는 생존의 욕망이 투사된 것일 수도 있기 때문이다.

제3, 4구의 대조가 눈길을 끈다. '변邊'과 '리裏', '단短'과 '장長'. 출구는 입성을, 대구는 먹성을 두고 표현했다. 장맛비가 어느새 먹성, 입성을

---

10) 林汝栢, 『反求堂集』, 「霖雨獨坐」.

걱정하거나 의식할 정도로 재난 수준이 된 것이다. 작자의 불안한 마음이 생생하게 드러나고 있다. 그러나 반구당의 다른 '임우시霖雨詩'는 사뭇 다른 정조를 보여 준다.

몇 달 장맛비가 괴로이도 걷히지 않아   數月淫霖苦不收
온종일 빈 서재에 앉았자니 수인囚人같을시고.   空齋盡日坐如囚
잦은 병 탓에 옛 친구들 차츰 멀어지고   舊交漸遠緣多病
시름 씻으려 새로 담근 술을 자주 여네.   新釀頻開爲滌愁
우주는 십 년 지나면 인사도 바뀌건만   宇宙十年人事變
강호땅 천 리에 이 몸은 덧없이 살았어라.   江湖千里此生浮
어젯밤 뜨락 반나마 오동잎이 나부끼더니   半庭昨夜飄梧葉
오늘 아침 천지가 다시 가을빛이네.   天地今朝又一秋[11]

제1구의 "수월음림고불수數月淫霖苦不收"는 앞 시의 제1, 2구 "감우환귀고甘雨還歸苦, 정료변작조庭潦變作潮"와 유사하고, 제2구의 "공재진일좌여수空齋盡日坐如囚"는 앞 시의 제7구 "소재종일좌小齋終日坐"와 유사하다. 비슷한 창작배경을 갖고 있을 듯하지만 확실하진 않다. 그래서 여기선 그 표현의 유사성만 확인하도록 하자. 동일한 작가의 작품을 전체적으로 살펴보면, 표현상 반복되거나 변주되는 것을 확인할 수 있다. 이 글은 그 부분에 주목하고 있는 셈이다. 반복과 변주는 작자의 창작개성이 체현되었을 가능성이 높기 때문이다.

그런데 이 시에서 '임우霖雨'는 제1, 2구의 표현에만 나오면서 시의 전체적인 '배경'이 될 뿐, 주인공은 되지 못한다. 제3, 4구를 보면, 상황

---

11) 林汝栢, 『反求堂集』, 「霖雨詠懷」.

은 더욱 심각하다. 장맛비가 그를 괴롭힐 뿐만 아니라 잦은 병으로 인하여 '구교舊交'는 더욱 멀어져만 가고, 시름을 달래기 위해 겨우 술에 의지할 뿐이다. 술은 익어야 제맛이다. 그 술이 익기도 전에, 막 담은 술독을 '빈개頻開'하는 심정은, 취기로 누르거나 달래야만 멎는 절절한 시름이 작자를 감싸고 있음을 보여 준다.

제5, 6구에서 작자의 시야는 시간과 공간으로 확장된다. 즉 강산도 변한다는 십 년의 시간으로, 천 리나 뻗어 있는 강호의 공간 안에 작자 자신을 곧추세워 두고 있다. 이전에는 보지 못했던 모습이다. '상우尙友'와 '안빈安貧'에 매달렸던 것도 훌륭한 일이지만, '우주宇宙'와 '강호江湖'로 '십년十年'·'천리千里'를 의식하는 순간, 작자는 자연을 있는 그대로 인식하게 되었다. 마지막 구의 "천지금조우일추天地今朝又一秋"는 그 절정이다. 문면으로는 이제 가을로 접어들었다는 뜻에 지나지 않지만, '금조今朝'에서 '작야昨夜'(제7구)와의 변화를 읽고, 가을이란 새로운 시간-공간으로 변한다는 자연의 질서(시간적이든, 공간적이든)를 읽어 내고 있는 것이다. 변화는 늘 존재한다. 우리의 곁에 늘 변화하고 있건만, 그것을 '자각'하느냐 못하느냐에 따라 '새로움'으로 여겨질 수도 있고 그저 그런 움직임으로 느낄 수도 있다. '일추一秋'는 바로 '하나인 세계로서의 가을', '이전과는 달리 온 세상으로 다가온 가을'이다. 흡사 꽃잎 하나 열리는 데서 '하나의 하늘(새로운 세계)'이 개벽하는 것을 읽어 내듯이! 과연 이런 변화의 자각은 어떻게 가능하게 되었을까? 혹여 '임우霖雨'는 한갓 고통스러운 것만은 아니고, 새로운 가능성을 부여했던 것은 아닐까? 그의 시 「독서유감讀書有感」을 읽어 보자.

4. 독서를 통한 자경自警적 주체의 정립

하루 종일 어둑어둑 비가 내리거든	終日冥冥雨
소리 높여 제요帝堯를 읽노매라.	高聲讀帝堯
차라리 자로처럼 고궁할 일이요	固窮寧季慍
그저 안연처럼 도를 즐길 것이네.	樂道只顔瓢
나 이미 세상을 찾지 않거니와	我旣無世求
저들 가운데 뉘라서 같은 마음이리오.	人誰與同調
오직 내 몸을 반성하며 안으로 다툴지니	反躬徒內訟
이 밖에 모름지기 구하지 말 것이네.	餘外不須徼12)

「독서유감讀書有感」은 「임우독좌霖雨獨坐」와 병치되어 있다. 아마도 같은 시기에 지어졌을 것으로 추정된다. 공교롭게도 '우雨'는 작자에게 독서의 기회를 제공하였다. 작자는 하루 종일 내리는 비를 보고, 오히려 세상의 고열苦熱을 씻고 은혜를 내려 주는 제요帝堯를 떠올리며 제요를 수록한 『서경』을 읽는다. 제1, 2구의 '독서' 행위는 고통스런 '우雨'를 자성自省의 기회로 변전시키고 있다. 게다가 '고성高聲'이라고 했으니, 작자는 의도적으로 독서를 시작하였다.

제2구에서 빗장을 연 '독서'는 제3, 4구에서 『논어』의 자로子路(季路)와 안연顔淵을 본받겠다는 선언으로 이어진다. '고궁固窮'과 '낙도樂道'는 반구당에게 중요한 삶의 지표가 된다. 두 가지는 모두 '궁窮'과 관련되어 있다. '고궁固窮'은 '궁窮'을 피하지 않고 지키면서 도를 닦는 것이고, '낙도樂道' 또한 (안연의 경우처럼) 가난한 삶 속에서도 도를 찾고 그것

---

12) 林汝栢, 『反求堂集』, 「讀書有感」.

을 적극적으로 즐거워하는 것이다. 곧 '궁窮'이라는 스트레스가 주어질 때, 하나는 견뎌 내는(네거티브) 방식으로, 하나는 추구하는(포지티브) 방식으로 살아갈 수 있는바, 반구당은 이를 자로와 안연을 통해 제시하고 있다.

제5, 6구에서, 작자는 한 번 더 자신은 (밖의) 세상을 추구하지 않겠다고 하며, 이를 미련尾聯에서 '반궁反躬'과 '내송內訟'으로 적출摘出하고 있다. '반궁'도 '내송'도 모두 속마음(마음속)으로 자신의 득실을 살피고 더욱 올바른 모습을 가져가는 태도이다.

자, 이제 작자가 임우霖雨를 주요한 의상으로 채택한 이유를 짐작할 수 있다. 당시 장맛비로 고생하였던 사실이 있음은 앞서 「우중고우화제공寓中苦雨和諸公」 시에 '을미' 간지를 붙이고 있음에서 확인할 수 있다. 문제는 수차례 등장하는 '우중雨中'이 만들어 낸 '독좌獨坐'의 화면이 그냥 스치는 장면이 아니라, 작자가 자성적自省的 공간으로 만들고 그로부터 자신의 길을 자각하고 있다는 점이다. 장맛비에 의해 흡사 '수인囚人'같이 되어 버린 처지를 변전시켜 버리고 있는 통쾌함! 비록 이로부터 5년 뒤(辛丑, 1661)에 쓰인 시이지만, 그의 「자경自警」은 반구당의 시세계를 정돈하고 있다는 느낌이 강하다.

지난날 잘못을 알았던 거백옥의 나이를 이미 지났나니	已過知非伯玉年
몸을 어루만지며 책 속의 현인에게 많이 부끄럽네.	撫躬多愧卷中賢
제나라 산의 아름다운 나무건만 소와 양을 치니	齊山美木牛羊牧
고요한 물, 참된 근원에서 물욕으로 옮아갔구나.	止水眞源物欲遷
함양涵養의 공부는 모름지기 경敬을 써야 하는 법	涵養工夫須用敬
마음을 잡고 보존하는 요체는 배를 젓는 것과 같나니.	操存要法若撑舡

끝내 성인의 경지를 내가 돌아갈 곳으로 기약하고 　　　終敎聖域期歸宿

늘그막에 하릴없이 자신을 가엾어하지 말지니. 　　　　休向桑楡護自憐13)

　　장자莊子에 의하면, 거백옥遽伯玉은 나이 50이 되었을 때 49세까지의 잘못을 알았고, 60세가 되도록 매번 잘못을 고쳤다고 했다. '백옥년'은 이즈음의 나이를 가리킬 듯한데, 아마도 거백옥처럼 자신의 잘못을 고칠 줄 아는 나이를 지났다는 정도로 이해된다. 그런데 이 시에 붙여진 간지가 '신축'으로 되어 있어, 추산해 보면 반구당은 당시 47세가량이 된다. 이른바 거백옥 운운할 경우의 나이와는 다소 차이가 난다. 그 연유는 확실하지 않다. 자료가 충분치 않으니 더 자세히 논할 수는 없겠다. 다만 확실한 것은, 거백옥처럼 반구당은 늘 자신의 잘못을 반성하면서 과감하게 고칠 것으로 자신을 가다듬어 왔다는 것이다. 실제로 『반구당집』에는 「개과잠改過箴」이 전해 오며, 반구당은 여기서 개과에 용감할 것을 면려한 바 있다.14)

　　제3, 4구는 미목이 있는 산이었건만, 우양을 놓아먹이는 바람에 민둥 산이 되었다는 『맹자』의 고사가 원용되어 있다.(『맹자』는 '牛山'이라고 했 다.15)) "제산미목齊山美木"의 의미는 제4구와 같이 생각하면 분명해진다. "지수진원止水眞源"과 짝을 이루는바, 곧 고요하고 참된 근원, 온전한

---

13) 林汝栢, 『反求堂集』, 「自警」.

14) 林汝栢, 『反求堂集』, 「改過箴」, "人非上聖, 誰能無過. 過而能改, 是謂無過. 惟彼衆人, 知 過爲難. 知過非難, 改過爲難. 改之如何, 曰勇而已. 盡謀夬斷, 吾黨小子."

15) 孟子, 『孟子』, 「告子上」, "牛山之木, 嘗美矣. 以其郊於大國也, 斧斤伐之, 可以爲美乎? 是其日夜之所息, 雨露之所潤, 非無萌蘖之生焉, 牛羊又從而牧之, 是以若彼濯濯也. 人見 其濯濯也, 以爲未嘗有材焉, 此豈山之性也哉?牛山之木, 嘗美矣. 以其郊於大國也, 斧斤伐 之, 可以爲美乎? 是其日夜之所息, 雨露之所潤, 非無萌蘖之生焉, 牛羊又從而牧之, 是以 若彼濯濯也. 人見其濯濯也, 以爲未嘗有材焉, 此豈山之性也哉?"

마음(性善)을 뜻한다. 즉 온전하고 참된 마음이 물욕에 의해 옮겨진 상태를 성찰하고 있다. 이를 어떻게 하면 회복할 수 있을까? 반구당은 '경敬'을 제시한다. 즉 이른바 "함양공부수용경涵養工夫須用敬"이라는 일곱 자로 명제화하고 있다.[16] 아울러 자신이 귀숙歸宿할 곳으로 '성역聖域'을 설정하고 있다. 반구당에게 '경敬'은 주요한 공부방법이었다.

> 듣자니 거경은 공부의 기초라 하니　　　　　　□聞居敬學之基
> 처음을 이루고 끝을 이루는 데 어이 이것을 도외시하랴.　成始成終豈外斯[17]

　　이 구절은 「거경居敬」이란 시의 첫 두 구이다.[18] 즉 거경으로 공부의 시종을 이루어야 함을 설리적說理的으로 표현하고 있다. 나 밖의 외물/풍경에 대하여 개체적 서정성을 확보하고 있었던 반구당의 시가 이 부근에서 리어理語를 활용하면서 자신을 응시하는(內訟) 이취적理趣的 성격을 지니게 된다. 본디 우울憂鬱과 자각自覺의 사이에서 갈등하던 자아는 점차 내적 함양과 위기지학爲己之學의 공부를 통하여 한층 성숙한 자성적 시적주체로 성장/변모하고 있는바, 이 부분은 그의 학적 지향 및 반구反求의 정신세계와 유관한 것으로 생각된다. 그의 시를 두고 '충담전아沖淡典雅'로 평어를 붙인 것이 그 이유일 듯하다.(다만

---

16) 이 부분은 修心內求를 추구하였던 曾子의 공부와 흔들리지 않는 마음의 수양을 모색했던 朱熹의 「觀書有感」(제2수, "昨夜江邊春水生, 艨艟巨艦一毛輕. 向來枉費推移力, 此日中流自在行")을 떠올리게 한다. 반구당의 학적 지향이 내적 성찰과 수양에 있었음을 확인할 수 있다.

17) 林汝栢, 『反求堂集』, 「居敬」.

18) 이 시는 『반구당집』, 6면에 있는데, 오랜 세월을 지나는 동안 脫漏로 인해 그 이상은 알아보기 어렵다. 아울러 『반구당집』 전반부에 의론적 성격이 강한 시들이 일견 보인다는 점에서, 반구당의 정신세계를 이해하는 데에 이 부분의 복원과 분석이 필요할 듯하다. 과제로 남겨 둔다.

「행장」의 언급이기에, 제한적인 의미 부여가 필요하다.) 충담전아는 내적 성찰을 통해 반듯해지고 학문적 성숙을 통해 온전해진, 곧 내적 성숙과 관련된 평어이기 때문이다.

5. 마무리를 대신하여: 학적 지향과 반구의 정신

반구당은 일찍이 성리학 서적을 읽었고, 중년 이후에는 그로써 자경 自警하고 성찰했다고 했다. 이에 대해서는 「행장行狀」의 내용이 소상하다. 그 부분을 절록해 본다.

반구당은 천성적으로 책읽기를 좋아했다. 어려서부터 늘그막까지 한 번도 책을 버리고 보지 않은 적이 없었다. 경전의 심오한 의미에 대해서 꿰뚫지 않은 적이 없었고, 『서경』의 복잡하고 요긴한 부분도 또한 기어이 궁구하고 해석했으며, 특히 『논어』에 대해서 제법 자득한 부분이 있었다. 매일 닭이 첫울음을 울 때 옷을 차려입고 일어나 앉아, 『사서장구』, 『소학』 등 성리서를 낭랑하게 읽었다. 일찍이 손수 「경재잠」, 「사물잠」, 「심잠」, 「숙흥야매잠」 등을 써서 벽에 걸어 두고 하루에 한 번씩 읽었는데, 죽을 때까지 그만두지 않았다. 또 생도를 가르치는 데 잘하여서, 만일 배우길 원하는 사람이 있으면 받아들이지 않은 경우가 없었고, 재주에 따라 가르치고 개발한 바가 매우 많았다. 사람들 가운데 그의 문하에서 학업을 배운 이들이 흡사 황하에 나아가서 떼 지어 물을 마시는 것과 같았다. 중년에 「입지잠」, 「지치잠」, 「개과잠」을 지어 자신을 경계하고 성찰했으며, '반구당' 3자를 써서 벽에 걸어 두고 자신의 호로 삼았다. 함양의 공부가 나이 들수록 더욱 독실했으며, 원근의 사우士友로 의문을 물어 오는 자들이 하나둘로 헤아릴 수 없었고, 다들 그를 사표師表로 삼았다.[19]

19) 林汝栢, 『反求堂集』, 「行狀」, "性好劬書. 自少至老, 未嘗去書不觀. 於經傳奧旨未不融貫, 書之盤錯肯綮處, 亦必探究解釋, 尤精於論語, 頗有自得處. 每夜鷄初鳴, 拂衣起坐, 莊誦四

위 글은 반구당의 학적 지향이 어디를 향하고 있는지를 여실히 보여 준다. 경서 가운데 『서경』, 『논어』가 특칭되고 있고, 날마다 주희의 『사서장구』를 비롯한 성리서를 읽었음을 말하고 있다. 그는 이 외에 방안에 걸어 두고 일상적인 규율을 도모하는 데에, 이른바 「숙흥야매잠 夙興夜寐箴」 등과 같이 주자의 생활을 떠올리게 하는 작업을 수행했으며, 그 자신도 잠명箴銘을 짓고 급기야 '반구당'으로 당호를 삼았다. 이는 반구당만의 특별한 행위는 아니다. 당시 이른바 주희의 삶을 사표로 삼아 공부했던 학인들은 대개 이렇게 지냈었다. 그러니 특이한 일은 아니라고 할 수 있다.

그렇다고 해도 이 행위는 더없이 중요할 듯하다. 반구당의 처지가 과거로 입신한 사람도 아니고, 지방의 정치적·경제적으로 유력한 인물도 아니었음에도 불구하고 자신의 생각과 말과 행위를 검속하고 다져 갔다는 점에서 그렇다. 지역의 사림, 학인들은 어떻게 만들어지는 가? 무엇을 기준으로 이들을 이른바 '학인學人', '사인士人', '지식인'으로 지칭할 것인가?

적어도 반구당은 일상적 생활 속에서 지식인으로서의 태도를 일관되게 지속시켜 나갔다. 이는 앞서 살펴보았던 시들이, 비록 일순간의 감흥에 기대어 쓰인 것이긴 하지만, 단순히 일회성 작품으로 보아선 안 되는 이유를 말해 준다. 즉 반구당의 삶이 지속적인 특성을 보여 주는 일관된 모습을 보여 주고 있고, 일상 속의 실천을 '용감하게 실행

書章句小學性理書. 嘗手書敬齋箴四勿箴心箴夙興夜寐箴, 揭諸壁上, 日誦一遍, 終身不廢. 又善教授生徒, 苟有願學者無不容接, 隨才誘掖開發甚衆. 人之登其門而受其業者如臨河 而群飮焉. 中年作立志知恥改過箴以自警省, 又書反求堂三字於壁上, 因以爲號. 涵養工程, 晚來益篤, 遠近士友之質疑問難者, 非可一二數, 皆以爲師表云."

했던' 사람이므로, 그의 시작품 사이에도 일관된 정신, 주축으로 자리 잡은 코어가 있을 것으로 판단하는 것이 자연스럽다. 나는 그것으로서, 아래에 보이는 「반구당명反求堂銘」을 주목하고 있다. 일단 '반구당' 3자 는 그가 자호하였다는 점에서, 임여백은 여기에 자신의 삶의 지향을 함축한 것으로 보이기 때문이다.

옛 선민을 살펴보니	相古先民
공부하여 자기를 위했네.	學以爲己
지금은 그렇지 않아	今也不然
남을 위해 할 뿐이네.	爲人而已
자기 위한 공부는	爲己之學
앞서 그 마음을 참하게 하지.	先誠其意
그로써 부모를 섬기사	以之事父
응당 그 노력을 다할 것이요	當竭其力
그로써 군주를 모시사	以之事君
응당 그 절조를 다할 것이라.	當盡其節
형제들은 화흡和翕하고	兄弟而翕
친구들은 신뢰하네.	朋友而信
용덕庸德을 실행하고	庸德之行
용언庸言을 삼가면서	庸言之愼
일을 따라 이치를 살피고	隨事察理
말을 늘이되 옳음을 돌아보라.	永言顧諟
남을 다스림에 다스려지지 않으면	治人不治
응당 그 지혜를 돌이켜 보고	當反其知
남을 예우하되 보답이 없으면	禮人不答
응당 그 공경을 돌이킬지니	當反其敬

일마다 돌이켜 찾는다면	事事反求
그 몸은 절로 바루어지리라.	其身自正
그 몸이 이미 바르게 되면	其身既正
천하 사람은 인으로 돌아가고	天下歸仁
지극히 넉넉해진 뒤에	至足之餘
시혜가 만민에게 미치리라.	施及萬民
난사를 먼저하고 수확을 뒤로 둔다면	先難後獲
빠르지도 더디지도 않으리.	匪亟匪徐
나 마음에 새기고서	我其銘之
그로써 그 첫 마음을 회복하리라.	以復其初[20]

'명銘'은 일종의 자기다짐이다. 아울러 자신의 표상을, 혹은 자신의 표상으로 무언가를 제시하여 남에게 보이는 서술문체이기도 하다. 간단히 말하면, 이렇게 '살겠다는, 살자는' 선언인 셈이다. 다양한 방식으로 '잠명箴銘'을 연구할 수 있겠지만, 이 자리에서는 핵심키워드를 찾고 그들 사이의 연계를 확인하는 선에서 머물도록 한다. 잠명을 비롯하여 반구당의 다른 산문들을 검토할 필요가 있다. 허나 이 자리는 시세계를 읽어 낼 수 있는 지점까지만 언급한다.

위 글의 핵심키워드를 제시해 보면, '위기지학爲己之學', '성의誠意', '용덕庸德', '용언庸言', '고시顧諟', '반지反知', '반경反敬', '반구反求', '복초復初' 등이다. 선민처럼 '위기지학'을 이루어야 하며, 이를 위해 성의를 수행하고, 이를 바탕으로 군주와 부모를 섬기라고 했다. 이후 일상(중용)의 용언과 용덕을 삼가고, 어떤 일이 수행되지 않을 때면 자신의 지혜와

---

20) 林汝栢, 『反求堂集』, 「反求堂銘」.

공경하는 마음을 반성하자고 했다. 즉 '반구', 자신의 안으로 끊임없이 성찰하여 혹여 잃어버렸거나 놓쳐버렸던 '처음'을 회복하기를 도모하였다.

위기지학爲己之學 운운은 「선악개아사善惡皆我師」에서 '고지학자古之學者'와 '금지학자今之學者'의 차이를 언급하는 데서도 재확인된다. 즉 그는 "옛날 배우는 사람은 남의 선함을 보면 그것을 따르지만, 지금의 배우는 사람들은 그것을 싫어한다. 옛날의 배우는 사람은 남의 악함을 보면 그것으로 자신의 악함을 고쳤지만, 지금의 배우는 사람들은 남의 악함을 보면 그것을 순종했다. 옛날의 배우는 사람들은 자신을 위해 공부했고, 지금의 배우는 사람들은 남을 위해 공부한다"[21]라고 했다. 이는 반구당의 신념이었던 것이다. 특히 고지학자古之學者들은 선과 악을 모두 자신의 사표로 삼았다는 점에 주목하면서, 어떤 경우든 모두 나의 지적 자산으로 만들어 반구할 수 있다면 좋은 일이라고 했다.[22] 이를 '반구反求의 정신'으로 부를 수 있을 것이다.

---

21) 林汝栢, 『反求堂集』, 「善惡皆我師」, "古之學者見人之善則從之, 今之學者見人之善則惡之. 古之學者見人之惡則改之, 今之學者見人之惡則順之. 古之學者爲己而已, 今之學者爲人而已."

22) 林汝栢, 『反求堂集』, 「善惡皆我師」, "天下之相反者, 莫如善惡, 而相近者, 亦莫如善惡. 何者? 堯舜善之極, 桀紂惡之極. 善惡雖二, 其所以勸戒之者一也. 吾嘗讀魯論, 至善惡皆我師之說, 未嘗不惕然而三復焉. 蓋純粹至善, 爲天下之大經大法者舜也. 舜何人哉? 予何人哉? 舜能如是, 而我乃不能, 是早夜以思去其不如舜者, 存其如舜者, 則是見人之善而勸於爲善者也. 反道敗德, 爲天下之大惡大憝者紂也. 惕然內省, 惟恐浼己, 早夜以思去其如紂者, 存其不如紂者, 則是見人之惡而懲於爲善者也. 然則, 善固我之師也, 惡亦我之師也. 一念之善咫尺堯舜, 一念之惡咫尺桀紂, 見人之善而思齊, 見人之惡而勇改, 則善豈待勉, 惡豈待戒哉? 凡人之學太高則驕, 太卑則怠. 二者學者之大病也. 苟思克念之作聖, 則怠何自而生? 又思罔念之作狂, 則驕何自而生? 善惡二法更相勸戒, 驕怠二法更相掃除. 勉怠不已, 孜孜不倦, 則進善之功, 其有窮乎? 此孔聖之所以垂訓, 而顔子之得一善, 則拳拳服膺者歟? 久矣, 人之不知此理也, 非惟不知善之爲可慕而又從而忘之, 非惟不知惡之爲可去而又從而成之. 古之學者見人之善則從之, 今之學者見人之善則惡之. 古之學者見人之惡則"

    반구당의 시세계의 근저를 이루는 학적 지향 및 반구의 정신을 이해
하기 위해서는 다른 논구가 필요하다.「태극변太極辨」속에서 '태극太極'
을 어떻게 이해하고 있는지를 통해 그가 세상의 변화발전원리를 어떻
게 보았는지를 확인하고,「답동문答童問」에서 '도道'를 어떻게 설명하고
있는지를 통해 그의 도학에 대한 깊이를 짐작하며,『맹자』・『논어』
등 사서에 대한 짧지만 강한 주장 속에서 당대 지성사적 의미를 변별해
주어야 한다. 아울러 그가 교유했던 인물들과 주고받은 시 속의 새로운
소재 선택 및 주제 구현방식들을 추려 내고, 나아가 그가 죽었을 때
제문을 헌정했던 수많은 이들에 대한 점검을 통해 '반구당'이 '반구당
그룹'이었던 것은 아닌지를 재확인해야 한다. 후자의 경우, 그가 구계
서원龜溪書院의 원장으로서 지역의 유력한 사림 지도자였던 것과 같이
살펴볼 수 있을 것이다.

    아직도 많이 남아 있는 과제들을 떠올려 볼 때, 최초에 학적 지향과
시세계를 접목시켜서 논의하려고 한 것이 미진함을 확인할 수 있다.
그럼에도 앞서 밝혔듯이, 반구당의 시를 생애의 증명자료로 '인용'하기
에 앞서, '시'로서 갖는 특징, '시'에 들어 있는 마음을 읽으며 '시의
논리'만으로 반구당의 인간됨을 찾아가 보려 했다는 점은 의미를 부여
할 수 있겠다. 끝으로 반구당의 가문이 갖고 있는 정신세계와의 관련성
을 아직 탐색하진 못하였다. 이 부분에 대한 논지도 추후 과제로 남겨
두고자 한다. 끝으로 반구당이 남긴 길재에 대한 추억을 소개하며
마무리를 하고자 한다. 이는 반구당이 추구하는 학적 지향을 오롯하게

改之, 今之學者見人之惡則順之 古之學者爲己而已, 今之學者爲人而已. 嗟, 吾黨之小子,
盡亦因是而思齊而內省也哉" 이 글은 '반구의 정신'을 실천할 수 있는 방법을 제시
한 것으로 읽어도 좋다.

보여 주는 것으로 생각된다.

일찍이 우리 역사에서 고명高名으로 감읍感揖했더니	曾於東史揖高名
다시 화상畵像을 보니 내 마음 아려오네.	更覩丹靑愴我情
시원한 풍모는 천년의 것이건만	颯爽風儀千載作
아름다운 생각, 흩날리는 머리, 뚜렷이 환하여라.	美偲鬢髮宛然明
□산은 아직도 겨울 소나무의 빛을 띠고 있고	□山尙帶寒松色
낙수는 여전히 처사의 음성을 전하네.	洛水猶傳處士聲
종일토록 손을 비비며 우두커니 서 있나니	盡日摩挲頑可立
아이들 다투어 길 선생을 말하는구나.	兒童爭道吉先生23)

<부록> 행장요약行狀要約 및 간보簡譜

◇1세 : 公諱汝栢, 字必直, 姓林氏, 系出湖西恩津縣. 考諱眞忖, 妣東城李氏龜
巖先生楨之孫, 主簿虎變之女. 以萬曆甲寅(1614)八月二十八日申時, 生公于
大平里第.

◇10세 : 甲子(1624), 年十餘歲, 文理成就.

◇21세 : 乙亥(1635), 公年纔二十餘時, 奉安嶧陽鄭先生于嶧川院, 公往參享祀,
執禮莫愆, 桐溪先生深加愛好.

◇32세 : 丙戌(1646), 至京師, 觀國光, 賦西征錄, 以述其事. ○其年冬, 得難名之
疾, 轉輾移避於寶巖九曲之間.

◇36세 : 庚寅(1650), 作哀時命賦數百餘言, 以叙平生之懷, 一自抱痾之後, 卽廢
擧業.

---

23) 林汝栢, 『反求堂集』, 「冶隱畵像」.

◇40세 : 甲午(1664) , 作病裏寫懷(?).

◇41세 : 乙未(1655), 作寓中苦雨和諸公.

◇43세 : 丁酉(1657), 遭先府君喪. 歷叙先府君言行實錄, 永銘於眉叟許斯文, 欲
豎墓道而遷就, 未果.

◇46세 : 庚子(1660)以後, 伯氏陪母夫人, 寓居縣北松楸後鷄鳴山, 相距稍間, 是
時公病漸愈, 雖未能挈眷, 陪侍往來親側.

◇47세 : 辛丑(1661), 作自警.

◇50세 : 甲辰(1664)以後, 母夫人耄病轉深, 時長姊鄭氏家亦移居來寓. ○春, 母
夫人竟不起疾, 哀毁孺慕, 一遵禮制, 與伯氏同守殯. 其冬葬母夫人于知禮西
面杜谷之原, 返魂後, 伯氏卽守墓居廬, 公與子姪守殯以終三年.

◇53세 : 丁未(1667)春, 以村患出避, 時長子東茂忽遘癘, 不救.

◇61세 : 乙卯(1675)秋, 遭內子孺人朴氏喪, 末子東野初喪, 得羸毁之疾, 未及終
喪, 遂沒于眼中 ○(爲龜溪書院長)有請額之擧. 公爲製疏, 得允特篆賜額, 又
與其邑士子惓惓院事修廢之方, 其有功於斯文甚大.

◇65세 : 己未(1679)冬, 第三胤東迪占司馬. 是前東遠亦參乙卯榜.

◇71세 : 乙丑(1685)夏, 奄遘疾, 沉綿累日, 藥餌無效. 六月十二日某時, 遂終于
正寢, 享年七十二. 葬于縣北述谷先塋之左亥坐巳向之原. 孺人朴氏附焉.

∥이 글은 필자의 「反求堂 林汝栢의 學的 지향과 시세계의 일 국면」(『남명학연구』
62, 경상대학교 경남문화연구원, 2019)을 수정·보완한 것이다.

제9장 수분와 임양정의 생애와 가학 계승으로서의 학문 지향

구 지 현

1. 머리말

『삼가신구읍지三嘉新舊邑誌』에 따르면 삼가三嘉는 본래 풍속이 강한强
悍하였으나 남명南冥선생이 학문을 가르친 이후로 문교文敎를 숭상하
고 예양禮讓을 중시하여 많은 문사들이 나왔다고 한다.[1] 삼가는 남명이
태어난 외가가 있던 곳이자, 산청山淸의 산천재山天齋를 짓기 전 계부당
鷄伏堂과 뇌룡정雷龍亭을 짓고 도학을 강론하던 곳이다. 삼가의 문풍을
증명하듯 읍지邑誌에는 남명을 제향한 용암서원龍巖書院을 비롯하여
13개의 사당이 기록되어 있는데, 여기에 모신 유현儒賢이 삼가의 학풍
을 대표하는 인물들이라고 할 수 있을 것이다.

비교적 이른 시기인 1695년 건립된 고암서원古巖書院은 남명의 용암
서원龍巖書院의 학문 활동이 이어진 공간이었다. 이곳에 제향된 입재立
齋 노흠盧欽(1527~1602), 노파蘆坡 이흘李屹(1557~1627), 임곡林谷 임진부林

---

1) 『嶺誌要選三嘉新舊邑誌』, 「風俗」, "俗尙强悍, 觀風案. ○自南冥曹先生倡學之後崇文敎
重禮讓後輩多彬彬焉."

眞怘(1586~1658)가 삼가의 문풍을 일어나게 한 핵심 학자라 할 수 있다. 광산노씨光山盧氏, 벽진이씨碧珍李氏, 은진임씨恩津林氏 등은 삼가를 대표하는 성씨姓氏로 기록되어 있는데, 이들의 후손들이 세거하면서 지역의 명문가로 자리 잡은 듯하다.

이 가운데 임곡은 입재의 외손자이자 노파의 제자이다. 남명의 문인인 입재의 학문을 계승하고 노파를 종학從學하였던 임곡은 용암서원의 학풍과 운영을 주도하면서, 입재 – 노파 – 임곡 – 존양재存養齋 송정렴 宋挺濂(1612~1684)으로 이어지는 고암학파古巖學派를 남명학파의 주요 지맥으로 만들어 낸 인물로 평가된다.[2] 효종의 대군 시절 사부師傅로 천거된 바 있으나 벼슬에 나가지 않고 학문에 몰두하였던 그를 따라 후손들 역시 가학을 계승하였다.

그의 아들은 반구당反求堂 임여백林汝栢으로, 사방에서 그를 본받으니 문하에서 영재들이 많이 배출되었다고 한다.[3] 반구당의 아들 임동열林東說(悅)은, 문집은 유실되었으나 향안鄕案과 다른 이들의 문집에 실린 만사挽詞를 다수 발견할 수 있다. 임동열의 아들 묵헌黙軒 임정기林鼎基(林泰基)[4]까지 포함하여 모두 학문과 덕행으로 집안을 이었다고 한다.[5] 묵헌의 아들 임봉징林鳳徵은 일찍 세상을 떠나 유고가 남아 있지 않다. 반구당 이후의 임동열－임정기－임봉징으로 이어지는 후손의

2) 김학수, 「林谷 林眞怘의 현실인식과 17세기 영남학계에서의 위상」, 『첨모당 임운과 임곡 임진부의 삶과 문학』(도서출판 바오, 2018), 266쪽.
3) 『嶺誌要選三嘉新舊邑誌』, 「學行」, "字必直, 號反求堂, 恩津人, 林谷眞怘子, 誠孝根天, 學問拔萃, 望重山斗, 四方矜式, 一時英才, 多出其門."
4) 林養正, 『守分窩集』에는 "泰基"로 표기되어 있으나 족보에는 "鼎基"로 표기되어 있다. 여기에는 족보를 따라 이후 "鼎基"로 표기하였다.
5) 林養正, 『守分窩集』, 「守分窩林公行狀」, "林谷先生享古巖祠, 林谷之後諱汝伯諱東悅諱泰基, 皆以文行世其家."

기록이 남아 있지 않아 임곡의 가학 전수를 고찰할 문헌을 찾아보기 어렵다. 따라서 임봉징의 아들인 수분와守分窩 임양정林養正이 남긴 유고는 반구당 이후의 임곡 후손 면모를 엿볼 수 있다는 점에서 귀한 자료라고 할 수 있다.

『수분와만제집守分窩輓祭集』에 실린 만시와 제문의 분량을 본다면 임양정의 지역 내 명망이 상당하였으리라 짐작할 수 있다. 그러나 『수분와집守分窩集』에 실린 작품은 많지 않다. 이런 현상은 강우지역 남명학파 계열의 학자들이 문장을 많이 남기지 않고 실천을 중시하던 경향과 비슷하다. 문장이 많지 않더라도 그가 평생 가학을 지키며 살았던 것은 의심할 여지는 없다. 다만 이번에 공개된 『수분와집』을 대상으로 하여, 가학을 지키고 가풍을 일구며 살아간 강우지역 학자의 구체적인 한 예를 고찰하여 보고자 한다.

2.『수분와집』의 편찬과 구성

『수분와집』은 별도의 목차가 없으므로 내용을 기준으로 나눈다면 크게 세 부분으로 구성되어 있다고 할 수 있다. 첫 부분은 「수분와서守分窩序」 관련 부분이고, 두 번째 부분은 임양정의 시편과 간찰을 모아 놓은 부분, 세 번째는 가장家狀 관련 부분이다.

첫 장에 실린 「수분와서」는 임양정이 쓴 글로 본인의 호 수분와守分窩의 뜻을 설명한 문장이다. 이어서 실려 있는 김종옥金宗玉의 「수분와기守分窩記」는 임양정의 거처 수분와에 써 준 기문이다. 임양정이 죽은

후 아들 "석대언보奭大彦甫"의 청에 따라 신유년辛酉年 8월에 지었다고
기록되어 있는 것으로 보아, 둘째 아들 임주석林柱奭(1759~1831)이 부탁
하여 1801년 지어졌음을 알 수 있다. 이 문장에 이어서 44수의 차운시가
실려 있는데, 「수분와서」에 있는 임양정의 시를 차운한 것들이다. 차운
한 사람의 이름을 나열하면 송후전宋垕傳, 이권보李權普, 임봉휴林鳳休,
여제채呂齊采, 박내오朴來吾(1713~1785), 조명서曺明恕, 송사전宋師傳, 정박
鄭璞, 김학원金學源, 최태연崔泰演, 이제경李濟慶, 이후수李垕壽, 이대년李大
年, 정내징鄭來徵, 문사엽文思燁, 김이현金以鉉, 문명래文命來, 강경조姜慶
祚, 최남두崔南斗(1720~1777), 문취오文就五, 주상적周尙赤, 문조광文祖光,
유형권柳衡權, 최동찬崔潼纘, 권이협權以協, 이능진李能珍, 신사일申思一,
허당許棠, 권처중權處中, 송유희宋有熺, 권정련權正連, 임주익林柱翊(1741~
1797), 권익추權翼錘, 박치정朴致貞, 박형민朴馨珉, 안석조安碩朝이다. 대부
분은 생몰년을 알 수 없으나, 사돈인 조명서曺明恕, 아들인 임주익林柱翊
의 이름이 있는 것으로 보아 임양정의 생전에 차운된 시들이라는 사실
을 알 수 있다. 「수분와서守分窩序」, 「수분와기守分窩記」, 차운시의 편집
순서를 보면, 임주석林柱奭이 선고先考의 글인 「수분와서」에 김종옥의
기문을 받아 붙이고 수분와를 거쳐 간 사람들이 지은 차운시를 수집하
여 엮은 것이 본래의 형태였을 것으로 보인다.

두 번째 부분은 임양정의 문적文蹟을 수습한 것으로, 오언절구五言絶
句 5제 6수, 칠언절구七言絶句 15제 21수, 오언사운五言四韻 6제 8수, 칠언
사운七言四韻 71제 98수, 간찰簡札 16편이 실려 있다.

세 번째 부분은 임양정의 생애와 관련된 부분으로, 「가장家狀」과
임양정이 생전에 자식들에게 남긴 유훈, 노광리盧光履가 1837년에 지은

「수분와임공행장守分窩林公行狀」이 차례로 실려 있다. 「가장」은 장자인 임주익이 지은 것으로 보인다. 「가장」 중간에 삽입되어 있는 「장초狀草」에 대해 다음과 같이 설명하고 있기 때문이다.

경진년(1760) 권공이 나를 오라고 불러서 그 연유를 다 알려 주시고 주면서 "이것은 그대가 소중히 간직해야 할 것이다. 그러나 그대의 아버지가 모르게 해야 된다"라고 하였다. 내가 그 말씀에 따라 지금까지 간직하였다. 그러나 한 조각 초고가 45년을 지났어도 종이에 보풀이 생기지 않았고 색도 바라지 않아 24행의 글자가 반반하여 살펴볼 수 있었다.6)

「가장」의 내용에 따르면, 1745년 무렵 이웃에 사는 권이진權以鎭이 임양정의 효행에 대해 듣고 초선抄選에 응하게 하려고 문명관文命寬에게 「장초」를 짓게 하였으나, 임양정이 극구 사양하여 그만두게 되었다고 한다. 이 「장초」를 권이진이 보관하고 있다가 1760년에 임양정의 아들에게 주었다. 차자인 임주석林柱奭이 1759년생이므로 여기에서 "소자小子"란 장자 임주익을 가리킨다. 임주익은 아버지 몰래 보관하고 있다가 사후 가장을 작성할 때 꺼냈던 것인데, 「장초」가 지어진 지 45년이 지났다는 말로 미루어, 가장이 작성된 것은 1790년 무렵으로 추정된다.

임양정의 유훈은 별도의 제목 없이 "건륭삼십오년경인乾隆三十五年庚寅"으로 시작하여, 자신이 죽은 후 유념해야 할 사항 네 조목을 기술하고 있다. 1770년 작성하여 남긴 것으로 보이는데, 조상 및 자신과 부인들 제사를 어떻게 담당할 것인가, 계契 활동을 어떻게 할 것인가, 서책書冊

---

6) 林養正, 『守分窩集』, 「家狀」, "歲庚辰春, 權公呼致余小子, 具告其由而與之曰, 此君之所宜珍藏者. 然勿令君大人知之可也. 小子依其敎藏之, 以迄于今. 而一片暗草, 歷年四十有五年, 而紙不毛色不古, 二十四行字字班班可考."

의 전수를 어떻게 할 것인가, 검소에 대한 당부로 이루어져 있다.

이상의 구성을 살펴보면 『수분와집』은 본래 문집으로 작성되었다기보다는 「수분와서」와 관련 문헌을 편찬한 첫 번째 부분이 중심을 이루었던 것으로 보인다. 「수분와서」가 문집의 서문이 아닌데도 시문과 간찰 등 직접 지은 문장 사이에 위치하지 않고 앞에 단독으로 편집되어 있기 때문이다. 임양정이 죽은 후 임주익이 아버지의 시문과 간찰을 널리 모으고 가장을 짓고 장초를 덧붙여서 문집과 비슷한 형태로 편집하였고, 임주익이 죽은 후에는 아우 임주석이 형이 작성한 가장과 아버지가 지은 「수분와서」를 김종옥에게 보여 1801년 기문記文을 받고 또 1837년 노광리의 발문을 받아서 현전하는 형태를 이룬 것으로 보인다.

즉, 임양정 자신은 평생 문집을 남기겠다는 의도는 전혀 없었던 것으로 보인다. 따라서 문장이나 시편이 많지 않아, 다른 사람들이 보관하고 있었던 것을 사후에 수습하였다. 시와 편지에 "대작代作"이 많은 것 역시 이를 증명하는 것이라 할 수 있다. 『수분와집』은 18년의 나이 차이가 나는 두 형제가 오랜 기간 축적하여 이룬 효성의 결과인 것이다.

3. 수분와 임양정의 생애

1) 가장을 통해 본 생애

『수분와집』에 실린 가장은 2편으로, 장자 임주익이 지었을 것으로 추정되는 것과 1837년 노광리가 지은 것이다. 대략적인 내용은 거의 일치하는데, 전자 쪽이 좀 더 자세하다. 이 두 편의 가장을 바탕으로 임양정(1716~1777)의 생애를 구성해 보도록 하겠다.

앞서 언급한 바대로 임양정은 임진부－임여백－임동열－임정기－임봉징의 후손이다. 반구당 임여백은 읍지邑誌에 학행學行으로 거론될 정도로 임곡을 이은 지역의 대학자였다. 임양정의 아들 임주익 시기에 이르면 임동열, 임정기, 임봉징의 3대에 걸친 문헌이 거의 남아 있지 않았던 것으로 보인다.

반구당 이하는 기록이 실린 곳이 없기 때문에 대략 서술한다. 휘 동열은 공의 증조부이다. 타고난 자질이 중후重厚하고 유업儒業을 늙어도 게을리하지 않았다. 안타깝게도 문적文蹟이 불에 타버려 지금 징험할 수가 없다. 조부 태기泰基는 호가 묵헌이다. 성질이 단아端雅하고 봉양에 모자람이 없었다. 어버이를 위해 과거공부를 하여 여러 차례 향시에 합격하였으나 사마시同馬試에 합격하지 못하여 사람들이 애석해하였다. 부친 휘 봉징은 어려서부터 장성할 때까지 한결같이 정성스럽고 효성스러웠으며 평소 일을 처리함이 소학小學의 가르침을 벗어나지 않았다. 견문이 높고 리학 공부가 뛰어나 매우 기대가 컸으나 불행히 일찍 세상을 떠나 펼치지 못하였으니 사람들이 모두 애석해하였다.[7]

위의 서술을 보면 임동열의 성품은 "천질후중天質厚重", 임정기의 성품은 "성질단아性質端雅", 임봉징의 성품은 "성효여일誠孝如一"이라는 말로 표현되어 있다. 삼대가 경솔하지 않은 진지함을 견지하면서도 한결같은 태도를 보여 준다는 공통점이 있다. 또 임동열은 늙어서도

---

7) 林養正, 『守分窩集』, 「家狀」, "反求堂以下, 則曾無載錄之地, 故略敍之. 諱東說寔公之曾祖. 而天質厚重 儒業老而不懈. 惜其文蹟, 失於灰燼, 今無可徵. 祖諱泰基號黙軒. 性質端雅, 奉養無闕. 爲親學業, 累中發解, 不利南宮, 人皆惜之. 考諱鳳徵, 自幼至長, 誠孝如一, 平生處事, 不外於小學之敎. 見聞之高, 理學之工, 大有期待, 不行早世, 未能展布, 人皆惜之."

유업儒業을 게을리하지 않았고, 임정기는 부모를 위해 여러 차례 과거 시험을 보았으며, 임봉징 역시 '리학지공理學之工'이 있었다고 표현되고 있다. 이들이 선조 임곡, 반구당의 가학과 가풍을 그대로 이어 유업에 매진하고 평소 수양하는 태도를 지니고 있었던 것이다.

임양정의 성품에 대한 표현도 선조들과 비슷하다. 특히 "잠깐 사이라도 부잡모롱浮雜侮弄의 태가 없었다"[8]라는 표현을 보면, 평소의 몸가짐이 매우 진중하였음을 알 수 있다. 이러한 성품은 효孝와 충忠으로 드러난다.

임양정은 4세 때 아버지를 여의었고, 11세에 조부가 세상을 떠났다. 독자였던 임양정이 삼년상을 치렀는데, 성인과 마찬가지로 어과魚果를 멀리하고 연회宴會에도 참석하지 않았다고 한다. 3년이 지난 뒤에도 소식素食을 지속하였으니, 빈궁한 살림에 어머니께도 제대로 봉양하지 못할까 하는 걱정에 스스로 절제한 것이었다. 일찍 남편을 잃은 어머니 팔계정씨八溪鄭氏가 평생 죄인으로 자처하면서 부도婦道를 지켜 치장과 오락을 멀리하였으므로 어머니의 뜻을 받드는 "양지養志"를 실천하였던 것으로 보인다.

1745년 4월 정씨가 이름 모를 병으로 위급한 지경에 이르자 임양정은 여러 차례 "상분찰증嘗糞察症"을 행하였다. 이런 효행이 알려져 이웃의 권이진을 중심으로 장초를 지어 포양하려고 계획하였다. 그러나 임양정이 굳이 사양하여 그만두게 하였다고 한다. 아무리 효를 행하여도 "근가僅可"하다는 전통적인 효의 개념에서 연유한 것도 있으나, 그의 평소 태도가 겸양謙讓에 있었기 때문이기도 하였다. "평소 생각이 지나

---

8) 林養正, 『守分窩集』, 「家狀」, "天性剛直, 志操淸潔, 平生無一毫非僻之思, 造次無浮雜侮弄之態, 厭紛華好恬靜, 居家孝友, 與人忠信, 表裏無間, 言實如一."

치게 겸양하여, 비록 남보다 잘하거나 뛰어난 점이 있어도 숨기려고 힘써 남이 모르게 하였다"9)라는 기술을 보면 포양을 굳이 사양한 까닭을 알 수 있다.

만년에는 "수분守分"이라는 편액을 걸고 자연 속에서 벗들과 교유하며 또 후진後進을 지도하였던 것으로 보인다. 의미를 깨우칠 때까지 근독勤篤하던 그의 수학 태도는 가르칠 때도 그대로 적용되었다.

> 후진을 가르칠 때 반드시 성의를 다하였다. 일찍이 말씀하시기를, "세상 사람들이 아이들을 가르치는 것은 매번 문의를 주석할 때 단지 외면만 가르쳐 간솔簡率함을 따르도록 힘쓰니 이것이 어찌 아이들을 깨우쳐 도에 나아가게 하겠는가? 아이들이란 대부분 몽매하고 노둔하니, 비록 문의文義를 상세히 설명하고 주석을 거듭 가르쳐도 시원하게 의미를 이해할 수 없다. 어찌 간단히 자기 편하게 아이들이 몽매하여 무지하다고 탓해서야 되겠는가?"라고 하였다. 아이들을 가르칠 때마다 문의 가운데 심오하고 이해하기 어려운 부분이 있으면 비유하기도 하고 옛날 얘기처럼 얘기하기도 하여 여러 가지로 열어 주어 깨우쳐 주기에 힘썼다.10)

임양정은 아이들을 가르칠 때도 문의를 명확히 깨우치도록 인도하는 데 중점을 두었다. 아이들 탓을 하지 않고 스스로 자상하게 여러 가지 방법을 강구하여 문의를 이해할 수 있도록 이끌었던 것이다. 아마도 이는 조부에게 전수받은 교육 방식이 아닐까 한다. 동몽童蒙

---

9) 林養正,『守分窩集』,「家狀」, "平生之意, 過於謙讓, 自己雖有過於人勝於人者, 惟務隱諱, 不欲使人知之."

10) 林養正,『守分窩集』,「家狀」, "且敎誨後進, 必盡誠意. 嘗曰, 世人之授敎兒輩者, 每於註釋文義, 只敎外面, 務從簡率, 此豈使兒輩, 解蒙進就道也. 凡爲兒輩者, 學皆蒙昧魯鈍, 則雖詳說文義, 申誨註釋, 猶不得快解意味. 豈可簡率自便一任其蒙昧而無知也云云. 每於兒輩之敎, 如有文義之深奧難解處, 則或比諭之, 或如古談而言之, 多般開張, 務使開悟焉."

시절 조부에게 글을 배울 때 30번씩 읽어야 겨우 음석音釋이 통했다고 한다. 이를 "재분미우才分未優"였기 때문이라고 하였으나, 실제로는 임양정 스스로가 명확히 이해할 때까지 탐구하였던 것이라 할 수 있다. 그 배경에는 시간이 걸리더라도 몽매蒙昧하다고 탓하지 않는 조부가 있었기 때문에 가능했을 것이다.

먹을 양식을 팔아 『맹자강보孟子講譜』를 사서 다리를 때리고 머리카락을 매달아 잠을 쫓으면서까지 불철주야 읽을 수 있는 성의로 간솔簡率함을 지양하고 명해明解를 추구하였고, 마침내는 식견識見이 넓어져서 남이 모르는 부분을 홀로 명확히 이해하는 부분이 많아지게 되었다. 문명관의 「장초」에 "행독학박行篤學博 재덕겸비才德兼備"라고 표현된 것은 임양정의 성취를 보여 주는 구절이라 할 수 있다. 결과적으로 이러한 학문 태도는 과거시험 공부와 맞지 않았을 것이고, 과거공부를 그만둔 뒤에도 수불석권手不釋卷하였던 바탕이 되었다고 볼 수 있다.

2) 문집을 통해 본 교유관계

임양정이 1770년 남긴 유훈 가운데 두 번째 항목은 "대문계大門契, 소종계小宗契, 필묵계筆墨契, 장단촌촌계長端村村契 도합 네 개의 계는 형편상 나누기 어려우니 전적으로 종통에게 지급하고, 구문계舊門契만은 형제가 협력하여 살펴서 단속하라"[11]라는 말로 시작된다. 임양정이 거론한 다섯 개의 계가 그가 주로 활동하였던 모임임을 알 수 있다. 정확히 어떤 모임인지 단정할 수 없으나, "종통宗統"이라는 말과 계의

---

11) 林養正, 『守分窩集』, "大門契小宗契筆墨契長端村村契合四契, 勢難分析, 專給宗統, 不可變通, 惟舊門契, 兄弟協力看檢."

명칭으로 미루어 주로 집안과 학연 및 지연에 관련된 것만은 분명하다. 이는 임양정의 거주지인 삼가三嘉 및 은진임씨 집안을 중심으로 교유관계가 이루어졌음을 시사한다. 그의 「수분와守分窩」 시에 차운한 인물과 시편을 보낸 인물들 역시 친인척 관계에 있거나 삼가 읍지에서 찾아볼 수 있는 인물들이 주류를 이루고 있다.

한편 퇴계학退溪學에 조예가 깊었던 남명학파의 학자인 단성丹城의 박내오朴來吾(1713~1785)[12], 동계桐溪 정온鄭蘊의 후손인 안동安東의 정박鄭璞의 차운시도 찾아볼 수 있다. 또한 「답조연허장서答曹延許丈書」를 보면 "선조의 문집을 말씀하신 대로 마땅히 싸서 보내야 하나"(先祖文集當依下敎裳送)라고 말하는 구절을 찾아볼 수 있다. 칠곡의 허직許稷에게 보내는 답장으로, 내용상 허직이 임씨 집안의 문집을 빌려 달라 요청하였던 것을 확인할 수 있다. 임양정이 인근 지역에 있는 다른 학파의 학자들과도 교유하였던 면모를 엿볼 수 있다.

그 가운데 눈에 띄는 인물이 최남두崔南斗(1720~1777)이다. 그는 삼가三嘉 출신으로 선조 때 임곡과 교유가 있었다. 병계屛溪 윤봉구尹鳳九(1683~1767)에게 수학하였고, 후에 옥계서원玉溪書院에 스승과 함께 모셔졌다. 1902년 최익현崔益鉉(1833~1906)이 지리산을 유람하면서 삼가의 향옥재香玉齋를 방문하였는데, 이곳이 최남두가 강론하던 곳이었기 때문이었다.[13]

임양정도 최남두의 서재書齋에 방문하곤 하였던 것으로 보인다. 그의 시에 차운한 2편의 시가 전하고 있는데 직접 방문하여 지은 시이다.

---

12) 全丙哲, 「尼溪 朴來吾의 隱逸的 處世와 山水遊覽」, 『南冥學硏究』 60집(남명학연구소, 2018), 106~138쪽.
13) 崔益鉉, 『勉菴集』 附錄 卷3, 「年譜」.

그리고 최남두의 문인인 권상혁權尙赫, 권처인權處仁 등이 임양정을 위해 지은 제문이 『수분와만제집守分窩輓祭集』에 실려 있다. 비슷한 경우로 도암陶菴 이재李縡(1680~1746)의 문인인 생원 송후전宋垕傳을 들 수 있는데 임양정과 주고받은 차운시와 임양정이 그를 위해 지은 만시가 문집에 보인다.

「원일정지쉬元日呈地倅」, 「송지쉬별장送地倅別章」, 「송지쉬운送地倅韻」 등 임양정이 삼가三嘉 현령縣令으로 온 이에게 보낸 시편을 여러 편 찾아볼 수 있다. 간찰簡札에서도 1758년 현령이었던 홍계진洪啓禛을 전송하는 「상홍후서上洪侯書」가 기재되어 있다. 최남두 역시 같은 시기 같은 인물에게 편지를 보냈다.[14] 삼가三嘉의 유학자로서 현에 부임해 온 현령과 교유하였던 것이라 할 수 있다. 최남두, 송후전 등과 학파는 달랐어도 같은 지역 내에 있는 학자로서의 공감대 위에 교유하였던 것이 아닌가 한다.

이상을 살펴본다면 임양정은 삼가三嘉를 중심으로 하여 주변 지역의 학자들과 광범위하게 교유하는 학자였다고 할 수 있을 것이다.

4. 『수분와집』에 보이는 임양정의 학문 지향과 실천

1) 성례誠禮를 통한 효행의 발현

임양정이 1770년 3월 28일 두 아들에게 준 글을 보면 가학에 대한 그의 지향점이 무엇인지 알 수 있다.

---

14) 崔南斗, 『茅廬集』, 卷3, 「答洪侯」.

우리 집안은 선대부터 인의仁義를 가축으로 여기고 경훈經訓을 전답으로 여겨 모든 사람을 두루 사랑하여 부류를 따지지 않으며 음덕을 후하게 베풀되 보답을 바라지 않고 유연담박하였으며 가업으로 생계를 꾸리는 것을 개의치 않는다.[15]

위 인용문은 유훈 첫머리에 실린 내용이다. "구처전민區處田民"을 언급하고 있어 사후를 대비한 분재기分財記처럼 여겨지나, 내용을 보면 예를 어떻게 집안에서 실천할 것인가에 대한 가르침에 가깝다. 우선 임양정은 아들에게 물려줄 재산이 곧 인의仁義와 경훈經訓임을 천명하고 있다. 사람을 가리지 않고 사랑하고 덕을 베풀면서 이익에 연연하지 않는 것이 곧 집안의 가풍이라고 설명한다. 따라서 이어지는 내용은 현실적으로 생겨날 경제적인 문제를 어떻게 해결해 나가야 할 것인가에 대한 방안이다.

네 형이 네 어미에게 처음부터 끝까지 정의가 두터웠고 화기和氣가 순수하고 온전하였다. 또 대의를 살피면 네 어미의 제사는 장자가 전담해야 한다. 그러나 전담하면 자기를 낳아 준 이에 대한 정성이 미칠 데가 없다. 나 역시 자식에게 기탁하려는 마음을 장자인지 말자인지를 가지고 경중을 둔 적이 없다. 너는 마땅히 우리 세 부처의 제사를 네 형에게 전적으로 맡기고 간혹 삼 년에 한 차례 지내면 된다. 그러나 앞서서 산업의 성쇠와 인사의 번복을 예측할 수는 없어서, 혹시라도 서로 미루어 맡다 보면 제사를 빼뜨리기 쉽다. 장자는 아직 오지 않은 이 근심을 전적으로 자기 책임으로 여겨서 먼저 스스로 예비하여, 차자가 행할 차례에 자기가 제사 지내지 않은 비용을 남겨 두었다가 이 우환에 대비하면 된다.[16]

---

15) 林養正, 『守分窩集』, "吾家自先世, 只以仁義爲蒭豢, 經訓爲蓄蒭, 汎愛衆人, 不問其類, 厚施陰德, 不望其報, 悠悠淡泊, 不以家業生計爲意."
16) 林養正, 『守分窩集』, "汝兄於汝母, 自初至終, 情誼交孚, 和氣純全. 又揆大義, 則汝母之祀, 例當長子專任. 而專任則己出之血誠, 無所施及. 吾亦於子, 欲托之情, 不以長末而有輕重. 汝當勿以吾夫妻三祀, 專委於汝兄, 或間三年而一次行之可也. 然前頭産業之盛衰人事

위 인용문에서 보듯 임양정이 제시한 해결책은 인의에 바탕을 두고 있다. 임주익 형제는 18년의 연차가 있었다. 임주익은 어씨보다 불과 네 살이 어릴 뿐이었다. 어씨가 죽은 전부인 전씨를 존중하고 제사를 모셨듯이 임주익 역시 나이 차이가 많이 나지 않는 계모를 어머니로서 잘 모셨던 것으로 보인다. 계모의 제사를 장자가 담당하는 것이 도리 상 당연하겠으나 임양정은 차자인 임주석에게도 혈성血誠을 다할 수 있도록 분담시킴으로써 경제적인 문제를 대비하게 하였다. 제사의 의무를 경제적인 분담으로 얘기하는 것이 아니라 마음에서 우러나는 정성에 기초한 분담으로 설명하고 있는 것이다. 두 번째 유훈의 내용도 맥락은 첫 번째와 상통한다. 이들이 속한 계契의 활동은 장자가 전담하되 평소 형제가 협력할 것을 당부하고 의외의 상황에 부닥치거나 어려운 지경에 이르면 함께 해결해 나갈 것을 당부한다.

임양정은 이른 나이에 아버지와 조부를 잃었기 때문에 집안의 예절에 대해 깊이 체득할 시간을 갖지 못하였다. 그런데도 가학家學을 전수한 사정을 가장에서 다음과 같이 기록하였다.

제례절차의 경우 공이 어려서 아버지를 잃었기 때문에 들어서 알 길이 없었다. 단동 재종숙부를 따라서 매우 근면하게 질문한 적이 있었다. 단동 숙부가 임곡 선조께서 쓰신『예략禮略』1권을 주면서 말하기를, "우리 집안에 전해 온 제례가 모두 이 가운데 있다. 너는 마땅히 익숙하게 익혀서 행하라"라고 하였다. 공이 그 가르침에 따라 행하였고, 이어서 종족들을 이끌어 따라서 시행하도록 하였다. 이 때문에 우리 고을에서 예문을 준수하여 제의를 지내는 집안은 우리 임씨 일가뿐이다.

之翻覆, 未可逆料, 或互相推委, 易至闕祀. 長子以此未來之憂, 專爲其任, 先自預備, 或於次子輪行之時, 留置自己不行祀之餘財, 以備此患可也."

그리고 제수를 준비할 때도 어떤 물건이 불의한 데에서 온 것 같으면 더럽혀질
듯이 여겨서 결단코 사지 않았다.[17)

위의 글을 보면 임양정 스스로가 가법을 알기 위해 힘써 노력했던
사정을 알 수 있다. 재종숙부는 아마도 임여백의 맏아들인 임동무林東茂
의 아들 가운데 한 명일 것으로 짐작된다. 임곡의 예법을 실천하고
있는 큰집에 가서 가례家禮를 물었고, 이때 받은 『예략禮略』을 곧 집안의
예절 규범으로 삼게 되었던 것이다.

『예략』은 임곡이 일상생활에서 꼭 필요한 열 가지 의례를 정리하여
서술한 것이다. 임곡은 17세 때 입재의 장례 절차를 주관하여 성례誠禮
를 다하였을 정도로 제례에 정통하였다. 『예략』에 실린 열 가지 의례
는 성알의晟謁儀, 참례의參禮儀, 천헌의薦獻儀, 고사의告事儀, 시제의時祭
儀, 녜제의禰祭儀, 기제의忌祭儀, 묘제의墓祭儀, 제토신의祭土神儀, 상복중
행제의喪服中行祭儀로, 각 항목마다 실행 과정에서 일어날 수 있는
일의 대응방안까지 제시하고 있다.[18) "봉제사근奉祭祀勤"의 지침서가
곧 『예략』인 것이다. 그리고 제의에서의 근본정신은 곧 "성효誠孝"라
고 할 수 있다.

서책은 선대가 남긴 보물이니 소홀하게 조치해서는 안 된다. 장자는 책의 권수를
계산하여 수습하고 목록을 만들어 잘 보관하라. 종손과 지손을 가리지 말고 요청하는

---

17) 林養正, 『守分窩集』, 「家狀」, "如祭禮節次, 則公以早孤之故, 末由聞知. 嘗從丹洞再從叔
父, 質問頗勤. 丹洞叔父, 授以林谷先祖所抄禮略一卷曰, 吾家流來祭禮, 悉在此中. 汝宜熟
玩行之. 公依其訓行之, 因論諸族, 使之遵行. 以故吾鄕中祭儀之遵守禮文者, 獨吾林氏一
家而已. 且於祭需之辦備, 雖某物若自不義而來, 則若將浼焉 斷不買用."
18) 김영주, 「林谷 林眞怤의 思想과 文學」, 『첨모당 임운과 임곡 임진부의 삶과 문학』,
300쪽.

대로 주어서 학문에 이익이 되게 하라. 혹시 종가가 가난하여 잘 보관할 수 없으면 집안을 보존하여 잘 보관할 수 있는 자가 차지하라. 또 궁박해서 팔아먹는 데 이르면 비록 삼척동자가 백수노인인 조부와 숙부 항렬에게라도 이치에 근거하여 질책하고 빼앗아 차지하여도 된다.…… 종손의 가세가 혹시 복구가 되면 지손 집안이 비록 종가보다 낫더라도 때에 따라 종가를 완벽하게 해 주어서 종가를 종가답게 하여 주라.[19]

위는 유훈의 세 번째 항목이다. 임양정은 가학의 계승을 우선으로 보았다. 서책은 곧 가문의 학문을 상징하는 것이기 때문에 보관의 책임은 장자에게 지우고 있으나 자손들의 학업을 위해 자유롭게 볼 수 있어야 한다고 생각하였다. 그의 편지 「여윤명칙서與尹明則書」에는 오래 전 빌려 간 선조들의 행갈行碣을 돌려 달라 재촉하는 내용이 보이는데, 임양정으로서도 선조들의 문적을 간수하기 위해 종종 이런 일을 겪어야 했음을 짐작하게 한다.

그런데 장자가 선대의 서책을 잘 보관하여 후손의 학업에 소용되도록 관리할 수 있다면 괜찮겠으나, 그렇지 못할 경우 지손의 가정에 옮겨서라도 보존하여야 한다고 역설한다. 가학의 보존을 위해서라면 종손과 지손의 구분과 항렬의 배분을 따지지 않는다. 앞서 아들들에 대해 경중이 없다는 말이 종손과 지손에게도 그대로 적용이 된다.

마지막 항목은 "검소함은 덕의 길함이다"(儉者德之吉也)로 시작하여, 검소할 것을 당부하는 내용이다.

---

19) 林養正, 『守分窩集』, "書冊則先世遺寶, 不可泛忽措置. 長子計卷數而收拾, 成目錄而藏護. 勿論宗孫支孫, 隨請隨給, 使之利於爲學. 或宗家貧, 不能藏護, 則能保家庭而勢可藏護者 次知. 又或窮迫而至於賣食, 則雖曰三尺童之於祖與叔行白首老人, 據理切責, 奪而次知可 也.…… 宗孫家勢, 若或復古, 則支孫家庭, 雖勝於宗孫, 趁時完璧於宗家, 使宗家爲宗家."

부모를 위한 일이 검소함에 가까우면 비판하고 비웃어 강박하고 지도하는 것이 충忠에 가까운 듯하다. 만일 자식이 된 자가 가세를 돌아보지 않고 훌륭하게 보일 것만을 위하여 의금衣衾과 관곽棺槨을 지나치게 성대하고 사치스럽게 하며 사우祠宇와 제사祭祀를 지나치게 웅장하고 풍요롭게 하며 기타 절목을 모두 중도를 잡지 못하면 끝에는 패망하여 제사 지내지 못하는 화 역시 면치 못할 것이다. 가령 부모의 영령이 아신다면 관곽과 사우 등의 예절을 지나치게 사치스럽게 해서 패망하여 제사 지내지 못하는 화를 취하게 하고 싶겠는가? 의금과 제사祭祀 등의 예절을 차라리 검소하게 할지언정 패망하여 제사 못 지내는 화를 면하기를 바라겠는가? 반드시 후자를 원하지 전자를 원하지 않을 것이다.[20]

왜 검소하여야 하는가? 목적은 바로 가문을 보존하여 제사를 지속하는 데 있다. 남에게 과시하기 위한 사치와 허영은 집안을 패망으로 인도하고 제사마저 끊기게 할 수 있다. 선조에게 하는 효의 본질은 화려한 제례보다는 자손의 번성에 있다. 따라서 조상을 모시는 제사를 영속하기 위해서는 가세家勢에 맞추어 상제喪祭의 의례를 행해야 한다는 것이다.

임양정이 아들들에게 준 당부의 글은 임곡의 「시아배示我輩」에서 원류를 찾을 수 있다.

매일 아침 일찍 일어나 세수하고 머리 빗고 의관을 바로하며, 잠자리를 묻고 드실 음식을 살피는 나머지 시간에는 물러나 서실에 앉아서 문묵으로 일을 삼아라. 부득이한 것이 아니라면 출입하지 않는 것이 좋다. 형제끼리 사이좋게 지내고 이웃과 화목하고

---

20) 林養正,『守分窩集』, "凡於爲親之事, 苟近於儉譏笑, 强迫指導似忠. 使其爲子者, 不顧家勢, 只爲觀美, 其衣衾也棺槨也, 過爲華盛侈美, 其祠宇也祭祀也, 過爲壯麗豐厚, 其他諸節, 俱不執中, 末稍敗亡, 不祀之禍, 亦未得免. 假令其親之靈有知, 欲使其棺槨祠宇等節過侈, 而取敗亡不祀之禍乎. 欲使其衣衾祭祀等節, 寧儉而免敗亡不祀之禍乎. 必欲爲此而必不欲彼也."

제사를 근면히 받들고 손님과 벗을 공손히 접대하며 남의 허물을 말하는 것을 부끄럽게 여기고 남의 좋은 점을 듣는 것을 즐겨라. 말 한 마디 행동 하나가 남이 흠잡을 수 없도록 하라. 그리고 자식의 직분 가운데 귀한 것이 계지술사繼志述事하여 집안의 명성을 떨어뜨리지 않는 것이니 『시경詩經』에 "아침에 일찍 일어나고 밤늦게 잠자리에 들며 너를 낳아 준 분을 욕되게 하지 말라"고 한 것이 이것이다.[21]

임곡은 4세 때 아버지를 여의고 외조부 입재의 보살핌을 받았고, 입재가 세상을 떠난 후에 외손봉사를 하여 지금까지 이어지고 있다. 위 글은 두 아들 임여송林汝松과 임여백에게 보인 글로, 임곡이 자손에게 요구한 덕목이 무엇인지 보여 준다. 하루 세 번 침식寢食을 살피는 "문침시선問寢視膳"은 효의 실천이라 할 수 있다. 또 "봉제사근奉祭祀勤"을 요구하였는데, 죽은 선조에게 행하는 예로 이 역시 효의 실천이라 할 수 있다. 어린 나이부터 아버지의 제사를 지내야 했던 임곡에게 제사는 살아 있는 어머니를 봉양하는 것과 같은 의미였던 것이다. 이러한 여러 덕목의 궁극적인 목표는 "계지술사繼志述事", 즉 선조의 뜻과 사업을 계승하여 발전시키는 것이었으며, 이것이 곧 효의 완성인 것이었다.

임양정이 두 아들에게 남긴 유훈 네 항목은 모두 임곡이 말한 효의 실천인 "봉선奉先"의 실질적인 관리에 관한 것이었다. 따라서 내용이 매우 현실적이고 자세하다. 그러나 이 가르침을 꿰뚫고 있는 것은 "예를 행할 때에는 사치스럽게 하기보다는 차라리 검소하게 해야 하고,

---

21) 林眞怘, 『林谷集』, 卷6, 「示兒輩」, "每日早起, 盥櫛正衣冠, 問寢視膳之餘, 退坐書室, 文墨是事. 若非不得已則勿爲出入可也. 兄弟而和, 隣里而睦, 奉祭祀勤, 接賓友恭, 耻言人過, 樂聞人善. 一言一行, 使人無得而間焉. 而所貴乎子職者, 繼志述事, 不墜家聲, 詩曰夙興夜寐, 無忝爾所生, 是也."

상을 당했을 때에는 형식적으로 잘 치르기보다는 차라리 마음속으로 애통한 심정을 가져야 한다"(禮與其奢也寧儉 喪與其易也寧戚)는 공자의 말이다. 이는 곧 임곡의 "성誠"이기도 하다.

아울러 이는 "따뜻하고 배부르면 족하다. 예전에 내 아버지께서 집안에 가르친 것이니 자손에게 이것을 지키게 한다"라고 말한 임곡의 말을 자세히 풀이한 것이라고 할 수 있다.[22] 즉 임양정이 임곡의 『예략』에 보이는 제례의 형식만을 받아들인 것이 아니라 임곡의 성례 정신을 그대로 계승한 것이라 할 수 있다. 임양정은 사우祠宇를 직접 자기 손으로 소제掃除하고 제사 열흘 전부터 목욕하고 옷을 갈아입고 제수를 준비하였다고 한다. 또 좋은 물건이더라도 불의不義한 물건일 것 같은 의심만 들어도 제수로 사용하지 않았다.

장자이든 차자이든 "봉선奉先"에 혈성血誠을 다하고, 종손이든 지손이든 선대의 가학을 보존할 수 있도록 하고, 남이 보는 외관이 아닌 정성으로 제사를 지내야 한다는 임양정의 가르침은 "성誠"으로 귀결된다. 임주익은 "아버지에게는 성효공정지행의誠孝公正之行義가 있었다"라고 하였다. 성효誠孝와 공정公正이 곧 임양정이 확립한 가훈이라고 할 수 있을 것이다.

2) 학문 도량 수분와에서의 가업 계승

문집 첫머리에 실려 있는 「수분와서」는 임양정 평생의 지향을 보여 주는 작품이다. 가장에 수분와에 대해 다음과 같이 설명이 되어 있다.

---

22) 許穆, 『記言』, 卷25, 「林谷處士林君墓碣銘」, "性恬靜, 好儉素, 不慕輕暖, 不恥蔬糲曰, 溫飽足矣. 昔吾先子敎於家, 爲子孫守此也. 敦厚好禮, 尤致意於喪祭."

만년 계산풍월의 네 가지 경물을 분수에 얻은 것이라 생각하였다. 그리고 수분守分 두 글자를 집에 편액으로 걸고 서문序文과 시詩로 수분의 뜻을 상세히 읊었다. 이웃 사우士友들이 많이 화운하였다.[23]

위의 만년은 1755년, 즉 40세 되는 나이를 가리킨다. 수분와는 만년에 거처하기 위해 새로 지은 것이 아니라 본래 살고 있던 집에 "수분守分" 이라는 편액을 걸면서 생겨난 이름이었다. 그렇다면 이 "수분와守分窩" 라는 명칭은 어디에서 기인하는 것일까?

공은 갈천, 임곡 양 선생의 후예로 우뚝하게 유풍이 사라지지 않고 전한다. 공은 또 천성이 자애롭고 편안하며 고요함을 좋아한다. 어릴 때부터 학문에 뜻을 두었고 선조의 뜻을 추모하여, 좌우에 책을 두고 항상 고인의 책을 대하여 중요한 곳을 잘 이해하였다. 오직 후생을 가르치는 것을 업으로 삼았다.[24]

어용정魚用禎은 임양정의 생애를 위와 같이 정리하였다. 선조의 뜻을 이어받아 학문에 정진하고 아울러 후학을 가르치는 것을 자신의 일로 삼았다는 것이다.

여기에서 말한 유풍이란 무엇일까? 갈천葛川 임훈林薰(1500~1584)은 40세에 진사에 합격하여 성균관에 들어갔으나, 시대 상황을 보고는 출사의 뜻을 접고 고향으로 돌아와 자이당自怡堂을 짓고 초야에서 지냈다고 한다.[25] 임곡의 행장에서 비슷한 행적을 발견할 수 있다.

---

23) 林養正, 『守分窩集』, 「家狀」, "晚年, 以溪山風月四景, 爲分內所得. 而以守分二字扁其窩, 以序以詠, 詳陳守分之義. 隣近士友多有和者."
24) 林養正, 『守分窩輓祭集』, 「祭文」, "公乃葛川林谷兩先生之裔也, 嶷然遺風, 傳之不泯. 公 又天稟慈良, 愷悌恬靜. 自早年志學, 而追慕先祖之志, 左右圖書, 常對古人書, 頗解肯綮 處. 惟以訓後生爲業."

임술년 6월 모부인이 얼굴에 종기가 났는데 병세가 매우 위중하였다. 선생이 고름을 빨아내고 주야로 간호하였으나 끝내 구하지 못하였다. 3년의 상제와 제례를 모두 예제禮制를 따라 묘 아래 여막살이를 하며 상복을 벗지 않았다. 삼년상을 치른 후 사는 곳의 남쪽에 집을 짓고 '자지헌自知軒'이라 편액을 달았다. 시에 "이 몸이 세상에서 아무것도 한 것 없어, 이 때문에 집 이름을 자지自知라 하였네. 졸다가 깨어 보니 작은 창에 지는 해가 가득하고, 경서 한 권으로 아들을 가르치리라"고 하였다.[26]

위의 기록을 보면 임곡도 갈천과 마찬가지로 벼슬을 사직하고 고향 으로 돌아와 자지헌이라는 집을 짓고 은거하였음을 알 수 있다. 그리고 시구에서 보듯 임곡은 이 자지헌에서 아이들을 가르치며 일생을 보내 기로 하였다. 임양정 역시 어머니의 등에 난 종기를 빨아서 간호할 정도로 정성스러운 효성을 보인 바 있는데, 어머니에 대한 효성과 상례를 엄격히 치르는 태도가 임곡과 매우 유사하다고 할 수 있다.

또한 임양정이 지은 "수분"이라는 편액은 임곡의 "자지"와 상통하는 말이라 할 수 있다.

이날 밤 이웃 아이 대여섯 명과 걸어서 앞 시내에 나가서 목욕하기도 하고 바람을 쐬기도 하였다. 먼지를 씻어 내고 가슴을 상쾌하게 하며 어슬렁어슬렁 배회하였다. 돌아오는 길에 집을 바라보니 몇 간 초가집이 먼지 없이 깨끗하였다. 푸른 산이 뒤에 둘러 있고 밝은 달이 앞에서 빛나니 하늘에 비취를 꽂아 놓은 모습이었고, 방에 들어가니 달빛이 있으니 진실로 내 집의 제일 아름다운 경치였다. 나는 이에

---

25) 許捲洙, 「安義縣의 학문전통과 瞻慕堂 林芸 가문의 형성과 전개」, 『첨모당 임운과 임곡 임진부의 삶과 문학』, 45쪽.

26) 林眞怤, 『林谷集』, 卷8, 「行狀」, "壬戌六月, 母夫人患面腫, 勢甚危重. 先生吮其濃處, 晝夜護持, 竟不得救. 三年葬祭, 一從禮制, 廬于墓下, 不脫絰帶. 服闋之後, 築室於所 居之南, 扁曰自知軒. 有詩曰此身於世百無爲, 是以軒名曰自知. 睡覺小窓西日滿, 一經 相對教輩兒."

멍하니 생각하였다. 계산풍월은 평소 앞에 있었으나 오늘 밤에 얻게 되어 기쁘게 즐기니 흥이 끝이 없었다. 이윽고 갑자기 깨달았다. 하늘이 내게 준 분수가 이것이구나. 구해도 얻지 못하는 것은 내 분수가 아니라 구하지 않아도 저절로 얻게 되는 것이 내 분수이다. 그러니 이 네 가지 경물이 과연 내 분수가 아니겠는가?[27]

여름날 밤 이웃 아이들과 함께 앞 시내에서 멱을 감는 일은 평소 일상적으로 일어나는 일에 불과하다. 그런데 불혹不惑의 나이에 들어선 임양정에게 이 일상적인 일과 자신의 집을 둘러싸고 있는 일상적인 경물이 다른 의미로 다가온 까닭은 무엇일까? 공자가 가장 허여하였던 증점曾點의 지향을 비로소 체득한 데서 오는 깨달음이었던 것이다.

천승지국千乘之國의 재상이 되고 싶어하였던 자로子路, 작은 나라를 다스려 백성을 풍족하게 만들고 싶어하였던 염유冉有, 제후의 회동이나 종묘의 제사를 도와 예악을 흥기시키고 싶어하였던 공서화公西華의 대답은, 배움을 현실에서 실현하고자 하는 의지를 보이는 대답들이다. 이들은 공문孔門에서도 손에 꼽히는 제자들이었기 때문에 이러한 포부를 펼치는 것 역시 그들의 분수에 타당한 일이다. 이들의 말에 대한 공자의 평가는 억양은 있을지라도 대체로 제자들의 능력을 인정을 하고 있다.

그런데 공자는 "늦은 봄에 봄옷이 만들어지면 관을 쓴 벗 대여섯 명과 아이들 예닐곱 명을 데리고 기수에 가서 목욕을 하고 기우제

---

27) 林養正, 『守分窩集』, 「守分窩序」, "是日夜, 與隣童五六人, 步出前溪, 浴乎風乎. 滌塵爽襟, 逍遙倘佯, 惟□□適比. 其返也, 乃瞻衡宇, 數間茅屋, 蕭洒無塵. 靑山屛於後, 明月燭於前, □空揷翠之狀, 入室生白之影, 眞吾幽居第一勝槩也. 愚於是怳然□□. □山風月之素有於前, 而以爲得於今夜, 怡然自娛, 逸興無邊. 旣而□□而懷, 幡然而覺曰. 天之所以分於吾者是也. 大凡求之而不得者非五分, 見不求而自得者吾分也. 然則是四者之景物, 果非吾之分乎."

드리는 무우에서 바람을 쐬인 뒤에 노래하며 돌아오겠다"(暮春者 春服旣成 冠者五六人 童子六七人 浴乎沂 風乎舞雩 詠而歸)라고 한 증점曾點의 말을 허여하였다. 증점의 대답이 가장 훌륭해서가 아니라 공자의 처지와 가장 비슷한 말이었기 때문이다. 공자가 평생 천하를 주유하였던 것은 위 세 제자들이 한 말과 같은 뜻을 펼치기 위한 것이었다. 결국 공자는 자리를 얻지 못하고 고향으로 돌아와 제자를 키웠고 많은 제자들이 제후국으로 진출하게 만들었다. 공자는 증자와 같은 아들을 키워 낸 증점에게서 자신과 비슷한 면모를 발견했던 것이 아닌가 한다.

임양정은 증점이 말한 기수沂水와 무우舞雩를 단순히 자연을 즐기는 공간이 아닌 학문을 위한 공간으로 이해하였던 것으로 보인다. 그는 "집안에 전수되는 가업이 있고 예부터 스스로 한계 짓지 말라는 경계가 있으니, 어찌 함부로 포기하여 힘쓰지 않으랴"(家有氈裘之業 古有自畫之戒 至於學行文章 豈可暴棄而不勉也)라고 하였다. 가학을 계승한다는 마음가짐을 평생 시종일관 지니고 있었던 것이다.

그런데 젊은 시절에는 이것을 관면冠冕이 끊어지지 않도록 하는 것으로 이해하여 과거 급제로 실현하려 했던 것으로 보인다. 재주와 분수가 미치지 못한다[28]는 자책은 이러한 이해에서 비롯되었다. 그런데 이 시기에 와서 가학의 계승은 과거시험장에 있는 것이 아니라 자신의 거처에서 "수분守分"을 하는 데 있다고 생각이 바뀌게 된 것이다. 내가 거처하는 이곳이 증점의 기수와 무우가 될 수 있다는 깨달음이다.

이는 결국 "차신어세백무위此身於世百無爲"라고 하며 헌호軒號를 "자

---

28) 林養正, 『守分窩集』, 「守分窩序」, "但以志氣頹靡, 才分未逮, 生斯世四十年, 尙未免無聞之人, 噫, 此亦分定故也."

지헌自知軒"이라고 하였던 임곡의 연장선상에 있는 것이다. 작은 창에 가득한 낙조를 바라보며 고향의 아이들에게 경서를 가르치며 지내겠다는 만년의 의지를 담아 지은 "자지헌"이나, 주변 경물에서 문득 자신의 분수를 깨닫고 후학을 지도하며 지내겠다며 지은 "수분와"나 글자는 다르지만 의미는 같다.

임양정은 3수의 시로 "수분"의 의미를 풀었다. 그 가운데 두 번째 시는 이 네 가지 경물을 설명한 것이다.

네 경물이 내게 주는 즐거움은 어떤가?	四景於吾所樂何
내 집 둘러 멋진 감상 줄 뿐만이 아니네.	不徒淸賞護吾窩
구덩이 채우는 물처럼 공부가 넓어지고	盈科水似工充擴
무이구곡 산처럼 배움을 갈고 닦네.	九曲山如學琢磨
달빛 두른 집 오동은 지난 밤 풍경이고	月帶院梧前夜色
바람 전하는 개울 버들은 옛 봄처럼 온화하네.	風傳川柳舊春和
보아하니 경물이 문장 다시 빌려 줄 테니	看來更作文章假
인간세상에 이 분수는 남과는 유독 다르네.	此分人實獨異他[29]

네 가지 경물은 앞서 언급한 대로 "계산풍월溪山風月"을 가리킨다. 이 경물은 아름다운 경치를 제공하는 소재이기도 하다. 그러나 함련頷聯에서 보이듯 시내는 『맹자孟子』「진심盡心」장에 보이는 "영과이진盈科而進"의 물이다. 웅덩이를 채운 후에야 앞으로 흘러나가는 물은 등급을 밟아 전진하는 공부의 비유인 것이다. 대구에 있는 구곡산九曲山은 임곡의 자지헌 뒤에 있던 산이다. 임양정에게 이 산은 절차탁마切磋琢磨하던

---

29) 林養正, 『守分窩集』, 「守分窩序」.

선조 임곡을 떠올리게 하는 경물이라 할 수 있다. 경련頸聯에 보이는 오동나무에 비치는 달빛과 개울 버들에 불어오는 바람은 각기 "전前"자와 "구舊"자를 사용하여, 과거를 떠올리게 하는 경물로 사용되었다. 과거는 선조들의 시대를 가리킨다. 수분와라는 장소는 선조들이 대대로 학문을 수양하고 아이들에게 경전을 가르쳐 온 가학의 공간이고, 이를 둘러싼 주변 경물은 선조들의 학문 자세를 환기시키는 공간인 것이다.

> 물은 밤낮으로 구덩이를 채우고 나아가고 산은 쌓여서 크게 되는 공이 있으니, 우리가 도를 보존하는 공부가 과연 여기에서 벗어나겠는가? 니구산 옛 달빛이 아직도 지금 둥글고 무단의 여운이 여전히 여기에 상쾌하니, 옛 성인의 덕행의 휘음徽音이 역시 여기에 있지 않은가? 그리고 이 네 가지 경물은 땅이 내게 빌려 주지 않은 것이 없으니 우리의 문장 도구가 또 이에 갖추어져 있다. 그러하니 하늘이 내게 나누어 준 것이 어찌 적다 하겠는가?[30]

위 「수분와서守分窩序」의 한 구절은 앞서 인용한 시와 같은 내용을 담고 있다. 임양정은 계산溪山이라는 경물을 음풍농월의 대상이 아니라 학문에 정진하여 성공을 이루는 학문하는 태도로 파악하고 있다. 달은 공자의 고향에 있는 니구산尼丘山의 달과 같고 바람은 증점이 쐬고 싶다고 하던 무우단의 바람과 같은 바람이다. 끊임없이 학문에 정진하여 옛 성현과 같은 덕행을 이루는 것이 곧 내가 거처하는 집에서도 실현가능한 일이다. 즉 임양정은 계산과 풍월에 둘러싸인 자신의 집을

---

30) 林養正, 『守分窩集』, 「守分窩序」, "水而有晝夜盈科而進, 山而有積累成大之功, 則吾人道存之工, 果有外於是乎. 尼丘舊輝, 尙圓于今, 舞雩餘韻, 猶爽於是, 則古聖德行之徽音, 亦不在於是乎. 且夫凡此四者之景, 莫非大塊之假我, 則吾人文章之具, 又於是而備矣. 然則天之所以分於我者, 豈少乎云哉."

학문 도량의 장으로 상정하여 수분와라는 명칭을 부여하였던 것이다.

당대의 학자였던 박내오朴來吾는 차운한 시에서 "남긴 규범을 그대는 저버리지 말라. 백세의 가학이 다른 데 있지 않다"(肯堂遺範君休負 百世家亂不在他)라고 읊었다. 임양정이 가학을 계승하는 공간이자 학문 수양의 공간으로 보고 수분와라는 편액을 걸었음을 십분 이해한 표현이라 할 수 있다.

어느 여름밤 후학들과 앞 시내에 다녀오면서 얻은 깨달음은 곧 자신의 공간 역시 지향에 따라 성현의 후학 양성 공간처럼 될 수 있고 가까이는 선조의 수학 공간처럼 될 수 있다는 것이었다. 즉 가학을 계승하고 가업으로서 후학을 양성하는 것이야말로 자신의 분수라는 의미가 "수분와"라는 명칭에 반영되었던 것이라 할 수 있다.

5. 맺음말

『수분와집守分窩集』은 임양정의 「수분와서守分窩序」를 중심으로 남은 문적이 축적되고 여타 시편과 간찰이 수습되어 편찬된 것이다. 그의 두 아들 임주익과 임주석의 적극적인 노력이 있었기 때문에 가능하였는데, 그 바탕에는 임양정이 계승한 가학과 가훈이 있었다.

임양정은 임곡선생의 후예로서의 자부심을 지니고 가학을 잇는 것을 본연의 임무로 받아들였다. 가학은 과거공부를 의미하는 것이 아니라 성현이 남긴 문의文義를 체득하고 이해하는 것으로, 이를 후학에게 전수하는 방식으로 실현된다. 곧 택호를 수분와守分窩로 한 것은 니구산

尼丘山과 무우舞雩로 대표되는 성현의 강학 공간을 스스로 구현하겠다는 의지의 표명이었다고 할 수 있다. 이런 만년의 깨달음은 평생을 관통하여 실천되었다.

아울러 가학의 전수는 임곡의 『예략』의 정수인 성례의 정신을 체득하여 실현되었다. 자신의 사후 봉선奉先의 실질적인 행동 규범은 인의仁義에 바탕을 두고 설명되었고, 선조의 서책을 통한 학문의 전수에 종손과 지손의 분별이 없을 것을 당부하였다. 이는 임양정이 선조의 가훈을 성효誠孝와 공정公正으로 확립시켜 실질적으로 적용한 현실적인 항목이라 할 수 있다.

수분와守分窩 임양정林養正을 표현하는 말로 문집에 자주 보이는 것이 "염정恬靜" 즉 평온하고 고요함이다. 허목許穆은 임곡에 대해 성품이 "염정"하고 "검소儉素"함을 좋아한다고 평가하였다. 임곡과 임양정에 대한 주변 평가가 거의 일치하는 것은, 후손 임양정이 선조의 가풍을 그대로 체득했다는 증거가 될 것이다. 「수분와서」에 보이는 임양정의 학문 지향은 곧 임곡의 자지헌自知軒에서부터 이어 온 지향을 그대로 수용한 결과이다. 문의文義를 명백히 이해할 때까지 탐구하였던 그의 학문 태도는 곧 "경의敬義 중심의 학문자세[31]"를 보여 준 임곡에서 비롯되어 대대로 이어져 내려온 것이었다.

임양정은 삼가 주변 지역을 거의 벗어나지 않았으나, 선조인 임곡 임진부의 가업을 계승하고 선조의 학문을 평생 체득하는 데 힘을 쏟았다. 뚜렷한 학문적인 업적을 세운 것은 아니지만 남명의 문풍이 향촌에

---

31) 김영주, 「林谷 林眞怤의 思想과 文學」(『첨모당 임운과 임곡 임진부의 삶과 문학』) 참조.

확산될 수 있었던 것은 임양정과 같은 학자가 있었기 때문이다. 『수분와집』은 남명학파의 한 지파인 임곡 임진부의 후손이 향촌의 명문가로 자리 잡으면서 선조의 가훈을 어떻게 현실에서 구현시켰고 윤리규범으로 작용하였는가를 보여 주는 동시에, 강우지역의 학문 풍토의 기저를 보여 주는 자료라 할 수 있다.

‖ 이 글은 필자의 「守分窩 林養正의 생애와 가학 계승으로서의 학문 지향」(『남명학연구』 62, 경상대학교 경남문화연구원, 2019)을 수정·보완한 것이다.

제10장 만사 · 제문을 통해 본 옥산당 임주익의
삶의 자취와 인맥 기반

최 은 주

1. 머리말

의령공宜寧公 임천년林千年이 함양에서 거창 갈계로 이주해 은진임씨 가문의 터전을 닦고, 그 손자 석천石泉 임득번林得蕃(1478~1561)이 학문으로 가문을 일으켰다. 그리고 임득번의 아들 갈천葛川 임훈林薰과 임영林英, 첨모당瞻慕堂 임운林芸 3형제는 선대의 가업을 이어받아 학문적 발전을 도모해 모두 학행과 효행으로 사림의 중망을 받았다. 이로써 은진임씨는 거창의 대성大姓으로 입지를 굳혔다. 이후 첨모당의 둘째 아들 임승근林承謹(1560~1589)이 삼가현三嘉縣 대평리大坪里(현재 경남 합천군 대병면)로 이주해 뿌리를 내리고, 그의 아들 임곡林谷 임진부林眞怤(1586~1657)가 지역적 · 학문적으로 뚜렷한 족적을 남기면서 합천의 은진임씨들도 지역의 명문가로 완전하게 자리 잡았다.[1]

---

1) 거창과 합천에 세거하는 은진임씨 가문의 인물과 내력에 대해서는 강동욱, 「은진임씨 가문의 계승과 변천」(『첨모당 임운과 임곡 임진부의 삶과 학문』, 경상대 경남문화연구원, 2018)에 자세하게 밝혀져 있다.

옥산당玉山堂 임주익林柱翊(1741~1797)은 합천의 은진임씨 가문에서 태어났으며, 임곡은 그에게 6대조가 된다. 임주익이 살던 시대는 강우지역 학자들이 출사의 길이 막혀 학문적 침체의 길을 걷던 때였다. 인조반정 이후 남명학파의 구심점 역할을 할 수 있는 비중 있는 학자가 배출되지 않았고, 그러다 보니 이때 활동했던 학자들은 자연히 우도 전체를 통괄하지 못하고 사생관계가 고을 단위 정도로 국한되어 나타났다.[2) 임주익 역시 출사의 뜻을 이루지 못하고 재야의 지식인으로서 가학을 계승하며 합천지역에서 후학 양성에 주력했던 인물이었다. 임주익에 대한 지역 사림의 칭송과 신망이 두터웠으므로[3) 당시 그의 높았던 명성을 추측해 볼 수 있는데, 안타깝게도 현재 그의 저술이 남아 있지 않기 때문에 그의 삶과 학문의 자세한 면모를 알기는 어려운 형편이다. 다만, 문중에서 보관해 온『옥산당만제집』이 남아 있어 그의 행적에 대해 일정 부분 파악이 가능하다. 자료의 한계가 분명하기 때문에 기존의 연구에서 임주익을 주목한 적은 없었고, 강동욱이 합천 은진임씨 입향조 임승근과 그의 후손들에 대해 고찰하면서 간단하게 언급한 정도이다.[4)

망인을 위한 만사와 제문은 의례에 수반되므로 실용적 목적성이 강하고 관습적이며 상투적인 글쓰기로 흐를 여지가 많다. 또한, 한 명의 망인을 추모하는 만사와 제문들은 내용적 측면에서 전반적으로 유사한 구조와 표현 방식으로 일정 부분 공통된 내용을 담기도 한다.

---

2) 이상필, 「18세기 강우지역 남명학파의 분포와 동향」, 『남명학연구』 제11집(경상대학교 경남문화연구원, 2001) 참조.
3) 본고에서 대상 자료로 삼은『玉山堂輓祭集』을 통해 그에 대한 당시 지역 사람들의 높은 평가를 충분히 확인할 수 있다.
4) 강동욱, 「은진 임씨가문의 계승과 변천」, 『첨모당 임운과 임곡 임진부의 삶과 학문』(경상대 경남문화연구원, 2018) 참조.

이러한 경향들은 만사와 제문을 작품으로 두고 개성과 문학성을 말하는 것이 쉽지 않다는 사실을 보여 준다. 그러나 망인을 위한 집단창작이라는 배경 위에서 그들이 일관되게 서술하고 인정하며 공감하는 내용은 그 자체가 객관성을 담보하는 사실로 간주될 수 있다는 점을 고려해 볼 필요가 있다. 이러한 관점에서는 별도의 책으로 남아 있는 만사와 제문의 경우 저술이 산실된 학자들의 삶의 실체에 접근해 볼 수 있는 유일한 통로가 되기도 한다. 이 시기 강우지역 학자들이 처했던 현실을 인지할 때, 『만제집』 연구 활용의 범위는 더 확장될 수 있는 가능성이 충분하다고 생각된다.

본고의 문제의식은 여기에서 출발한다. 『옥산당만제집』을 통해 18세기 강우지역의 재야지식인으로 살다 간 옥산당 임주익의 삶의 자취를 복원해 보려는 것이다. 만사와 제문은 문체 양식이 다르기 때문에 근본적 차이가 존재한다. 그럼에도 만제문의 일반적 내용 구성을 살펴보면 대략 망인에 대한 칭송, 망인과의 사적 관계 부각, 망인의 죽음에 대한 애도 등 이 세 가지 내용 요소들을 주로 서술하고 있음을 알 수 있다. 망인의 행적과 그 가문의 가업家業에 대한 칭송 부분은 지은이들의 공통된 인식과 구체적 사실에 기인하므로 표현 방식의 차이는 있을지라도 내용상 큰 차이는 드러나지 않는다고 볼 수 있다. 그러나 망인과의 개인적 교분과 죽음에 대한 애도는 지은이가 생전에 망인과 어떤 관계를 맺었던가에 따라 기억의 서술과 담아내는 슬픈 감정의 정도가 다르게 나타난다. 본고는 만제문의 이러한 특성을 포착하면서, 임주익의 삶의 자취를 추적해 보고 만제문을 지은 사람들과의 관계를 분석해 그의 인맥 기반이 어떤 특징을 띠면서 형성되었는지 살펴볼 것이다.

2. 『옥산당만제집』의 체재와 구성

임주의의 만제집은 49장 1책으로 이루어진 필사본으로 겉표지에 『옥산당만제집玉山堂輓祭集』이라고 쓰여 있다. 첫 장 앞면에는 장사택일기가 기록되어 있고, 뒷면에는 이름 없는 작품이 시작된다. 그리고 다음 장 앞면에 "만사輓詞"라고 시작하는데, 그 뒷면 끝줄에 "우又"자에 이어 하단에 "강양江陽 이사의李思義"라고만 적혀 있고 작품이 없는 것으로 보아 앞의 이 두 장은 택일기를 쓰면서 순서에 착간이 있었던 것으로 보인다. 만사가 시작될 때마다 '우又'라 쓰고 그 하단에 관계·본관·성명을 차례대로 기록하였는데, 관계는 적혀 있지 않은 경우가 더 많다. 아래의 표는 만제집에 수록된 만사 작품의 현황을 정리한 것이다.

<표 1> 『옥산당만제집』 수록 만사 작품 현황

연번	관계	본관	작자	시체	연번	관계	본관	작자	시체
1		江陽	李思義	7언율시(1)	2	戚叔	(八溪)	鄭致敬	5언고시(1)
3	査弟	恩津	宋錫一	7언율시(1) 7언절구(1)	4	情友	鵝洲	申鼎梅	5언율시(1)
5	査友	靑陵	沈一膺	5언고시(1)	6	情弟	花山	權以武	5언고시(1)
7	戚老	碧珍	李克賢	7언율시(1) 5언절구(1)	8	情弟	平山	申光虎	7언율시(1) 5언율시(1)
9	族叔	恩津	林養直	7언고시(1)	10	査弟	孔嵓	許椈	7언율시(2) 5언절구(1)
11	情弟	花山	權尙稱	7언율시(1)	12	後人	密城	朴東輝	7언절구(1) 5언율시(1)
13	情弟	花山	權尙掑	5언고시(1)	14		安東	權尙鶴	7언율시(1)
15		碧珍	李克光	7언율시(1) 7언절구(1)	16		花山	權尙和	7언율시(1)
17		密城	朴思擎	5언고시(1)	18		坡平	尹墉	7언율시(1)
19	表從	載寧	李能珍	7언율시(1) 7언절구(1)	20		星州	都尙臣	7언율시(1) 5언율시(1)
21		豊山	洪天浩	5언고시(1)	22		八溪	鄭得徵	7언율시(1)

번호	관계	본관	성명	만사	번호	관계	본관	성명	만사
23		南平	文思周	7언율시(1) 5언절구(1)	24		南平	文義光	7언율시(1) 5언율시(1)
25		花山	權尚鷺	7언율시(1)	26		南平	文東禹	7언율시(1) 7언절구(1)
27		江陽	李思白	7언율시(1)	28		密城	朴啓善	7언율시(1)
29		義城	金致榮	7언율시(1)	30		南平	文尚九	7언율시(1) 7언절구(2)
31		南平	文聖光	7언율시(1)	32		花山	權處仁	7언율시(1)
33		花山	權處正	7언율시(1) 5언절구(1)	34		花山	權尚履	7언율시(1)
35		居昌	愼翼默	7언절구(3)	36		花山	權處範	7언율시(1) 7언절구(1) 5언절구(1)
37		花山	權處宇	7언율시(1)	38		密城	朴敏天	7언율시(1) 7언절구(1)
39		安東	權尚嚴	7언율시(1) 7언절구(1)	40		南平	文啓明	7언율시(1) 5언절구(1)
41		南平	文佖光	7언율시(1)	42		花山	權珀	7언율시(1)
43		安東	權正運	7언율시(1)	44		花山	權正磯	7언율시(1)
45		潭陽	田徹㘴	7언율시(1) 7언절구(1)	46		江陽	李行哲	7언율시(1) 7언절구(1)
47		花山	權處一	7언율시(1) (詩序)	48		咸從	魚在江	7언절구(1) 5언절구(1)
49		碧珍	李時燁	7언율시(1)	50		靑松	沈夢彦	7언율시(1)
51		碧珍	李克演	7언절구(1) 5언고시(1)	52		碧珍	李克懿	7언율시(1) 5언고시(1)
53		碧珍	李榮峻	7언율시(1) 5언절구(1)	54		江陽	李永哲	7언율시(1)
55		江陽	李寅哲	5언고시(1)	56		八溪	鄭義敬	7언율시(1)
57		恩津	宋有禧	7언율시(1) 7언절구(1)	58		昌山	曺允源	7언절구(3)
59		靑陵	沈聖瀗	7언율시(1)	60		靑陵	沈聖洛	7언율시(1)
61	外甥	陽川	許乘	7언율시(3) 5언율시(1) 7언절구(1)	62	再從兄	恩津	林柱洛	5언고시(1)
63	族弟	恩津	林柱八	5언율시(1) 7언절구(1)	64	族姪	恩津	林璞	7언율시(1) 7언절구(1) 5언율시(1)
65	族姪	恩津	林瑨	5언고시(1)	66	再從姪	恩津	林㻶	5언고시(1)

도표를 보면 총 66명이 104편의 만사를 썼음을 알 수 있다. 기록된
관계와 내용에 의거하면 만사를 쓴 사람들은 친척과 혼인으로 맺어진

인척 그리고 친우 및 제자들이 주를 이룬다. 성씨는 안동권씨가 17명으로 제일 많고 남평문씨, 강양이씨, 벽진이씨 등이 그 뒤를 잇는다. 이에 대해서는 제4절 「만사・제문을 지은 사람들과 임주익의 인맥 기반」에서 자세하게 살펴보도록 하겠다. 만사 뒤에는 제문이 이어진다. 총 20편의 제문이 수록되어 있는데, 죽은 직후에 작성된 것이 7편, 소상小祥 때 작성된 것 6편, 대상大祥 때 작성된 것이 7편이다. 아래는 만제집에 수록된 제문의 현황을 도표로 정리한 것이다.

<표 2> 『옥산당만제집』 수록 제문 작품 현황

연번	관계	본관	작자	비고	연번	관계	본관	작자	비고
1	查弟	恩津	宋錫一	喪禮	2	族叔	恩津	林養直	喪禮
3	再從兄	恩津	林柱洛	喪禮	4	後生	安東	權處範	喪禮
5	族姪	恩津	林璞	喪禮	6	內從弟	咸從	魚在澮	喪禮
7	族姪	恩津	林瑨	喪禮	8		花山	權尚履	小祥
9	姻親	(豊山)	洪樂潡	小祥	10		花山	權尚儼	小祥
11		(花山)	權必大	小祥	12	再從弟	恩津	林柱臣	小祥
12	舍弟	恩津	林柱錫	小祥	13	戚叔	(八溪)	鄭致敬	大祥
13		碧珍	李克光	大祥	14	表從	載寧	李能珍	大祥
15	姻弟	尚州	周道變	大祥	16		豊山	洪天浩	大祥
17		(花山)	權處仁	大祥	18		密城	朴敏天	大祥
19		花山	權尚儼	大祥	20		(南平)	文啓郁	大祥

제문의 작자 가운데 7명을 제외하고 13명은 만사를 지은 이와 겹쳐진다. 제문의 내용은 전반적으로 은진임씨 가업家業과 이를 계승한 임주익의 학문 도덕에 대한 칭송과 평가, 임주익의 개인적 불운에 대한 안타까움, 그리고 작자 자신과의 특별한 관계를 부각시키며 그에 대한 기억들로 이루어져 있다.

3. 만사·제문에 그려진 임주익의 삶의 자취

이 절에서는 만사와 제문에 담긴 임주익의 삶의 자취를 추적해 보려한다. 만사·제문의 특성상 서사성보다는 서정성이 부각되므로 망인에 대한 작자 개인의 주관적 정서와 기억이 두드러진다는 특징이 있지만, 동시에 공통된 인식과 평가도 관념적으로 녹아 있기에 두 가지의특징적 기록을 잘 포착하면 임주익의 삶의 모습에 대해 일정 부분복원이 가능할 것으로 생각된다.

1) 가족관계

임주익은 1741년(영조 17) 삼가현 대평리(현재 경남 합천군 대병면)에서태어났다. 부친은 수분와守分窩 임양정林養正(1716~1777)이고 모친은 담양전씨潭陽田氏(1714~1756)로, 담양전씨는 경은耕隱 전조생田祖生(1318~1355)의 후손 전덕기田德基의 딸이다. 임주익은 부모를 극진히 봉양하였기에, 만제문을 지은 이들은 그의 지극한 효성을 어김없이 노래하고칭송하였다. 아우 매악당梅岳堂 임주석林柱奭(1759~1832)은 효도를 실천하는 형의 모습을 곁에서 직접 지켜보았고, 그 중의 일화를 제문에아래와 같이 기록하였다.

나는 세상에 태어나 운명이 기구한 것인지 겨우 어린 나이를 면했을 즈음 슬프게도선고께서 중병에 여러 번 걸려 항상 끙끙 앓으시며 조금도 편하신 날이 없었다.(그때) 나는 곁에서 모시며 약시중 드는 도리를 알지 못했기에, 공이 홀로 날마다애를 끓이며 힘과 정성을 다해 의원과 약을 찾아 분주히 다니면서 다방면으로 병을치료하였다. 비록 병을 완전히 제거해 회복하실 수 있다는 기대는 못했지만, 지극한

효성으로 인해 병이 더 심해지지 않고 10여 년을 더 살다 가셨다.[5]

임주익은 아우 임주석보다 19살이 많았다. 그의 모친 담양전씨가 1756년(영조 32) 43세의 나이로 별세하자, 부친은 함종어씨咸從魚氏 어대연魚大演의 딸을 후처로 맞이하였는데 임주석은 함종어씨(1737~1815)가 낳은 아들이었다. 형제의 나이 차가 큰 것은 바로 이 때문이다. 임주익은 계모 함종어씨 역시 정성을 다해 봉양하였다.

공이 집안에 거처할 때는 조심하는 행동으로 선조를 받들고 어버이를 모시는 도리를 돈독하게 하였다. 일찍 일어나서 세수와 양치질을 하고 의관을 갖추어 먼저 사당에 참배하고 마루와 뜰을 청소하였으며, 다음으로 모친에게 나아가 밤새 안부를 여쭈었다.[6]

임주석은 형이 집에 거처할 때 선조를 받들고 어버이를 모시는 도리를 독실하게 실천했음을 구체적으로 묘사하면서, 날마다 사당을 살피고 집과 뜰을 청소한 후 모친 함종어씨에게 나아가 밤새 안부를 물었다고 하였다. 고종제姑從弟 어재회는 제문에서 "우리 고모는 공의 효성스러운 봉양에 힘입어 건강을 보전하였는데, 이제 그치게 되었다"[7]라고 직접적으로 언급했고, 심일응은 만사에서 "모친과 효자는 이별하지만, 저승에서 어버이에게 절 올리겠지"[8]라고 하였는데 이는 앞서 세상을

---

5) 『玉山堂輓祭集』, 祭文(林柱莢), "惟我生世, 命道崎嶇, 纔免髫齡, 哀哀先考重患數溺, 恒在呻吟, 無少寧日. 而我惟不肖, 未知侍測侍湯之道, 公獨日夜焦煎, 竭力殫誠, 奔走醫藥, 多方療治. 雖無快祛復常之望, 而猶爲至孝之所格, 不甚添劇延壽十有餘年."

6) 『玉山堂輓祭集』, 祭文(林柱莢), "公所處家, 操心之行, 篤於奉先侍親之道. 早起盥漱, 以具冠衣, 先省廟宇, 而掃堂及庭, 次進萱室, 而問寢溫淸."

7) 『玉山堂輓祭集』, 祭文(魚在澮), "吾姑母賴公孝奉, 以保康健, 而今便已矣."

떠난 부친과 모친 담양전씨를 임주익이 죽어서 만나리라고 말한 것이다. 이것으로 보아 함종어씨는 임주익이 죽은 후에도 한참 살아 있었던 것으로 확인된다. 이 외에도 만제문에는 아들을 먼저 보내고 남아 있는 노모의 애통함을 안타까워하는 표현이 많이 보인다.

임주익은 한참 차이가 나는 아우를 살뜰하게 보살폈다. 부친이 세상을 떠났을 때 18세였던 임주석은 형 임주익을 깊이 의지하였는데, 이에 대해 형을 위한 제문에서 "다행스럽게도 한 분의 형이 있어 나를 사랑하고 가르치는 것이 정성스럽고 부지런하였으니, 서로 좋아하는 마음과 어울리는 즐거움이 옛날 군자의 우애와 비교할 때 우리보다 더한 것이 없었다"9)라고 기록하였다. 임주익은 족질族姪 임박에게 아우 임주석을 두고 아래와 같이 말하기도 했다.

> 공은 때때로 나를 돌아보며 말하길 "내 아우가 나를 섬기는 것이 마치 부모 모시듯이 한다"라고 하였고, 또 말하길 "우리 집안에 없어서는 안 될 존재이다"라고 하였으니, 공이 진실로 그 아우가 현명함을 알았던 것이다.10)

위의 예문에 잘 나타나 있듯이 아우 매악당 임주석과의 절실한 우애 역시 임주익의 만제문에서 빠지지 않고 등장하는 내용이다. 임주석은 형이 병에 걸렸을 때는 부지런히 밤낮으로 보살폈고, 형이 죽자 용모를 훼손할 정도로 슬퍼하며 형의 양손養孫 수철과 함께 여막에 거처하면서

---

8) 『玉山堂輓祭集』, 輓詞(沈一膺), "萱闈離子孝, 冥府拜親恩."
9) 『玉山堂輓祭集』, 祭文(林柱夷), "幸有一兄, 愛我教我, 諄諄孜孜, 則式好之情, 和湛之樂, 較之古昔君子之友愛, 必無加於此矣."
10) 『玉山堂輓祭集』, 祭文(林璞), "公時時顧此姪曰, 吾之弟事我如定省, 又曰, 吾之家十盲前一相也爾云, 則公眞知其弟也哲矣."

일마다 예를 따르도록 인도하고 가르쳤다.[11]

임주익은 상주주씨商州周氏 주명형周命亨의 딸과 혼인하였는데, 처남 주도섭이 쓴 제문에 "약관의 나이에 우리 가문에 들어와 혼인의 의를 맺어 형제가 되었으니 골육보다 더 친했다"[12]라고 한 것으로 보아 그 시기가 20살 때였던 것으로 보인다. 그는 상주주씨와의 사이에서 아들 하나와 딸 둘을 두었다. 그러나 불행하게도 외아들 임경林璟(1766~1793)은 28세의 나이로 요절하였다.

> 상녀孀女는 뜨락에서 짝을 잃었는데 다시 우러를 곳을 잃었구나. 일점의 혈육 손녀 아비를 잃었으니 다시 의지할 데가 없구나.[13]

임주익은 은진송씨恩津宋氏 송석일의 딸을 며느리로 맞이했다. 위의 제문은 송석일이 사돈 임주익을 위해 쓴 제문에서 부친보다 먼저 죽은 사위와 짝을 잃은 딸에 대해 언급한 것이다. 만제문을 쓴 대부분의 사람들은 '이치를 거스르는 참혹함'·'(아들의) 원통한 죽음'·'갈기갈기 찢어진 심장'·'가문의 혹독한 시련' 등의 표현으로 아들을 먼저 보낸 그의 슬픈 사정과 대가 끊어진 은진임씨 가문의 불운을 안타까워하였다. 친구로 친하게 지냈던 박사경은 만사에서 "청계촌淸溪村 한 줄기 산기슭에서, 아이의 혼백이 아버지 오기를 기다리네"[14]라고 읊었는데, 임주익과 그 아들 임경 두 사람의 묘소가 같은 곳에 있다.

---

11) 『玉山堂輓祭集』, 祭文(林柱洛), "又有君賢弟, 而方君之疾也. 不惰其身, 晝夜護持, 及君之喪也. 其容傷毀, 與螟孫, 處于一廬, 臨事而導迪酌禮而訓誨, 雖此殽俗, 足令人感化感服者, 而孰不曰賢哉某乙之弟也."
12) 『玉山堂輓祭集』, 祭文(周道燮), "年維弱冠, 贄入寒門, 誼結昆弟, 親逾骨肉."
13) 『玉山堂輓祭集』, 祭文(宋錫一), "孀女在庭失偶, 而復失仰矣. 一塊孫失怙而更無依矣."
14) 『玉山堂輓祭集』, 輓詞(文思周), "一麓淸溪上, 兒魂待父還."

임경에게는 어린 딸만 하나 있었고 아들이 없었기에, 그가 요절하자 대가 끊어질 상황에 처했다. 임주익은 족질 임진林瑨의 아들 임수철林秀哲(1780~1821)을 양손養孫으로 들여 아들 임경의 계자系子로 삼았다. 손자 며느리는 청송심씨 심성락의 딸이다. 만제문을 써서 보낸 이들은 아들을 먼저 보낸 아버지의 비통함을 읊는 동시에 홀로 남은 명손螟孫이 대를 이어 가업을 계승할 수 있게 되었다며 그 다행스러움도 함께 드러내었다. 예컨대 홍천호가 제문 말미에 "통곡 중에도 위로가 되고 축하할 만한 것은, 형을 닮은 아우가 능히 선대의 가업을 보전하고 어진 후손 그 손자가 가문의 명예를 다시 일으킬 것이라는 점이다"[15]라고 한 것이나, 송유희가 만사에서 "다행히도 양손이 있어 그 손자가 대를 이으니, 집안의 가르침 온전히 하여 멀리 후손에게 끼치리라"[16]라고 한 것과 같은 것이다.

『은진임씨대동보』에 의하면 임주익은 두 딸이 있었고, 각각 밀양인密陽人 송월당松月堂 박수린朴受麟과 창성방어사를 지낸 양천인 허승許乘에게 시집보낸 것으로 확인된다. 그러나 아우 임주석은 제문에서 형에게 한 명의 딸이 있었다며 허승에게 시집간 질녀와 있었던 일만 기록하고 있다.[17] 대동보에도 박수린에 대해 자세히 기록하지 않았고 외손자녀들의 기록도 없는 것으로 보아 추측건대 질녀가 요절하였거나 소식이 끊겼던 것이 아닌가 싶다. 여하튼 임주석의 제문에 의하면 임주익은 양천허씨 명문가에서 맞이한 사위를 많이 아꼈을 뿐만 아니라 사위의

---

15) 『玉山堂輓祭集』, 祭文(洪天浩), "嗚呼, 痛哭之中, 所可慰賀者, 克肯其弟能保先業, 賢嗣其孫復振家聲, 公之積善餘慶, 亦可驗矣."

16) 『玉山堂輓祭集』, 輓詞(宋有熀), "幸有螟蛉孫繼序, 業全詩禮遠謨貽."

17) 『玉山堂輓祭集』, 祭文(林柱夷), "公有一女, 適于陽川名族, 而公之倩君, 天姿魁偉, 器局寬弘, 早聞朝家優待聖恩, 公愈深愛, 大有期待."

뛰어난 자질 때문에 기대가 컸다고 한다. 그러나 임주익은 끝내 사위가 급제하는 것을 보지 못하고 눈을 감았다.[18] 사위 허승은 장인을 추모하며 만사 5편[19]을 지었는데, 그 안에서 장인에 대한 기억을 생생하게 그려 내었다. 그 마지막 편에 "삼산三山의 의범儀範 저승으로 멀어지니, 17년간이 꿈결처럼 지나가는구나. 나는 아픈 마음으로 공을 기억하면서, 거친 붓으로 길게 써 내려가네"[20]라고 하였으니, 이를 통해 장인과 사위 사이의 가까웠던 관계를 짐작해 볼 수 있다. 삼산은 은진임씨가 임승근林承謹(1560~1589) 이래로 세거해 온 합천군 대병면 장단고을을 가리킨다.

> 임종에 이르러 슬픈 정회를 말과 얼굴빛에 드러내지 않고는 자던 요와 이불을 차우고 깨끗한 자리를 별도로 깔라고 명한 후 조용히 세상을 떠났으니 조금도 유감이 없었다. 진실로 평소 달관한 학문의 힘이 아니었다면 어떻게 가능했겠는가?[21]

위의 예문은 임주석이 형의 임종 당시를 제문에서 서술한 부분이다. 임주익은 1797년(정조 21) 57세의 나이로 생을 마감하였다. 길지 않은 삶 동안 그는 일찍 친모를 여의었고 오랫동안 부친의 병시중을 들었으며, 아들이 먼저 죽은 아픔과 함께 대가 끊어질지도 모르는 고통의 마음에 시달려야 했다. 그럼에도 늘 마음을 수양하여 학문에 힘쓰고

---

18) 『玉山堂輓祭集』, 祭文(林柱輿), "公有一女, 適于陽川名族, 而公之倩君天姿魁偉器局寬弘, 早聞朝家優帶聖恩, 公愈深愛, 大有期待, 造物多猜, 未見漸達, 而公忽至斯, 世事乖戾又何若是也, 登第之後, 唱榜尙稽, 前月已作, 洛行則受牌, 榮還之期, 早晩當在."

19) 앞의 <표-1> 59번 참조.

20) 『玉山堂輓祭集』, 輓詞(許乘), "三山儀範九原阻, 十七年間影事去. 小子傷心公庶記, 是將荒筆寫長語."

21) 『玉山堂輓祭集』, 祭文(林柱輿), "而於其臨終也, 悲哀之情懷, 不形於辭色, 而命撤所寢之衾褥, 別設淸淨之枕席, 從容致世, 無少餘憾. 苟非平日達觀之學力, 何能乃爾."

자신을 다스렸으니, 임종 당시의 모습에서도 이러한 삶의 태도가 녹아
있다.

2) 가학의 계승과 학문의 성취 그리고 은거의 삶

현재 임주익의 저술이 남아 있지 않기 때문에 그의 학문적 면모와
성과를 구체적으로 알기는 불가능하다. 다만 만제문에 의거할 때, 임주
익이 석천 임득번 - 첨모당 임운 - 임곡 임진부로 이어지는 가학의
전통을 계승하였고 독서에 매진하며 학문 탐구에 심혈을 기울였음은
분명해 보인다.

> 아! 공은 삼산의 훌륭한 선비이자 사현四賢의 후손으로, 부친의 학문을 계승하여
> 선대의 가업을 받들었다. 공부는 자주 나는 새처럼 깊게 하였고, 이치는 흙을 물어
> 나르는 개미처럼 부지런히 투철하게 하였다. 날마다 서책을 보면서 성현의 말씀을
> 배우고 익히니, 손에 푸른 책갈피를 쥐고 식견이 고금에 통달하였다. 책은 몇 번이나
> 끊어졌고 짧은 시간도 아까워하였으니, 뛰어난 재주가 출중하였고 훌륭한 그릇이
> 일찍 이루어졌다. 명성은 예원藝園에 자자하였고 실력은 과거장에서 높았는데, 사마상
> 여가 기둥에 글을 쓰듯 하였으나 한유가 파수濡水를 건넌 것과 같았으니 예로부터
> 소단騷壇에서는 한을 머금어야 고쳐되었다. 만년에 평소 지조대로 임천林泉으로
> 물러나 노년을 보내면서 경전에 침잠하고 유학을 탐구하였다.[22]

위의 예문은 임주익의 제자 권처범이 지은 제문으로, 그 시작 부분에

---

22) 『玉山堂輓祭集』, 祭文(權處範), "嗚呼! 惟公三山高士, 四賢遺孫, 學襲幹蠱, 業承裘氈. 工
    深鳥數, 理透蛾眞. 日對黃卷, 學習聖賢, 手握靑籤, 識通古今. 幾絶孔編, 時惜禹陰, 英才
    出群, 良器早成. 名闡藝園, 蹟高詞場, 司馬題柱, 韓愈渡濡, 從古騷壇, 飮恨鼓吹. 晚年素
    操, 退老林泉, 心潛性理, 業究斯文."

해당한다. 이 예문에서 임주익이 가학을 계승하고 학문에 힘썼으며, 과거시험에 여러 번 좌절하고 노년에는 자연에서 은거하며 지냈음을 대략적이나마 파악할 수 있다. 만사·제문의 특성상 이보다 더 구체적인 기록은 찾기 어렵고, 단편적이지만 공통되고 중첩된 내용들을 끄집어내어 재구성해 보는 것은 가능하다.

먼저 가학의 계승 부분이다. 임득번에서 임주익에 이르는 계보를 단순화해서 그려 보면 아래와 같다.23) 차자일 경우 이름 앞에 표시하였다.

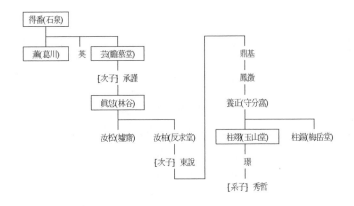

위의 예문에서 권처범은 스승 임주익이 삼산의 훌륭한 선비이자 사현四賢의 후손으로 부친 수분와 임양정의 학문을 이어받아 선대의 가업을 계승하였다고 말하였다. 권처범은 만사에서도 "십세고문유사현十世高門有四賢"이라고 하였는데, 여기에서 사현은 석천 임득번(1478~1561), 갈천 임훈(1500~1584)과 첨모당 임운(1517~1572) 그리고 임곡 임진

---

23) 은진임씨 가문의 인물들과 그들이 거창에서 합천으로 이주 확산해 가는 과정은 강동욱의 「은진 임씨가문의 계승과 변천」(2018)에 자세하게 밝혀져 있다.

부(1586~1658)를 가리키는 것으로 보인다. 아래는 어재강이 지은 만사 가운데 일부로, 사현을 구체적으로 언급하였다.

<table>
<tr><td>석천공 후대에 어진 인재 많으니</td><td>石泉公後世多賢</td></tr>
<tr><td>첨모당과 갈천의 연원이 임곡에게 전해졌네.</td><td>瞻葛淵源林谷傳</td></tr>
<tr><td>덕업을 계승하여 오래도록 실추하지 않았으니</td><td>德業相承長不墜</td></tr>
<tr><td>명문가의 명성이 공에 이르러 온전해졌네.</td><td>名家聲聞及公全24)</td></tr>
</table>

만제문을 지은 이들 대부분이 "멀리 첨모당의 가법家法을 계승하여, 임곡이 남긴 가르침을 실추시키지 않았네"25) 또는 "임곡의 도를 집안에 전하고, 석천의 유풍을 가업으로 이었네"26) 등의 표현으로 임주익이 연원이 깊은 가학을 잘 계승하여 그에 걸맞은 삶을 살았음을 칭송하였다.

다음은 임주익의 학문적 성취 부분이다. 제자의 눈에 비친 스승의 모습은 날마다 서책을 보고 성현을 배우며 쉬지 않고 부지런히 공부하는 모습이었다. 아우가 쓴 제문에는 학문을 정밀하게 탐구하는 임주익의 모습이 좀 더 구체적으로 묘사되어 있다.

대청으로 물러나 거처할 때는 조용히 시례詩禮를 보았다. 시례가 민멸되어 후대에 전해지지 않을까 우려하였으므로, 난해한 말의 뜻에 대해서는 풀이를 기록하고 낡고 해진 장주章注에 대해서는 보충하고 수선해서 새롭게 완성하였다. 또한 예의 긴요한 부분에 대해서는 손수 발췌한 것을 별도의 책에 써서 쉽게 알 수 있도록 하였다.27)

---

24) 『玉山堂輓祭集』, 輓詞(魚在江).
25) 『玉山堂輓祭集』, 祭文(宋錫一), "遠繼瞻慕之家法, 而不墜林谷之遺謨."
26) 『玉山堂輓祭集』, 輓詞(權尙拭), "家傳林谷道, 業述石泉風."
27) 『玉山堂輓祭集』, 祭文(林柱夷), "退處于堂, 靜觀詩禮. 而惟恐詩禮之沒沒無傳於後, 於其

위의 예문을 보면 임주익이 시례詩禮를 깊이 탐독하였고, 혹 그것이 민멸되어 사라질까 풀이를 달고 중요한 부분은 따로 발췌해서 손수 기록하여 별도의 책으로 만들었음을 알 수 있다. 이를 통해 임주익이 유학 공부에 얼마나 몰두했는지 그리고 그것을 후학들에게 어떻게 전달하려 했는지 충분히 알 수 있다. 만사에는 그의 서실 사방을 둘러싼 책들과 만권 도서 등의 표현이 자주 보이는데, 이 역시 임주익의 독실했던 독서와 학문 탐구의 모습을 드러내는 표현이다.

임주익은 과거시험에도 뜻이 있었기에 제술 공부를 소홀히 하지 않았고, 당시 지역에서 그의 문장 실력에 대한 명성이 꽤 높았던 것으로 보인다. 만사에는 이러한 모습을 드러내는 표현 역시 적지 않게 포착된다. 그러나 권처범이 제문에서 언급했던 것처럼 임주익은 입신양명의 포부가 있었으나 결국 실패하였다. 권처범은 한나라 사마상여司馬相如가 촉蜀을 떠나 장안으로 갈 때 성도成都의 승선교昇仙橋 다리 기둥에 "네 마리 말이 끄는 붉은 수레를 타지 않고서는 이 다리를 건너오지 않겠다"고 써서 공명功名에 대한 포부를 밝혔던 고사와, 한유가 과거시험에 합격하고도 등용되지 못한 채 파수를 건넜다는 고사를 들어서 임주익의 상황에 대입하였다. 임주익이 훌륭한 문장 실력을 갖추고도 등용되지 못한 것을 비유하는 표현도 종종 보인다.

과거에 뜻을 접은 뒤로 임주익은 때때로 자연과 벗하며 음풍농월의 시간도 즐겼다. 만제문을 통해 옥산당에서 벗들과 밤을 새며 정담을 나누기도 하고 학문을 강론하는 시간도 가졌음을 알 수 있다.

難解之辭旨則付標而記釋之, 於其有弊之章注則補繕而新完之. 且於禮之最要者則手抄而書於別冊, 使之易知也."

3) 후진 교육

임주익은 후진 교육에도 열성을 쏟았다. 자질子姪들뿐만 아니라 인근 가문의 여러 자제들이 그의 문하를 드나들었는데, 이러한 모습 역시 만제문 곳곳에서 포착된다. 척숙 정치경은 임주익의 성실한 교육 활동에 대해 다음과 같이 칭찬하였다.

> 자질들을 가르치는 것은 순수하고 깊었으며 후생들을 가르치는 것은 은근하였으니, 온 집안사람들은 어진 부형이 있음을 즐거워하고 온 고을 내 사람들은 훌륭한 스승을 얻은 것을 기뻐하였다.[28]

정치경이 언급한 것처럼 임주익은 자질들을 교육하는 데에도 힘을 쏟았다. 예컨대 족제 임주팔의 "소제는 거두어 주신 은혜를 입었으니, 어진 마음으로 모자란 나를 길러 주셨네"[29]라는 표현이나, 족질 임박의 "예원藝苑에서 공을 따르며 학문이 조금씩 나아갔으니, 몇 년이나 뒤를 따라 과거시험을 함께하였던가", "일족 간에 가르치는 정이 돈독하였네"[30]라는 표현 등을 통해 충분히 이러한 사실을 유추해 볼 수 있다. 또한 임박은 제문에서 밝히길 제술製述을 익히던 초년에 자신의 선고先考가 임주익에게 신신부탁하여 자신을 그의 집에 보냈다고 하였는데, 이후 임주익의 집에서 수개월 동안 제술 공부에 매진하였다고 하였다. 이때 임주익은 임박을 부지런히 가르치며 그가 제술의 심오한 이치를

---

28) 『玉山堂輓祭集』, 祭文(鄭致敬), "其訓子姪也純深, 其誨後生也慇勲, 一門之人, 樂其有賢父兄, 一鄉之人, 喜其得師表."
29) 『玉山堂輓祭集』, 輓詞(林柱八), "小弟偏荷澤, 賢心養不中."
30) 『玉山堂輓祭集』, 輓詞(林璞), "藝苑從公學步趨, 幾年隨後共荊圍."; "處族訓情篤."

반드시 담아낼 수 있도록 학습을 독려했다고 하니,31) 이러한 사실은 임박이 만사에서 임주익에게 문장을 배우며 그를 따라 수차례 과거시험장에 나아갔다고 언급한 것과 부합된다.

직접 가르침을 받은 제자들의 경우에는 스승으로서의 임주익에 대한 기억을 떠올리기 마련이었다. 대개 가르침을 받았던 상황과 그에 대한 감사한 마음을 드러내었으며, 다시 가르침을 받을 수 없는 안타까움을 덧붙이기도 하였다.

> 저는 어려서 어머님을 잃고 홀로 엄군嚴君을 의지하며 살았는데 다행히 이웃 마을에 접해 있어 어려서부터 장성할 때까지 공에게 의탁하고 공에게 배우면서 출입을 함께하며 기쁜 일과 슬픈 일도 함께하였습니다. 정성스러운 가르침과 보살펴 주신 애정을 이루 다 말할 수 없었으니, 감사한 마음을 품고 평생 우러러 의지할 데가 있음을 기뻐하였습니다.32)

위의 예문은 권상엄이 임주익의 소상小祥 때 지어서 올린 제문이다. 권상엄은 임주익에게 학문뿐만 아니라 자신의 삶 전반을 의탁하였다며 그의 정성 어린 가르침과 세심한 애정을 떠올리며 감사해하였다. 권필대는 일찍 부모를 잃고 어려서부터 임주익에게 수업을 받으며 선생과 학생의 의를 맺었는데 임주익이 부모처럼 보살펴 주었다고

---

31) 『玉山堂軼祭集』, 軼詞(林璞), "夫公與此侄, 諸族中, 情誼自別者, 何也. 侄之述賦初年, 吾先考, 以日日勤導之意, 申申付託於公, 送余于公之家, 累月做工, 則公常爲先導, 訓之以述, 蛾之工, 誠之以敎, 鳥之習, 先君之思, 以勖小侄, 勤勤孜孜, 敎誨不忘, 期於必得, 制述妙理, 而其後泉谷齋伽倻齋, 僑寓之時, 亦如是, 而訓之者非一非再矣."

32) 『玉山堂軼祭集』, 祭文(權尙嚴), "況余不肖早失所恃, 獨怙嚴君, 而幸接仁里, 自幼至長, 依於公家, 學於公家, 出入相須, 休慼同心. 諄諄之誨, 眷眷之愛, 靡有其極, 則感佩銘心, 喜有生平依仰之所矣."

감격해하였고,[33] 권처범 또한 어려서부터 임주익을 가까이에서 스승으로 모셨는데 자신을 가르치고 깨우쳐 줌이 친자식과 다름이 없었다며 몇 년간 그의 문하에서 배우며 학업에 힘썼던 사실을 언급하였다.[34] 이 외에도 여러 명이 임주익의 문하에 드나들며 수업을 받았던 사실을 언뜻언뜻 드러내었는데, 정리해 보면 아래와 같다.

> 남은 생애 다시 누구에게 배울까.(권처정)
> 공의 뜰에서 배운 지가 몇 년인가, 아름다운 가르침 마음속에 새겼다네.(이행철)
> 가르치는 마음 게으르지 않았으니, 은근한 정 더욱 두터웠도다.(이극연)
> 정의가 두터워 예전부터 가르침의 은혜를 입었네.(이극의)
> 아! 후학들은 의심나면 누구에게 물을까, 선배유림의 자취는 이미 지나갔다네.(이영철)
> 영원히 가르침 받들 길이 없어라.(이인철)
> 남은 생애 다시 누구에게 가르침을 받을까.(문계명)[35]

만사 안의 축약된 표현이므로 구체적 정황을 읽어 내기에는 일정한 한계가 있지만, '승회承誨'·'교회敎誨'·'훈훈訓'·'부급負笈'·'후학後學' 등의 시어들이 쓰인 것으로 보아 이들이 임주익에게 가르침을 받았고 그에 대한 기억을 담아낸 것은 분명하다. 만사와 제문을 쓴 73명의 인물 중에 자질을 포함해서 대략 15명의 인물이 임주익과 사생師生관계

---

33) 『玉山堂輓祭集』, 祭文(權必大), "小子早失怙恃, 幼而受業, 義結師生, 長賴而恤, 恩同至情, 依仰私心, 實不後人."
34) 『玉山堂輓祭集』, 祭文(權處範), "余自垂髫, 在傍親知, 俛首下學, 負笈從師, 敎余戒余, 無間己子, 揭燭昏衢, 回舟學海, 幾年門下, 承誨勉業."
35) 『玉山堂輓祭集』, 輓詞(權處正), "餘生更負笈."; 輓詞(李行哲), "學步公庭問幾年, 丁寧嘉訓刻心邊."; 輓詞(李克演), "敎誨心無倦, 慇懃情益厚."; 輓詞(李克懿), "誼重從前承誨恩."; 輓詞(李永哲), "嗟呼後學疑何質, 先進儒林跡己陳."; 輓詞(이인철), "承誨永無緣."; 輓詞(文啓明), "餘生承誨更何師."

를 맺었던 것으로 파악된다. 이들은 은진임씨 가문과 선대로부터 세의
世誼를 다져왔던 가문의 자제들로, 대개 지역 내 이웃에 거처하면서
임주익에게 가르침을 받았다. 이 부분에 대해서는 다음 절에서 좀
더 구체적으로 살펴볼 것이다.

4. 만사·제문을 지은 사람들과 임주익의 인맥 기반

조선 중기 이후 유교식 상제례의 정착으로 이에 수반되는 만사와
제문은 양적으로 급속히 증가하였다. 실용적 목적성이 강했기 때문에
만사와 제문을 주고받는 일이 사대부 문화의 일부분으로 정착하게
된 것이다. 또한 사림파들이 정국을 주도하면서 나라를 다스리는 정치
기반으로 소학小學의 도, 사우師友의 도, 향약鄕約의 도 등을 내세워
혈연·지연·학연 의식을 강화하게 된 배경과 학문적 유대와 정파적
이해로 문인사회가 갈래별 집단화 경향을 띠게 되는 상황과 맞물려
'망인'의 죽음을 애도하는 만사와 제문은 '망인' 또는 그가 속한 가문의
정치적·사회적·학문적 입지의 영향을 받게 되었다. 예컨대 당대 영
향력 있는 정치인이나 문인학자의 경우 그를 위한 만제록이 독립된
형태로 많이 남아 있는데, 그 지은이와 내용들이 일정한 경계와 특징을
형성할 수밖에 없는 점을 들 수 있다.[36] 망인과 어떤 관계를 맺은
사람들이 망인에 대한 어떤 공통된 인식을 가지고 만제문을 지었던
것인지 유추해 보면, 결국 망인이 당대에 넓게는 나라에서 좁게는

---

36) 이은영, 「애제문의 특징과 변천과정」, 『동방한문학』 제31집(동방한문학회, 2006),
  280쪽 참조.

지역에서 가문에서 그 입지가 어떠했고 인맥은 어떤 모습으로 형성되었는지 그에 대한 구체적 접근이 가능하게 되는 것이다.

임주익은 합천 대병면 장단리에서 태어나 57년 평생을 살았다. 3절에서 살펴본 바대로 그는 과거시험에 좌절하면서 자연으로 물러나 독서를 일삼으며 후학 양성에 몰두하였다. 이 때문에 임주익의 인맥 기반은 지역을 크게 벗어나지 않았는데, 확장의 계기가 없었기 때문이다. 만제문을 지은 사람들에 대해서는 2절에서 표로 정리하여 제시하였다. 아래의 표는 그 중에서 작자들의 성씨 분포를 정리한 것이다. 만사·제문을 중복해서 지은 작자는 1명으로 계산하였다.

<표 3> 『옥산당만제집』 수록 만사·제문 작자의 성씨 분포

안동(화산)권씨	17	남평문씨	8	벽진이씨	6	합천(강양)이씨	5
밀양박씨	4	청송(청룡)심씨	4	초계(팔계)정씨	3	은진송씨	2
양천(공룡)허씨	2	풍산홍씨	2	함종어씨	2	아주신씨	1
평산신씨	1	파평윤씨	1	재령이씨	1	성주도씨	1
의성김씨	1	거창신씨	1	담양전씨	1	창산조씨	1
상주주씨	1	은진임씨	8				

임주익의 죽음을 슬퍼하며 만사와 제문을 지은 가문 내 친족은 동생 임주석을 포함해서 8명이었다. 임주익은 위로는 족숙 임양직을 깊이 의지하며 지냈고, 같은 항렬에서는 재종형 임주락·족제 임주팔·재종제 임주신과 매우 가깝게 지냈으며, 아래로는 재종질 임택·족질 임박과 임진을 학문으로 훈도하고 보살폈다. 족숙 임양직은 제문에서 임주익과 그림자처럼 붙어 다니며 정의가 더욱 돈독했기에 그의 죽음에 창자가 찢어질 듯한 아픔을 느낀다고 토로하였다. 특히 임주익의

아들과 자신의 맏아들이 서로 비슷한 나이였는데 일시에 병에 걸려 한 달 사이에 둘 다 죽었으니, 자신은 아들이 둘이어서 그나마 조금 위로가 되지만 임주익은 하나 있는 아들을 먼저 보낸 것이라 그 고통의 마음이 어떠했겠냐며 남다른 공감을 제문에 담아내었다. 또한 재종제 임주신은 자신이 일찍 부모를 여의고 외로운 처지였을 때 임주익이 친자식처럼 자신을 돌보아 주었고, 혼인 후에는 가난한 살림을 여러모로 지원해 주었다며 그의 넉넉한 은혜에 대한 감사한 마음을 서술하기도 했다. 이들은 친족을 형제와 같이 보았다든가 친족을 대함에 돈목敦睦의 의리가 지극했다는 등의 표현으로 임주익의 관후寬厚한 성품을 칭찬하였다.

> 아! 한 가문의 친절한 정을 생각하니 비록 같고 다름은 없지만 공은 나에게 대대로 전해지는 가업을 전수해 주었으니, 나의 선군先君은 공의 선군에게 수학하였고, 공은 나의 선군에게 공부를 단련하였으며, 공 또한 선군의 일로 나를 매번 권면하였다. 교분이 두텁고 친애함이 절실하니 남들과 다름이 대개 연유가 있는 것이다.[37]

위의 예문은 족질 임진이 쓴 제문의 일부이다. 임진은 임곡林谷의 둘째 아들 여백의 맏아들 동무의 5대손이며 임주익은 여백의 둘째 아들 동열의 4대손이니, 두 사람은 촌수가 가깝지는 않았다. 그러나 제문과 만사에 의하면 친숙질親叔姪 이상으로 친하게 지냈던 것으로 보인다. 임진은 만사와 제문을 지은 족질 임박과는 형제간이다. 살펴본 대로 두 사람은 임주익에게 수학하였던 것이 분명하고,[38] 임주익은

---

37) 『玉山堂輓祭集』, 祭文(林瑨), "嗚呼! 思之一門親切之情, 雖無異同, 而公之於吾, 則有世世相傳之業, 吾之先君學授於公之先君, 公鍊工於吾之先君, 而公亦以先君之事, 每勗小子. 則情契之篤, 親愛之切, 自別於人者, 盖有緣矣."

또한 두 사람의 부친 임주우(1732~?)에게 수학하였으니, 지역 내에서 가문 내에서 대대로 스승을 찾아 학문을 배우고 또 전수하기 위해 노력을 아끼지 않았음을 엿볼 수 있다. 더욱이 자신이 스승으로 삼았던 임주우가 요절하였기에, 임주익은 임박과 임진을 더욱 정성껏 돌보며 훈도했던 것으로 파악된다. 임진의 아들 임수철을 양손養孫으로 삼았던 것도 이러한 배경과 무관하지 않을 것이다.

임주익의 만사·제문을 지은 작자들 중에서 가장 비중이 높은 성씨는 안동권씨이다. 권이무·권상칭·권상기는 만제집에서 정제情弟라고 표기한 만큼 정답게 지내는 벗이었던 것으로 보이며, 내용상 권상학·권상화·권상란도 친우親友로서 깊은 교분을 나누었던 것으로 파악된다. 이들은 임주익을 추모하며 지은 제문에서 이웃에 살며 돈독했던 교정交情을 백아의 거문고, 진번의 걸상 등에 비유하며 지기지우의 관계를 부각시켰다. 권처일은 만사 서문에서 자신과 임주익은 같은 마을에 살며 대소사를 반드시 의논하였고 하물며 척의戚誼도 겸하고 있다며 교칠膠漆처럼 두터운 교분을 드러내기도 했는데, 현재 합천군 대병면 성리 죽전竹田과 송지동松旨洞이 안동권씨 집성촌인 사실로 보아[39] 당시 임주익과 안동권씨들은 인접한 마을에 살며 어려서부터 세의世誼를 다졌던 것으로 판단된다. 이러한 사실은 권처인이 쓴 제문에서도 확인된다.

> 아! 공의 아들과 나의 아우는 같은 해에 태어나 같은 책상에서 함께 공부하였는데 아우 또한 불행히도 먼저 죽었다.…… 공은 옥산에서 살다가 장단으로 이거하였고

---

38) 제3절 3) 후진 교육 참조.
39) 합천 대병면사무소 홈페이지 <우리고장 지명유래> 참조.

> 나는 죽전에서 살다가 수곡으로 이거하였으므로, 아침저녁으로 서로 따랐던 정의가 세월에 막히게 되었기에 이것이 항상 한스러웠다.[40]

두 사람은 대병면 성리 내에서 이웃해 살다가 임주익은 장단으로, 권처인은 수곡으로 이사하며 자주 볼 수 없게 되었고, 이에 대해 권처인이 예전만큼 자주 볼 수 없음을 안타까워하고 있다. 권처인의 경우 임주익의 부친 수분와에게 수학하였고, 그의 동생은 다시 임주익에게 가르침을 받았다. 또한, 권상리는 어려서부터 수분와의 문하에서 가르침을 받았고, 수분와 사후에는 임주익에게 수업을 받았다고 했다. 권상리는 수분와를 따랐던 만큼 임주익을 스승으로 받들었다.[41] 권상엄·권필대·권처범 등은 앞 절에서 살펴보았듯이 임주익의 문하에서 수업을 받고 그를 스승으로 모셨던 제자들이다. 권처범은 매악당 임주석과 동학 동갑이며 또 사돈의 의를 맺었던 인물이다. 임주석의 아들 임호원이 안동권씨에게 장가들었기 때문이다.

다음으로 비중이 높은 성씨는 남평문씨로, 총 7명이 임주익의 죽음을 애도하며 만사와 제문을 지어 보냈다. 합천 대병면에는 장단구당동과 성리 오동동 등 곳곳에 남평문씨 집성촌이 있는데,[42] 문의광이 만사에서 "말하건대 세의世誼가 이어져 왔으니, 어찌 형제의 정과 다르겠는가?"[43]라고 하였고, 문동우가 "공이 죽던 날 백부가 울면서 말하길,

---

40) 『玉山堂輓祭集』, 祭文(權處仁), "嗚呼! 公之允與不佞之弟, 同年而生, 同案而學, 阿季亦已不幸寃逝.……公居玉山而移于長湍, 我居竹田移于藪谷, 朝暮相從之誼, 有隔月日, 故常以是爲恨."

41) 『玉山堂輓祭集』, 祭文(權尙履), "自髫齡受業於公之先君守分窩公之門下."

42) 합천 대병면사무소 홈페이지 <우리고장 지명유래> 참조.

43) 『玉山堂輓祭集』, 輓詞(文義光), "如論連世誼, 何異弟昆情."

평생 사귀었으니 한마음과 같았네"44)라고 한 것으로 보아 임주익의 집안은 지역 내 남평문씨 가문과도 대대로 정의情誼를 쌓으며 활발하게 교유했던 것으로 보인다. 문상구가 "같은 때 같은 고을에서 이웃하지 못한 것이 한스럽지만, 나이를 잊은 사귐은 남들을 능가하네"45)라고 한 사실도 이를 방증한다. 남평문씨 작자들 가운데 문계욱은 임주익의 부친 수분와 임양정에게 수학하였고 수분와 사후에는 임주익 곁에서 수년간 시중을 들기도 하였다. 그리고 문계명은 임주익에게 직접 가르침을 받았던 인물이다.

이개李開를 시조로 삼는 강양(합천의 옛 지명)이씨는 신라시대부터 고려 초엽에 걸쳐 합천 지방에서 크게 세력을 폈던 호족으로 현재까지도 합천 군내 곳곳에 그 후손들이 세거하고 있다.46) 임주익을 위해 만사를 지은 강양이씨는 모두 5명이다. 만사의 내용으로 추측해 보건대, 이사의와 이사백은 벗으로 가깝게 지냈고, 이행철, 이영철, 이인철 3명은 임주익에게 수학했던 것으로 파악된다. 아래는 이인철이 지은 만사 가운데 일부분으로, 그 정황이 꽤 구체적이다.

친하고 두터운 정의를 생각해 보니	仍思親厚誼
사귐의 도가 선대부터 전해졌네.	交道自先傳
대대로 이웃에 인접해 살면서	世世芳隣接
때마다 허물없는 친밀함을 이어 왔네.	時時肝膽連47)

---

44) 『玉山堂輓祭集』, 輓詞(文東禹), "伯父泣言公死日, 平生交契一心同."
45) 『玉山堂輓祭集』, 輓詞(文尙九), "同世同鄕恨未隣, 忘年交誼出於人."
46) 합천군사편찬위원회, 『합천군사』 3권, 제8편 '성씨' 참조.
47) 『玉山堂輓祭集』, 輓詞(李寅哲).

위의 만사 내용을 통해 은진임씨와 강양이씨 두 가문이 지역 내 인접 마을에 세거하면서 선대부터 오랫동안 교분의 정을 나누어 왔음을 알 수 있다. 벽진이씨 또한 예외는 아니다. 이극연이 쓴 만사에 "서로 한 고을 안에서 살았으니, 세의世誼가 선대 때부터 있었네"[48]라고 한 데서 이러한 사실을 유추해 볼 수 있다. 특히 이극광과는 동갑내기에 생각도 같아서 매우 절친하게 지냈으며 말년에는 같은 마을에 살며 정을 나누기도 하였는데, 현재 대병면 장단1구 한정울 마을에 벽진이씨 집성촌이 있다. 그리고 이극인과 이극의는 임주익의 문하에서 수학했던 제자들이다. 4명이 만사와 제문을 쓴 밀양박씨의 경우, 역시 가까운 곳에 이들의 집성촌이 존재한다. 임주익의 제자 박민천은 제문에서 "소자는 다행히도 가까운 이웃에 살며 어릴 때부터 아침부터 저녁까지 가르침을 입었으니, 문장이 어렵고 뜻이 깊을 땐 부지런히 인도하여 가르쳐 주셨다"[49]라고 하였으니, 곧 이러한 정황을 반영하는 것이다.

합천 대병면 장단구를 중심으로 한 지역에는 은진임씨 외에 안동권씨·남평문씨·벽진이씨·밀양박씨 등이 일정한 시기부터 집성촌을 형성해 대대로 거주해 왔다. 살펴본 것처럼 임주익은 이들 가문의 일원들과 활발하게 교유하였는데, 이것은 같은 지역 내에서 선대로부터 다져온 세의世誼가 있었기에 더욱 가능했다고 보인다. 그 안에서 주목할 만한 것은 서로 대를 이어 가며 학문을 전수했던 사실이다. 임주익이 족형 임주우에게 배우고 그의 아들들은 임주익에게 배웠으며, 임주익의 부친 수분와에게 배웠던 인물들이 다시 임주익에게 수업

---

48) 『玉山堂輓祭集』, 輓詞(李克演), "相居一洞裏, 世誼自先有."
49) 『玉山堂輓祭集』, 祭文(朴敏天), "小子幸接芳隣, 粤自齠齔薰煮昏晨, 文難意深, 亹亹啓訓."

을 받고, 임주익과 함께 공부했던 인물들이 자신의 자제들 교육을 위해 임주익에게 보냈던 것이 이러한 사실을 충분히 뒷받침한다. 이러한 과정 속에서 이들은 가문 간의 혼인을 통해 인척관계를 맺기도 하였다.

이 외에 1~2명의 성씨분포는 임주익이 아들·딸 또는 손자의 혼인을 통해 맺은 사돈 관계 또는 윗대의 혼인으로 맺어진 인척 관계의 사람들이 대부분이다. 먼저 은진송씨는 임주익이 아들 임경을 장가보낸 가문이다. 아들의 장인 송석일과 처남 송유희는 임주익의 죽음을 슬퍼하며 더불어 남편을 먼저 보내고 이제 시아버지마저 잃은 딸과 누이동생의 외롭고 안타까운 처지를 상심하였다. 양천허씨는 딸을 시집보낸 가문이다. 허상은 '공이 사랑하는 나의 훌륭한 며느리'라며 임주익의 딸에 대한 칭찬을 빠뜨리지 않았고, 그 남편 허승은 5편의 만사로 장인 임주익에 대한 기억과 특별한 감정을 쏟아 내었다. 함종어씨 가문은 임주익 계모의 친정이다. 어재회·어재강은 형제로 판단되며 임주익과는 고종사촌 간이다. 앞에서 언급했듯이 어재회는 제문에서 자신의 고모 함종어씨가 임주익의 지극한 효성으로 건강을 보전하였다고 서술하였다. 전경후는 친모 담양전씨 집안의 사람이며, 창산인昌山人 조윤원은 아우 임주석의 처남이다. 조윤원은 만사에서 임주석의 부인인 자신의 누이동생이 일찍 죽은 것을 언급하며, 혼인의 연고로 두 집안이 서로 처량하다고 슬퍼하였다.

아래는 양손 임수철의 장인 청송인 심일응이 쓴 만사의 일부분이다. 심일응은 두 가문이 같은 마을에 세거하며 대대로 쌓아 온 세의世誼가 있고 이를 토대로 자신과 임주익은 함께 자라며 교유하였을 뿐만 아니라 인척의 교분까지 맺게 되었음을 말하였다.

삼산 기슭에서 더불어 터를 잡고,	並卜三山麓
같은 고을 어귀에 함께 살았네.	相居一洞門
척교戚交만 어찌 돈독할 뿐이랴,	戚交豈但篤
세의世誼 또한 아울러 갖추었네.	世誼亦兼存50)

이 절에서는 임주익의 죽음을 애도하며 만사와 제문을 지은 사람들이 임주익과 어떤 관계를 형성했고 그 관계에서 어떤 정서를 피력하였는지를 토대로 그의 인맥 기반을 살펴보려 하였다. 임승근이 당시 거창에서 삼가현 대평리 현재 경남 합천군 대병면으로 이주하면서 은진임씨 가문은 이 지역에 뿌리를 내렸다. 그때부터 지역 내 세거하던 유력 가문들과 교유하며 세의를 다졌고, 그 속에서 혼인을 통해 인척관계로 발전하기도 했다. 임주익의 인맥 기반은 이러한 상황 위에서 이루어졌는데, 특히 안동권씨·남평문씨·벽진이씨·밀양박씨 등과 활발했던 교유가 이를 반증한다. 임주익의 인맥 기반이 나타내는 또 하나의 특징은 지역 내 학문 전승과 관련한 사생관계이다. 당시 강우지역은 학자들의 출사의 길이 막혀 침체의 길을 걷고 있던 때였고, 학문적으로도 뚜렷한 구심점이 없이 분산되어 사생관계가 지역단위 정도로 국한되어 나타났었다. 그의 인맥 기반에서 사생관계는 이러한 현실이 개입되어 있었음을 알 수 있었다.

---

50) 『玉山堂輓祭集』, 輓詞(沈一膺).

5. 맺음말

임주익의 만사와 제문을 쓴 사람들의 면면과 내용들을 살펴보면서, 물론 자료의 한계로 인해 전적으로 그들의 글에만 의지하여 상황을 유추해야 하는 어려움이 있지만 그럼에도 만제문이 망자와 자신의 관계 그리고 그에 관한 개인적 기억을 담아내는 특성이 있음을 포착해 이들이 어떤 관계로 엮여 있는지 어느 정도 파악할 수 있었다. 더불어 만제문의 망인에 대한 관념적이고 상투적일 수 있는 반복적 표현들이 오히려 객관적 근거가 될 수 있다는 점을 주목해 임주익의 삶의 자취를 추적해 볼 수 있었다.

옥산당 임주익은 합천의 은진임씨 가문에서 태어나 석천 임득번 – 갈천 임훈과 첨모당 임운 – 임곡 임진부로 이어지는 선대 가학의 계보를 온전하게 계승한 인물로 평가받았다. 그는 과거에 뜻을 두었으나 끝내 성공하지 못했고, 이후 더욱 독서와 학문에 매진하며 후학 양성에 힘을 쏟았다. 그리고 말년에는 평소 품었던 뜻대로 자연에 의탁해 은거의 시간을 보냈다. 은진임씨가가 대대로 효우孝友의 실천에 명성이 있었던 만큼, 임주익 또한 부모를 극진히 봉양하였고 아우 매악당 임주석과도 남다른 우애를 자랑하였다. 외아들 임경이 딸만 두고 요절해서 여러모로 고통의 시간을 보냈으나, 달관한 듯 평소에 그 슬픔을 드러내지 않았다고 한다. 만사·제문을 쓴 사람들을 통해 임주익의 인맥 기반을 들여다보면, 당시 강우지역 학자들이 출사의 길이 막혀 학문적 침체를 겪던 터라 학문적으로 뚜렷한 구심점 없이 분산되어 사생 관계가 지역 단위 정도로 국한되어 나타났던 현실이 그대로 투영되어 있었음을 알 수 있었다. 임주익은 합천군 대병면에 세거해 온 안동권씨·벽진이씨·남평문씨·밀양박씨 가문과 대대로 쌓아 왔던 세의世誼를 바탕으로 친밀한 관계를 형성하였고, 그들과 때로는 척의戚誼를 맺고 때로는 사생관계를 맺으며 그 인맥관계를 유지하였다.

　본고는 만사·제문의 관념적 상투적 표현의 특징이 망인에 대한 남은 자들의 공통된 인식과 객관적 평가에 의거한다는 사실에 일차적으로 주목하였다. 이러한 시각을 바탕으로 남아 있는 명성에도 불구하고 저술이 산실된 학사들의 면모를 『만제집』을 통해 복원해 보려 한 것이다.

‖ 이 글은 필자의 「輓詞·祭文을 통해 본 玉山堂 林主翊의 삶의 자취와 인맥 기반」(『남명학연구』 62, 경상대학교 경남문화연구원, 2019)을 수정·보완한 것이다.

제11장 가야산 유산기에 나타난 작가의식과 유산문화의 유형

김 종 구

1. 서론

『택리지擇里志』에서는 가야산伽倻山에 대해 "임진왜란 때 금강산·지리산·속리산·덕유산은 모두 왜적의 전화戰火를 면치 못하였으나, 오직 오대산·소백산과 이 산에는 닿지 않았다. 그 까닭에 예로부터 삼재가 들지 않는 곳이라 한다"[1]라고 밝히고 있다. 가야산은 또 해동10승지, 조선팔경으로 이름나 있고 해인사海印寺로 유명하다. 해인사는 화엄종의 근본도량으로 팔만대장경八萬大藏經을 보관하고 있다. 특히 해인사 앞자락을 굽이쳐 흐르는 홍류동紅流洞은 우리나라 팔경 가운데 으뜸이다. 해인사와 홍류동에는 최치원崔致遠이 신라 말 난세를 비관하고 그 한을 달래기 위해 가야산에 들어가 남긴 유적, 농산정籠山亭·학사대學士臺 등이 많이 남아 있다.

---

1) 李重煥, 『擇里志』, "壬辰亂, 金剛智異俗離德裕, 皆不免倭人, 獨五臺小白及此山不至故自古. 亦稱三災不入."

선현先賢들이 가야산 유람을 하고 남긴 기록은 50여 편[2]이 있다. 하지만 청량산, 지리산의 유산기遊山記보다 연구가 미흡하다. 유산기는 청량산의 경우 50여 편, 지리산의 경우 80여 편으로 대등하지만 그에 대한 연구는 소홀하였던 것이다. 지리산은 조식, 청량산은 이황과의 관련성으로 인해 많이 연구되어 왔지만 가야산은 그러지 못했다.

가야산 유산기에 관한 연구는 박영호[3]의 「한강 정구의 「유가야산록」 연구」와 박영민[4]의 「한강 정구의 「유가야산록」과 그 심미경계」가 전부 이다. 박영호는 「유가야산록」을 정구鄭逑의 학문적 기저를 바탕으로 산행 목적과 작가의식 그리고 객관적 서술 및 사실적 묘사로 분석하고 있다. 박영민은 정구의 산행과 심미인식, 정신경계의 상관관계를 구체 적으로 살펴 「유가야산록」의 특징과 의미를 파악하였다.

이처럼 가야산은 영남의 중요한 산임에도 불구하고 연구가 미흡했 다. 본 논의에서는 가야산 유산기에 나타난 작가의식과 유산문화遊山文 化의 유형을 살펴보고자 한다. 본고에서 분석한 대표적인 가야산 유산 기의 작가를 제시하면 다음과 같다.

김일손金馹孫(1464~1498), 정구鄭逑(1543~1620), 이중무李重茂(1568~1629), 허돈許燉(1586~1632), 신필청申必淸(1647~1710), 유척기兪拓基(1691~1767), 최흥원崔興遠(1705~1786), 김명범金明範(1730~1808), 정위鄭煒(1740~1811), 도우경都禹璟(1755~1813), 이호윤李顥潤(1827~1886).[5]

---

2) 정우락의 「조선 중기 강안지역의 문학활동과 그 성격」(『낙중학, 조선시대 낙동 강 중류 지역의 유학』, 계명대학교 출판부, 2012, 254~320쪽) 참조.
3) 박영호, 「한강 정구의 「유가야산록」 연구」, 『南冥學硏究論叢』 5(남명학연구원, 1997), 375~405쪽.
4) 박영민, 「한강 정구의 「유가야산록」과 그 심미경계」, 『우리어문연구』 29(우리어 문학회, 2007), 265~299쪽.

먼저 위 인물들의 자료를 통해 선현들이 가야산 산수유람을 하면서 느낀 작가의식을 살펴보고, 이어서 가야산 유람 중에 드러나는 선현에 대한 태도와 홍류동과 우두봉牛頭峯에 대한 생각을 파악하고 해인사에 대한 관점을 살펴보고자 한다. 다음으로 이러한 작가의식의 바탕으로 일어난 행위[6]를 분석하여 어떤 형태로 유산문화의 유형이 나타나는지 분석하고자 한다. 즉 호학好學, 풍류문화風流文化에 대한 고찰을 이루고 자 한다. 마지막으로 앞선 논의를 바탕으로 가야산 산수유람을 통한 작가의식과 산수유람에 나타난 유산문화의 의미를 도출하고자 한다.

2. 산수유람을 통한 작가의식

이익李瀷은 영남을 풍속이 후덕하고, 살기 좋고, 인의가 있는 고장이라고 하면서, 공자孔子는 "능히 예로써 사양하면 나라를 다스리는 데 무슨 어려움이 있겠는가?"라고 말했는데 영남에만 이런 풍습이 남아 있다고 하였다.[7] 선현들은 영남의 주요한 산, 가야산을 동경하거나 직접 유람을 하고 있었다. 가야산을 유람한 선현은 대체로 영남에 상주하거나 거처하는 사람들이었다. 그들은 가야산 산수유람을 통해

---

5) 본 논의 자료 선정 기준은 유학사에서 저명한 인물을 중심으로 선정했고 시대별로 각각 골고루 분포시키고자 하였다. 번역은 경북대고전비평연구회의 『伽倻山遊山記』를 참조하였다.

6) 행위는 신문화사의 구호 가운데 하나이다. 신문화사는 오늘날 실행되고 있는 문화사 가운데 가장 지배적인 형태이다.(피터 버크 지음·조한욱 옮김, 『문화사란 무엇인가』[길, 2005], 91~107면 참조) 선현의 행위를 살펴봄으로써 그들의 遊山文化를 확인할 수 있을 것이다.

7) 李瀷, 「嶺南五倫」, 『星湖僿說』, "是謂厚俗, 樂郊, 仁義之鄕……子曰, 能以禮讓, 爲國乎何有, 惟嶺南有是."

다양한 내면의식을 자아내 작가의식을 창출하고 있다.

영남의 대표적인 산, 지리산과 청량산이 남명과 퇴계로 인해 후대 학자에게 미친 영향[8]이 지대했다면, 가야산 또한 최치원과 특히 정구로 인해 후대에 영향을 미치게 된다. 본격적인 가야산 유산기는 정구가 가야산 유람을 하고 남긴 「유가야산록遊伽倻山錄」에서 시작되어 후세의 작가들에게 영향을 주게 된다. 가야산 산수유람을 통해 나타난 선현들의 작가의식을 선현에 대한 존숭尊崇, 홍류동・우두봉에 대한 자긍과 애착, 해인사에 대한 비평으로 살펴보고자 한다.

1) 선현에 대한 존숭

조선의 유학자들은 존현尊賢의 자세를 통해 경敬의 태도를 일상 속에서 회복하고자 하였다.[9] 선현에 대한 존숭은 서원에서 강학과 제향뿐만 아니라 산수유람에서도 일어났다. 가야산 유적지와 관련된 선현과 가야산 산수유람을 하며 유학의 근원과 관련된 성현에 대한 존숭이 일어났다.

선현에 대한 존숭을 통해 내면적 수양을 하고 인격을 도야하고자 하였다. 조선 유학자의 학문과 수양은 참된 인간형성의 길로 나아가는 여정이었다. 일상생활에서의 강학활동은 당연한 일이다. 산수유람에서는 인격형성 과정과 대상은 다채롭게 나타나고 있었다.

(가) 나는 어릴 때부터 산수山水를 너무 좋아하는 성벽性癖이 있었다. 산수벽山水癖이 있었는데 장차 영남을 유람할 때 최문창崔文昌이 당唐나라에서 돌아와 신라

---

8) 김종구, 「유산기에 나타난 유산과 독서의 상관성과 그 의미-지리산과 청량산 유산기를 중심으로」(『어문논총』 51, 한국문학언어학회, 2009, 125~157쪽 참조.
9) 박용국 외 편저, 『전통시대 공부론 자료선집』(이회, 2007), 17쪽 참조.

말의 뜻을 잃고 그 아름다운 산수를 탐력한 곳이 한두 곳이 아니면서 그가
작고한 곳이 바로 가야산이라는 점을 생각하였다. 이 산은 반드시 경치가 매우
기이하고 뛰어나 신선神仙과 은사隱士가 머물렀다.10)

(나) 그 북쪽 벽 끝에 문창후文昌侯의 화상畵像이 있었는데, 한가로운 모습을 지닌
것 같았지만 도리어 불상의 아래에 있으니 이는 웃을 만하였다. 서쪽으로 한
높은 대를 오르니 곧 이른바 학사대學士臺로, 문창후가 손수 심은 소나무는
이미 말라 버리고 오직 그 흔적만 남아 있었다. 나는 이번 여행이 마침 2월
달이고 하늘에서 또 비가 내리니 바로 소나무 심기에 합당하다 여기고, 노비에게
명하여 네 그루의 작은 소나무를 캐어 그 곁에 심게 하였다. 훗날 이 대에
오르는 자는 반드시 "조대措大가 학사學士가 한 것을 특별히 배웠구나"라고
하겠지만, 여러 승려들이 과연 잘 보호하고 길러서 크게 자랄지는 모르겠다.11)

(가)는 김일손金馹孫의 「가야산해인사조현당기伽倻山海印寺釣賢堂記」
이다. 김일손이 가야산을 유람하고자 한 이유와 목적이 잘 드러나
있다. 최치원이 마지막으로 은거한 산이 가야산이었는데, 왜 가야산을
선택했는지 김일손은 직접 확인하고 싶었던 것이다.

김일손은 무릉동武陵洞 다리를 건너 홍류동으로 들어가고, 또 치원대
致遠臺를 지나서 해인사에 도착하여 제일 먼저 최치원 유적에 관심을
가졌다. 특히 그는 최치원을 흠모하면서 "만약 내가 고운의 세상에

---

10) 金馹孫, 「伽倻山海印寺釣賢堂記」, 『濯纓集』, "余自髫齕, 性癖林泉. 壯遊嶺南常念, 崔文
昌至自唐, 失意羅季, 其所探歷佳山好水, 不一其所, 而其終也, 乃伽倻山. 則斯山也, 必有
奇勝絶倫, 而仙逸者留焉."
11) 崔興遠, 「遊伽倻山錄」, 『百弗庵集』, "其北壁末, 有文昌侯畵像, 似若有閒態而反在佛像之
下, 是可笑也. 西上一高臺, 卽所謂學士臺, 而文昌手植松已枯, 獨其在在矣. 余以爲此行適
値二月, 天又雨, 正合植松, 乃命奴採四小松, 植其傍. 後之登此臺者, 其必曰措大特學學士
之爲, 未知諸僧果護養得長否."

났다면, 마땅히 그 지팡이와 신발을 받들고 시종하여 고운으로 하여금 외롭게 되어 부처를 배우는 무리와 더불어 짝이 되게 하지 않을 것이요" 라고 하였다. 최치원이 불교와 교류하게 됨을 안타까워하고 유가의 도를 실현하는 데 참여하기를 원했다. 즉 최치원이 훌륭한 문사文事, 태평정치를 하도록 하는 조력자가 되고자 하였다.

(나)는 최흥원崔興遠의 「유가야산록遊伽倻山錄」이다. 그는 한림학사翰林學士였던 최치원이 말년에 머물렀다고 해서 명명된 학사대學士臺에 올랐다가 최치원이 심은 소나무가 말라죽어 있음을 보고 안타까워했다. 그래서 최치원이 그러했듯이 소나무를 심어 그의 행위를 모방하였다. 오히려 승려들이 잘 보호하고 기를지를 염려하고 있었다. 최흥원은 최치원, 즉 선현을 숭상하여 그 행위를 전범으로 삼고 있었다.

최치원은 효공왕孝恭王이 즉위한 뒤 관직에서 물러나 전국 각처를 유람하였다. 그는 경주의 남산南山, 합천 매화산의 청량사淸凉寺, 하동의 쌍계사雙磎寺 등을 즐겨 찾았는데, 그 밖에도 전국 각처에 그의 유적이 전해지고 있다. 최치원은 전국 각처의 산수유람과 그 경험을 통해 평이하고 고아한 품격의 문장으로 승화할 수 있었다.[12] 특히 가야산 해인사는 그가 만년에 머문 곳이기에 선현들도 즐겨 찾아 최치원의 행적을 공유하고 싶었던 것이다.

(다) 조 선생이 말씀한 "선을 따르는 것은 산을 오르는 것과 같고 악을 따르는

---

12) 사마천의 문장은 명산대천을 유람하고 관찰한 것에서 나왔다. 그는 역사의 유적을 직접 답사하고 그 감회를 몸소 느껴 문장으로 승화할 수 있었다. 崔致遠과 선현들의 경우 또한 같은 맥락에서 이해할 수 있다. 사마천의 山水遊覽 및 周遊天下는 「子長遊贈蓋邦式」(『古文眞寶』後集), 「太史公自序」(『史記英選』), 『사마천』(천퉁성, 김은희·이주노; 이끌리오, 2002)에 잘 나타나 있다.

것은 산이 무너지는 것과 같다"는 격언이 실로 오늘의 상황에 맞는 말이라
할 수 있다.13)

정구가 가야산 제일봉 정상, 우두봉에서 소리암으로 내려오면서
느낀 감회의 글이다. 조식曹植은 두류산을 오르고 내려오면서 함께한
동인同人들에게 『국어國語』의 "선을 따르는 것은 산을 오르는 것과 같고
악을 따르는 것은 산이 무너지는 것과 같다"14)라는 구절을 들었는데,
정구가 이를 다시 재인용하여 동인들에게 권고하고 있다. 유산遊山을
선과 악에 비유하여 자신뿐만 아니라 동인들에게 성정도야를 권고하
며 선현을 존숭하고 있다.

정구는 알다시피 『고경중마방古鏡重磨方』을 간행하였다. 『고경중마
방』은 이황이 옛 명銘·잠箴 중에서 수양이 될 만한 것을 뽑아 엮은
책이다. 정구가 이를 간행했으며, 훗날 세자시강원世子侍講院의 교재로
쓰였다. 명·잠은 평소에 늘 마음에 보존하여 자기 성찰의 수단이 된다.
정구는 평소뿐만 아니라 유산 중에도 이처럼 자기 성찰과 성정도야를
통해 성현의 경지에 도달하고자 하는 뜻을 놓지 않았는데, 이것이
훗날 『고경중마방』 간행을 기필했던 이유이다. 다음을 좀 더 살펴보자.

> (라) 공자孔子가 "인仁을 하는 것이 자기에게 말미암는 것이지, 남에게서 말미암겠는가"
> 라고 함이여! 오늘 여러분은 각자 서로 노력하고 게을리하지 말아야 할 것이니,
> 후일 시야의 넓어짐은 바로 지금의 봉천대 정도가 아닐 것이다.15)

---

13) 鄭逑, 「遊伽倻山錄」, 『寒岡集』, "曹先生所喩從善如登, 從惡如崩者, 實爲今日之著題也."
14) 『國語』, 「周語下」, "從善如登, 從惡如崩." 許燉 또한 이 구절을 인용하고 있다.
15) 鄭逑, 「遊伽倻山錄」, 『寒岡集』, "信乎, 爲仁由己, 而由人乎哉. 今日諸君, 各相努力, 毋各
　　怠焉, 他日眼界之寬, 非直今之奉天也."

(마) 옛날부터 이 산에서 노닌 자들이 몇 천 명인지 알 수 없으나, 오직 어진 사람의 자취만이 지금도 사라지지 않았다. 산이 현자에게 후하고 보통사람에게는 박한 것이 아니다. 다만 보통사람들은 전할 만한 실상이 없기 때문일 뿐이다. 그대들은 힘을 쓸진저.16)

(라)는 정구가 가야산 봉천대를 유람하고 남긴 기록이다. 이기춘에게 함께 가야산 유람을 하고자 인도했으나 함께 여기에 이르지는 못했음을 안타까워하며 남긴 기록이다. 정구는 이러한 정황을 공자의 극기복례克己復禮에 비유하였다. 결국 인仁을 하는 주체는 자기임을 분명히 하여 동인에게 경계하고 있었다. 정구는 유산을 하면서 공자孔子·맹자孟子·주자朱子의 말을 인용하여 여러 차례 자신을 비롯해 동인에게 성찰의 말을 하며 성현을 좇아가고자 하였다.

(마)는 이중무李重茂가 가야산을 유람하고 남긴 기록이다. 세상에서 가야산을 좋아하여 노닌 자들이 많지만 어진 사람의 자취만 남아 있음을 강조하고 있다. 정구가 극기복례의 예를 든 것처럼, 이중무도 자신의 수양과 학문의 업적을 중요시하고 있다. 이중무는 정구가 사양泗陽에서 강학하고 있을 때 찾아가 그 문하에서 수학하였으며 한훤당 지동암에 소학당을 짓고 강학하였다. 이호윤李顥潤의 「유가야산록遊伽倻山錄」에 소학당에 관한 자세한 기록이 나타나 있다.

(바) 세상에서 선생을 소학 동자라고 부르는데,　　世謂先生小學童
　　그 이름은 이 집에서 비롯되어 나왔다네.　　其名由出此堂中

---

16) 李重茂, 「伽倻錄」, 『柟溪集』, "從昔遊玆山者, 不知幾百千人, 惟賢者之迹, 至今不泯. 山非厚於賢, 而薄於衆人. 特衆人無可傳之實故耳. 諸公勉夫."

책을 엮은 주자의 뜻을 알고 나서는,　　　　　　　識得晦菴編輯意

삼왕의 가르침을 우리 동방에 회복하고자.　　　三王倫敎復吾東[17]

(사) 높은 봉우리 깊은 골짜기 안에,　　　　　　千峰萬壑裡

큰 길은 도리어 끝이 없구나.　　　　　　　　　大道轉不窮

막힌 데서 통함을 비로소 알겠으니,　　　　　　始知通於塞

이 마음도 그와 같아지고자 하노라.　　　　　　此心要與同[18]

(바)는 이중무가 정여창과 김굉필이 바위에 쓴 지동암志同巖 글자를 확인한 뒤 소학당을 중건하여 강학하게 된 내력을 직접 확인하고 남긴 이호윤의 시이다. 『소학』은 유교의 도덕과 실천을 중요시 하는 수신서 이다. 심성수양의 가장 기초가 되는 책인 것이다. 이호윤은 이를 통해 심성수양과 실천을 중요하게 생각하고 선현을 존숭하였다.

(사)는 이호윤이 가야산의 높은 봉우리와 깊은 골짜기를 바라보고 지은 시이다. 산수山水를 통해 사물의 이치를 탐구하여 자신의 수양의 방편으로 삼고 있다. 이호윤은 또 맹자의 "근원 있는 샘은 사해에 이른 다"와 "반드시 의義로운 일이 있다면 그것을 그만두지 않는다" 구절을 인용하여 동인同人 중서仲瑞에게 근본에 힘쓰고 미래를 기약하지 말라 고 당부의 말을 하였다.

김명범金明範은 「가야산유록기伽倻山遊錄記」에서 산의 어짊과 물의 지혜를 주자의 무이구곡에 비유하며 산수유람의 즐거움[19]을 얻을 수

---

17) 李顥潤, 「遊伽倻山錄」, 『進川集』.
18) 李顥潤, 「遊伽倻山錄」, 『進川集』.
19) 金明範, 「伽倻山遊錄記」, 『農谷集』, "噫. 言山則水在其中, 語仁則智包其內, 而昔賢遊山 之樂, 豈徒取躋危睇遐, 如漆圓叟所稱伯昏瞀人哉. 必如晦翁武夷九曲喩之, 以進道次序然 後, 方可謂觀物之能樂也."

있는 구체적인 수양방편을 말하였고, 문경호文景虎는 「군자계기君子溪記」에서 태산의 아름다운 경치 중 이름난 것과 이름나지 않은 것을 군자에 비유하며 취할 바를 논하였다.[20] 즉 남의 비방을 들어도 슬퍼하지 말고, 칭찬을 들어도 기뻐하지 않은[21] 군자의 마음을 쓰고자 하였다. 이러한 것은 모두 선현을 존숭하여 따라가 그 근원에 도달하고자 했던 것이다. 누구든지 공자・맹자・주자・조식・이황이 될 수 있는 희망과 노력을 지녔던 것이다.

김일손・정구의 유산기에서 알 수 있듯이, 가야산에는 사림파의 성장을 알 수 있는 인물, 김종직金宗直・김굉필金宏弼 및 동인同人들의 자취가 많이 남아 있었다. 여기에 김일손의 자취를 더하면 가야산이 더욱 사림파의 성장과 관련된 산임을 명백히 알 수 있다. 이와 관련해 정구는 존경과 흠모를 가지게 된다. 훗날 그의 제자 및 영남의 사림들이 이들의 자취를 좇아 가야산을 찾게 됨을 알 수 있다.

선현들은 가야산 유람을 통해 먼저, 최치원에 대한 존숭을 일으켰다. 최치원의 유적지와 독서문화를 살피고 그의 행위를 모방하고 있었다. 다음으로, 가야산을 유람한 선현들보다 앞선 선배의 말씀과 유훈을 생각하였다. 마지막으로, 공자・맹자를 비롯한 성현에 대한 생각과 의식이 자연스레 일어났다. 이를 통해 성현에 대한 존숭이 포괄적으로 일어나고 있었다. 한편으로는 바로 앞선 시대의 산수유람자에 대한 인식과 흠모가 일어났고, 후대에는 사림파 성장과 관련된 인물과 정구

---

20) 文景虎, 「君子溪記」, 『嶧陽集』, "處太山窮谷之中, 有形勝奇絶之觀, 而或有顯而名世者, 或有隱而不曜者, 君子之所取者何居焉. 人有用之而不吾喜, 舍之而不吾尤, 自外之稱與不稱, 未嘗爲吾之加損焉. 君子之用心如斯而已."
21) 白居易, 「座右銘」, 『古鏡重磨方』, "聞毀勿戚戚, 聞譽勿欣欣."

에 대한 존숭이 본격적으로 일어났다.

2) 홍류동·우두봉에 대한 자긍과 애착

선현들은 산수유람을 통해 산수의 아름다움을 완상玩賞하고자 하였
다. 자연미自然美를 완상하고 각양각색의 흥취興趣를 자아내고 있다.
산수의 아름다운 미적 정서는 인공물에 전이되어 함께 그 정서를 공유
한다. 산수의 아름다움을 찾아 유산遊山을 떠난 선현들은 그 자연미에
애착하게 된다.

(가) 경상도에는 석화성石火星이 없다. 오직 합천의 가야산만이 뾰족한 돌이 줄을
    잇달아서 불꽃 같으며 공중에 따로 솟아서 극히 높고 빼어나다. 골 입구에 홍류동紅流
    洞과 무릉교武陵橋가 있다. 나는 듯한 샘물과 반석이 수십 리에 뻗쳐 있다.[22]

(나) 물빛과 산의 경치는 비록 전날에 실컷 구경한 것이었지만 때가 초여름(孟夏)이라서
    녹음이 사방으로 흩어지고 향기롭고 꽃다운 풀들이 잘 자라고 있었다. 지난해
    홍수가 난 뒤로부터 돌 색깔이 검던 것은 희어지고 물 흐름이 얕았던 것은
    깊어졌다. 늦게 핀 꽃이 떨어지지 않고 그윽한 새는 서로 부르며 기암괴석은
    볼수록 더욱 새로우니 세속을 초월한 아름다운 경치라고 할 만하였다.[23]

(다) 미친 듯 바위에 부딪치며 산을 보고 포효하니,   狂奔疊石吼重巒
    지척 간의 사람의 소리도 알아듣기 어려워라.   人語難分咫尺間

---

22) 李重煥, 『擇里志』, "慶尙一道無石火星. 而惟陜川伽倻山, 石尖連行, 女火炎立空中極高且
    秀. 洞口有紅流洞武陵橋. 飛泉盤石數十里."
23) 鄭煒, 「遊伽倻山記」, 『芝厓集』, "水色山光, 雖是前日飽玩者, 而時當孟夏, 綠陰四散, 芳
    草正長. 自經年前大水之後, 石色之黑者白, 水勢之淺者深. 晚花未落, 幽鳥相呼, 奇巖怪
    石, 愈見愈新, 可謂物外之佳致也."

세상의 시비하는 소리 귀에 들릴까 저어해서,　　　　　常恐是非聲到耳

일부러 물을 흘려보내 산을 감싸게 하였다네.　　　　故敎流水盡籠山[24]

    (가)는 이중환李重煥의 『택리지擇里志』에서 가야산을 예찬한 부분이다. 우리나라 산을 돌산과 토산으로 구분하고 돌산의 빼어남을 기록하고 있다. 가야산을 대표하는 것은 역시 홍류동이다. 홍류동은 가야산의 많은 계곡 중에 가장 이름난 곳이다.

    (나)는 정위鄭煒의 「유가야산기遊伽倻山記」이다. 정위는 이미 산수를 완상했지만 홍류동에 도착해서는 세속을 초월한 아름다운 경치라고 홍류동을 찬미하고 있다. 정위는 (다)의 최치원의 「제가야산독서당題伽倻山讀書堂」 시를 생각하며 홍류동을 묘사하고 있다. 즉 "많은 골짜기 물이 다투듯 콸콸 흐르는 소리에 매우 가까운 거리에서도 사람의 말을 알아들을 수가 없었다"라고 하였다. 이어서 첩석대疊石臺·취적봉吹篴峰·낙화담落花潭를 완상하고 있다.

    홍류동은 (다)의 최치원의 시 「제가야산독서당」으로 유명하다. 예컨대 정조는 "일부러 물을 흘려보내 산을 감싸게 하였다네"(故敎流水盡籠山)를 어제御題로 내어 초계문신抄啓文臣의 친시親試[25]를 행하기도 하였다. 「제가야산독서당」은 정위뿐만 아니라 정구, 유척기兪拓基 등도 인용하여 홍류동을 완상한 바 있다. (가)와 (나)를 통해 가야산 산수의 수려함과 홍류동의 자연미를 완상하고자 한 선현의 마음을 잘 알 수 있다.

    (라) 내가 그 이름이 돌과 잘 어울리는 것에 감탄하였고, 또한 맑은 경치가 제대로

---

24) 崔致遠, 「題伽倻山讀書堂」, 『孤雲集』.

25) 『日省錄』, 「정조 11년 정미(6월 11일)」 참조.

이름을 얻은 것을 기뻐하였다. 이러한 마음이 경물의 불리게 된 바가 되었다.26)

(마) 홍류동은 대의 북쪽으로 수백 보 밖에 있었다. 수석水石은 아름다움을 다투고 있었고 수풀도 빼어남을 겨루고 있었다.27)

(라)는 이호윤의 「유가야산록」이고 (마)는 허돈許燉의 「유가야산기遊伽倻山記」이다. 둘 다 홍류동을 유람하고 남긴 기록이다. 가야산 유람의 백미는 홍류동이라 해도 과언이 아니다. 홍류동에서 해인사 입구까지는 무릉교武陵橋·농산정籠山亭·제시석題詩石·분옥폭噴玉瀑·제월담霽月潭·회선암會仙岩·낙화담落花潭·첩석대疊石臺 등의 승경이 자리하고 있다. 선현들이 이 경관을 놓칠 일은 없었을 것이다.

이호윤은 산수의 자연미를 완상하며 흥興을 발현하고 있었다. 그는 홍류동을 맞이하는 설렘과 흥취를 "응천의 고기잡이배 뱃사공이, 노를 저어 무릉교에 이르렀네. 홍류동이 멀지 않음을 알고서, 벗을 맞이하고 다시 또 부르네"28)라고 읊었다.

허돈 또한 산수의 아름다움을 완상하며 흥을 발현하고 있었다. 차필암洗筆巖, 취적봉吹笛峰 아래에서는 술을 마시며 옛 자취를 찾아보기도 하였고, 제월담霽月潭에서는 감청빛처럼 차고 맑은 물에 갓끈을 씻을 만한 굴원의 흥취29)를 생각했다. 이처럼 선현들은 홍류동 유람을 통해 자연미를 완상하는 동시에 흥興을 발현시켜 자부심과 애착을 가졌다.

---

26) 李顥潤, 「遊伽倻山錄」, 『進川集』, "余歎其名之與石同留, 且賀淸境之題其名字. 此心爲景物所召."
27) 許燉, 「遊伽倻山記」, 『滄洲集』, "紅流洞, 在臺北數百步外. 水石爭麗, 林巒競秀."
28) 李顥潤, 「遊伽倻山錄」, 『進川集』, "凝川漁舟子, 行到武陵橋. 紅流知不遠, 卬友更招招."
29) 屈原, 「漁父詞」, 『古文眞寶』後集, "滄浪之水淸兮, 可以濯吾纓, 滄浪之水濁兮, 可以濯吾足"

이익李瀷의 『성호사설星湖僿說』에 "합천陜川 가야사伽倻寺 홍류동에는 최치원의 시각詩刻이 있다"[30]라고 서술되어 있는 것을 보더라도 가야산은 해인사·홍류동·최치원으로 대표되고 있으며, 홍류동은 최치원으로 인해 더욱 유명해짐을 알 수 있다. 최치원이 홍류동을 찾아 은거한 사실만으로도 홍류동 산수의 아름다움을 알 수 있으리라 생각된다. 이러한 사실을 통해 선현들이 가야산 유람을 하고 싶은 동기를 살펴볼 수 있다. 결국 홍류동을 통해 영남의 자부심과 애착을 가지고 산수유람을 만끽하게 된다.

(바) 산의 안쪽과 바깥쪽은 푸르고 붉고 누렇고 흰 빛깔이 어지러이 흩어져 무늬를 이루었는데, 저마다 자연의 천성에 따라 형성된 이치가 결부되어 있었다. 처음에 누가 그렇게 하였는지 알 수 없으나, 난만爛熳하게 빛이 모여 아득하게 섞여 서로 비추니, 산을 유람하는 사람의 완상에 이바지할 만하고, 인자仁者의 자기반성에 도움될 만하였다.[31]

(사) 숨 쉬는 기운이 곧바로 상제의 자리와 통하는 듯 마음과 가슴이 확 트여 막힘이 없다. 눈을 돌려 사방을 바라보았다. 산이 오대산五臺山으로부터 와서, 서북쪽은 수백 리 사이에 덕유산德裕山, 금원산金猿山이 가로로 뻗혀 있어 시야를 가로막았다. 동남의 산들은 더불어 논할 만한 산이 없다. 화왕산火旺山, 팔공산八公山 같은 여러 산들은 모두 무릎 아래에 있어 눈에 가린 것이 없다.[32]

가야산은 『택리지』에 "임진왜란 때 금강산·지리산·속리산·덕유

---

30) 李瀷, 『星湖僿說』 30, 「東方石刻」, "陜川伽倻寺, 紅流洞有崔致遠詩刻."
31) 鄭逑, 「遊伽倻山錄」, 『寒岡集』, "山之內外, 靑紫黃白, 散落成文, 各隨造物之天, 以寓生成之理. 初不知孰使之然, 而爛熳趣色, 混茫相映, 足以供遊人之賞, 而資仁者之反求."
32) 李重茂, 「伽倻錄」, 『相溪集』, "呼吸之氣, 直通帝座, 心胸爽豁, 悠悠蕩蕩. 縱目四聖. 山自五臺而來, 西北則德裕金猿橫亘於數百里之間, 遮絶眼界."

산은 모두 왜적의 전화를 면치 못하였으나, 오직 오대산·소백산과 이 산에는 닿지 않았다. 그 까닭에 예로부터 삼재가 들지 않는 곳이라 한다"33)라고 한 것에서 지리적 특징을 잘 알 수 있다.

(바)에서 정구는 우두봉에서 바라본 가야산의 산하山河는 천리天理가 깃들어 있다고 말하고 있다. 훗날 그는 「숙야재에서 가야산을 바라보며」라는 시에서 "전신의 참모습을 아니 내놓고, 기묘한 한 꼭대기 살짝 드러내. 조물주 숨은 뜻을 알겠고 말고, 인간 행여 천기를 보게 할 수야"34)라고 하여 가야산에 깃든 천리를 표현하고 있다.

(사)에서 이중무 또한 가야산이 상제와 통하는 천리를 내포하고 있으며 주변의 산과 견줄 바가 못 된다고 말하고 있다. 여기서도 우두봉에 대한 애착과 자긍심이 잘 드러나고 있다. 이호윤도 "물을 거슬러 북쪽으로 올라가니 산 가운데 들이 펼쳐져 있는데, 물은 깊고 땅은 비옥하여 삼재三災가 들어오지 않을 것 같다"35)라고 하여 가야산에 대한 애착과 자긍심을 드러낸다.

가야산은 소백산맥의 영봉이다. 태백산에서 뻗어 나온 소백산맥이 덕유산에 이르러 원줄기는 남쪽의 지리산으로 향하고, 동쪽으로 뻗은 하나의 지맥은 대덕산大德山·수도산修道山·단지봉丹芝峯을 거쳐서 크게 산세를 이루는데 바로 가야산이다. 동쪽과 남쪽으로 낙동강 본류와 황강黃江을 굽어본다. 가야산 우두봉 정상에서 바라보면 멀리 서쪽으로는 덕유산, 남쪽으로는 지리산이 보인다. 정구의 「유가야산록」에도

---

33) 李重煥, 『擇里志』, "壬辰亂, 金剛智異俗離德裕, 皆不免倭人, 獨五臺小白及此山不至故自古. 亦稱三災不入."
34) 鄭逑, 「숙야재에서 가야산을 바라보며」, 『寒岡集』, "未出全身面, 微呈一角奇. 方知造化意, 不欲露天機."
35) 李顥潤, 「遊伽倻山錄」, 『進川集』, "逆水北上山中開野, 水深土沃三災不入."

이와 같은 자세한 기술이 나온다. 가야산 정상에 오른 선현은 누구나 이를 생각하게끔 만든다. 결국 가야산은 영남의 중심이 되는 산임을 확인하게 되어 가야산에 대해 더욱 애착하고 자긍심을 가지게 된다.

선현들의 가야산 유람은 홍류동·우두봉에 대한 자긍과 애착을 가졌다. 먼저, 홍류동의 아름다운 자연미를 완상하고 그 이름의 당연함을 확인하고 있었다. 동시에 흥興을 발현시켜 시를 짓거나 굴원의 흥취興趣를 모방하고 있었다. 다음으로, 가야산 우두봉을 통해 천리와 영남의 중심을 확인하게 된다. 영남의 인물을 생각하고, 영남의 지형을 두루 살펴 영남의 자긍과 애착심을 가지게 되었다.

3) 해인사에 대한 비평

해인사는 옛 기록에 이르기를, "산형山形은 천하에 뛰어났고, 지덕地德은 해동海東에 짝이 없으니, 참으로 정수精修할 땅이다"라고 하였다.[36] 특히 해인사의 팔만대장경은 2007년 6월에 세계기록문화유산에 등재되었고, 대장경이 보존되어 있는 '해인사 장경판전'은 1995년 유네스코 지정 세계문화유산으로 등재되었다. 우리 선현들이 생각하는 해인사에 대해 살펴보자.

> (가) 우리 두 사람은 일찍이 쌍계 해인사의 승경이 영남에서 으뜸이라 들은 적이 있는 데다 또한 마침 이웃 고을에 왔으므로 한번 보고 가지 않을 수 없었다.[37]

> (나) 이 절(海印寺)은 신라 애장왕 대에 창건한 것으로 여러 번 중수를 거쳐 웅장하고

---

36) 『世宗地理志』, 「陜川郡」, "古記曰, 山形絶於天下, 地德隻於海東, 眞精修之地."
37) 兪拓基, 「遊伽倻記」, 『知守齋集』, "吾二人者, 夙聞雙溪海印之勝, 冠于嶺之南, 而又適至近邑, 不可以不一觀."

아름다우니, 민생의 노력이 또한 여기에 많이 들었다.38)

(다) 지금 내가 팔만대장경을 기記하는 것은 허황되게 속이는 것을 꾸짖어 유괴幽怪를 말하는 자의 경계로 삼으려는 것이다.39)

(가)는 유척기의 「유가야기游伽倻記」이고, (나)는 정구의 「유가야산록游伽倻山錄」이고, (다)는 이덕무의 「기해인사팔만대장경사적記海印寺八萬大藏經事蹟」이다. 유척기는 기국器局이 중후하고 고금의 일에 박통했으며, 대신의 기풍을 지닌 노론 중의 온건파에 속한다. 당대의 명필가이며 금석학金石學의 권위자이기도 하다. 아버지가 개령(김천)현감직에 제수받아 부임했을 때 가서 인사를 드리고 백종형과 함께 가야산 유람을 하고자 하였다. 그 목적이 바로 영남의 으뜸인 해인사의 승경을 유람하고자 한 것이다. 주변 승경에 감탄하였고 학사대에 대한 유람을 강조하였다. 정구는 해인사의 유래와 외적 아름다움을 통해 민생의 노력과 수고를 생각하며 목민관의 애민정서를 먼저 드러냈다. 이덕무는 이보다 더 나아가 「기해인사팔만대장경사적」을 기록한다. 즉 해인사 창건 유래의 허황됨과 혹세무민하는 것을 꾸짖어 바로잡으려고, 그는 당대의 인식을 기록으로 남긴다. 이덕무는 공자가 괴력난신40)을 말하지 않았듯이 군자도 괴이한 것을 말할 수 없다고 하였다.

김명범은 「가야산유록기伽倻山遊錄記」에서 해인사를 최치원의 유적지로 인식하였고, 허목은 "팔만대장경이 있는 신라의 고찰 가야산 해인사

---

38) 鄭逑, 「遊伽倻山錄」, 『寒岡集』, "寺是新羅哀莊王時所創, 累經重修, 雄麗瑰瑋, 生民之力, 亦多糜於此矣."
39) 李德懋, 「記海印寺八萬大藏經事蹟」, 『靑莊館全書』, "今余記八萬大藏經者, 所以貶謊誕, 而爲談幽怪者戒焉."
40) 『論語』, 「述而」, "子, 不語怪力亂神."

에 이르렀다. 남산南山의 바위벼랑은 전설에 신라의 최학사崔學士가 숨어 살았다고 한다. 천석간川石間에는 홍류동紅流洞·취적봉吹笛峰·광풍뢰光風瀨·음풍대吟風臺·완재암完在巖·분옥폭噴玉瀑·낙화담落花潭·첩석대疊石臺·회선암會仙巖이 있었다. 골짜기를 나오면 무릉교武陵橋와 칠성대七星臺가 있는데 모두 큰 글자로 '학사學士'라고 석각되어 있었다"[41]라고 하여 최치원과 그 유적에 대한 인식을 부각시켰다.

> (라) 아! 인군人君이 되어 이교異敎를 숭상하고 사설邪說에 미혹되어 쓸데없는 곳에 재물을 버리고, 불교(空門)에 몸을 베풀어 백성을 부리고 부처에 아첨하는 것이 이와 같으니, 양무제梁武帝가 동태사同太寺를 세운 것과 어찌 다르리오 오호라! 애석하구나. 승려의 말에 이 건물 위에는 까마귀와 참새가 내려앉지 않고 이 판 위에는 티끌이 엉기지 않는다고 하나, 이는 과장된 말이어서 믿을 수 없다. 그러나 그 판을 보면 먼지가 묻어 있지 않으니 기이하다고 할 만하였다.[42]

최흥원은 대장경판을 보관하는 장판각을 살펴보면서 고려 인종과 불교를 양무제에 비교하여 비판하고 있다. 중국 남조 양의 초대 황제인 양무제는 남조 최고의 명군으로, 문화를 번영시켜 약 50년간 태평성대를 유지했다. 그러나 불교에 심취했던 양무제가 동태사 등 국력을 다해 불사佛事를 행하면서 백성들의 원망을 사게 되었다. 최흥원은 장판각을 보면서 인군의 미혹됨과 백성의 노고를 염려하고 있으며

---

41) 許穆,「伽倻山記」,『記言』, "至伽倻海印, 新羅古寺, 有八萬大藏經. 南山石崖, 傳說, 新羅 崔學士巖居. 川石間, 有紅流洞, 吹笛峰, 光風瀨, 吟風臺, 完在巖, 噴玉瀑, 落花潭, 疊石臺, 會仙巖. 出洞, 有武陵橋, 七星臺, 皆石刻, 學士, 大字."
42) 崔興遠,「遊伽倻山錄」,『百弗庵集』, "噫, 爲人君而崇異敎, 惑邪說, 損財於無用, 施身於 空門, 役民而佞佛, 如此, 與梁武同泰, 何異. 嗚呼惜哉. 僧言此屋上, 烏雀不下, 此板上, 塵 埃不凝, 此乃誇耀之言, 不足取信而然觀其板. 不甚埋, 可異焉."

승려의 과장된 말을 비판하고 있다.

선현들은 가야산 유람을 통해 해인사에 관한 다양한 평을 남겼다. 먼저, 주변 산수의 아름다움에 대한 경이로움과 유적에 대한 감탄이 자연스레 일어났다. 다음으로, 이면의 민생의 수고와 노력을 간파하여 백성에 대한 애정, 즉 목민관의 정서를 지녀 걱정하기도 했다. 마지막으로, 불교에 대한 비판적인 시각을 가지기도 했다. 세속에 전해지는 허황한 이야기를 공자의 괴력난신의 말을 빗대어 비판하기도 하였다.

3. 산수유람에 나타난 유산문화의 유형

유산문화遊山文化는 유산에 나타난 문화의 현상을 가리킨다. 문화의 범주는 다양하다. 인류학자 에드워드 타일러는 『원시문화』에서 "지식·신앙·예술·도덕·법·관습 그리고 사회구성원으로서 인간이 획득한 모든 능력과 습관을 포함하는 복합적인 전체"[43]라고 문화를 정의하였다. 본 논의에서는 피터 버크가 "문화는 대화·독서·놀이 등 광범위한 관행을 가리키는 말[44]이라고 한 것에 범위를 한정하고자 한다. 유산문화는 유산 과정에 일어난 대화·독서·놀이·행위 등의 문화를 지칭한다. 선현들은 가야산 산수의 경험[45]을 통해 유산문화를

---

43) 피터 버크 지음·조한욱 옮김, 『문화사란 무엇인가』(길, 2005), 59쪽 재인용.
44) 피터 버크 지음·조한욱 옮김, 『문화사란 무엇인가』(길, 2005), 58쪽.
45) 선현들은 경험을 통해서 사회적 존재로 의식화하고 사회적 문제에 대해 사유하며 또한 이 과정에서 기존의 사회적 관계들에 대해 언어로 의문을 제기하고 그 것들을 바꾸기 위한 집단적 행동을 전개한다.(김기봉, 『'역사란 무엇인가'를 넘어서』[푸른역사, 2000], 154~155쪽 참조)

형성하고 있다. 호학문화好學文化와 풍류문화風流文化의 두 가지 유형으로 나누어 살펴보고자 한다.

1) 호학문화

『중용中庸』에서 "묻기를 좋아하고, 비근한 말을 살피기를 좋아한다"46)라고 했듯이 선현의 호학문화는 옛날부터 있어 왔다. 호학好學이 강학 혹은 강론에만 있어 온 것은 아니다. 선현의 산수유람, 즉 고즈넉한 산중에서도 적극적으로 드러나고 있는 것이다. 산수유람과 함께 동시에 책을 읽고 마음을 기쁘게 하고 수용하여 식견을 넓히고 있었다.47) 호학문화의 대표인 독서문화讀書文化에 관해 살펴보자.

> (가) 주자朱子의 「운곡기雲谷記」를 읽노라니 가슴속에서 더욱 훤히 깨달아, 내 몸이 노봉蘆峯과 회암晦庵 사이에 있는 줄을 알지 못했다.48)

> (나) 한훤선생이 일찍이 이 절에서 글을 읽었으니, 덕을 닦고 도를 쌓은 공이 이러한 가운데서 대부분 만들어졌을 것으로 생각된다. 우리들은 오히려 하루도 여기서 책을 펴 보지 못하니 어찌 개탄스럽지 않겠는가?49)

(가)와 (나)는 정구의 「유가야산록」이다. (가)는 정구가 산수유람 중에 직접 독서를 한 행위이고, (나)는 선현, 외증조인 한훤당의 독서문화를

---

46) 『中庸』, "好問而好察邇言."
47) 李德懋, 「耳目口心書」, 『靑莊館全書』, "讀書者, 怡神爲上, 其次受容, 其次淹博." 참조.
48) 鄭逑, 「遊伽倻山錄」, 『寒岡集』, "又讀朱子雲谷記, 胷次益覺豁然, 不知此身在蘆峯晦庵之間也."
49) 鄭逑, 「遊伽倻山錄」, 『寒岡集』, "寒暄先生曾讀書此寺, 修德凝道之功, 想多從這裏做得矣. 吾輩, 尙不能一日展冊於此間, 寧不爲可慨也."

기리고 있다. 주자의 「운곡기」를 읽으며 심성을 도야하고 깨달음을 얻어 주자와 함께 노니는 듯 느끼고 있다. 정구는 성현이 되는 가장 중요한 관건을 마음이라고 여겼다. 그의 『심경발휘』 서문에서 알 수 있듯이, 학문적 성취와 인생 목적의 성취는 마음이 결정짓는다고 하였다.[50]

한편 내원사에 당도해서는 "구름 낀 산 빛은 농염하고 아름다우며, 바위 계곡은 깊고 고요하여 기상이 깊고 깊으며 시야가 넓으니, 해인사와 견줄 정도가 아니었다"[51]라고 하여 호연지기를 길러 심성도야를 이뤘다. 게다가 선현이 이러한 산수에서 독서를 하여 도덕군자가 될 수 있었던 것을 확인하고 있다. 내원사뿐만 아니라 조용하고 적막한 정각암淨角菴에서도 훗날 독서하기로 맹세하고 있다. 결국 독서와 산수 유람을 통해 심성을 수양하고 학문을 성취하고자 하는 유산문화를 형성하고 있다.

선현의 유산문화를 살펴보면 직접적인 독서를 한 독서문화와 선현의 독서문화에 대한 인식을 드러낸 간접적인 독서문화를 살펴볼 수 있다. 직접 산수유람을 하면서 독서를 하는 경우도 있었고, 산수유람을 통해 선현의 독서문화와 자취 및 유적을 확인하는 경우도 있었다. 좀 더 자료를 살펴보자.

(다) 책은 『근사록近思錄』 한 책과 『남악창수집南嶽唱酬集』만을 넣었다.…… 새벽에 글을 읽었다.…… 등촉을 잡고 재사齋舍로 돌아와 소장되어 있던 『주자연보朱子年譜』 중 「운곡기雲谷記」를 꺼내 한 번 읽은 뒤에 그것도 여행 짐 속에 넣었다.

---

50) 유권종, 「한강 정구의 수양론 – 예학과 심학의 상호연관의 고찰」, 『한강 정구』 (남명학연구원 엮음, 예문서원, 2011), 124~128쪽 참조.
51) 鄭逑, 「遊伽倻山錄」, 『寒岡集』, "山濃美, 巖壑幽靜, 氣像沖邃, 眼目夷曠, 非海印之可擬也."

매우 피곤하여 이날 밤은 곤하게 잠을 잤다.52)

(라) 옛날 만력萬曆 기묘己卯에, 우리 한강寒岡선생께서 이 산을 유람하고 쓴 유람록에 "총지와 중소리 두 암자가 폐사廢寺되고 중도 없다. 옥우屋宇의 외벽을 모두 목판木板으로 꾸미고, 그 안에 거듭 흙담을 만들지 않아 운무雲霧가 들이치고 얼음과 눈을 덮어 쓰니 가히 견딜 수 없었다"라고 하였다. 그 후에 여상사呂上舍 가계공稼溪公의 유록기遊錄記가 또 있는데, 창건하여 닦고, 맺고 얽은 모습이 옛 모습과 한결같다고 하였다. 지금은 다만 무너진 담만 볼 수 있고, 깨진 주춧돌은 가시덤불 깊숙한 곳에 가려져, 쥐들의 굴이 되었다……19일 무흘을 향해 서운암栖雲庵에 들러 한강선생의 시초와 의장衣杖을 봉심奉審하고 서적을 열람하였다.53)

(다)는 정구의 산수유람 중 독서문화가 잘 나타난 기록이다. 행장을 꾸릴 때부터 그의 호학정신을 잘 알 수 있다. 『근사록』, 『남악창수집』, 『주자연보』를 배낭 속에 넣어 다니면서 그때그때마다 읽고 있다. 또 독서에 대한 기록도 11일·13일·14일·17일·21일 등으로 많다. 정주서를 중심으로 성현의 학문에 침잠하였던 정구는 유산의 여정에서도 주자의 책을 통해 성현이 느끼고 깨달을 것을 좇아가고자 하였다.

『남악창수집』은 송나라 주희·장식·임용중이 공동으로 편찬한 시집이다. 남악은 중국의 5대 명산 가운데 하나로 불리는 형산으로 호남성에 있다. 1167년 11월에 주희·장식·임용중 등 세 사람이 4, 5일 동안 형산을 유람하는 도중에 보고 느낀 감회를 읊은 시가 140여 수

---

52) 鄭逑,「遊伽倻山錄」,『寒岡集』, "書則近思錄一冊, 南嶽唱酬而已.……晨興看書.……秉燭取舍藏朱子年譜中雲谷記, 一看而止, 仍齋之行橐. 是夜困甚熟睡."

53) 都禹璟,「遊伽倻修道山錄」,『明庵集』, "昔在萬曆己卯, 我寒岡先生, 遊此山錄中記, 叢持中蘇利, 兩庵廢而無僧. 屋宇外壁, 皆裝以木板, 其內重以土墉不然, 雲霧紛, 冰雪觸冒, 不可以堪. 其後呂上舍, 稼溪公, 又有遊錄記, 其翶修結構, 一如舊樣. 今則但見頹垣, 破礎, 蕪沒於荊棘之藪, 鼯鼢之窟.……十九日, 向武屹, 入栖雲庵, 奉審著杖, 考閱書籍."

있는데, 나중에 이것을 모아 책으로 엮은 것이다. 정구는 주희가 유람을 하고 느낀 것과 같이 자신도 그들처럼 산수유람의 흥취를 체험하고자 하였던 것이다.

(라)는 도우경都禹璟의 「유가야수도산록遊伽倻修道山錄」이다. 도우경은 중소리암中蘇利庵의 옛터를 정구와 여문화의 유산기를 통해 비교하며 설명하고 있다. 그가 선현의 유산기를 탐독하며 가야산 유람을 하고 있다는 것을 알 수 있다. 유산문화에 나타난 새로운 독서문화를 알 수 있는 대목이다. 선현의 남긴 기록은 지금의 안내책자, 가이드라인이 되어 비교 참고하면서 산수유람을 즐기고 있는 것이다. 도우경이 서운암의 정구 관련 서적을 열람하는 것도 이채롭다. 훗날 정구의 서운암은 산중도서관의 기능을 하면서54) 대표적인 유람코스가 된다.55)

그 외, 김일손은 해인사에 도착하자 제일 먼저 최치원이 글 읽던 곳이 어딘지 묻고 있었다. 이호윤은 산수유람 도중 선현의 유집에 관심이 많아 열람하고 방계 조상의 유집은 자세히 보며 유람을 하고 있었다. 김명범은 어려서부터 책을 들고 가야산의 절에 머물며 공부하였던 것을 「가야산유록기伽倻山遊錄記」에 남기고 있었다. 유척기는 승려의 시축과 농암이 산수유람하고 남긴 시 오십여 수를 보고 세조의 교지를 열람한 사실을 「유가야기游伽倻記」에 남기고 있었다.

산천운물山川雲物과 조수초목鳥獸草木, 천지만물天地萬物 및 일상의 자

---

54) 정우락, 「산중도서관 '무흘정사 장서각'의 장서 성격과 의미」, 『영남학』 20(영남 문화연구원, 2011), 35쪽 참조.

55) 이러한 鄭逑 관련 유적에 대한 유람은 새로운 유람 공간을 생성하게 된다. 鄭逑 후대 ∥ 伽倻山을 유람하는 유학자는 '과거와의 관계 및 미래의 가능성에 대한 구체적인 인식'(위르겐 슐룸봄 편, 백승종 외 옮김, 『미시사와 거시사』[궁리, 2001], 163쪽 참조)을 마련하여 역동적인 유람을 지향하게 된다.

질구레한 일들이 모두 독서[56]에 속한다. 홍길주는 "책이란 진실로 천지와 더불어 함께 생겨나서 장차 천지와 더불어 함께 없어지는 것"[57]이라고 하여 독서의 영역을 확장했다. 즉 세상이 교과서, 책인 것이다. 우리 선현은 산수유람을 통해 천지만물을 읽고 더불어 실제 독서의 행위가 일어났으니 더욱 독서의 효능이 증가됨을 알 수 있다.

선현들은 가야산 유람을 통해 적극적인 독서문화, 즉 호학문화를 형성하고 있었다. 먼저, 직접 책을 본 독서문화를 알 수 있었다. 주자의 『근사록』·『남악창수집』·『주자연보』·「운곡기」를 비롯해 정구의 유산기, 선현의 문집 등을 독서하였다. 다음으로, 간접적인 독서문화를 확인할 수 있었다. 최치원이 독서한 유적지를 찾거나 훗날 독서할 공간을 물색한 경우이다. 나아가 산수의 모든 사물이 호학의 대상이었다.

2) 풍류문화

전형적인 학자군주이고 조선시대 27명의 왕 가운데 유일하게 문집을 남긴 정조는 "독서는 궁리窮理를 위해 필요하고 풍류風流는 주상을 모시고 즐기는 것으로서, 독서가 물론 좋긴 하지만 풍류도 역시 좋은 것이다"[58]라고 하여 독서뿐만 아니라 풍류 또한 중요한 것이라 하였다.

풍류는 공자가 그의 제자 자로·증석·염유·공서화 등과 나눈 대화에서도 잘 드러난다. 기수에서 목욕을 하고 무우舞雩에서 바람을 쐬고 노래하면서 돌아오기를[59] 바라고 있다. 공자는 요순과 같은 성인의

---

56) 정민, 『미쳐야 미친다』(푸른역사, 2004), 281쪽 참조.
57) 洪吉周, 「睡餘瀾筆續」, "書固與天地俱生, 其將與天地俱滅."
58) 正祖, 『弘齋全書』16, 「誌」, "讀書, 所以窮理, 聽樂, 爲是侍歡, 讀書固好, 聽樂, 亦自爲好也."
59) 『論語』, 「先進」, "浴乎沂, 風乎舞雩, 詠而歸."

기상을 배우기 위해 산수에서 풍류를 즐기고 수양하고자 하였다.[60] 우리 선현들이 가야산 산수유람을 하면서 일어나는 풍류문화 중 먼저 음악에 관한 것을 살펴보자.

(가) 돌을 털어 내고 풀을 깔아 내키는 대로 앉아서 석운에게 명하여 노래를 부르게 하고 이남李男에게 피리를 불게 하였다. 음조가 청량하여 위로는 구름과 하늘까지 울릴 듯하였으니, 사람으로 하여금 표연히 구씨의 생각(緱氏之想)이 일어나게 했다.[61]

(나) 다만 명산 승경으로 문창文昌의 유적이 해인사 골짜기 어귀에 많았으나 모두 찾아보지 못하였다. 마침내 서로 약속하여 말하기를 "상봉과 해인사 유람은 명년 가을로 기약하세"라고 하고 단구短句와 장률長律을 번갈아 부르고 다시 화답하였으며 유람의 문장을 기록하기에 이르렀다. 노오盧敖가 금단金丹을 먼저 창도했고 뒷사람들이 계승하여 제련했으니, 이로 본다면 반드시 "소금강小金剛의 선유록仙遊錄이로다"라고 했을 것이다.[62]

(가)는 허돈許燉의 「유가야산기遊伽倻山記」이다. 허돈은 가야산 우두봉에 올라 심목을 열고 호연지기를 기르며 노래를 부르고 피리를 불게 하여 풍류를 즐기고 있었다. 이러한 행위는 「자치통감강목資治通鑑綱目」에 한무제가 구씨산緱氏山에 가서 중악中嶽에 제사하고 동쪽 해상海上을 순행하며 신선을 찾았다는 고사를 생각하게 만들었다. 허돈은 최치원의 유상곡수流觴曲水, 삼월삼짇날 굽이도는 물에 잔을 띄우고 그 잔이 자기 앞에

---

60) 孔子의 風流에 관해서는 정우락의 「『논어』의 문학사상」(박영호 외, 『『논어』의 종합적 고찰」[심산, 2003], 281~321쪽)에 잘 나타나 있다.

61) 許燉, 「遊伽倻山記」, 『滄洲集』, "拂石藉草, 隨意而坐, 命錫雲奏歌, 李男吹笛. 音調淸亮, 上徹雲霄, 令人飄然有緱氏之想也."

62) 金明範, 「伽倻山遊錄記」, 『農谷集』, "第名山勝界, 文昌遺蹟, 多在海印洞口, 而未得窮擦. 遂相與結約曰, 上峯及阿寺之遊, 待明秋爲期, 而短句長律迭唱更和, 至於記遊之文. 盧敖先唱金丹, 繼煉後人, 見之, 其必曰, 小金剛仙遊錄乎."

오기 전에 시를 짓던 놀이터에서도 춤을 추며 즐거워하였다.

(나)는 김명범金明範의 「가야산유록기伽倻山遊錄記」의 마지막 부분이다. 산수유람의 아쉬움으로 다음의 유람을 기약하고 단구와 장률을 번갈아 부르고 화답하며 유람의 마지막 풍류를 즐기고 있었다. 진시황의 부름을 받고 박사博士에 임명된 뒤 신선을 찾으러 갔던 노오를 생각하며 풍류를 배가시키고 있었다.

이중무는 홍류천의 아름다움에 반해 술을 한 잔 마시고 읊조리다가 석양이 지는 줄 모르는 풍류를 즐겼다. 정구는 가야산 정상에서 주부자의 「무이산기武夷山記」와 『남악창수집』 서문 및 주자와 장식張栻 두 선생의 시를 읊조리며 풍류를 즐겼다. 유척기는 큰 너럭바위 위로 물이 흘러가는 모습에 좋아서 돌 위에 발을 담그고 피리 부는 종을 시켜 불게 하여 풍류를 즐겼다.

선현들은 가야산을 유람하면서 승경을 만나면 피리를 불고, 노래하고, 춤추고, 시를 읊조리며 풍류를 즐겼다. 이러한 음악은 화평和平한 소리[63]를 내어 선현들로 하여금 산수와 조화를 이루게 하였다. 또 풍류문화는 답답한 마음을 확 트이게 하고 뜻을 유연하게 만들고 호연한 기상을 함양시켰다.

다음으로 신선세계를 동경, 지향하는 풍류문화를 살펴보자. 가야산은 최치원이 물외인物外人으로 산수간山水間에서 소요逍遙하다가 신선이 되었다는 속설이 전해지는 곳이다. 최치원의 사적은 해인사海印寺·

---

63) 孔子는 顔淵의 喪이 끝나 보내온 祥肉을 먹을 때 거문고를 연주한 이후에 음식을 먹었다. 이를 유추해 보아도 음악의 효능은 感傷의 정을 흩어서 和平한 마음을 자아내게 한다.(『禮記』, 「檀弓上」, "顔淵之喪, 饋祥肉, 孔子, 出受之, 入彈琴而后, 食之." 참조)

제시석題詩石·홍류동紅流洞·무릉교武陵橋·치원대致遠臺·독서당讀書
堂·치원촌致遠村·학사대學士臺·농산정籠山亭·월류봉月留峯·무릉십
이곡武陵十二曲[64] 등이 있다. 점필재는 "맑은 시의 광염은 푸른 봉우리
내쏘는데, 먹으로 쓴 흔적은 새긴 바위에 희미해라. 세상에서는 신선
되어 떠났다 말을 할 뿐, 빈산에 무덤이 있는 것은 알지 못한다네"[65]라
고 신선이 되어 떠난 최치원의 시에 차운하여 제시석에 제하였다.
선현들은 유학자였지만 선경仙境을 동경하는 문화가 있었다.

> (다) 찾는 재미로 시간을 보내며 진원眞源으로 거슬러 들어갔다. 음풍뢰吟風瀨·낙화담
> 落花潭·분옥폭噴玉瀑·첩석대疊石臺와 같은 여러 승경들을 차례대로 찾아볼
> 수 있었다. 눈을 놓아 마음을 마음대로 노닐게 하였더니 사람으로 하여금 표연飄然
> 히 세상을 버리고 신선이 되고자 하는 마음이 들게 하였다.[66]

> (라) 이에 우물물로 얼굴을 씻고 바위 머리에 높이 앉아 "세상 사람들의 이른바
> 신선이란 것은 따로 별다르게 신선이 있는 것이 아닙니다. 우리들처럼 표연히
> 세속을 멀리 떠나 더러운 티끌을 잊어버리면 이를 신선이라고 할 만합니다"라고
> 하자 여러 벗들이 모두 "그렇다"라고 하였다.[67]

(다)는 허돈許燉의 「유가야산기遊伽倻山記」이다. 허돈은 홍류동에서
굴원의 「어부사」를 생각하고 반석에서 술을 마시며 옛사람의 자취를

---

64) 『孤雲集』, 「孤雲先生事蹟」, 「輿地勝覽」 참조.
65) 金宗直, 「題詩石用孤雲韻」, 『佔畢齋集詩集』 14, "淸詩光焰射蒼巒, 墨漬餘痕闕泐間, 世
    上但云尸解去, 那知馬鬣在空山."
66) 許燉, 「遊伽倻山記」, 『滄洲集』, "探玩移時, 泝入眞源. 如吟風瀨落花潭噴玉瀑疊石臺諸勝
    觀, 次第可尋. 縱目遊神, 令人飄然有遺世羽化之意."
67) 鄭煒, 「遊伽倻山記」, 『芝厓集』, "乃沃面井水, 高坐巖頭曰, 世人所謂仙人者, 非有別般仙
    子也. 如吾輩之飄然高擧, 遺忘塵粢者, 乃可謂仙人也, 諸友皆曰, 然 ."

찾아보았다. 그리고 음풍뢰·낙화담·분옥폭·첩석대의 승경을 찾아
그 진원을 거슬러 올라갔다. 주자의 무이구곡과 최치원의 삶과 행적을
떠올렸을 것이다. 자신의 모습이 세속에 벗어난 신선의 경계에 들어간
듯 생각하고 있었다.

(라)는 정위鄭煒의 「유가야산기遊伽倻山記」이다. 정위는 가야산 정상
에서 구름과 안개가 산에 가득하고 아지랑이가 피어오르는 모습에
봉래蓬萊와 영주瀛州의 사이에 있는 것 같은 체험을 하게 된다. 인간세계
와는 다른 안개와 아지랑이로 정신은 맑아지고 탁 트이며 기상은 소산
蕭散하게 되었다. 동인同人에게 표연히 세속을 떠나 더러운 티끌을 잊어
버리면 신선의 경계에 들어갈 수 있다고 한 것이다.

> (마) 흰 돌이 고르게 깔렸는데 매끄럽기가 갈아놓은 옥 같았고, 푸른 물은 잔잔히
> 흐르는데 맑기가 밝은 거울 같았다. 깎아지른 듯한 높은 바위가 우뚝 솟아
> 있는데 높이가 50길은 됨직하고, 고송苦松이 바위틈에서 자라느라 늙도록 크지
> 못하였다. 백옥 같은 널찍한 바위가 물 위에 드러나 있는데 3, 40명은 앉을
> 만하였다. 맑고 기이하며 그윽하고 고요한 흥취는 또 지난번의 홍류동에 비할
> 정도가 아니었다. 지해는 처음 이 선경에 들어서자 차마 신을 신고 밟지 못한다고
> 여겨 신을 벗고 맨발로 걸어갔다. 서로 기분 좋게 감상하고 있노라니 정신과
> 눈이 상쾌하여 한동안 기분이 가라앉지 않았다.[68]

(마)는 정구의 「유가야산록遊伽倻山錄」이다. 입암의 정경과 아름다움
을 자세히 묘사하고 있다. 자연미를 완상한 뒤 맑고 기이하며 그윽하고

---

68) 鄭逑, 「遊伽倻山錄」, 『寒岡集』, "白石平鋪, 瑩如磨玉, 碧水安流, 澄似明鏡. 危巖屹立, 高
可五十丈, 苦松生於石隙, 老而不能長. 白玉盤陀, 露出水面, 可坐三四十人. 淸奇復靜之
趣, 又非曩日紅流之可擬也. 志海初入洞府, 以爲不忍著履, 旣脫韡徒跣. 相與欣然玩樂, 神
目竦爽, 久而不能自定."

고요한 흥취를 자아내고 있다. 동인同人 지해는 이러한 선경을 훼손하기 싫어 맨발로 신비롭고 그윽한 선경에 들어가고 있다.

입암立巖은 바위가 서 있기 때문에 그렇게 명명한 것으로 훗날 무흘 동천의 문주門柱 역할을 하는 바위이다.[69] 정구는 여기서 자연미를 완상하고 유선적儒仙的인 흥취를 드러내고 있다. 훗날 「앙화주부자무 이구곡시운십수仰和朱夫子武夷九曲詩韻十首」의 제4수[70]에서 드러나듯이 도가적 신선이 아니라[71] 유가적 신선을 지향하고 있다.

김양진金養鎭의 「유칠봉기遊七峯記」를 살펴보면 잠을 자는 그 순간에 도 "사람으로 하여금 정신이 맑아지고 뼈가 서늘하게 하여 만 곡斛의 속세 근심을 소진시키니, 황연히 마치 몸이 신선 섬의 옥루玉樓 위에 있는 듯하였다"라고 하여 선경에 들어온 기쁨을 감추지 못하고 있다. 또한 이이李珥도 「유가야산부遊伽倻山賦」에서 "이미 티끌 있는 세상에서 멀리 떨어져 있으니 진실로 신령스러운 신선이 거주하는 바로다. 생각 을 멀리하여 깊이 생각하여 찾지 않으면 누가 초연하게 오를 수 있으리 오"라고 하여 가야산 유람이 신선의 경계에 들어가 노니는 문화로 인식하고 있다.[72]

땅은 아름다운 사람의 아름다운 글이 있어야 그 아름다움을 떨친 다.[73] 우리 선현들은 아름다운 가야산을 유람하며 풍월주인風月主人이

---

69) 정우락, 『무흘구곡 경관가도 문화자원 기본조사』(경북대학교·성주·김천, 2013), 55쪽 참조.

70) 鄭逑, 「仰和朱夫子武夷九曲詩韻十首·其四曲」, 『寒岡集』1, "四曲雲收百尺巖, 巖頭花 草帶風鬖, 箇中誰會淸如許, 霽月天心影落潭."

71) 정우락, 「한강 정구의 무흘 경영과 무이구곡 정착과정」, 『한국학논집』48(계명 대학교 한국학연구원, 2012), 106쪽 참조.

72) 李珥, 「遊伽倻山賦」, 『栗谷全書』, "旣遼隔於塵界兮, 寔靈仙之所宅. 非遙想而冥搜, 孰超 然而登陟."

되어 기록을 남겼다. 주자가 "우러러보고 굽어보아 스스로 터득하니 마음이 편안해지고 몸이 펴지리라"[74]라고 노닒에 관하여 말했듯이, 우리 선현들은 내면의 터득과 선유仙遊세계에 대한 지향이 있는 풍류문화를 형성하였다. 최치원이 가야산에 들어가 선유세계를 향유했듯이 선현들 또한 선유세계를 잠시 향유하는 문화를 형성했던 것이다. 그리고 그 지향은 도가적 선유가 아닌 유가적 선유였다.

선현들은 가야산 유람을 통해 풍류문화를 형성하고 있었다. 공자와 그의 제자가 그러했듯이 가야산을 유람한 선현들은 아름다운 승경을 만나 음악을 향유하는 풍류를 즐겼다. 이러한 음악은 기상과 호연지기를 북돋은 매개체로 작용하여 극대화되었다. 이러한 풍류는 인간세계를 벗어나 불로불사不老不死하거나 초인超人이 되고자 한 도가적 선유와는 차이가 있다. 허돈과 정위의 「유가야산기遊伽倻山記」에서 신선세계를 지향하지만 그 근원은 현실에 바탕을 두고 있음을 알 수 있다. 결국 신선과 같은 삶을 살고자 한 것이 아니라 맹자의 '알인욕존천리遏人欲存天理'의 수양론과 유사한 것이다.

4. 영남제일승지 경험과 성현자기론 희망

김창협은 왕명을 받들어 가야산 인근을 지나다가 해인사를 방문하게 된다. 가야산 해인사의 경관이 좋다는 말을 들은 지 오래되었는데 이제야 소원을 성취함에 기뻐 시를 남긴다. 그 아름다움이 헛소문이

---

73) 이종묵, 『조선의 문화공간』 1(휴머니스트, 2006), 6쪽.
74) 「四齋銘」, 『朱子大全』 85, "俯仰自得, 心安體舒."

아니었음을 확인하게 된다. 이후 오언장편 58운을 지어 기록하고 있다.[75] 다음 자료를 통해 선현들의 가야산 산수유람을 통한 작가의식과 산수유람에 나타난 유산문화의 의미를 살펴보자.

> (가) 영남의 산수는 우리 동방의 우두머리이고, 가야산의 경치는 또한 영남의 으뜸이 되어 매우 뛰어나며 아주 특별하여 이름이 높다. 또한 최고운崔孤雲이 자리 잡고 살던 곳으로 신비한 곳이 많고 기이한 자취가 있다. 항상 한번 그 가운데를 유람하여 이른바 학사대, 홍류동을 보고자 했다.[76]

(가)는 신필청申必淸이 가야산을 유람하고 남긴 「유가야산록遊伽倻山錄」의 첫 구절이다. 가야산을 유람하고자 한 동기가 바로 영남의 제일 승경을 직접 관찰하고 싶었던 것이다. 최흥원 또한 "가야산은 고개의 남쪽 기강紀綱이 되어 산수의 승경과 사관寺觀의 성대함으로 가장 이름이 나 있어 오래전부터 그곳을 한번 유람하고자 하였다"[77]라고 하여 가야산과 해인사가 영남제일승지嶺南第一勝地임을 확인시켜 준다.

박지원朴趾源은 「해인사」 시에서 "합천이라 해인사 절이 있으니, 웅장 화려함이 팔도에 이름이 났네. 가마 타고 골짝에 막 들어서니, 그윽한 경치 차츰차츰 모여드는구나"[78]라고 하였다. 여기서 해인사의 위상을 간접적으로 알 수 있다. 이 시는 박지원이 지리산 아래 경상도

---

75) 金昌協, 『聾巖集』 2, 「余聞伽倻海印之勝久矣 今者奉命路過 遂得略窺山門 其巖壑棟宇 固壯麗稱所聞 而孤雲舊躅 尤令人起感 途中輒賦五言長篇五十八韻以記之 亦末敢書以示人 也 後十數日 復到陜川郡齋 始取紙筆書之 奉呈太守兄 或有寺僧來過者 可出示之」 참조.

76) 申必淸, 「遊伽倻山錄」, 『竹軒集』, "嶺南山水, 冠吾東, 伽倻形勝, 又爲南嶺之最, 擅䠥偉絶特 之名. 且崔孤雲所棲息之地, 多靈境, 有異跡. 常欲一徙遊其中, 觀所謂學士臺, 紅流洞."

77) 崔興遠, 「遊伽倻山錄」, 『百弗庵集』, "伽倻山爲嶺之南紀, 山水之勝, 寺觀之盛, 最有名稱, 久欲一遊其中."

78) 朴趾源, 『燕巖集』 4, 「映帶亭雜詠」, 「海印寺」, "陜川海印寺, 壯麗稱八路. 肩輿初入洞, 幽事漸相聚."

안의현安義縣에서 벼슬을 했던 1790년대 전반기의 작품으로 추정된다. 해인사는 그가 살았던 18세기에 이미 전국적으로 유명한 명승지임을 확인할 수 있다. 이처럼 가야산을 유람한 김일손·정구를 비롯한 우리 선현들은 가야산이 영남제일승지임을 경험하고 있었다.

(나) 그리고 나서 벽 위를 두루 살펴보니 그곳에는 사가四佳 서거정徐居正, 파징波澄 김맹성金孟性, 고양高陽 유호인兪好仁, 신창新昌 표연말表沿沫, 숭선嵩善 김종유金宗裕가 지은 시판이 걸려 있었다.[79)

(다) 비석 곁에는 점필재佔畢齋·한훤당寒暄堂·탁영濯纓 등 여러 선생의 시가 새겨져 있었으나 마모되어 읽을 수 없었다.[80)

(나)는 김일손의 「가야산해인사조현당기伽倻山海印寺釣賢堂記」이고 (다)는 정구의 「유가야산록遊伽倻山錄」이다. 김일손과 정구는 내원사의 시판을 바라보며 선현들을 존경하고 흠모하게 된다. 특히 정구는 가야산 정상에 올라서는 지리산·금오산·비슬산·팔공산·덕유산·운문산을 바라보며 조식·정여창·길재·김굉필·정몽주·임훈·김대유를 생각하였다. 명산과 현인의 명성이 천하에 전해짐을 기리고 있었으며 자신 또한 그러하기를 희망했다.

(라) 주자의 "태산의 꼭대기는 이미 태산에 속하지 않았다"와 "노력하여 오르니 기이한 구경거리가 있다"는 말을 외며 올라갔다. 조금 후에 문득 꼭대기에 오르니 바라보던

---

79) 金馹孫, 「伽倻山海印寺釣賢堂記」, 『濯纓集』, "因周覽壁上, 有四佳徐相國居正, 波澄金先生孟性, 高陽兪先生好仁, 新昌表先生沿沫, 嵩善金君宗裕所題詩板."
80) 鄭逑, 「遊伽倻山錄」, 『寒岡集』, "碑傍, 刻佔畢齋, 寒暄, 濯纓諸先生詩, 而剝不可讀."

이 산이 병풍처럼 하늘가에 서 있다.…… 내가, "『맹자』에서 '근원 있는 샘은 사해에 이른다'라고 하고, '반드시 의로운 일이 있다면 그것을 그만두지 않는다'라고 이르지 않았는가? 근본에 둘 뿐 어찌 미리 기약하겠는가?'라고 하였다.[81]

(라)는 이호윤의 「유가야산록遊伽倻山錄」이다. 이호윤은 산을 오르며 주자와 맹자의 말씀을 생각하였다. 이를 통해 산수유람에서도 성현의 도에 가까이 가고자 하였다. 주자는 도체道體는 무궁하여 사업事業이 비록 크지만 끝내 한도가 있다고 하였다. 하지만 성찰省察하고 조심하는 공부는 비록 성현이라도 잠시나마 소홀히 할 수 없는 것이다.[82] 우리 선현들은 성현의 도에 가까이 가고자 진일보할 수밖에 없었다.

동인同人이 내일이면 저 산에 도착할 것이라고 하자 이호윤은 맹자가 "근원이 있는 샘물은 계속 솟아나서 밤낮을 쉬지 않고 흐르다가 구덩이가 있으면 그곳을 채운 뒤에 나아가 결국 바다에 이르게 된다. 근본이 있는 것도 이와 같다"[83]라고 한 것을 인용하여 권고하고 있다.

공자는 도를 아는 자보다는 좋아하는 자, 좋아하는 자보다는 즐기는 자[84]가 더 낫다고 생각하였다. 선현들은 가야산 유람을 통해 영남제일 승지를 직접 확인하며 산수의 아름다움 및 선현의 발자취를 좇기를 좋아하였고, 나아가 풍류를 즐기며 한층 더 즐거워하였다. 성현의 말씀을 몸소 체험하고 실천하여 그들 또한 성현이 되고자 하였다.

이이李珥는 『성학집요』에서 성현의 도에 관해 논하면서, 송나라 장식

---

81) 李顥潤, 「遊伽倻山錄」, 『進川集』, "誦朱夫子泰山頂上已不屬泰山, 及努力有奇觀之說. 俄忽登頂, 所向妓山, 屛入天際.……余言鄒傳不曰, 原泉放四海, 必有事焉而勿正乎. 有本而已, 何可預期."
82) 宋時烈, 「看書雜錄」, 『宋子大全』131, "或曰省察戰兢之功, 雖聖賢不可斯須而或忽也."
83) 『孟子』, 「離婁下」, "孟子曰, 原泉, 混混, 不舍晝夜, 盈科而後進, 放乎四海. 有本者如是."
84) 『論語』, 「雍也」, "子曰, 知之者, 不女好之者, 好之者, 不如樂之者."

張栻의 예를 들어 옛 성현과 같이 되기를 기약하는 성현자기론聖賢自期論[85])에 관해 설명하고 있다. 장현광張顯光 또한 옛 성현의 학문에 뜻을 두어 성현이 될 것을 기약하여 요堯 · 순舜처럼 되기를 희망하는 성현자기론[86])을 강조하고 있다. 이처럼 가야산을 유람한 선현들은 성현자기론을 희망하고 있음을 확인할 수 있다.

가야산 유람은 조선 후기 서울 근교의 경승지를 악공과 음악인을 대동한 채 노닐던 유흥적인 유산[87])과 그 깊이 및 종류가 다르다. 가야산 유람은 영남제일승지를 경험하고 성현의 영역에 가까이 가고자 희망하는 것이었다. 성인의 도체는 무궁하기에 마음을 활짝 넓힐[88]) 필요가 있다. 즉 그 기상, 호연지기를 기르는 데도 조심조심하여 깊은 못에 임한 듯, 얇은 얼음을 밟는 듯하여 매일매일 노력하지 않으면 안 된다. 이처럼 선현들은 가야산 산수유람을 통해 영남제일승지를 경험하고 성현자기론을 희망하였다.

5. 결론

가야산은 영남의 명산이다. 선현들은 가야산 유람을 즐겼다. 선현들은 산수유람을 통해 다양한 의식을 발현하였고, 이를 통한 다양한 유산문화를 표출하였다. 가야산 산수유람을 통한 작가의식은 선현에 대한 존숭과 홍류동 · 우두봉에 대한 자긍과 애착, 해인사에 대한 비평

---

85) 李珥, 『栗谷全書』 26, 「聖學輯要」 8, 「聖賢道統」 참조.
86) 張顯光, 『旅軒續集』 8, 「丙寅趨朝錄」 참조.
87) 강명관, 『조선의 뒷골목 풍경』(푸른역사, 2003), 327~355쪽 참조.
88) 李裕元, 「萬丈峯歌」, 『嘉梧藁略』, "道體無窮拓心胷."

으로 나타나고 있었다. 그리고 유산문화는 호학문화, 풍류문화로 나타
나고 있었다.

먼저 작가의식은 선현에 대한 존숭이 일어났다. 선현에 대한 존숭을
통해 내면적 수양을 하고 인격을 도야하고자 하였다. 선현은 최치원을
비롯해 가야산에 자취를 남긴 사람들이었다. 나아가 가야산 주변 산하
를 바라보며 선현에 대한 숭모도 일어났다.

또 홍류동·우두봉에 대한 자긍과 애착이 일어났다. 홍류동은 해인
사의 대표적인 명승지이다. 이와 더불어 최치원의 유적이 함께 내재했
기 때문에 더욱 자긍심과 애착이 생겨났다. 우두봉에 올라서는 주변
산하가 사면四面으로 모두 확 트여 호연지기를 기르고 영남을 인식하기
에 좋았다.

한편 해인사에 대한 평은 다양하게 나타났다. 해인사는 가야산의
명승지이고 팔만대장경으로 유명했는데, 불교에 대한 비판도 자연스
레 일어났다. 최치원의 유적과 주변 산수의 아름다움을 찬미하였지만,
동시에 사찰의 찬란함을 바라보면서 민생의 노고와 목민관의 마음을
떠올리기도 했다.

다음으로 유산문화를 살펴보았다. 유산문화의 유형은 호학문화, 풍
류문화의 양상을 보였다. 호학문화의 대표는 독서문화이다. 독서문화
는 산수유람을 하면서 직접 독서한 경우와 선현의 독서 유적지와 그들
의 문화를 간접적으로 인식한 독서문화가 일어나 훗날 독서의 장으로
삼고자 하였다.

풍류문화는 호학문화와 함께 유산문화의 중요한 요소가 된다. 공자
가 그러했듯이 선현들도 아름다운 산수에서 풍류를 즐기고자 하였다.

먼저, 그들은 피리를 불고 노래하고 춤추고 시를 읊조리는 등 음악을 통해 풍류를 즐겼는데, 이는 심성을 수양하고 호연한 기상을 함양하는 도구와 방편이 되었다. 다음으로, 도가적 신선이 아닌 유가적 신선을 지향하는 풍류문화가 이뤄졌다. 최치원의 삶과 행적의 유적을 찾아 노닐며 세속을 떠나 티끌을 잊어버리는 선경에 들어가고자 하였다. 최치원의 유적뿐만 아니라 홍류동, 우두봉 등 선경의 분위기가 연출되는 곳에서는 '알인욕존천리'의 풍류문화가 자연스레 일어났다.

이러한 작가의식과 유산문화는 영남제일승지를 경험하고 성현자기론을 희망하는 중요한 의미를 내포하였다. 영남제일승지인 가야산을 직접 유람하여 관련된 유적과 산수를 몸소 체험하고자 하였다. 이를 통해 성현자기론을 희망하고자 하였다. '독서여유산讀書如遊山'이라는 말이 있듯이 학문의 길, 도학의 길은 산수유람과 유사하고 이는 성현으로 가는 길이기도 한 것이다.

본 논의를 통한 향후 과제는 영남사림파 성장과 가야산의 관계를 밝히는 것이다. 또 강안학에 차지하는 가야산의 위상을 살펴볼 수 있으며, 가야산 유람의 전체 작가를 조명하는 연구도 필요하리라 생각된다. 더불어 지리산·청량산·가야산의 산수유람을 총괄적으로 비교분석하는 연구도 진행되어야 할 것이다.

‖ 이 글은 필자의 「伽倻山 遊山記에 나타난 作家意識과 遊山文化의 유형」(『어문논총』 59, 한국문학언어학회, 2013)을 수정·보완한 것이다.

사단법인 남명학연구원은

남명선생의 학문을 연구하고 학덕을 선양하기 위해 1986년 발족되었다. 1988년 9월 전문학술지『남명학연구논총』을 창간, 2004년 13호를 끝으로 일시 정간하였다가 2009년 3월『남명학』으로 제호를 바꾸어 복간하였으며, 한국전통문화의 근간인 선비문화를 진흥하기 위해 2004년 4월 교양잡지『선비문화』를 발행하여 현재 36호에 이르렀다. 그동안 매년 전국 규모의 학술대회를 개최하는 한편 격년으로 국제학술대회를 개최하여 남명학에 대한 학문적 성과를 국제적인 수준으로 제고하였다. 현재 10여 명의 상임연구위원과 70여 명의 연구위원이 연구활동에 종사하고 있으며 700여 명의 회원이 연구원의 사업을 지원하고 있다.

필진 소개(게재순)
강구율(동양대학교 교수)
박용국(남명학연구원 연구위원)
송치욱(한국학중앙연구원 전임연구원)
손병욱(경상대학교 명예교수)
구진성(한국선비문화연구원 연구원)
사재명(남명학연구원 연구위원)
정우락(경북대학교 교수)
김승룡(부산대학교 교수)
구지현(선문대학교 교수)
최은주(한국국학진흥원 책임연구위원)
김종구(남명학연구원 사무국장)